● 教育部人文社会科学重点研究基地
中山大学中国非物质文化遗产研究中心成果
● 中山大学985工程三期资助

中国非物质文化遗产研究丛书
康保成◎主编

UNESCO
《保护非物质文化遗产公约》述论

钱永平◎著

·广州·

版权所有　翻印必究

图书在版编目（CIP）数据

UNESCO《保护非物质文化遗产公约》述论/钱永平著. —广州：中山大学出版社，2013.12
（中国非物质文化遗产研究丛书）
ISBN 978-7-306-04745-8

Ⅰ.①U… Ⅱ.①钱… Ⅲ.①联合国教科文组织—文化遗产—保护—研究 Ⅳ.①G113

中国版本图书馆 CIP 数据核字（2013）第 285723 号

| 出 版 人：徐　劲
| 责任编辑：裴大泉　刘丽丽
| 封面设计：曾　斌
| 责任校对：赵　婷
| 责任技编：何雅涛
| 出版发行：中山大学出版社
| 电　　话：编辑部 020-84111996，84113349，84111997，84110779
| 发行部 020-84111998，84111981，84111160
| 地　　址：广州市新港西路135号
| 邮　　编：510275　　　　传　真：020-84036565
| 网　　址：http://www.zsup.com.cn　　E-mail:zdcbs@mail.sysu.edu.cn
| 印 刷 者：广州中大印刷有限公司
| 规　　格：787mm×960mm　1/16　20.5 印张　410 千字
| 版次印次：2013 年 12 月第 1 版　2013 年 12 月第 1 次印刷
| 定　　价：64.00元

如发现本书因印装质量影响阅读，请与出版社发行部联系调换

关于"非遗"* 的改革、创新及其他（代序）

康保成

一

前不久，来自世界 51 个国家和地区的 300 多位文化部长和专家学者相聚中国成都市，隆重庆祝联合国教科文组织通过《保护非物质文化遗产公约》十周年，回顾《公约》的诞生过程，细数《公约》的巨大贡献，研讨《公约》存在的问题和应对的挑战。令人深受鼓舞的是，截至大会召开之际，《公约》缔约国已经有 153 个。这说明，《公约》触及人类生存与发展中共同面临的严重问题——非物质文化遗产的凋零乃至消失。

在《公约》的推动下，中国的"非遗"保护经历了最初的起步阶段、中间的"申遗热"和近三年以来逐步迈入的规范化保护阶段。然而，以上三个阶段的划分只是相对而言的，实现规范化、科学化、常态化的保护绝非一朝一夕所能做到。有人对我国"非遗"保护的特点做了如下归纳：起步晚、速度快、成效大、问题多。这个特点与我国经济建设的状况十分相似：速度快难免问题多。而实现规范化、科学化、常态化的保护需要研究问题、解决问题，没有科学的研究就没有科学的保护。

在近几年的研究中，我们越来越深刻地体会到，"非遗"保护中的根本问题仍然是：我们为什么要保护非物质文化遗产？

8 年前，笔者在辽宁农村调查皮影戏时，一位老艺人毫不隐晦地说："我演皮影戏实在不得已，因为除此之外别无挣钱的门路。但决不许我的后代学这玩意儿，我要让他们上大学，然后做城里人，住楼房、开汽车。"一席话道出了"非遗"保护的困境：多数人并不理解社会物质生产与文化发展的不平衡定律。

---

* "非遗"为"非物质文化遗产"的缩略语。以下如无特别注明，"非物质文化遗产"均用简称"非遗"，或不赘加引号。

人类的幼年时代物质条件极其艰苦,却创造了光辉灿烂的文化艺术。例如古希腊文明就曾被恩格斯称作是"一种标准和不可企及的典范"。社会物质生产与文化发展的不平衡决定了经济全球化背景下文化有可能呈现多样性。联合国教科文组织多年来致力于保护与维持文化的多样性,无论是《保护非物质文化遗产公约》,还是1989年的《保护民间创作建议书》、2001年的《世界文化多样性宣言》、2002年第三次文化部长圆桌会议通过的《伊斯坦布尔宣言》以及2005年通过的《保护和促进文化表现形式多样性公约》,都体现了这一精神。文化的多样性,主要指的是文化表现形式的多样性。某些经济上后进的国家、民族或社区,其文化表现形式有可能异常精彩。换言之,第一流的文化表现形式有可能产生在弱势文化和边缘文化群体中。因而,当这类文化表现形式面临濒危乃至消亡的危险时,实施拯救和保护措施的必要性和急迫性也就凸显出来。

"非遗"本是生活的一部分,而不是古人刻意制造出来的艺术品。即使如戏剧、音乐、舞蹈等表演类的"非遗"项目,最早的时候很可能主要用于先民们的祭祀活动。发展到戏剧的黄金时期,粤剧之于广府人,豫剧之于河南人,秦腔之于陕西人,川剧之于四川、重庆人,都是生活中须臾不可离开的东西。在音乐类项目中,西北的花儿和南方的山歌、民歌,往往是表达爱情、寻觅心上人的独特方式。舞蹈,则是对人们生活、生产动作的模拟,也是一种情感宣泄方式。这时候的艺术,绝不仅仅是一门独立于观众之外仅供欣赏的纯艺术;这时的观众,同时也是参与者、传承人。到了当代,东北俗语仍有"宁舍一顿饭不舍二人转"之说,这与上古孔子闻韶乐"三月不知肉味"遥相呼应,形象地说明了非物质文化遗产与人们日常生活血肉相连的密切关系。至于表演类之外的"非遗"项目,诸如各类手工技艺、体育竞技、中医药、民俗、书法、历法等等,原本都是实用性很强的生活或生产方式,它们在相对封闭的环境中自然地生存着,一代又一代地传承着。

然而,城镇化、现代化、全球化的大潮使许多产生于农耕时代的"非遗"项目都已经失去了它们赖以生存的土壤,不可能完整地再现其所谓"原生态"。众所周知,现在几乎已经没有人在长江、黄河中拉纤,川江号子、黄河号子已不可能"原汁原味"地吼唱。正是"皮之不存,毛将焉附"?在这种情况下,究竟应当如何保护非物质文化遗产呢?

二

不少人力主要"原汁原味"地保护"非遗"的"原生态"和"本真性"。这种主张或许是善意的,但却难以做到。因为,所谓"原生态"只是相对而言的,刻意追求绝对的"原生态"只会徒劳无功。刘晓春教授把"原生态"说成是"学者、媒体、政府以及商界共同制造"的"一个非物质文化遗产的'原生态'神话"。他主张:"由于非物质文化的口传心授特点,更兼文化变迁的影响,所以很难把某个特定时空中的表演形态、口传形态、工艺品的形制、制作工艺等作为真实的版本或者本真的样貌。与其以停滞的观点来确定非物质文化的本真性,还不如以发展变迁的视野考察非物质文化的本真性。"① 这一主张与我国"非遗"的历史与现状十分吻合。昆曲的"原生态"最早只能追溯到"传字辈",现在已经没有人会演魏良辅时代的昆曲,甚至不知道那个时期的昆曲究竟是什么样子。再追溯下去,魏良辅原来也是"改革派",是他把"原生态"的昆山腔改成了细腻优雅的水磨调。那么,我们是否要还原、保护元末顾坚等人始创的昆山腔呢?恐怕未必。在"非遗"的某些领域,寻找"原生态"的结果往往意外地发现没有"原生态"。例如粤剧,一百年前唱的是"戏棚官话"而不是粤语。可见,最早的不见得是最好的,更不见得是我们要保护的对象。所以,一方面,利用录音、录像、数字化等手段,把目前活态的"非遗"技艺记录下来、保存下去;另一方面,要容许甚至鼓励某些"非遗"项目进行革新和发展。

"抢救和保护"不难理解,然而,"非遗"可以"创新和发展"吗?答案应当是肯定的。"非遗"的活态性,决定了它的表现形式、传承方式都必然是活态的、多途径的。

时代在变化,人们的生活也随之变化。在绝大多数的城市客厅,沙发已经取代了靠背椅,其根本的原因就在于沙发坐起来比椅子舒适。然而咖啡却没有取代茶水,因为茶比咖啡更适合中国人的口味。如此而已,岂有他哉!随着生活方式的发展、变化,包括"非遗"在内的各种文化表现形式也一定会与时俱进。用一句以往常说的话:这是不以人们的主观意志为转移的客观规律。

以往过春节,贴春联、放鞭炮、守岁、拜年、吃饺子等一系列民俗,现在没有必要亦步亦趋地照搬,尤其是不应该在高楼林立的城市燃放鞭炮。1991年,地处改革开放前沿的广州在全国率先禁放烟花爆竹。之后,其他一些城市也相继发布"禁炮令"。数年之后,不少城市实施开禁或部分开禁,致使每年都有因燃放烟花爆竹而造成建筑物起火、市民死伤的悲剧。至于因放炮引起的噪音、污染,更使本来就难以治理的PM 2.5(细颗粒物)问题雪上加霜,直接危害大气环境质量和人体健康。看来,人们的健康生存问题"倒逼"春节习俗的改革已是迫在眉睫。

以往演影戏用油灯,现在用电灯,有何不可?以往客家山歌的舞台在山区,现在

---

① 刘晓春. 谁的原生态?为何本真性——非物质文化遗产语境下的原生态现象分析. 学术研究, 2008 (2): 155.

搬到城市的公园，唱歌的主要目的从找对象变成自娱自乐，有何不可？以往写毛笔字用墨锭在砚台中研墨，现在直接用调制好的墨汁，有何不可？至于各类手工技艺，也在发展变化。正如高小康教授所说："手工艺在发展中并不是一成不变地完全采用徒手和手工工具进行制作的，从最简单的人力机械到电动机械和仿形、复制技术，现代科技一点点地渗入工艺品制作技艺中。"①

那么，"非遗"是不是可以无限度地改革、变化呢？也不是。过度强调"原汁原味"做不到，而无限度地发展、变化，则有可能使"非遗"消失，更不可取。我国有"过犹不及"的成语，是说事情做得过头，就跟做得不够一样，都是不合适的。这里的关键是对"度"的准确掌握。美学家李泽厚把"度"开掘发展成一个哲学范畴，他认为世间做任何事物都有一个"度"的把握问题。"非遗"的传承与保护也如此。

三

如何精准地掌握"非遗"传承与保护方面的"度"的问题，其实也就是如何正确掌握继承与创新的关系问题。这是个老生常谈的话题，却又是个很难一概而论的问题，而只能是具体项目具体分析。例如书法艺术，就只有一个书写者艺术造诣的高下和个人风格的差异问题，基本上不存在"过"和"不及"的问题。

汉字书法，现在一般指的是用毛笔书写的艺术，然而甲骨文是用刀把汉字刻在龟甲兽骨上，金文是把汉字铸刻在青铜器上。随着毛笔成为常用的书写工具，用毛笔写字几乎成为文化人记事、抒情和交流感情的唯一途径，毛笔书法艺术就在这样被广泛实用的背景下逐渐成熟起来。近代以来西方的书写工具传入中国，用硬笔书写比毛笔书写更方便，从而使毛笔书法逐渐淡出实用而走向艺术化。然而，今日的毛笔书法，除在用途方面发生了改变之外，其书写方式——由书写人操笔、运笔走字——书法艺术的核心，仍被大体完整地延续下来。而砚台（例如端砚、歙砚等）以及笔、墨、纸的制作方法都成了另外的"非遗"项目，砚台本身也被艺术化，成为工艺品、收藏品。在书法艺术中，书写方式没有变，但书写者个人的艺术造诣与艺术风格，仍大有创新的空间。汉字书法昭示了一条"非遗"从实用到艺术化的途径，这是一条自然形成的传承途径，特别值得回味与借鉴。可以判断，随着键盘打字的普及，硬笔书法也将从实用逐步走向艺术化。

上文已述，人为介入"非遗"的改革也是必要和必须的，因为"非遗"从来都是活态传承。今天的京剧艺术，就是经过程长庚、谭鑫培、梅兰芳三代艺术家前赴后

---

① 高小康. "红线"："非遗"保护观念的确定性. 文化遗产，2013（3）：6.

继不断改革的产物。更要强调的是，保护"非遗"的目的不是为了发思古之幽情，而是为了今天和未来。保护文化表现形式的多样性，是为了使今天的生活多姿多彩，也是为了创造明天的新文化。所以京剧改革可以不必担忧京剧姓不姓"京"，反正我们已经有了音配像，有了数字化，可以永久保存当代京剧艺术的音像资料。也不要担心艺术家对蒙古族的呼麦、侗族大歌、昆曲、川江号子进行的包装和润色会不会伤筋动骨，因为只有这样才能使"非遗"从偏僻的乡村进入大都市的红氍毹。说不定，这些"非遗"项目一旦受到年轻人的欢迎，一流的作品就此诞生了，青春版《牡丹亭》就是一个成功的例子。

至于作家艺术家受"非遗"的启发或从某些"非遗"项目中汲取营养和艺术元素，创作出新的艺术品种和艺术作品，就更是值得赞许的艺术创新工作。杨丽萍从傣族孔雀舞中汲取营养创作出超凡脱俗极具魅力的新孔雀舞，郭颂等人创作的《乌苏里船歌》汲取了赫哲族古老民歌《想情郎》、《狩猎的哥哥回来了》的元素，雷振邦改编的《花儿为什么这样红》则汲取了塔吉克族民歌《古丽碧塔》的元素。令不少人感到意外的是，当记者问塔吉克族男高音歌唱家阿洪尼克，你更喜欢的是"原生态"的《古丽碧塔》还是雷振邦改编的汉语歌曲《花儿为什么这样红》时，阿洪尼克毫不迟疑地回答：是后者。如今，在新疆塔吉克族，会唱《古丽碧塔》的民间歌手已经很难寻觅，但《花儿为什么这样红》则到处传唱。对于这类文化的"转基因工程"或者艺术的"嫁接"、"移植"工程，应采取宽容、包容乃至鼓励、赞许的态度，只要作者表明了所借鉴的艺术元素的来源，便不应追究其知识产权问题。

但我们反对为了发展旅游、发展经济或者其他功利目的而挖掘、制造出来的伪民俗、伪"非遗"。何谓"伪民俗"、"伪非遗"？简言之，就是把已经消失多年的，与人们的生活已经格格不入或完全脱节的旧习俗包装之后再堂而皇之地以"民俗"、"非遗"的名目出现，例如把鞭土牛习俗赶上北京的大街就十分不妥。此外，某些地方把消失多年的祭孔和祭祀黄帝、炎帝、伏羲仪式重新恢复起来，是否必要以及效果如何都值得讨论。还有，某些地方把完全机械化或基本机械化了的项目当做"手工技艺"申报，成功进入"非遗"名录。这不是"非遗"的发展和创新，而是作伪。

四

最后，谈谈如何解决文化的"优胜劣汰"规律与"非遗"保护中的"濒危优先"原则的矛盾。

尽管达尔文所发现的生物进化规律即优胜劣汰、适者生存规律是否可以运用到人类社会至今还是一个颇有争议的话题，但人们不难发现，保存至今的非物质文化遗产，几乎全都是曾经或仍在受到某时某地某一社区人们认同、推崇的优秀文化。换言之，在长期的生活生产实践中，优秀的文化得以保留、发扬，而劣质的文化则逐渐遭到淘汰。而所谓"优"与"劣"的鉴别，除了以是否符合人们的生存和生活需要为基本的判定标准之外，主要指的是精致与粗劣这一层含义。在千百年来的生存竞争中，精致的文化品种容易脱颖而出，得到较多的呵护，生命力相对旺盛；而粗劣的品种则处于弱势地位，容易被边缘化。这一情况不仅贯穿在整个文化发展的历史长河中，也反映在我国现存的"非遗"项目的生存与保护状况中。

《中国非物质文化遗产保护发展报告（2012）》指出，在传统戏剧、传统舞蹈、传统美术等领域，"荣益荣、损益损"的现象十分突出，而且有愈演愈烈之势。传统戏剧中京剧的生存状况最好。其专业院团几乎覆盖到全国各省市区，有强大的票友队伍，并有专门的高校（中国戏曲学院）培养人才，有国家领导人的喜爱和支持，全国政协有"京昆室"，京剧演员中全国政协委员、人大代表人数之多令人咋舌，加之国家财政的支持，无疑对京剧的保护、振兴极为有利。京剧受到如此礼遇很大程度上是名至实归，是优胜劣汰规律的体现。但所谓"天下第一团"的情景就惨不忍睹了。这些剧种虽说也是"国家级""非遗"，但往往只剩下一两个剧团在演戏，团长评一个中级职称都要"走后门"，更不用说一般演员。也就是说，在"非遗"内部，各品种、各项目之间的生存状况本来就有很大差异，实施"非遗"保护以来，这种情况并没有得到有效的遏制与扭转。各类"非遗"项目生存状况的差异，是我国现阶段城乡差异的一个表现："乡一级的文化传承保护中许多问题不能得到落实，而村一级几乎无能力开展任何活动。政府有关扶持文化的资金投入在不断加大，但都不能落实到基层的农村。"①

有关方面显然早就注意到这种情况。联合国教科文组织《保护非物质文化遗产公约》第13条规定："鼓励开展有效保护非物质文化遗产，特别是濒危非物质文化遗产的科学、技术和艺术研究以及方法研究。"《公约》在设立"人类非物质文化遗产代表作名录"之外，专门设立"急需保护的非物质文化遗产名录"。《中华人民共和国非物质文化遗产法》第六条规定："国家扶持民族地区、边远地区、贫困地区的非物质文化遗产保护、保存工作。"第二十五条规定："制定非物质文化遗产代表性项目保护规划，应当对濒临消失的非物质文化遗产代表性项目予以重点保护。"这些条文规定都很到位，问题只在于落实。

不过，文化的"优胜劣汰"规律与"非遗"保护的"濒危优先"原则明显存在矛盾。因为，"濒危"的、容易消失的往往是相对粗糙的东西。从这个角度看，"非遗"保护也不能停留在"原汁原味"止步不前，而要在去粗取精、提高优化方面多

---

① 康保成. 中国非物质文化遗产保护发展报告（2012）. 北京：社会科学文献出版社，2012：51.

下功夫。对于濒危项目，政府的财政投入固然十分必要，但提高项目自身的造血功能更不能忽视。而这是一项需要政府、专家、传承人共同努力、长期坚持才能生效的艰苦的文化创新工程。

同一种有价值的"非遗"项目，可能同时有许多保有人，但各人的技艺参差不齐。俗话说"三百六十行，行行出状元"。同样都是影戏操纵者，能玩到齐永衡那样令人叹为观止的地步的实在是凤毛麟角。各类表演艺术、手工技艺，都或多或少拥有一些出类拔萃的传承人，这就是日本所说的"人间国宝"，是最值得珍惜、值得重视的。在竞争激烈的现代社会，传统技艺如果没有吸引人眼球的"绝活"，是难以生存下去的。优胜劣汰，大致如此。所以，"濒危优先"绝不止是简单的财政投入。政府、专家和传承人共同努力，抢救和保护每一位"人间国宝"，抢救和保护每一项"绝活"，并且创造出新的"人间国宝"和"绝活"，这才是"非遗"保护的根本任务。

就如同地层累积一样，文化也在不断地积淀，许多"非遗"项目都刻有不同时代文化的印记。没有不消亡的文化，但优秀的文化纵使消亡之后也能对后世文化产生积极的影响。古希腊文明已经消亡，但它的文化基因还在，它在哲学、科技、数学、医学、文学、戏剧、雕塑、绘画、建筑等方面至今还在影响着我们。今天保护"非遗"，不奢望它们永不消失，而是相对延长它们存世的时间，最大限度地提取它们优秀的文化基因，发挥它们的正能量，让它们在文化积淀中刻下更深的印记，放射出更耀眼的光辉，并且为当今和未来的文化创新架桥铺路。联合国教科文组织发起的保护非物质文化遗产活动，其积极意义也就在此吧？

以研究"非遗"保护中的问题为己任的中山大学中国非物质文化遗产研究中心，克服了人员编制不足等不利因素，不断取得新的成果，在海内外的影响也越来越大。前几年，我们曾经委托中山大学出版社出版了一套《岭南濒危剧种研究丛书》。最近，我们又将陆续出版《中国非物质文化遗产研究丛书》。这套丛书包括钱永平的《UNESCO〈保护非物质文化遗产公约〉述论》、宋俊华等的《非物质文化遗产保护研究》、欧阳光主编并参与写作的《中国非物质文化遗产法制建设研究》和我主编并参与写作的《中日韩非物质文化遗产的比较与研究》等四部论著。这套丛书，一定程度上代表了我们对"非遗"保护中相关问题的认识水平。在这套丛书即将出版的时候，简单谈谈我个人对"非遗"的改革、创新及其他问题的看法，以作本套丛书的代序。

康保成
草于中山大学中国非物质文化遗产研究中心
2013 年 7 月 30 日

目　录

引言 …………………………………………………………………………… 1

第一章　《保护非物质文化遗产公约》的产生和影响 ……………………… 4
　第一节　《保护非物质文化遗产公约》产生的国际背景 ………………… 4
　第二节　《保护非物质文化遗产公约》的酝酿及相关争论 ……………… 8
　第三节　《保护非物质文化遗产公约》草案的形成及出台 ……………… 20
　第四节　《保护非物质文化遗产公约》的影响 …………………………… 48
　小　结 ………………………………………………………………………… 55

第二章　对《保护非物质文化遗产公约》中非物质文化遗产术语和概念的再探讨 …………………………………………………………… 57
　第一节　理解文化遗产的三个关键理念 …………………………………… 58
　第二节　理解非物质文化遗产术语和概念的不同视角和争议 …………… 68
　第三节　非物质文化遗产的形态特征 ……………………………………… 84
　第四节　非物质文化遗产术语和概念对非遗保护工作的影响 …………… 101
　小　结 ………………………………………………………………………… 110

第三章　非物质文化遗产保护的文化多样性原则 …………………………… 112
　第一节　UNESCO通过《世界文化多样性宣言》和《保护和促进文化表现形式多样性公约》的背景 ………………………………… 112
　第二节　UNESCO关于全球化和文化多样性的观点 …………………… 117
　第三节　文化多样性与文化遗产保护 ……………………………………… 121
　第四节　我国非物质文化遗产保护的文化多样性取向 …………………… 134

小　结 ··· 149

第四章　非物质文化遗产保护的社区参与原则 ······································ 151
第一节　非物质文化遗产保护的社区参与和人权、知识产权 ·················· 153
第二节　《保护非物质文化遗产公约》对"社区参与"的界定及相关
　　　　问题的讨论 ··· 169
第三节　非物质文化遗产保护中的社区参与原则 ································ 183
第四节　我国非物质文化遗产保护中的社区参与问题 ··························· 190
小　结 ··· 210

第五章　非物质文化遗产名录的建构和社会互动 ······································ 211
第一节　非物质文化遗产名录与价值评定 ·· 212
第二节　非物质文化遗产名录建构与国家、民族、族群认同 ·················· 222
第三节　文化遗产名录申报过程中的各方博弈 ··································· 233
第四节　我国非物质文化遗产名录建构中存在的问题 ··························· 241
小　结 ··· 247

第六章　非物质文化遗产保护方式 ·· 249
第一节　非物质文化遗产的保护与保存 ·· 249
第二节　非物质文化遗产的活态传承与本真性 ··································· 254
第三节　非物质文化遗产的生产性保护与产业化 ································ 261
第四节　非物质文化遗产的整体保护与形态传承 ································ 269
小　结 ··· 290

结　论 ··· 292

主要参考文献 ··· 296

附录一：UNESCO《保护非物质文化遗产公约》部分文件信息出处 ············ 310

附录二：本书主要专用术语全称及其缩略语 ·· 312

后　记 ·· 313

引　言

在我国展开非物质文化遗产（以下简称"非遗"）保护前，诸如戏曲等民间文化正逐渐退出日常生活，这在笔者看来是再正常不过的事情。非遗保护开始后，许多学者从民族文化命运的高度展开非遗保护原因的宏大论述，但我们这一代大部分人对许多受到保护的传统文化表现形式很难谈得上喜欢，也几乎没有真正地接触过它们，无法理解那些非遗究竟"有什么好"。曾存在于笔者个人心里的真实想法是：社会发展如此迅速，非遗如戏曲等虽是我国民族文化的代表，但也只是娱乐。何况当代已经有了替代它的娱乐方式，我们明明不喜欢戏曲等，为什么还要保护？因此，直觉上认为，非遗要存在下去，就应被大力开发、创新，以适应当代情境。很长一段时间内，笔者本人非常关注的就是有关非遗开发、利用方面的研究，想从这一角度找到非遗在当代成功传承的佐证。

上述想法的转变是从博士阶段认真了解、接触、体验非遗开始的。此时笔者从心里也才明白那个简单的道理：非遗能够跨跃时空传承下去，必是那些内心真正热爱它的人努力的结果。由此开始思索，在人们对非遗陌生、轻视观念普遍存在的情况下，非遗保护工作采取何种专业态度才能最大程度排除此类观念的干扰。逐渐地也理解到，当代把存在于现实中的某一类文化表现形式视为专门保护的对象，本质上反映的是不同社会群体对自身文化、传统的思考和判断，从这个思考和判断的过程中形成的文化观念，决定了人们在文化遗产保护实践过程中对现实客观对象的取舍。

而伴随着2003年联合国教育、科学及文化组织（UNESCO）《保护非物质文化遗产公约》①（以下简称"2013年公约"）的出台，十年时光使非物质文化遗产这一术语为我国大众所熟知，它们的传承和保护也成为不同社会群体所关注的焦点议题。

---

① 在我国，因翻译导致不同中文版2003年公约具体文本内容存在差异。本文以UNESCO官网公布的《保护非物质文化遗产公约》基本文件（2010版本）的中文译本为讨论依据。

毋庸置疑，2003年公约是我们认识和理解非遗保护最重要的理论依据。我国于2004年加入2003年公约，是该公约第6个缔约国，我国非遗保护也是在这一国际公约的推动下迅速展开的。那么影响、决定2003年公约下保护实践的文化观念是哪些？2003年公约文本提及的关键概念透露出哪些深意？其背后不同的学术思考和发展脉络是什么？这些引起了笔者的注意。

虽然我国是较早加入2003年公约的缔约国，但诸如此类的问题及UNESCO提倡、推动的文化理念我们还不是十分清楚，也还没有与我国非遗保护实际很好地衔接起来。因此，结合我国非遗保护情况，笔者围绕2003年公约中的重要内容展开讨论，以期对我国非遗保护提供关于2003年公约的基础性认识。

作为政府间国际组织，UNESCO致力于通过文化推动世界各国交流和不同社会的和平，由UNESCO发起的各类文化项目主要服务于上述宗旨。1972年，UNESCO《保护世界文化和自然遗产公约》（以下简称"1972年公约"）的诞生，刷新了人们的文化遗产保护观念为主旨，这一国际公约以文化遗产的"突出的普遍价值"和"人类共同遗产"文化理念为主旨。1972年公约缔约已四十来年，随着时代发展，通过《世界遗产公约操作指南》对物质文化遗产保护实践不断进行修正，已对各国文化遗产保护实践产生了深远的影响，有力推动了文化遗产的学术研究。

除1972年公约外，2003年公约是目前国际文化遗产保护领域的又一个重要国际法律文件，该公约前言阐明了支配非遗保护的文化观念，出现了文化多样性、社会可持续发展、全球化、社区、原住民、非遗及非遗保护重要意义等关键术语。概念界定层面表明了对非遗内涵的理解，其各项条款逐一规定了具体保护方式、运行机制及缔约国保护责任等。

2003年公约的本质目的在于使全世界意识到非遗的重要性，这种重要性关系到与人类生存攸关的文化多样性和社会可持续发展，保护宗旨在于改变以往人们对非遗的文化态度。在具体保护实践方面，2003年公约鼓励社区参与到非遗保护过程中来，这成为文化遗产保护方式上的重要变化，推动地方社区民众发挥主观能动性去认识、理解世代相传的非遗，重新营造地方民众对非遗足够尊重的社会氛围，培育民众重新发现非遗以及持续传承的能力，支持文化多样性基础上的文化交流和对话。

我们也可以看到，围绕2003年公约，国内学者对部分内容已有介绍和分析①。但到目前为止，因各种原因，关于UNESCO 2003年公约产生过程及保护理念、意义的解读尚不深入。除对2003年公约中非遗概念分析较多外，对其他条款以简单引用

---

① 参见巴莫曲布嫫．非物质文化遗产：从概念到实践．民族艺术，2008（1）：6－17；李春霞．遗产：源起与规则．昆明：云南教育出版社，2008：87－168。

居多。"UNESCO 在世界范围内实施非物质文化遗产认证以来,有关这一工作的内涵、意义以及它背后的思想文化观念,在各个社会阶层、领域以及各地传播还很有限……"[①] UNESCO 非遗保护工作负责人塞西尔·杜维勒谈及在我国开设 UNESCO 非遗培训班时指出,"由于各国对于 2003 年公约的理解和关注的问题不尽相同,而且大多数国家缺乏熟悉公约和非遗保护研究的专家,因此在切实开展非遗保护工作时,往往遭遇不同的难题。各国要增强履约能力,必须有既了解本国情况又熟悉公约的保护专家"。[②]

而从学科建设角度而言,我国非遗保护的研究仍处于起步阶段。在我国千年农业文明历史长河中,各地形成了数量、类型都十分丰富的非遗,这促使我们必须要认真思考如何定义、阐释非遗和展开非遗保护,建立起自己的文化遗产体系。对 2003 年公约的持续、深入解读是研究非遗保护不可缺少的重要部分。在上述基础上,结合我国的非遗保护实际,科学、正确地理解 2003 年公约的关键概念,对影响、决定非遗保护实践的理念做出自己的阐释。

[①] 傅谨. 薪火相传:非物质文化遗产保护的理论与实践. 北京:中国社会科学出版社,2008:403.
[②] 叶飞. 把非遗的价值及精神传递给更多人——访联合国教科文组织非遗保护工作负责人塞西尔·杜维勒. http://www.ihchina.cn/inc/detail.jsp?info_id=3263,2011-06-01.

第一章 《保护非物质文化遗产公约》的产生和影响

第一节 《保护非物质文化遗产公约》产生的国际背景

UNESCO以公约国际法形式发起的非遗保护，对世界各国产生了重要影响。这一保护行动缘自人类对现代文明的反思、土著群体的抗争和发展中国家建设现代国家的需要。

从英国人瓦特在1769年发明第一台现代意义上的蒸汽机的那一刻，就宣告了人类工业时代的到来，西欧也成为世界上最早品尝到工业文明成果的地区。随着工业化进程的加快，到19世纪，世界上逐渐形成了以欧美为代表的西方工业强国，它们走的是殖民掠夺、大量消耗能源和原材料、严重破坏环境的工业化路子，对自然界造成了严重后果，也加剧了世界各国的不均衡发展态势，给广大发展中国家留下了沉重的经济和社会包袱。20世纪以来，广大新兴的发展中国家也开始了现代国家的建设，各国都面临重大选择：是走西方发达国家的老路还是探索出一条可持续发展的工业化新路。实际上，很多发展中国家长期被西方发达国家剥削，致使经济结构过于单一，不得不重走西方的老路，这种畸形经济发展模式迫使发展中国家往往以牺牲自然生态环境来换取经济的发展，虽然产生了短期效益，却显得后劲不足。

20世纪90年代，随着经济全球化的进行，以美国为首的西方发达国家致力于推动所谓的"世界民主进程"，文化全球化发挥了推波助澜的作用，使西方文明被标榜为文明样板，成为衡量他国社会发展的标准，给广大发展中国家的多元文明造成严重冲击。进入21世纪，欧美发达国家经济不景气，美元作为国际货币的地位受到一定冲击，近年发生的欧债危机更是将欧盟这个昔日的世界第二大经济体推到了风口浪尖，随着世界各国对石油等不可再生资源产品依赖程度的不断加深，各国围绕资源的争夺也日益尖锐，这些社会状况暴露出西方文明内在道德等方面的本质缺陷。面对新的社会发展情势，不同国家有着不同的价值观和不同的实践模式，世界格局正进入一个发生深刻变化的调整期。

其实，"二战"以后，世界各国就开始意识到，人类生存环境日益恶化的趋势已经危及人类未来，世界各国在寻找解决方法的过程中，与生态环保有关的传统、土著知识受到空前关注，许多国家在农业粮食生产、气候变化、生物物种等各生态领域实施了一系列项目。顺应这一潮流，1972年联合国人类环境大会（又称"斯德哥尔摩人类环境会议"）通过《人类环境宣言》后，UNESCO启动了"人与生物圈"计划（UNESCO's Man and the Biosphere Programme，简称MBP计划），在全世界范围内划定了大约500个生物圈保护区，以保护生物多样性丰富的地区。这些项目大都是在地方文化实践的基础上进行的，增进了人们对传统文化的重新理解和在新的社会条件下的应用，有的新认识在1992年巴西里约热内卢召开的联合国环境与发展大会上被纳入《生物多样性公约》（CBD），成为各国政治层面上的共识。其后一系列生态保护项目不仅突出传统文化的实用性，更重视生态与传统文化之间的整体内在联系。随着与生态领域密切相关的现代医学领域对传统医学认识的不断加深，基于传统地方文化的医药知识和医学治疗伦理不断被各国纳入国家发展战略，涉及降低国家经济损失、医疗体系、药物开发等方面，也为推动人类健康提供了重要启发。

与此同时，土著民族也不断为自身的生存权利展开了斗争。16世纪，欧洲掀起了全球范围的殖民运动，北美、大洋洲、欧洲、非洲之间发生了大规模的各种形式的人口迁移和流动。欧洲通过工业文明发展起来的强大军事力量，掠夺其他民族的土地、资源，开拓市场，转嫁工业危机，实施殖民剥削，完成了本国的工业资源积累。甚至可以这样说，殖民国家获得的利益有多大，土著民族受到的侵害就有多大。

长期以来，土著民族的抵制被视为非法，没有任何权利可言，包括作为物种的个体生命权，导致土著民族人口减少直至灭绝，也造成了与土著民族文化相互依赖的物种的消亡和生存环境的极大破坏，如北美野牛、旅鸽的灭绝。20世纪六七十年代，在经济开发过程中，包括来自国家支持的各种势力对土著民族世代生活的土地和其他自然资源展开了新一轮掠夺和生态灭绝，土著民族在国家现代化过程中付出了沉重的代价。土著民族终于认识到自己的生存危机并不在于传统文化的"落后"，而在于被外来力量剥夺了自身生存的各种权利。

为此，土著首先要使自己的生存获得社会的"承认"，于是开始成立社会组织，如1974年成立了"国际印第安理事会"（the International India Treaty Council），1975年成立了"世界土著民族理事会"（the World Council of Indigenous Peoples）等有国际影响的组织，展开各种活动，为获得"承认"而斗争。新成长起来的土著民族精通西方文化，在政治上也越发成熟，他们深刻意识到，寻求土著民族被承认的过程，亦即土著民众对自身文化身份认同的过程，土著文化遗产是他们寻求他者承认和自身身份认同的重要象征。这样，保护土著文化遗产与其生存发展权就发生了密切关联。

建立在"二战"后对殖民侵略思想深刻反思基础上的联合国，致力于实现世界和平和不同民族、社会群体平等的目标，奉行一切文化均有其尊严和价值的原则，重视弱势民族、群体的文化权利。1993年，联合国宣布该年为"世界土著国际年"（the International Year of the World's Indigenous People），1994—2004年为"世界土著国际十年"（the International Decade of the World's Indigenous People），开始起草《土著民族权利宣言》，并于2007年通过，为UNESCO展开土著文化遗产保护从理论上提供了有力支持[①]。

20世纪80年代以来，发展中国家在建设现代国家的过程中，为抵制西方的影响，传统文化成为重要的民族象征，保护非遗的呼声日益增强。在全球化进程中，发展中国家的迅速转型也引发了人们精神焦虑、不安的一面，在这种情况下，源自自我历史的传统价值观成为人们精神寄托的力量源泉，成为支持社会团结的内发力量。许多发展中国家在不断对比西方生活方式和本土生活的过程中，更加强烈地意识到了用源于自我历史的传统文化来维护民族精神的重要作用。这些传统文化蕴涵着文化价值观，但并不是抽象的知识教化，而是根植于生活中人们真实情感基础上的感性相传和细致的生活经验，有着生动的召唤力量，是文化认同和民族建构的宝贵财富。

不发达国家尤其是非洲国家在发展过程中，主动追求西方的认同或者得到西方国家支持的各种努力并没有使他们摆脱发展困境。相反，引入西方科学技术文化、社会模式导致环境恶化、贫富分化，这种主动或被动西化引入的失败使发展中国家付出了沉重的代价。发展中国家要在全球化时代获得彻底的自我发展能力，意识到自身的地方传统文化与西方文化，一样是社会真实生活的表现。若要在二者互惠之下取得社会发展，前提是挽救那些地方文化。随着全球政治环境的变化以及对文化传统关注的升温，20世纪90年代中期以来，人们开始对非遗概念有了深切的认识，而且非遗概念的宣传和推广也在一定程度上满足了发展中国家增强民族凝聚力、增进民族认同的需求。"对于现代社会中文化力量与民族身份意识觉醒之间的关系，人们的兴趣也在增加。在某种程度上，这种觉醒是冷战后民族国家结构受到削弱的结果，对这种情况的一种反应就是借助表达无形文化来增强民族性，因为无形文化不仅蕴涵着历史根源，

---

① 廖敏文.《联合国土著民族权利宣言》研究. 博士论文. 中央民族大学. 2009.

更体现了宗教和民族价值。"①

生态人类学家哈里斯蒂指出人类作为生态系统中的创造性力量已带来各种新问题和无法预料的副作用。而生态系统保持稳定、平衡的能力取决于多样性和各自生物内部的联系②。从生态系统的观点出发，生物多样性与文化多样性是相通的，文化多样性同样是维持全球文化生态系统稳定的重要因素。将这一观点应用于社会发展中时，人们越来越认识到，如果世界文化差异日益成为西方文化主导的一统天下，这虽然可使若干政治整合的问题得以解决，却可能剥夺其他社会群体文化继续发展的可能，这将最终导致人类智慧和理想的消失。应对全球化进程中处于强势地位的西方文化对全球文化生态的破坏，文化多样性是化解危机的最好选择。

上述状况日益显示出传统地方文化的重要性，但以经济资本为开路先锋的全球化进程，使许多人进入全球化带来的"文化丰裕"时代的同时，全球化那种藐视任何文化精神的强劲驱动力，以其不平等和不对称的一面，也使世界上更多社会群体的文化创造变得更加遥不可及，其传承的文化尤其是非遗受到严重威胁，主要有以下表现：

◆ 经济一体化的加速，语言多样性正在迅速消失。
◆ 因全世界标准化教育、全球化大众传媒、大众旅游的发展，年轻一代对于地方传统日益陌生。
◆ 各国经济发展中的城市化进程，使得各国许多非遗被传承的机会减少甚至传承中断。
◆ 许多发展中国家严重缺乏保护的资金和技术力量。
◆ 日益成熟的大众消费社会导致传统民俗的商业化。

在全世界经济一体化、现代化、城市化高速发展过程中，许多地方、民族文化表现形式自我调节能力变弱，出现濒危。但人们日益认识到，吸纳外来文化和继承传统文化其实并不互为排斥，相反，两者能在不断交融中激发适应地方的文化生命力，维持文化多样性。这样看来，从人类整体文化命运的高度出发，2003年公约的出台就有着重大的世界性意义。

---

① 爱川纪子. 无形文化遗产：新的保护措施//联合国教科文组织. 世界文化报告2000：文化的多样性、冲突与多元共存. 关世杰，等译. 北京：北京大学出版社，2002：163.
② （美）唐纳德·L 哈里斯蒂. 生态人类学. 郭凡，邹和，译. 北京：文物出版社，2002.

第二节 《保护非物质文化遗产公约》的酝酿及相关争论①

一、UNESCO 对民俗和传统文化的保护

早在1972年公约成立之初，UNESCO 展开物质文化遗产保护时，玻利维亚1973年4月就民俗保护已向 UNESCO 建议，在《世界版权公约》中加入保护各国大众艺术（popular art）和文化遗产的条款，这份建议没有获得成功。但沿着这一建议的思路，世界知识产权组织（WIPO）和 UNESCO 合作展开了民俗方面的保护行动，但从知识产权领域展开的保护几乎没有实质性进展②。这一时期的 UNESCO 还没有想到用专门的项目展开民俗保护，而1972年公约也主要集中在物质文化遗产方面。但玻利维亚的这份提案，却使人们注意到了文化遗产中的"非物质"方面，但 UNESCO 1982 年也只是设立了一个"保护民俗的专家委员会"（Committee of Experts on the Safeguarding of Folklore）和一个"非物质遗产部"（Section for the Non-Tangible Heritage），非遗在 UNESCO 的角色相当边缘，几乎没有政治和经济方面的支持。

（一）1989 年《关于保护传统文化与民俗的建议案》的失败

至2003年公约产生之前，UNESCO 以保护非遗为宗旨的第一个且仅有的一个里程碑文件是1989年的《关于保护传统文化与民俗的建议案》（the Recommendation on the Safeguarding of Traditional Culture and Folklore 1989，以下简称"1989年建议案"③）。UNESCO 出台这份文件的具体过程李春霞有较为详细的介绍④，从中我们可以看到，较之1972年公约，1989年建议案最特别的地方就是发现了不同于精英阶层的文化遗产类型——民俗。

UNESCO 1989年建议案的实施并不成功，没有在成员国中产生相应的效果。爱川纪子就此指出，1991年，只有6个国家响应 UNESCO 的呼吁，提交了本国关于1989年建议案的执行效果的报告。成员国对此缺乏兴趣在于它是一个软性法律，没

---

① 鉴于我国非遗研究实际需要，非遗公约产生的学术、历史脉络是本研究的重要组成部分。本章第二节、第三节内容是笔者在参与非遗公约制定的学者爱川纪子、Janet Blake、洛德斯·阿里斯佩等人的论著和其他研究者论文，以及 UNESCO 官网公开文献的基础上重新编译而成，为尊重原文著者及版权，本章第二节、第三节内容不为第三方提供任何形式的引用或公开发表，若有研究需要，请参阅英文原著。
② 非遗知识产权方面的保护相关状况参见巴莫曲布嫫. 非物质文化遗产：从概念到实践. 民族艺术，2008（1）：6-17。
③ 这一英文文件也有翻译为《保护民间创作建议案》者。
④ 李春霞. 遗产：源起与规则. 昆明：云南教育出版社，2008：87-97。

有约束力，也没有给 UNESCO 任何特定的权力，更没有解释它应该如何实施。或者，这可能是由于1989年建议案想把两种完全相反的保护方式即"综合保护"（the global approach）和"知识产权保护"（the intellectual property right approach）结合在一起，导致了它的失败。这两种保护方式的不同之处在于：知识产权保护是综合保护的一部分，但综合保护更接近于博物馆式的保护方法，而知识产权保护则是采取严格的特别法保护方式①。其中博物馆式的保护方法重点放在了科研机构的调查、研究层面，倾向于将民俗用各种记录媒介、博物馆收藏方式转变为有形固定形式加以保存、展览、维护。这种静态保护方式，正是意识到活态民俗的保护难度而采取回避的一种做法。

（二）"世界文化发展十年"行动项目中的非遗保护

不过，UNESCO 并没有因1989年建议案受挫而放弃对非遗的关注。1987年，77国集团和一些北欧国家通过一个以 UNESCO 为主要机构来执行的"世界文化发展十年"（World Decade for Cultural Development）项目，集中于文化遗产保护政策与文化认同、发展主题，这个项目在全世界130多个国家展开了1000多项行动，涉及狂欢节、音乐节、口头传统、振兴妇女传统手工艺。在地方和国家层面的反响很强烈，但这个项目缺乏系统性的指导，因此没有保持下去。这个项目显然已经涉及我们现在所称的非遗，但这些行动没有在任何文化框架或国际文化政策中出现。

1993年，为在这个项目下的政策发展提供框架性原则和指南，瑞典和挪威代表建议成立一个世界文化与发展委员会。1994年，推动2003年公约制定的关键人物之一墨西哥人类学家洛德斯·阿里斯佩（Lourdes Arizpe）来到 UNESCO，负责文化方面的工作，参与了1995年世界文化与发展委员会《文化多样性与人类全面发展：世界文化与发展委员会报告》的撰写，倡议、呼吁保护传统口头和文化表达形式。这份报告指出："……（1972年公约文化遗产）形式的分类对某些国家并不适用，因为在它们国家的传统里，文化创造力通常集中于其他形式的文化表达，比如手工艺品、舞蹈和口头文化传播。虽然全世界有143个国家②签署了这项公约，但发达国家从中得到的好处远远高于发展中国家和不发达国家。为保护世界范围内其他形式的文化遗产，我们必须采取新的手段。"③ 这一观点引起了人们对非遗的兴趣，为非遗保护理念的出现做了很好的铺垫。

---

① Noriko Aikawa. An Historical Overview of the Preparation of the UNESCO International Convention for the Safeguarding of the Intangible Cultural Heritage, Museum International, 2004 (1-2), Vol. 56: 137-149.
② 至2011年6月20日第35届世界遗产委员会会议召开之前，1972年公约已经有187个缔约国。
③ UNESCO，世界文化与发展委员会. 文化多样性与人类全面发展——世界文化与发展委员会报告. 张玉国，译. 广州：广东人民出版社，2006：111-112.

洛德斯·阿里斯佩在其回忆中提到，1994年UNESCO在评估1972年公约下的《世界遗产名录》时，收到许多发展中国家对《世界遗产名录》过于欧洲化的批评，使得世界遗产委员会（WHC）将更多文化遗产类型包含在1972年公约体系下，如新建的现代城市、文化景观、女性或其他团体的文化遗产等。由于文化景观、女性或其他团体的文化遗产与我们现在所说的非遗直接相关，为此，UNESCO开始正式讨论是否在1972年公约《世界遗产名录》体系下把非遗包含进来，但1972年公约基于物质文化遗产发展出来的保护理论和运行机制并不完全适用于非遗，她强烈反对这个提议，认为重新制定一个新的国际公约来处理非遗更为妥当。① 结合上文可以看出，洛德斯·阿里斯佩的这一观点在1995年的世界文化与发展委员会报告中得到了体现。

（三）UNESCO"非物质文化遗产国际咨询会议"和"人间珍宝体系"项目

1992年，UNESCO总干事费德里科·马约尔（Federico Mayor，1987—1999任UNESCO总干事）启动了一项在物质文化遗产保护项目下的"非物质文化遗产"的子项目，得到了同年创立的"UNESCO/日本保护和促进无形文化遗产信托基金"②的支持。正是这一项目，为非遗这一概念的产生提供了机遇。1993年6月16～17日，UNESCO在巴黎召开"非物质文化遗产国际咨询会"，这次会议取得了以下成果：③

第一，提出在UNESCO正式成立"无形文化遗产部"，专门推动非遗保护。

第二，根据此次会议报告，显示出对非遗概念有了新的理解，把存在于乡村、少数民族民众中的艺术类和语言类的非遗作为UNESCO优先展开的项目。在非遗选择标准方面注意以下方面：认识到非遗的持续变化特性，保护绝不是将它们变为标本；对社区民众的尊重；确保他们参与到各个层面的非遗保护过程中来；避免把物质文化遗产的保护方法应用于非遗保护等。会议对UNESCO在非遗保护方面扮演的角色、优先项目涵盖的范围、目标、行动类型和干预方法进行讨论后，确立了6个优先进行的非遗保存和振兴计划，分别在全球5个区域进行试点研究：①越南：非遗的保存和复兴；②尼日利亚：传统音乐的振兴；③葡萄牙：在中欧和东欧创建关于非遗保护、振兴和传播状况的调查机构网络；④突尼斯：传统音乐和舞蹈的训练和搜集；⑤墨西哥市：非遗的记录保存。而第6个计划则是就濒危语言由国际哲学和人文科学

---

① Lourdes Arizpe. The Cultural Politics of Intangible Cultural Heritage // Janet Blake. Safeguarding Intangible Cultural Heritage: Challenges and Approaches (A Collection of Essays). Builth Wells: Institute of Art and Law, 2007: 32-35.
② 该基金运作目标、相关计划等参见 http://www.unesco.emb-japan.go.jp/pdf/brochure_intangible_uk.pdf。
③ 参见UNESCO会议文件：International Consultation on New Perspectives for UNESCO's Programme: the Intangible Cultural Heritage，文件号：CLT/ACL/93/IH/01。

理事会（International Council for Philosophy and Humanistic Studies）负责出版一本红皮书。

第三，韩国建议发起"人间珍宝体系"（World List of Living Human Treasures）计划，鼓励各个国家对那些非遗成就杰出的传承者予以官方认可，借此增强他们自觉传承的原动力。

受这次专家会议的鼓励，韩国于1993年6月30日向UNESCO执行局（UNESCO's Executive Board）提交了"人间珍宝体系"议案。虽然UNESCO执行局对这项议案所抱的"雄心"持保留态度，但仍对这项计划分步骤进行。UNESCO执行局在第142次会议上通过了"人间珍宝体系"决议，将"人间珍宝"正式定义为"拥有生产人们生活中优秀文化产品，以及确保非物质文化遗产得以持续所拥有的高超技能和技术的人。"① UNESCO起草了这项计划的指南，这一项目旨在鼓励各成员国以积极有力的措施在所有层面保护传统文化，推动各国理解这一项目，并在有关国家展开培训计划。这些措施包括五个方面：

◆对传统技艺、技能等文化全方位的持续、创造、传统和发展予以保护。
◆官方承认那些传承并保有传统智慧的人，授予他们为"人间珍宝"，并给予相应补贴。
◆通过"人间珍宝"的传承授徒，确保传统文化的持续和发展。
◆鼓励年轻一代学习传统文化技艺。
◆采取措施培养年轻一代传承传统文化，如传统技艺和技术。

1993年的"非物质文化遗产国际咨询会"专家会议，不仅对非遗有了重新理解，而且因为试点计划的进行，从中获得的实践经验充实了对非遗的学术认识。10年以后，我们再次回顾这次会议文献记录内容，可以看到，这次会议奠定了非遗保护最初的基调。爱川纪子也指出，这次专家会议促成的"人间珍宝体系"实施结果表明，这一项目产生的影响已经不止是提高了各国对非遗的认识，因为其背后的理念对亚洲国家尤其是东亚国家而言，是比较容易理解的。但是，对亚洲之外的其他国家，听起来则是陌生和复杂的提法。由于UNESCO向全世界的推广，不同国家对"人间珍宝体系"的讨论，逐渐认识到传承者在非遗传承过程中的重要性，因之也深化了对非

---

① 李春霞. 遗产：源起与规则. 昆明：云南教育出版社，2008：113-114.

遗保护的认识。①

（四）世界知识产权组织对民俗的保护

在 UNESCO 之外，世界知识产权组织（WIPO）一直是致力于推动非遗保护的另一重要国际组织。1997 年 4 月，WIPO 和 UNESCO 在泰国普济岛联合组织召开了一次关于"民俗保护的世界论坛"会议（World Forum on the Protection of Folklore）②，旨在发起制定关于保护民俗知识产权（intellectual property rights of folklore）的国际法律文书。这一举措遭到从无偿使用传统表达中尝到甜头的国家的强烈反对。WIPO 在 1998—1999 年，广泛召集民俗文化相关利益者，包括原住民、地方社会、非政府间组织（NGOs）、政府代表、学术界和一些私人机构，进一步确认其获得知识产权保护方面的需求和传统知识、文化表达持有者的意愿。2000 年底，WIPO 成立了"智力产权和基因资源，传统知识和民俗"政府间委员会（IGC）。2001 年，这个委员会第一次会议讨论了用以加强传统知识和文化免于盗用（misappropriation）和滥用（misuse）保护力度的《条款草案》。WIPO 决定把遗传资源和传统知识包含到民俗知识产权保护范围中来，以扩大未来公约的范围。

这样的考虑大于 UNESCO 促进文化交流和推动世界和平的宗旨，UNESCO 没有参与相关的谈判磋商。为了回应成员国的要求，UNESCO 也需要探寻自身保护非遗的方式。就在这个时候，摩洛哥马拉喀什城的吉马·埃尔弗纳广场（Jemaa el-Fna Square）在城市现代化过程中的去留问题进入 UNESCO 的视野，吉马·埃尔弗纳广场作为一个活生生的现实案例，成为推动 UNESCO 以国际法律文书形式展开非遗保护的催化剂。

二、推动《保护非物质文化遗产公约》的转折点：马拉喀什会议

摩洛哥马拉喀什的吉马·埃尔弗纳广场是一个充满传统文化魅力的地方，吸引了来自世界各地的游客，但在城市化进程和商业利益面前，它的经济开发价值远远大于这个广场的历史、文化价值。20 世纪 90 年代中期，西班牙著名作家胡安·戈伊蒂索洛（Juan Goytisolo）在马拉喀什居住。这位精通阿拉伯语的欧洲作家，是熟悉吉马·埃尔弗纳广场的行家。他意识到了这个广场蕴涵的开放而传统的文化容量。但是地方政府正计划在这个广场周围修建一幢玻璃幕墙的高楼和地下停车场，这些计划威胁的

---

① Noriko Aikawa. The Conceptual Development of UNESCO's Programme on Intangible Cultural Heritage. Janet Blake. Safeguarding Intangible Cultural Heritage: Challenges and Approaches (A Collection of Essays). Builth Wells: Institute of Art and Law, 2007: 57.

② 李春霞. 遗产：源起与规则. 昆明：云南教育出版社，2008：96.

不仅是广场本身，而且也会摧毁活跃于广场的传统文化。为此，胡安·戈伊蒂索洛强烈呼吁保护吉马·埃尔弗纳广场，他表示道："一个传统表演者的消失所产生的后果会比200位最优秀作家的死亡还严重。"

为使这个广场在城市化进程中免遭取缔，1996年1月，胡安·戈伊蒂索洛通过他的出版商联系到了时任UNESCO总干事的费德里科·马约尔，建议总干事把吉马·埃尔弗纳广场以"人类口头遗产"的形式置于UNESCO的保护之下。机缘巧合，当时的UNESCO总干事费德里科·马约尔也是西班牙人，他认真考虑了这个建议。胡安·戈伊蒂索洛向UNESCO的呼吁引起了国际社会的注意，由于马拉喀什阿拉伯人聚居区在1985年已进入1972年公约下的《世界遗产名录》中，胡安·戈伊蒂索洛"口头遗产"的提法为吉马·埃尔弗纳广场的保护提供了新的理论前提。因西班牙作家胡安·戈伊蒂索洛所具有的地方和国际社会视野、影响力和UNESCO的开放性，并且在摩洛哥精英知识分子的努力下，摩洛哥在国家层面接受了UNESCO关于保护吉马·埃尔弗纳广场的建议①。

1996—1998年，UNESCO巴黎总部和来自非洲、亚洲、欧洲、美洲和摩洛哥的知识分子以及胡安·戈伊蒂索洛密切合作，围绕保护地方文化传统的想法，逐渐构思出一系列关于非遗保护、机构、程序等方面的框架。1997年6月26~28日，UNESCO在摩洛哥马拉喀什（Marrakech）召开"保护大众文化空间的国际咨询会"②（以下简称"马拉喀什会议"）。这次会议有11位国际专家和5位摩洛哥专家出席，绝大多数是来自人类学、民族学、文学、口头历史和社会学的专家，参加者还有演员、作家、诗人以及瓦努阿图和科特迪瓦的文化部长。专家们观察和研究马拉喀什吉马·埃尔弗纳广场的口头表演，在会议上讨论能否通过UNESCO在世界范围内建立一个能够引起国际社会注意到保护口头遗产迫切性机制的可能性。

以吉马·埃尔弗纳广场为案例，UNESCO需要权衡授予受到威胁的文化空间以国际认可时，会出现的各种不同可能性。为此UNESCO委托一位加拿大文化遗产法学专家Marc Denhez，做一份关于1989年建议案的法律评估并提交到马拉喀什会议上进行讨论，目的在于鼓励成员国注意到非遗的重要性。Marc Denhez审视了以往UNESCO相关荣誉授予计划和行动的不同框架，作为一个文化遗产法专家，他马上想

---

① Thomas M Schmitt. The UNESCO Concept of Safeguarding Intangible Cultural Heritage: Its Background and Marrakchi Roots. International Journal of Heritage Studies, 2008（2）: 95-111.

② 会议详细内容参见 Noriko Aikawa. From the Proclamation of Masterpiece to the Convention for the Safeguarding of Intangible Cultural Heritage // Laurajane Smith, Natsuko Akagawa. Intangible Heritage. New York and London: Routledge, 2009: 14-20.

到了1972年公约《世界遗产名录》机制，也研究了UNESCO其他奖励项目①的效果。Denhez考虑以1972年公约为蓝本起草一份新公约，或者重新设计1972年公约以涵盖非遗，认为这两种方式是比较合逻辑的解决方案。但是这两种方式的进行需要花费太多时间，并不能满足当下成员国的迫切要求，而且，1972年公约模式未必适合于非遗保护。Denhez的报告中就以下方面提出建议：

第一，在奖励项目的设立和目标方面，建议结合《世界遗产名录》评选和UNESCO的奖励体系来做一个新计划，命名为"宣布人类口头遗产"（Proclamation of the Oral Heritage of Humanity）。他认为UNESCO奖励机制对于提高全球非遗保护的意识是能够产生主要影响的，而且从程序上讲，奖励体系有着快速和切合主题的优点。就计划标题而言，他建议这个计划要有个尊贵的名称，以吸引支持并提高这个计划的捐赠者的声望。奖励项目的目标主要是，选定一些集中表现非遗和口头传统的"文化空间"予以官方承认，提高非遗相关利益者对非遗重要性的意识，鼓励社会各方参与到这些非遗保护活动中来。

第二，在奖励项目的评审标准方面，他建议沿用1989年建议案中的关于"传统文化和民俗"的定义，但运作这一项目时，应兼具文化标准和组织性标准：在文化标准方面，他以"人间珍宝体系"在不同国家的实践和1972年公约下的操作指南为例进行了说明，以较为简洁的形式归纳文化标准："本真性；创造性价值；技艺；它在当今社区的社会和文化角色，是社区文化传统和历史方面的见证；独一无二的特性和消失的危险。"他更为重视组织性标准，认为美国"盖蒂基金会"（Getty Foundation）的做法是可行的，强调在传承者和社区实践者所担负的主要角色方面要制定更为详细的标准。

第三，在奖励项目的运作方面，奖励项目的提名文件中应要求附有：

◆行动计划。
◆行动计划和1989年建议案措施的关系指南。
◆赋予社区相关权利来保护文化遗产，责任方与UNESCO有一个有约束力的合同。
◆相关奖励用于支持行动计划。

第四，建议成立一个评审会来制定上述标准和新计划的奖项设置，在评估相关文

---

① 如萨尔顿·卡布环境保护奖（the Sultan Qaboos Prize for Environmental Preservation）、联合国教科文组织和平教育奖（the UNESCO Prize for Peace Education）、费利克斯·乌弗埃—博瓦尼和平奖（the Félix Houphouët Boigny Peace Prize）、阿卡汗建筑奖（the Aga Khan Award for Architecture）。

件时，评审团应该考虑：

◆在确保相关文化价值的传承和保护中，政府当局和 NGOs 有相应任务（the mandate of public authorities and of NGOs）。

◆在非遗所在社区，提高民众对文化遗产价值和保护重要性意识的方法（arrangement）。

◆被指定的文化遗产传承者的角色。

◆促进地方社区保护他们文化遗产的方法。

◆文化遗产记录的方法。

◆推动传统传承者提高相关技艺、技术和文化表达方面的方法。

◆推动传统承担者向徒弟和年轻一代传递相关技艺、技术和文化表达方面的办法。

◆领奖者最好是本地 NGOs（recipients of an award should preferably be local NGOs）。

马拉喀什会议上，专家就 Marc Denhez 提交的"杰出的非遗文化空间荣誉体系"（System to Honour Cultural Space with Remarkable Intangible Heritage）的建议性报告进行了讨论，同意以《世界遗产名录》为蓝本把保护非遗的"宣布人类口头遗产"计划付诸实践，并对文化空间进行了界定："一个大众和传统的文化活动集中的地方，或者通常具有一定周期的，或者具有某一事件性的时间，这个地方的存在是依赖于文化表达形式的存在。"①

在马拉喀什会议上，与会者强调确保新计划的基金机制（基金/奖励）高效执行的重要性，而这项计划的原则性目标是鼓励政府、自治组织、NGOs 和地方社区开展关于自身口头文化遗产的确认、保存和弘扬方面的举措，应当遵循两个原则性标准：

◆突出普遍价值（exceptional universal value）的文化标准，强调文化空间的独特特征，尊重文化多元性表达和重视女性的角色。

◆组织性标准，强调实施保护措施时，要有社区的参与。在启动国家保护计划前，需要研究传统社会结构中非遗的代际传承机制、过程（traditional apprenticeships and processes）及与口头遗产有关的技艺传承过程。

---

① "Locations where cultural activities occur, having the characteristic of shifting over time and whose existence depends on the presence of these forms of cultural expression." 为参与会议的法国人类学家 Georges Condominas 给出的界定。

作为总干事的代表，UNESCO 前总干事助理 Albert Sasson 在马拉喀什会议致开幕词时宣布，最重要的事情就是 UNESCO 开始系统地展开这个项目计划，即使这个举措的内容和程序要经过持续而漫长的讨论。他说道："UNESCO 为了促进非遗保护，正准备一项国际公约，考虑非遗所包含的范围，这个过程将要花费相当长的时间，因为很难界定它，原因是这类文化遗产是非物质和逐步变化的。在启动新国际文书标准的程序之前，UNESCO 尝试引起成员国注意到这一状况，如果成员国对构成其认同来源的非遗再不采取措施保护它们，大量的非遗将面临消亡的危险。"

结合爱川纪子所阐述的马拉喀什会议成果和 Albert Sasson 的这段讲话，我们可以看到，UNESCO 正式拉开了制定 2003 年公约的序幕。虽然吉马·埃尔弗纳广场经过胡安·戈伊蒂索洛、摩洛哥精英知识分子和 UNESCO 的努力，被保留了下来，而那些在广场上从事传统文化活动的民众作为直接受益者并没有加入这个过程。他们作为非遗保护的客体目标，处于被动地位，但是广场却以他们的活动为根本，是与城市化对抗过程中保留广场的根本理由。因此，在马拉喀什会议上，无论是 Denhez 的报告还是参会专家，在表达对非遗予以国际性认可时，都感到必须采取务实的措施让地方社区意识到非遗的重要性。进一步地，社区参与非遗保护这一理念已经不是停留在模糊的想法之中，而是作为一个议题出现在各种讨论中。

以吉马·埃尔弗纳广场保护为契机，马拉喀什会议是 UNESCO 非遗保护历程中不可忽略的重要事件，对于从地方和国际层面引起对民间、传统文化保护的注意起到了推动作用。非遗保护理念也深受 1972 年公约的影响，发展出一个类似于 1972 年公约的非遗保护的国际文件的构想得到学术专家的支持，被提到 UNESCO 的日程上来。但因国际公约的形成耗时太长，转而选择了以设立奖励项目的形式来进行，因马拉喀什会议而产生的 1998 年 UNESCO《宣布人类口头与非物质遗产代表作》（the Proclamation of Masterpieces of the Oral and Intangible Heritage of Humanity）（以下简称"1998 年杰出代表作"计划）① 作为一个没有国际公约框架的奖励项目，是非遗保护对 1972 年公约下的《世界遗产名录》在实践层面的一次模仿。

---

① 根据相关资料，Masterpiece 在英文中具有"杰出"的意思，译为"杰作"会更准确，但我国已经习惯地称为"代表作"，本文为了理解方便，并与 2003 年公约下设立的"人类非物质文化遗产代表作"相区别，译为"杰出代表作"。

三、推动《保护非物质文化遗产公约》制定的实践和理论基础：1998 年"UNESCO 宣布人类口头与非物质遗产代表作"和华盛顿会议

马拉喀什会议后，1997 年 10 月，摩洛哥和几内亚①起草了一份决议草案（a draft resolution）提交给 UNESCO 第 29 届成员国大会，建议 UNESCO 设立标题为"宣布人类口头遗产代表作"（Proclamation of Masterpieces of Oral Heritage of Humanity）的计划。在大会讨论过程中，许多国家声援这项计划，建议这项计划应该优先进行，大会通过了这项决议。此后，这项新计划便开始出现在 UNESCO 的领导机构——UNESCO 执行局一系列会议的审议中。"宣布人类口头遗产代表作"经过无数次修改后，在 1998 年 9 月底，UNESCO 执行局第 155 次会议上通过了标题为"UNESCO 宣布人类口头与非物质遗产代表作"的计划，即正式的"1998 年杰出代表作"计划。

1999 年 10 月召开的 UNESCO 执行局第 157 次会议，针对"1998 年杰出代表作"计划，执行局中的一些成员国仍提出质疑，大部分是发达国家，仍激烈地讨论"杰出代表作"（masterpieces）术语、评审成员的选择方法、NGOs 的角色等问题。总干事的代表提醒执行局的成员，这已经是一个由前几次会议决定并执行的相关情况的报告，建议 UNESCO 执行局待一轮"1998 年杰出代表作"被宣布后再重新审视"1998 年杰出代表作"计划。

爱川纪子回顾"1998 年杰出代表作"计划实施过程时，指出这个计划几乎毁于一旦，但最后仍作为一项实验性计划实施。其中一个原因就是这项计划在 UNESCO 执行局第 157 会议上受到发达国家的强烈反对，尤其对 1999 年华盛顿会议的提议有所提防。因为他们已经意识到，"1998 年杰出代表作"计划的进行，是为华盛顿会议提出创建一个非遗保护国际新文书的建议铺平了道路。②

也正是华盛顿会议，为 UNESCO 制定一个全新的非遗保护国际法律文书打通了理论探讨之路。1995 年，在 UNESCO 协助下，捷克组织展开对 1989 年建议案执行情况的世界性调查评估，并把全球分为八个区域，分别由捷克、墨西哥、日本、芬兰、

---

① 由沙特、佛得角、阿拉伯联合酋长国、西班牙、黎巴嫩、马里、乌兹别克斯坦国、葡萄牙、多米尼加共和国和委内瑞拉支持。

② Noriko Aikawa-Faure. From the Proclamation of Masterpieces to *the Convention for the Safeguarding of Intangible Cultural Heritage* // Laurajane Smith, Natsuko Akagawa. Intangible Heritage. New York and London：Routledge，2009：21 – 23.

Noriko Aikawa-Faure. The Conceptual Development of UNESCO's Programme on Intangible Cultrual Heritage // Janet Blake. Safeguarding Intangible Cultural Heritage：Challenges and Approaches（A Collection of Essays）. Builth Wells：Institute of Art and Law，2007：61 – 64.

乌兹别克、加纳、新喀里多尼亚、黎巴嫩负责。八个区域调查评估的最后一次总结性峰会于1999年6月30日至7月2日由UNESCO和美国史密森尼研究所合作在华盛顿召开，会议标题为"对1989年建议案的全球评估：地方赋权和国际合作"（以下简称"华盛顿会议"），来自27个国家的37位专家、政府官员、传统文化实践者以及40位观察员参加了会议。

华盛顿会议主要批评了1989年建议案中对"传统文化和民俗"的界定、范围和保护理念，认为对民俗的界定没有反映出民俗的本质，视民俗只与成果相关，忽略了这些成果的象征、价值、产生过程。而在保护方法上，过分注重民俗调查和研究者，忽略了那些创造、表演、执行、保护和传播他们传统文化的社区实践者①。华盛顿会议对1989年建议案的批评系统而彻底，认为1989年建议案已经不适应地缘政治、社会和文化的发展现状。华盛顿会议建议UNESCO成员国为即将到来的第30届成员会大会起草一份决议草案，就传统文化和民俗的保护重新制定一份新的国际法律文书，建议UNESCO开始着手新国际法律文书可行性方面的研究。

响应华盛顿会议成果，由捷克、立陶宛、玻利维亚起草，保加利亚、科特迪瓦、斯洛伐克、乌克兰支持的要求UNESCO就非遗保护制定一份新的国际法律文书的决议草案，被提交给1999年UNESCO第30届大会，并被通过。这届大会委托Janet Blake在2000年就关于保护传统文化和民俗的国际法律新文书的可行性展开初步研究。

四、争议中诞生的非物质文化遗产保护共识

从上述UNESCO项目和行动计划我们可以看出，UNESCO酝酿非遗保护的过程中伴随着不同层面的争议。随着1993年UNESCO召开的"非物质文化遗产国际咨询会"确立的非遗保护项目和"人间珍宝体系"的实施，"人间珍宝体系"能否获得世界性认可，引起了UNESCO执行局成员的争议，在全球的实施过程中引起不同国家的讨论。而在1994年对《世界遗产名录》的评估中，针对世界遗产过于欧洲化的倾向，许多发展中国家认为自身文化创造力并非只体现在那些辉煌的建筑等物质文化遗产方面，但从知识产权角度进行的民俗保护又遭到发达国家的反对，在南北国家文化遗产保护理念的不断对比争议中，日益意识到保护广泛存在于南方国家中传统文化表现形式的必要性。

马拉喀什城的吉马·埃尔弗纳广场在现代化进程中的去留引发的是传统与现代化

---

① 关于华盛顿会议对民俗文化保护反思的更多观点详见：李春霞. 遗产：源起与规则. 昆明：云南出版社，2008：121-126。

进程的价值对抗，以活的案例进一步推动 UNESCO 响应发展中国家保护非遗的要求，开始实施"1998 年杰出代表作"计划。这份计划在各个国家尤其是发达国家对其详细内容的争议和反对中，经历了无数次修改，于 2001 年产生了第一批杰出代表作，产生了广泛的国际影响。

从时间上我们还可以看出，"1998 年杰出代表作"和华盛顿会议两者时间相隔并不长，某种程度上形成了理论和实践的相互配合。"1998 年杰出代表作"计划是 UNESCO 就非遗保护的一次具体"试水"，为 2003 年公约的制定积累了政治和操作方面的实践经验，意在激励各国政府、社区民众以珍视"文化遗产"的态度来看待自己的传统文化。我国就是一个例子，正因为"1998 年杰出代表作"计划的影响，我国学术界和国家层面才开始注意到非遗这一术语，思考其概念内涵。① 在这一计划下，昆曲进入"人类口头和非物质遗产代表作"，这一世界性荣誉在我国公众中逐渐产生影响，推动着国人文化价值观念的转换，重新认识诸如昆曲等源自民族传统的文化表现形式。

1999 年华盛顿会议对 1989 年建议案反思的过程中，引出对民俗的创造主体——草根实践者的重新认识。这样，以往仅限于各类研究机构搜集、记录、存档为主的传统文化和民俗的保护方式被颠覆，从保护层面对民俗的传承群体予以重视。非遗保护离不开国家政策层面的运作，必须引起各国政治层面上的兴趣和与各国国家利益发生联系，华盛顿会议如同 1992 年《生物多样性公约》那样从文化政策高度阐释保护民俗的重要性也成为必然，倡议 UNESCO 制定一个有关民俗的新的国际文书便是这种必然性的具体体现。华盛顿会议为 UNESCO 不再以一些分散的、影响较小的文化项目，而是以具有约束力的国际公约的形式动员各国政府力量展开更为深入的非遗保护，尤其是转变保护理念，做出了深刻的学术层面上的原因阐释。此后，无论是 UNESCO 还是学术层面，思考非遗保护时都注意到把非遗传承与其实践者联系起来，华盛顿会议是 UNESCO 非遗保护历史进程中又一重要转折点。

---

① 2001 年 5 月 18 日，昆曲入选 UNESCO "人类口头和非物质遗产代表作"名录。2002 年 10 月，中央美术学院举办了"中国高等院校首届非物质文化遗产教育教学研讨会"。同年 12 月，中国艺术研究院举办了"'人类口头和非物质遗产抢救与保护'国际学术研讨会"。

第三节 《保护非物质文化遗产公约》草案的形成及出台

一、UNESCO 制定《保护非物质文化遗产公约》的准备阶段

第 30 届 UNESCO 全体成员国大会就起草关于非遗保护的国际法律文书的提案被通过后，涉及这个国际文书最具挑战性的两个核心议题就是非遗内涵、范畴的界定和保护理念的确立，并在此基础上撰写非遗保护国际法律文书的各项条款。为此，UNESCO 召开了四次专家会议①，都灵会议和里约会议是至为关键的两个专家会议，在这两次会议中间召开的埃尔切会议和第 31 届 UNESCO 大会支持了 2003 年公约起草工作的进行。

1. 都灵会议

2001 年 3 月 14～17 日，应意大利政府的邀请，UNESCO 在都灵（Turin）组织了主题为"非物质文化遗产——操作性定义"的第一次国际圆桌专家会议（以下简称"都灵会议"），会议的目的在于清楚阐释非遗的界定、范畴和相关术语。为了在地域和专业分布方面做到平衡，参会者经过仔细选择，主要由以下成员构成②：

四个人类学家（洛德斯·阿里斯佩，墨西哥，前 UNESCO 总干事助理，任职期 1994—1998；Manuela Carneiro da Cunha，巴西，芝加哥大学人类学教授；Georges Condominas，法国，"1998 年杰出代表作"计划申报项目的评审成员；Ralph Regenvanu，瓦努阿图，"1998 年杰出代表作"计划申报项目的评审成员）；

两个民俗学家（James Early and Peter Seitel，美国）；

三个国际法方面的专家（Francesco Francioni，意大利；Janet Blake，英国；Leila Takla，埃及）；

一个语言学家（Herbert Chimhundu，津巴布韦）；

一个民族音乐学家（ethnomusicologist）（Kwabena C. Nketia，加纳）；

两个 UNESCO 执行局成员（Olabiyi Yai，贝宁，非洲语言和口头文学专家；Ugné Karvelis，立陶宛，作家，"1998 年杰出代表作"计划申报项目的评审成员）；

一个外交官（Ali Suleman Sahli，利比亚）；

---

① 都灵会议、埃尔切会议、里约会议、非遗术语准备小型专家会议。
② Noriko Aikawa-Faure. From the Proclamation of Masterpieces to *the Convention for the Safeguarding of Intangible Cultural Heritage*//Laurajane Smith, Natsuko Akagawa. Intangible Heritage. New York and London：Routledge，2009：22，41.

一个文化管理机构的官员（Hajime Endo，日本）；

一个生物学专家（Albert Sasson，摩洛哥，前 UNESCO 总干事的助理）。

根据 UNESCO 都灵会议最后的总结报告，召开这次会议要达到的四个目的是：一是讨论目前已在成员国、政府和非政府间组织中使用的非遗操作性定义；二是分析目前涉及非遗领域以及相近领域的通用术语；三是揭示在国际层面通过一个传统文化和民俗保护的新标准文书的合理性；四是为 UNESCO 研究出一个关于非遗概念的操作性界定。

A. 两位人类学家的报告

本着会议目的，两位人类学家洛德斯·阿里斯佩和 Manuela Carneiro Da Cunha 主要就各成员国、各类组织使用的非遗内涵界定作了报告，对未来非遗保护文书所要达到的目的、范围和界定提供了建议（suggestions）。

洛德斯·阿里斯佩提交了她就新的国际文书涉及的非遗操作性定义、范畴界定和构成要素方面的报告①。她认为界定非遗时应看到非遗在某种意义上是通过人们的行为来持续的，制定法律是界定非遗本质的一个方面。指出 UNESCO 是一个政府间组织，其角色和行为应能为大多数成员国所接受，需要在成员国政治共识和学术严谨之间找到一个平衡。她就为何要通过一个法律文书展开非遗保护提供了以下理由：

◆考虑到人类创造力的重要性和增进人类创造力的多样性，保存（conserve）可能永远消失的人类创造力。

◆给非遗以世界性的认可（recognition）。

◆加强与 UNESCO 推动和平这一目的一致的地方、民族、文化、国家认同。

◆在强调个性和市场消费时代促进社会合作。

◆在解释人类相关心理需要时，通过提供历史持续性（To provide historical continuity），使人们感到自己属于历史传统。

◆培育欣赏能力（To foster enjoyment）。

她强调整体地理解非遗重点在于：

创造过程（a process of creation）；

技艺组成（comprising skills）；

促成因素（enabling factors，形成创造、保存、知识获取，过去文化的实践和物品，博物馆和调查，与其他文化的对话以及对创造的版权保护）；

---

① UNESCO 都灵会议总结性报告。

成果（products，保留了知识和产品、实践、表演，物质文化遗产所包含的意义）；

意义［meanings，涉及认同、美学欣赏、情感情绪（emotive sentiment）、文化表达和历史原因］；

影响（impacts，非遗对属于某一团体的人们产生影响的事实为准备国际法律框架时设置了一定的困难）；

经济价值（economic value，留给其他组织如 WIPO 和 WTO 处理的问题）。

在解释如何理解非遗的基础上，洛德斯·阿里斯佩列出了她所认为的 UNESCO 的新国际文书包括的非遗主要范畴，这既是其他组织没有涉及（deal with）的，也是 UNESCO 有着相对优势的范畴：

生命的（出生、成人和订婚、婚礼和葬礼）；

社会的（亲属、社区、居住、边界和民族）；

生物多样性（植物学、动物学、药学、农业）；

土地（自然信仰、名称、景观和财产）；

象征性的［符号（signs），代表，仪式和标志（flags）］；

灵魂的［万物有灵的信仰和宇宙观（cosmo vision animistic beliefs）；圣书，祈祷（liturgy）］；

文学（口头文学如传说、史诗和印刷品）；

表演艺术（高雅艺术和地方艺术）；

节日［历法，游戏，宗教节日，学校节日（school festivals）］。

从上述内容中除去已经由其他 IGOs、政府和有组织的宗教机构展开的文化实践领域，洛德斯·阿里斯佩认为以下领域是 UNESCO 更具优势的新文书涵盖范畴：

◆自然和文化之间的领域。

◆土著社会所关心的领域。

◆社会合作和社会凝聚力。

◆口头传统。

◆地方艺术和手工艺。

Manuela Carneiro da Cunha 提交了题为《非遗操作性定义要点》的报告①。报告第一部分列出了 1972 年到 1989 年间非遗的不同范畴，第二部分阐释了制定法律文书

---

① UNESCO 都灵会议总结性报告。

的可能性。在她的分析中，指出就非遗保护需要注意到这个变化：对传统知识从注重成果转为注重产生的过程，传统知识是逐渐积累和创新的，不再把传统知识视为古代风俗，而是值得获得和应用的方式。因此，文化遗产保护需要注意到的两个主要方面是：一要能促进对它所依赖的社会和环境的保护，这是1989年建议案不足（insufficiently）的一面；二是支持文化遗产的实践主体（producers）在文化遗产保护和保存的过程中的能动参与（participant agents），建议重新评估非遗的实践者角色。同时，阐述了文化认同的问题，指出当下社会就地方认同是民族认同的敌对因素这一看法已经改变。

在此基础上，da Cunha阐述了UNESCO在提高各国认识到文化遗产对文化多样性的价值方面是可以发挥重要作用的，提出新文书是否需要关注到当下和未来的文化遗产的问题。推荐新文书的主要目标应当保护而不是排斥非遗活态过程，就全世界非遗发展状况，她认为新文书在准备过程中，应该审视更多的新的界定，她突出了以下方面：

◆承认地方知识重要性。
◆对土著和传统知识日益增加的认识，注意到传统知识是《生物多样性公约》、世界银行、WIPO国际组织的主要议题（prominent issue）。
◆承认土著民众和民族知识、遗传资源和生活方式内在的相互联系。对土著和地方社区日益增加理解，尤其是传统知识和土地权利之间的关系。
◆意识到与控制文化产品的生产者平等地分享利益、事先知情权原则的重要性，这是登记传统和土著知识的前提条件。

从这些观点可以看出，da Cunha的报告重点倾向于知识产权保护。她也以东南亚经验为例，认为WIPO忽略了培育传统知识创新的重要性。她认为UNESCO应该采取与经济议题挂钩的更为包容的"整体保护观点"（holistic view of protection），在利益方面应是文化生产者有优先权。最后，她建议采取Elika Daes（联合国人权事务高级专门报告员）就非遗提供的一个非常广泛的范畴：①民俗和手工艺（folklore and crafts），②生物多样性（bio-diversity），③土著知识（indigenous knowledge），指出生物多样性可能会遭到一些国家的反对。

在上述报告的基础上，参会者就非遗界定的适用性、习惯法、对社区的理解、UNESCO的角色、人权、使用术语等话题进行了讨论。

B. 民俗学家的报告

Peter Seitel（民俗学家，史密森尼民俗和文化遗产中心）[①] 建议界定与非遗有关的这些术语：文化过程（cultural process）、传统文化过程（traditional cultural process）、传统文化（traditional culture）、传统知识（traditional knowledge）、传统文化保护（safeguarding of traditional cultures）。他注意到传统社会的知识源于它们使用的过程，重视传统文化传承者或持有者的重要作用，反对在1972年公约模式基础上建立一个非遗的国际指南性机制（international directorate）。他说，如此的选择程序对于大量的传统实践者是不会有影响的（such selective programs have no effect on the vast majority of traditional practitioners），相对于大量的文化传承者而言，这样的选择看起来会更有益于文化专业人士。对此他推荐未来以国际协议（international agreement）的形式，创建一个确保所有传统文化能够与其他传统文化和相关NGOs等组织建立关系的网络体系，并通过伦理准则（a code of ethics）来调整。他也强调非遗保护的历史语境，如全球化进程和发展。对非遗成果和成果产生过程的两者关系，他注意到，一项成果不仅包括物质成果本身，也包括神圣性（spirituality）和知识。

爱川纪子描述道，关于非遗文书要包括的非遗范畴在专家间引起了热烈的讨论。洛德斯·阿里佩认为UNESCO这方面的工作不应与其他国际组织工作所涵盖的领域重叠，认为需要对新文书保护的非遗限制范围，而da Cunha建议新文书应该扩大范围，涵盖更多的非遗现实对象，并集中在与土著生物多样性有关的传统知识上。同时，都灵会议参会者的观点也分成了两派：一方是人类学关注的地方社区实践者，另一方是对成员国角色的政治关注。专家们在考虑视非遗是成果（products）还是成果的产生过程（process），还有关于土著的文化权利和与非遗有关的经济因素等问题上引发了争议性讨论。几个包含在文书标题中的术语也被认真审视，"传统文化"意味着具有反现代的特征，"非物质文化遗产"被理解为是与有着很长历史的物质文化遗产保护对立的，"民俗"（folklore）被认为是有问题的术语，"财富"（treasures）被视为有家长式作风的内涵（paternalistic connotation），而"口头文化遗产"（oral heritage）被认为范围太窄，这些术语似乎没有一个显得让人完全满意[②]。

从都灵会议最后的总结报告我们还可以看到，这次会议就诸如全球化、成员国、财产及财产的保管责任（custodianship）和所有权、人权等可能会在非遗保护领域使

[①] UNESCO都灵会议总结性报告。

[②] Noriko Aikawa-Faure. From the Proclamation of Masterpieces to *the Convention for the Safeguarding of Intangible Cultural Heritage*//Laurajane Smith, Natsuko Akagawa. Intangible Heritage. New York and London: Routledge, 2009: 25.

用的相关术语进行了讨论；也讨论了非遗新文书涵盖的范围中，哪些要素必不可少，哪些需要限制。最后，都灵会议形成了非遗保护国际新文书应该有以下四个要素的共识：第一是实践者及其能动的重要性（importance）；第二是非遗创造过程和结果具有同等重要意义（significance）；第三是非遗技艺和识得方式（know-how）的传承（transmission）；第四是创造和传承非遗的语境（context），并且需要在人权宣言框架下理解非遗保护。

C. 法学家的报告

在人类学家、民俗学家从自身学术理论出发做了非遗界定方面的重要观点、范畴和非遗保护国际文书涵盖的范围相关报告后，作为一份国际法律文书，专业的法律解释是制定这份国际公约必不可少的，从国际法方面展开的是 Janet Blake 和 Francesco Francioni 的报告。

Janet Blake 介绍了她将于 2001 年 5 月提交给 UNESCO 执行局第 161 次会议的初步结论性报告《在国际层面通过制定新标准的文书来保护传统文化和民俗的可行性的初步研究》①，Janet Blake 列举了非遗保护国际新文书应该涵盖的保护行动：

◆ 文书鼓励和支持在现实中濒危（in danger）的非遗的纪录和清单（inventory）编制。

◆ 请成员国实施相关措施，以振兴（revitalisation）传统文化持续的创造过程。

◆ 采取措施，使社区能够继续在传统语境中创造、保持和传承他们的文化。

◆ 防止未经授权（unauthorised）就利用非遗或歪曲（distortion）。

◆ 根据 1970 年《关于禁止和防止非法进出口文化财产和非法转让其所有权的方法的公约》（Convention on the Means of Prohibiting and Preventing the Illicit Import, Export and Transfer of Ownership of Cultural Property），将与非遗有关的文化财产，物归原主。

◆ 提高对非遗价值的认识。

Janet Blake 强调新文书的法律框架中要包括的三个主要因素，这些方面有的已经在 1972 年《世界遗产公约操作指南》的修正中体现出来，对 UNESCO 来讲，已经是一个清晰的工作范围：

◆ 加强国际合作、资助，促使成员国实施相关保护措施，可以 1972 年公约

---

① UNESCO 都灵会议总结性报告。

的世界遗产基金作为先例。

◆涉及文化秘密要尊重惯例。

◆社区和实践者参与到他们的非遗保护、维持的管理过程中来。

当 Janet Blake 提出履行文书时要有社区实践者的参与这个观点时,爱川纪子指出,一个有争议性的讨论出现了,观点分成了两种,鼓励社区的举措和国家控制优先。许多参会者支持文书应该先通过国家,再由社区发展他们自己的保护方式,另一些人认为在一定程度上,文书应该在国际层面规定:鼓励国家和社区之间的互动。一个折中意见被接受:在征求与 UNESCO 相联系的国家和机构意见的前提下,民间社会和地方社区的参与应被优先。① 非遗保护中需要官方正式承认非遗的杰出性(exemplary)这个重要共识也达成了,因为这对鼓励传统持有者的社区致力于保护和传承他们的技术和知识会产生积极的影响。②

Janet Blake 的报告中也就非遗国际文书在法律层面可以采取的类型进行了讨论,她推荐两个类型的文书:一个是与 1972 年公约相似的文书,一个是普遍的文化遗产保护,需要以特别法体系(sui generis laws)展开,而非遗的界定和包含的领域将会影响到文书类型的选择。根据后来出版的 Janet Blake《制定新的准则性文件保护非物质文化遗产:需要考虑的因素》的报告,Janet Blake 就文书的形式提供了五种类型③:

第一个是修正 1972 年公约或是附加议定书(additional protocol);

第二个是在 1989 年建议案的基础上发展一个弥补不足的新的建议案;

第三个是发展出一个以源自智力产权法则的特别法体系为基础的公约;

第四个是建立一个以 1972 年公约机制和原则为基础适用于非遗保护需要的公约;

第五个是采用通行的文化遗产保护和特别法混合起来的一个公约。

在这五个选择中,Janet Blake 已经含蓄地赞同第四种选择,因为既然它提供了一般原则、机制和一定的管理结构,而且,这是个看起来最可能为成员国接受的选择,并且就非遗和社区持有者的特定要求做出重大修改。尽管如此,她也注意到 1972 年公约模式的缺陷:即只允许限定数量的文化遗产得到保护。根据 Janet Blake 的分析,

---

① A compromise was finally accepted that the active involvement of local communities and civil society should be given priority on condition that the states and agencies connected with UNESCO were consulted.

② Noriko Aikawa-Faure. From the Proclamation of Masterpieces to *the Convention for the Safeguarding of Intangible Cultural Heritage* // Laurajane Smith, Natsuko Akagawa. Intangible Heritage. New York and London:Routledge, 2009:25 - 26.

③ Janet Blake. Developing a New Standard-setting Instrument for the Safeguarding of Intangible Cultural Heritage:Elements for Condersideration. Paris:UNESCO, 2001:88 - 90.

采用1972年公约模式的优势和劣势分别在于①：

优势：
◆世界遗产基金和相应的财政措施，设有专门的秘书处监督公约的运行，就公约的运作还有专业的咨询机构。
◆它有足够的分量使人们注意到文化遗产和它们的价值，使成员国意识到自己的责任并采取措施去保护位于本地区和其他国家中的非遗。
◆它有助于促进建立一个国际合作和资助的体系，旨在支持缔约国确认和保存这类文化遗产的努力。
◆政府间委员会所拥有的机制和功能，以及管理结构已被证明是有效的，比如永久的秘书处和定期的管理机构。
◆提供了非遗提名机制的可能性，在发展保护战略时有助于国家间的合作。
◆就遴选标准而言，操作指南具有灵活性。

劣势：
◆保护措施只适用于选出来的名录中的非遗。
◆评估标准"突出的普遍价值"不适用于非遗，需要涵盖更为广泛的现实因素，上述评估标准不可避免地会在不同非遗表达间创造一种等级性。
◆就非遗而言，尤其是在传统知识领域，1972年公约中关于"人类共同遗产"或"人类普遍文化遗产"表述可能是有问题的，这种表述将文化遗产置于公有领域（public domain），拥有者被否定了控制开发和使用它们的权利。为这个原因，在保护非遗时强调普遍关注是迫切的，但绝不是在庆祝它们作为"人类共同遗产"所具有的普遍价值。

Janet Blake 在这份报告中提出，非遗的界定中不应该包含由1972年公约发展出来的"人类共同遗产"（common or universal heritage of humanity）的理解，但是保护却应被视为一件"普遍关注"的事情（a matter of universal interest）。她的这个论点被接受②，专家认为以"人类共同遗产"③ 和"杰出的普遍价值"（outstanding and u-

---

① Noriko Aikawa-Faure. UNESCO Convention for the Safeguarding of the Intangible Cultural Heritage: from its Adoption to the First Meeting of the Intergovernmental Committee. http://www.tobunken.go.jp/~geino/pdf/sympo/07KeynoteSpeech2Aikawa.pdf, 2011-05-01.
② 最后出现在非遗公约正式文本前言第6段："意识到保护人类非物质文化遗产是普遍的意愿和共同关心的事项。"
③ 1972年公约前言第7段："考虑到部分文化或自然遗产具有突出的重要性，因而需作为全人类世界遗产的一部分加以保护。"

niversal value）为保护理念的 1972 年公约体系，是一个不足胜任（inadequate）非遗保护的模式。因为要符合保护、资助、财政和监督的"突出的普遍价值"的门槛是相当高的，而如此高的门槛将降低保护更多非遗的可能性。世界遗产评选标准也不符合非遗的本质，他们提出另一种替代标准以取代"突出的普遍价值"。①

都灵会议的最后一位报告人是 Francesco Francioni（意大利锡耶纳大学副校长），也是这次圆桌会议的主席，他提交了关于 UNESCO 文书非遗操作性定义的建议②。他探讨了三个主要议题：第一是国际法如何解决（address）非物质财产；第二是 UNESCO 就文化遗产如何界定；第三是从现有的相关实践可以获得何种指南（indications）。他指出，作为一份国际文书，它应当提供批准、享用、准入、时间限制的程序、授权以及公共政策期望等等。Francesco 注意到知识产权（IPR）范式对于保护非遗是一个有用的功能，但是，考虑到知识产权旨在保护文化生产的最终产品的经济用途，知识产权并不适合非遗保护，他给出了以下理由："知识产权集中在文化传统或某个艺术家的最终成果上，而不是这些文化成果得以产生的社会结构和过程。在非遗领域，最终的文化成果仅仅是冰山一角，只是根植于复杂、丰富的智力、政治和文化发展过程的文化遗产的代表。"他进一步指出非遗的创造过程不同于科学探究，无法追溯非遗具体的发明行为，非遗是代代相传的社会集体表达，而知识产权是针对发明和创新行为。

为了划定非遗法律文书保护的领域，Francesco Francioni 分析了与文化遗产保护相关的四个 UNESCO 国际公约：第一个是 1954 年海牙公约（关于发生武装冲突时保护文化财产的公约，Convention for the Protection of Cultural Property in the Event of Armed Conflict）；第二个是 1970 年的《关于禁止和防止非法进出口文化财产和非法转让其所有权的方法的公约》（Convention on the Means of Prohibiting and Preventing the Illicit Import, Export and Transfer of Ownership of Cultural Property）；第三个就是 1972 年公约，但是"突出的普遍价值"这一模式作为保护非遗的标准文书的模式将是不恰当的。第四个是《保护水下文化遗产公约》起草案（the draft Convention on the Protection of the Underwater Cultural Heritage）。

通过对这些公约的分析，他认为 UNESCO 应采取措施对这些国际法进行调整，以取得更高层次的保护水准。最后，Francesco Francioni 提交了制定非遗保护文书所

---

① Noriko Aikawa-Faure. From the Proclamation of Masterpieces to *the Convention for the Safeguarding of Intangible Cultural Heritage* // Laurajane Smith, Natsuko Akagawa. Intangible Heritage. New York and London：Routledge, 2009：28.

② UNESCO 都灵会议总结性报告。

需要的非遗概念界定，涉及四个关键词：一是非物质（non-corporeal）；二是基于传统的创造；三是由社区发展而来；四是通过口头传承（transmission），模仿或其他学习方式实现的世代传递（pass on）的文化过程。

都灵会议对这四点的可取和不足之处进行了讨论，考虑到许多文化体系中并没有物质和非物质的区分，参会者认为 UNESCO 还有必要对非遗做出解释而不仅仅是界定它们。就非遗这一概念涉及的领域，在会议讨论的基础上，有的参会者建议增加狩猎、捕鱼和农耕，属于传统文化发生的空间，与非遗密切相关的移动和不可移动的文化遗产，与非遗密切相关的自然景观，与非遗相关的生活和节日事件，象征和仪式。但有的参会者从文书的法律性质出发，认为应当予以限制。

涉及非遗保护文书的法律框架，一些专家认为这份国际文书使用"保护"（safeguarding）这一术语会更合适，采用公约性质的文书是最合适的，但需要考虑公约的宗旨。这一宗旨应该扩充到围绕非遗的保管人（custodians）角色、传承、习得过程、创造和合作过程，并且伦理准则（codes of ethics）应该被整合到文书中。

D. 都灵会议成果

爱川纪子总结了都灵会议最后的总结性报告中形成的共识和由洛德斯·阿里斯佩起草、参会专家赞成的非遗保护行动计划的主要结论[①]及相关进展。

都灵会议最后的总结性报告的共识性结论有：

◆非遗界定应当反映参与民主制（participatory democracy）而不是代议民主制（representative democracy），因此，给予传统保管者、专门技艺的创造者和持续传承其传统的意愿等方面给予更为广泛的认可。

◆根据华盛顿会议结论，非遗传统保管者的能动性在于他们才是非遗的创造者、专家和有着持续传承传统的意愿。"社区"应当成为未来公约的关键术语。但是，作为术语的"社区"担负着多重意义，对它的界定应当仔细审视。除此而外，如何对待跨社区的非遗表达是一个问题，而在法律框架内保护"共有财产权"可能会引发这类讨论。

◆关于具体执行步骤，要讨论创造者或行动者参与非遗保护的问题，如文化创造者或行动者是否应被视为专家？反对关于保存的说法，强调这份国际文书是与人们一起工作而不是依靠人们。

◆就创造和革新而言，非遗应被视为根据情况和社会环境持续形成的，同

---

① Noriko Aikawa-Faure. From the Proclamation of Masterpieces to *the Convention for the Safeguarding of Intangible Cultural Heritage*// Laurajane Smith, Natsuko Akagawa. Intangible Heritage. New York and London：Routledge, 2009：29-32.

样，跨文化交流和多样性的分享应该反映在这个操作性定义中。

◆参照"传统知识"，无论这一术语是否只与土著民众相联，建议 UNESCO 应当在更广泛的意义上考虑传统知识是包括在特定国家的所有社区（含土著民众的社区）。

◆非遗实践中民众权利的保护是一个人权议题。土著民众的知识只有在与传统知识有关的资源获取权利得到保障时才能得到保护。因此，保护非遗也是保护民众生存和安全权利的方式。

◆但是，未来国际标准文书不仅应当保护个人的保管权，在广泛的意义上也要鼓励各国认识到特定文化表达的重要性。

◆就习惯法（customary law）和规范性法律（normative law）两者之间的连续性而论，习惯法的功能应被考虑。

◆接受人类学关于"成果"（product）、"生产"（production）、"过程"（process）概念的转变，成果（product）作为非遗的因素也必须被认识到。

◆在文化遗产使用上区别商业目的和社区的内部行为。

由洛德斯·阿里斯佩起草的"'非遗——操作性定义'国际圆桌会议专家赞成的非遗保护行动计划"，内容包括关于从讨论中总结出来的结论，以及为准备保护非遗的新国际标准文书的目标、界定、领域范围，这为 2003 年公约的文本撰写奠定了基础，这份行动计划包括以下内容：

a. 行动计划对都灵会议讨论内容的相关总结：

◆保护非遗的国际努力必须建立在普遍接受的人权、平等和可持续发展以及尊重所有文化和不同文化的基础之上。

◆非遗是通过产生和维持它的社区的能动创造和展现而得到保护。

◆任何文书中的非遗保护应当以促进、鼓励、保护社区能够通过他们自己的方式管理和维持，进而继续展现非遗的能力和权利。

◆认识到共享文化和文化对话培育了更多的创造性意识，为此需要确保平等的交流。

◆防止非遗的消失需要确保其意义（meanings）、促成条件（enabling conditions）和技艺（skill）的创造、传承的再生产。

◆对待非遗的任何等级化方式都应该避免。

◆考虑到许多文化中并没有非物质和物质文化遗产的区别，那么在接受非遗这个术语时，物质和非物质文化遗产的相互关系（interface）应该得到仔细研究。

◆在众多不同的领域当中，语言和口头传统，是支持非遗传承的主要因素，应该给予优先。

b. 行动计划建议非遗保护文书的目标应该是：

◆保护（conserve）人类创造性永不消失。
◆赋予非遗以世界认可（give world recognition）。
◆强化认同。
◆增强不同团体的社会合作。
◆提供历史持续性。
◆增加人类创造的多样性。
◆培育欣赏。

c. 行动计划保留了"非物质文化遗产"这一术语，并建议做出以下定义：

各民族阶段性成果以及他们继承和发展的知识、能力和创造力，他们所创造的产品以及他们赖以繁衍生息的资源、空间和其他社会及自然层面；这种历时亮点使现存的群体感受到一种承继先辈的意识，并对确认文化身份以及保护人类文化多样性和创造力具有重要的意义。①

在都灵会议专家讨论非遗界定的基础上，洛德斯·阿里斯佩在起草的行动计划建议新文书中涵盖非遗范围主要是"口头遗产；语言；表演艺术和节日事件；社会仪式和实践；宇宙观和知识系统；关于自然的信仰和实践"②。这些领域所包含的因素应该在制定文书的过程中由专家团体将其具体化。

这份行动计划和由 Janet Blake 起草的《关于非遗保护的新国际文书可行性初步研究报告》（the Preliminary Feasibility Study）在 2001 年 5 月提交给 UNESCO 执行局第 161 会议。经过长时间讨论，UNESCO 执行局最后赞同（endorsed）这两份文件。正是在这次会议上，UNESCO 宣布第一批"人类口头和非物质文化遗产代表作"，包括中国昆曲在内的 19 项"杰出代表作"获得通过。爱川纪子指出，这次会议对于公

---

① Peoples' learned processes along with the knowledge, skills and creativity that inform and are developed by them, the products they create and the resources, spaces and other aspects of social and natural context necessary to their sustainability; these processes provide living communities with a sense of continuity with previous generations and are important to cultural identity, as well as to the safeguarding of cultural diversity and creativity of humaniny.

② oral cultural heritage; languages; performing arts and festive events; social rituals and practices; cosmologies and knowledge systems; beliefs and practices about nature.

约的准备是极其重要的,因为这次会议使得总干事继续新文书的准备工作,紧接着召开的埃尔切会议为"1998年杰出代表作"计划逐渐向正在制定的非遗国际文书过渡做了准备。①

2. 埃尔切会议和第31届UNESCO大会

根据上面爱川纪子的描述,2001年9月,UNESCO在西班牙埃尔切(Eleche)召开特别评审会议(an extraordinary jury meeting)(以下简称"埃尔切会议"),主要是为了回应UNESCO执行局第161会议提出的意见。一些UNESCO执行局成员,发现"杰出代表作"评选标准尤其是"突出价值"(outstanding value)是不够准确的(precise),认为有必要制定更为详细的评选标准,并进一步考虑非遗的概念,协调非遗概念与"1998年杰出代表作"计划、未来国际文书的关系。埃尔切会议是对都灵会议成果的巩固,会议留用都灵会议关于非遗的定义。同时,针对UNESCO执行局成员对非遗关键概念的质疑,对"人类口头和非物质遗产代表作"中的"杰出代表作"(Masterpices)和"突出价值"进行了详细阐释,并对评选对象如语言是否可以单独申报杰出代表作等内容予以进一步细化②。

2001年10月,为了使重要的非遗得到及时而足够的保护,UNESCO第31届全体成员国大会决定采用的法律文书类型是国际公约,2003年公约草案将在2003年10月召开的第32届全体成员国大会上审核。在这次大会上,来自亚非、拉美洲的大多数成员国赞同新公约应该以受到广泛支持的1972年公约为模式,同时意识到非遗的承担者(bearers)和传承者(transmitters)充分参与保护的重要性。会议上关于非遗保护的讨论认为UNESCO应该避免与其他国际机构使用的保护方式相重叠,如WIPO,至此,一些国家支持涵盖知识产权内容的新公约的提议就不在制定2003年公约的考虑之中了。

但是,另外一些国家代表,尤其是不赞成采取公约形式的国家,认为需要对非遗的概念予以进一步的清晰阐释。在通过一份文化委员会的报告时,有成员国③以书面形式表示对非遗保护文书的"公约"性质持保留意见,他们认为决定文书性质是国际公约的前提是薄弱而且复杂的,需要采取一种谨慎的方式。UNESCO大会考虑到

---

① Noriko Aikawa-Faure. From the Proclamation of Masterpieces to *the Convention for the Safeguarding of Intangible Cultural Heritage* // Laurajane Smith, Natsuko Akagawa. Intangible Heritage. New York and London: Routledge, 2009: 32 - 36.

② 关于"突出价值"的解释、"杰出代表作"的界定等详细内容,参见UNESCO. 人类口头和非物质遗产代表作申报书编写指南. http://www.ihchina.cn/inc/detail.jsp?info_id=89,2011-01-11.

③ 阿根廷、巴巴多斯、丹麦、芬兰、法国、德国、格林纳达、希腊、墨西哥、挪威、荷兰、葡萄牙、瑞典、西班牙、圣卢西亚、圣文森特格林纳丁斯、英国。

UNESCO是能够要求成员国实施非遗保护的唯一组织,最后仍然决定采用国际公约的形式。在UNESCO第31届全体成员国大会上,还毫无异议地通过了《世界文化多样性宣言》,这个宣言成为非遗保护的有力理论支撑①。

3. 里约会议

按照UNESCO第31届大会的决定,根据都灵会议划出的未来公约要保护的非遗范畴,需要进一步确定未来公约中所要保护的非遗和起草2003年公约的具体事宜。总干事松浦晃一郎于2002年1月22～24日在巴西里约热内卢组织召开了题为"非物质文化遗产:一项国际公约应包括的优先领域"专家会议(以下简称"里约会议"),20位专家参加了会议,不仅有人类学、民族学、历史学和法律学领域的专家,也有5位UNESCO执行局的成员②,包括主席(来自摩洛哥)、法国在UNESCO的国家委员会的首席官员。爱川纪子指出,在这个阶段的2003年公约若要取得进一步发展,需要UNESCO的领导机构——UNESCO执行局的政治理解和支持。为此松浦晃一郎强调了参加会议的UNESCO执行局成员,尤其是执行局主席Madame Bennani,作为非遗领域的专家,将有助于发展出一个容易在所有成员国中,包括在非遗保护领域反对创建公约的国家中取得共识的公约文本。会议由阿尔及利亚的Mohammed Bedjaoui主持,后来一直到2003年6月,所有政府间和非政府间的会议都由他来主持。

里约会议明确了在非遗国际公约文本内容中,把非遗保护和文化多样性联系起来,并且在2002年9月16～17日召开的第三次文化部长圆桌会议"非物质文化遗产—文化多样性的反映"(Intangible Cultural Heritage-Mirror of Cultural Diversity)上得到加强,这对确保2003年公约的通过意义非凡。爱川纪子指出,2003年公约由此得到拥护文化多样性的大多数法语国家的支持,这些国家与捍卫非遗的亚洲、中东欧及其他发展中国家心照不宣地结成同盟。

而且,里约会议对2001年的第一批杰出代表作也进行了评估。对于UNESCO来讲,从"1998年杰出代表作"计划中获得的操作方面的经验使公约中非遗界定和范围变得更加完善,尽管"1998年杰出代表作"计划准备得比较匆忙,但评估结果表明它在成员国中的影响比预期的要强得多,"1998年杰出代表作"计划关于"增强对非遗重要性的意识"(raising awareness of the significance of the intangible cultural herit-

---

① Noriko Aikawa-Faure. From the Proclamation of Masterpieces to *the Convention for the Safeguarding of Intangible Cultural Heritage* // Laurajane Smith, Natsuko Akagawa. Intangible Heritage. New York and London: Routledge, 2009: 33.

② 阿尔及利亚、摩洛哥、埃及、立陶宛、贝宁。

age）的主要目标在各国国家层面已经达到了①。

里约会议是都灵会议的延续，我们从里约会议最后的总结性报告的建议部分的内容中可以看到，里约会议肯定了都灵会议对非遗的界定，会议的关键结论都完整地体现在 2003 年公约文本中，里约会议的关键结论如下：

◆强调保护（safeguarding）是一个有弹性的概念。

◆强调文化表达的内在动力和非遗的多样性，认为新公约应该在 2001 年《世界文化多样性宣言》的框架内发展，突出了非遗保护和文化多样性的联系，非遗与自然、物质文化遗产的关联。

◆文化多样性对维持生物多样性的作用，特别是与《生物多样性公约》第 8 条（j）条相关的土著民众的联系。

◆把非遗作为鼓励创新和可持续发展的来源，保护政策应注意到非遗依赖的政治、经济、社会语境所发生的改变。

◆公约框架下进行的保护工作应鼓励两个方面：

1）非遗的确认、记录、传承和在地方、国家、地区各个层面旨在推动非遗保护、传播、传承、振兴和提高；

2）成员国的责任以及不同群体参与到非遗保护行动中来。

结合爱川纪子的上述论述和 UNESCO 关于都灵会议、里约会议的最后总结性报告文件内容，我们可以看到，都灵会议和里约会议的召开，基本勾勒出一个全新的国际公约的大体基调，这两次会议解决了涉及 2003 年公约制定三个层面的议题：

第一个层面是探讨了"非遗"这一术语与各国、各国际组织正在使用的相似术语如"传统知识"等所指内涵和范畴的联系与区别，以确定 2003 年公约所要涵盖的范畴；

第二个层面是 2003 年公约宗旨具体包含哪些内容，这关系到 2003 年公约的本质和公约实施的合理性，也是公约能否经得起理论思考的关键；

第三个层面是从国际法层面来看，2003 年公约将是一个全新的领域，作为一项国际法律文件，需要结合 UNESCO 的自身优势和工作宗旨，在国际法律框架下考虑如何界定非遗概念本身并划出 2003 年公约优先包括的类别，而不是保护所有非遗，以确定缔约国所应担负的责任。

---

① Noriko Aikawa-Faure. From the Proclamation of Masterpieces to *the Convention for the Safeguarding of Intangible Cultural Heritage* // Laurajane Smith, Natsuko Akagawa. Intangible Heritage. New York and London：Routledge, 2009：33 – 35.

更重要的是，都灵会议在2003年公约制定过程中，起到了无可替代的作用，为2003年公约扫清了理论和概念上的障碍。对2003年公约涉及的关键术语，尤其对非遗概念、保护理念从理论上予以清晰化，渐渐形成了理论共识。在此后2003年公约起草和讨论过程中，对都灵会议给出的非遗概念主要以修正为主。这一切的取得是由于人类学家、民俗学家参与到UNESCO中来，使20世纪以来人类学在地方文化方面的最新研究成果成为非遗概念的重要理论基础。

1993年UNESCO在巴黎召开的"非物质文化遗产国际咨询会"，就是著名的法国人类学家Georges Condominas扮演了主要角色，也是这位人类学家在1997年的马拉喀什会议上给出了"文化空间"的定义，与物质文化遗产的"空间"特征区分开来。在这次会议上，都灵会议专家关于非遗保护的观点已经初具雏形，奠定了非遗这一概念的人类学、民俗学学术渊源。经过华盛顿会议对1989年建议案的彻底反思，都灵会议终于更新了非遗的定义，并就非遗保护国际新文书的制定提出了一系列建议，使充满人类学、民俗学色彩的非遗概念自此进入政治视野。

如果对比早于UNESCO展开非遗保护的日本《文化财保护法》关于重要无形文化财、重要无形民俗文化财的定义，纳入国际公约中，但来自法律视角之外的非遗界定的人类学和民俗学根基就更为明显。这一概念内涵侧重于从人类学整体视野描述世代传承、活态变化的非遗与不同社会因素的互动关系并加以提炼，带来的问题就是从法律层面思考如何保护非遗时，界定出来的非遗概念就不那么容易把握了，人们总是得参照与非遗概念界定相伴的五个类型才能感性地把握人类学家、民俗学家所说的非遗是什么，Rieks Smeets曾指出："与其下个定义，不如回顾一下这种遗产所覆盖的领域。"①

二、《保护非物质文化遗产公约》的起草过程和审议过程

（一）《保护非物质文化遗产公约》的起草

里约会议之后，即2002年3月，UNESCO选定了主要由法律专家和人类学家组成的起草《保护非物质文化遗产公约》的专家小组。小组起草公约文本初稿时，主要依照1972年公约的模式，小组专家认为对1972年公约起到重要推动力的"名录"（list）体系作为一种模式应当被用于非遗保护，尽管非遗和1972年公约界定的文化遗产之间有着非常大的不同，同时尽量避免与其他公约的功能职责发生重叠，不断地讨论2003年公约需要优先保护的范畴。

---

① 转引自巴莫曲布嫫. 非物质文化遗产：从概念到实践. 民族艺术, 2008 (1)：16。

根据爱川纪子的描述①，2002年5月，里约会议的成果和2003年公约文本起草小组的报告被提交给UNESCO执行局第164次会议。在这次会议上，秘书处吃惊地发现起草小组的报告再次受到一直强烈反对采用公约形式的西欧成员国的批评，这些成员国认为名录系统并不适用于非遗，也认为非遗界定太抽象和UNESCO有关非遗的计划实际进程太短。但是，其他成员国认为名录体系已经被成员国全体大会所接受，也是UNESCO从保护其他文化遗产行动中发展出来的一个成果，而如果考虑到大部分非遗迫切需要保护的现实，进程是合理的。

同时，在这次会议上，玻利维亚提交了一份决议草案，呼吁认真理解地方社区在非遗中所扮演的关键角色，有必要使未来公约成为有益于传统文化实践者、传承者、保管者的一个源头（the need for the future Convention to be a source of benefit for the practitioners, custodians and bearers of traditions）。

执行局决定UNESCO应当从专家领域的咨询、征求阶段再迈进到政府间专家会议上，请总干事组织召开政府间专家会议。在考虑执行局意见的基础上，2002年6月，2003年公约初稿起草小组召开第二次也是最后一次会议，重新讨论公约文本初稿。起草小组专家被要求考虑以下三个原则：

第一个原则是尽管建立一个世界性的非遗名录的原则被接受了，但考虑到非遗特定本质，仿照1972年公约的模式必须有重大改变；

第二个原则是这个名录不应当暗含不在名录内的非遗得不到保护这一层含义；

第三个原则是民间社会和地方社区应当参与到非遗保护的每一个步骤中来。

在公约文本初稿修改过程中，最明显的变化就是从前言中删除了仿照1972年公约中的"人类共同遗产"的说法；并且把"濒危文化遗产名录"（List of Intangible Cultural Heritage *in Danger*）变为"急需保护的非遗名录"（List of Intangible Cultural Heritage *in Need of Urgent Safeguarding*）。起草小组在修订的2003年公约文本中建议设立两个名录②，第一个是非遗名录（建立在突出的特殊价值之上，已在各国清单中并由缔约国申报），第二个是急需保护的非遗名录（由委员会根据咨询专家意见选出的项目，委员会在紧急情况下也能列入新的项目）。爱川纪子就此评论道："紧迫性（Urgency），一直都是非遗保护的主旨，既然非遗是以人来传承的文化遗产，当它的承载者——人去世后它也随之消失，除非有妥善的措施使它得到保护，这对那些缺乏

---

① Noriko Aikawa-Faure. UNESCO Convention for the Safeguarding of the Intangible Cultural Heritage: from its Adoption to the First Meeting of the Intergovernmental Committee. http://www.tobunken.go.jp/~geino/pdf/sympo/07KeynoteSpeech2Aikawa.pdf, 2011-05-01.

② 参见《保护非物质文化遗产国际公约第一稿》第11条。

传统书写、文字资源和纪录方式的社会尤其重要。伴着全球化过程中不利影响的日益增强，保护非遗的迫切性不断得到呼吁，这种保护的迫切性也将非遗与物质文化遗产区分开来。"

2002年7月，2003年公约草稿以标题为"保护非物质文化遗产国际公约第一稿"，被送给UNESCO成员国评论和审阅，在此基础上召开政府间专家会议。

（二）各国政府间专家对2003年公约草案的审议阶段

2002年9月、2003年2月、2003年6月，UNESCO成员国分别召开了三次政府间专家会议，就"保护非物质文化遗产国际公约第一稿"的各项条款向UNESCO成员国专家代表征求意见，进行讨论。三次会议中各国专家就非遗概念、名录、公约执行机构、资金运作等议题的分歧几乎不可调和，最后艰难完成。在关于2003年公约的述评中，Janet Blake总结了第一次和第二次政府间专家会议讨论的2003年公约议题的主要线索。[①]

A. 保护方式和保护原则

1）区分保护的两个相似术语safeguarding和protection，界定保护（safeguarding）含义；

2）通过国际名录体系提高国家和地方层面对非遗重要性的认识；

3）非遗的振兴（revitalisation）很重要，但对振兴本质的理解要与死亡的传统（"dead" tradition）的复活区分开来；

4）非遗与可持续发展的直接关联以及非遗对文化多样性的滋养（foster）；

5）超越国家界限的非遗如何获得保护；

6）物质与非物质文化遗产之间的复杂联系应在文本中注意到；

7）在起草2003年公约过程中，必须参照人权和其他国际文件；

8）是否把土著人民的生物和生态知识（the biological and ecological resources）作为他们宇宙观的一部分，并且，把这些民众的科学技术知识作为管理资源的一个参照；

9）是否把土著民众视为特定团体（a spcial group），或者把他们的文化遗产放入更广泛的非遗议题中来；

10）非遗中是否需要明确地包括语言，或者仅仅指"口头表达"。

B. 保护机制（mechanics of safeguarding）

---

① Janet Blake. Commentary on the UNESCO 2003 Convention on the Safeguarding of the ICH. Leicester: Institute of Art and Law, 2006: 16.

1) 在激烈讨论了是否应用非遗国际名录体系后,许多国家的代表认为是有必要的,两个名录体系的构思被接受;

2) 问题是由谁来确认进入名录中的非遗——仅仅是缔约国还是包括其他行动者?

3) 国家清单是保护的基础,需要详尽而且定期更新;

4) 需要有效的国际合作机制和援助,来支持某些国家2003年公约规定的责任;

5) 要求进一步考虑公约的财政实施办法。

1. 第一次政府间专家会议

第一次政府间专家会议于2002年9月23～27日在巴黎召开,来自120个成员国的281位专家、UNESCO永久观察委员会的10位专家参加了会议,讨论公约第一稿的前言部分和公约一般框架的界定和实践部分。这次政府间专家会议就以下议题给予了特别重视:

1) 物质文化遗产与非物质文化遗产的区分;
2) 非遗的传统维度和在当下活态演变特征;
3) 非遗跨国界传播的特征;
4) 国际、国家和地方层面保护的重要性;
5) 发展非遗保护措施的紧迫性;
6) 2003年公约谈判磋商过程的灵活性;
7) "1998年杰出代表作"计划和2003年公约的关系议题。

在参会专家讨论过程中,有的国家要求避免涵盖所有领域。澳大利亚强烈批评了非遗界定过于宽泛,这将导致绝大多数缔约国的保护工作是不可能完成的。但荷兰却认为非遗界定应该尽可能广泛。瑞典注意到,非遗不断变动的特征使概念界定是有问题的。在这种情况下,需要提供一个详细索引,进一步明确公约所要覆盖的非遗类别。这引发了专家思考2003年公约中各个术语内涵及其所扮演的角色①。

根据爱川纪子对这次政府间专家会议的描述②,关于非遗的观点也分成非遗是否

---

① Janet Blake. Commentary on the UNESCO 2003 Convention on the Safeguarding of the ICH. Leicester:Institute of Art and Law,2006:34.

② Noriko Aikawa-Faure. UNESCO Convention for the Safeguarding of the Intangible Cultural Heritage:from its Adoption to the First Meeting of the Intergovernmental Committee. http://www.tobunken.go.jp/~geino/pdf/sympo/07KeynoteSpeech2Aikawa.pdf,2011-05-01.

具有特殊（specific）价值还是具有突出（exceptional）价值两种，包括在现实中已经濒危（in danger）的非遗和具有潜在危险的（at risk）的非遗。

而且，是否接受设立非遗名录体系的决定又被提交上来。各国专家就非遗的世界清单（inventory）或登记体系（register）、最佳实践名录（a list of best practices）展开了讨论。孟加拉、贝宁、玻利维亚、日本、马拉维、韩国、瓦努阿图、津巴布韦认为非遗名录有助于提高政府和社区实践者关于非遗保护重要性的意识，同意设立非遗名录。其他国家，如德国、阿根廷、澳大利亚、巴巴多斯、圣文森特岛和格林纳斯丁、挪威、新西兰、葡萄牙、英国和圣卢西亚岛则反对设立非遗名录，因为这体现出一种精英和排斥性的视角，会在不同非遗之间不可避免地创立一个等级化的名录体系。而如巴西、印度、毛里塔尼亚、尼日利亚、坦桑尼亚、摩洛哥、荷兰、秘鲁等国家，为了使那些受到威胁的非遗获得必要的保护，则坚持设立急需保护的非遗名录。南非和阿根廷建议创建一个开放的登记体系（an open ended register）而不是名录。一些欧洲国家，如比利时、丹麦、法国、挪威、葡萄牙和瑞士宁愿只要一个最佳实践项目。整场会议除荷兰以外的欧洲国家都反对这份2003年公约第一稿，会议差点不欢而散（collapsed）。①

UNESCO这次会议文件内容显示，会议开到最后，专家广泛赞同以下基本观点：1972年公约应该是灵感的来源而不是可以仿照的模式（more as a source of inspiration than as a model）。强调非遗具有当代性（contemporary）、创造性和变化性特征的同时还具有传统性特征，这种特征使社区具有了持续感和凝聚感（cohesion）。认为记录立档（documentation）是确认非遗不可或缺的部分，采纳振兴（revitalization）这一术语，前提是非遗没有在政治层面被人为激活（reactivation）。确保在国家和地方社区之间合适地分配任务。在此基础上，就2003年公约文本具体条款内容形成了较为一致的观点。

2. 第二次政府间专家会议②

第二次政府间会议2003年2月24～3月1日在巴黎召开，各国专家分为四组讨论2003年公约文本内容的不同部分。在为期一周的会议上，讨论和修正了2003年公

---

① 河野俊行（Kono Toshiyuki）. The Basic Principles of the Convention for Safeguarding of Intangible Heritage：A Comparative Analysis with The Convention for Protection of World Natural and Cultural Heritage and Japanese Law//Masako Yamamoto，Mari Fujimoto. Okinawa International Forum 2004：Utaki in Okinawa and Scared Spaces in Asia：Community Development and Cultural Heritage. Tokyo：The Japan Foundation，2004：39.

② Noriko Aikawa-Faure. UNESCO Convention for the Safeguarding of the Intangible Cultural Heritage – from its Adoption to the First Meeting of the Intergovernmental Committee. http://www.tobunken.go.jp/~geino/pdf/sympo/07KeynoteSpeech2Aikawa.pdf，2011 – 05 – 01.

约的大部分条款，就2003年公约的目的、非遗术语和保护（safeguarding）术语的界定、非遗范畴、非遗保护过程中缔约国的角色、国家层面的非遗名录等议题上取得了一致，通过了正式2003年公约中的第1、2条。

关于名录的条款吸引了专家的主要兴趣，特别重视"急需保护的非遗世界名录"中的"名录"（List）和"登记"（Register）术语。许多专家认为"名录"适用于国际层面，而"登记"适用于国家层面。名录所包含的非遗项目，应该是国家清单中直接而不是间接关注的，这一讨论一直延续到第三次政府间专家会议。

在讨论名录的相关问题时，一些专家反对名录体系，建议设立一个最佳实践的国际登录体系或清单作为替代解决办法。但是，大部分专家原则上赞同保留名录体系，最后由法国、意大利、日本、荷兰、瓦努阿图牵头，后面跟着中国、中非共和国、尼日利亚的一组国家总结大部分意见后，将名录分为三部分：a. 国家级非遗清单（National Inventories of the Intangible Cultural Heritage）；b. 急需保护的世界非遗登记［名录］（Register［List］of Intangible Cultural Heritage in Need of Urgent Safeguarding）；c. 世界非遗珍宝名录体系（List of Treasures of the World Intangible Cultural Heritage）。会议通过了关于名录的这三个分类，也通过了成员国在确定、界定非遗国家清单的目的和角色，急需保护的非遗名录名称，达成了后来与正式2003年公约中第17条（1）款①相关的初步共识，但没有通过入选标准。

南非提议，无论是否已经包含在国家非遗清单中，或者是符合非遗珍宝名录标准的，非遗都有可能被包含到急需保护的名录中来。专家注意到"急需保护的非遗世界名录"将会包含其他两个名录的项目，于是就这些名录能否互相独立展开了讨论，最后南非专家的建议没有被采纳。

专家也强调建立"世界非遗珍宝名录体系"的必要性，但为了更好地体现文化多样性的精神，决定不保留"突出价值"（exceptional value），代之以"文化重要性"（cultural importance）。对已经宣布的非遗"杰出代表作"（2001—2003），专家坚持应当自动地整合进现行的"世界非遗珍宝名录体系"中。需要注意到的是，已经宣布的"人类口头和非物质文化遗产代表作"评选是将"突出价值"和"濒于消失的危险"两个标准结合起来进行的，比较"世界非遗珍宝名录体系"和"急需保护的非遗世界名录"，专家认为前者比后者应该有更高声望，也是暂时没有面临消失危险的非遗。

鉴于大多数发展中国家的非遗，虽没有被包含在任何名录中，但却体现了公约的

---

① 2003年公约第17条：急需保护的非物质文化遗产名录，1. 为了采取适当的保护措施，委员会编辑、更新和公布急需保护的非物质文化遗产名录，并根据有关缔约国的要求将此类遗产列入该名录。

原则和目标（the principles and objectives of the convention），专家审议通过了由阿根廷提出的"保护非遗的计划、项目和活动"建议，专家也建议国际资助应面向进入"急需保护的非遗世界名录"、"保护非遗的计划、项目和活动"和"国家清单的准备"。爱川纪子指出，正是这个讨论议题使现在进入"人类非遗代表作名录"的非遗项目并不能从国际援助中受益。

在这次会议上，为了2003年公约文本起草工作取得更好的进展，决定在2003年4月成立一个由18个政府间专家组成的会间工作组，在回顾公约所有条款的基础上，着力解决政府间专家会议讨论的四个问题：第一个是委员会的性质、构成和功能①；第二个是UNESCO的两个非遗名录体系；第三个是财政措施和基金的设立；第四个是国际援助和合作的性质和内容，国家层面的非遗保护措施。

3. 第三次政府间专家会议

2003年公约的正式文本，于2003年6月2～14日在巴黎第三次政府间专家会议中最终完成。从这次会议文献记录可以看出，会议通过了公约宗旨、非遗界定和公约与其他国际文书的关系表述。并且讨论了公约运作机制、国家和国际两个层面的非遗保护工作、非遗保护的国际合作和资助、非遗基金等有关条款。

参与此次会议的Valdimar Tryggvi Hafstein描述了会议政府间专家讨论的部分过程。② 作为来自欧洲冰岛的研究者，其观察视角更多注意到了2003年公约的缺陷，并且侧重于作者本人关注的非遗名录问题，详细描述了各国对非遗名录的争议，也让我们从微观层面看到不同国家对非遗保护所持的立场。

根据Hafstein的描述，第三次政府间专家会议在非遗名录方面仍存在严重分歧，以日本为代表的成员国一方想要一个杰出代表作名录（a list of masterpieces），为此日本在正式讨论之外的时间在各国间游说寻求支持。但是以来自加勒比海地区的拉美国家为代表的成员国则想要一个不参照任何美学标准的包容性登记（register）体系，拉美洲国家就此起草了包含两方面内容的文件。

第一个是建议以一个非遗登记体系代替非遗文化珍宝或杰出代表作，废掉名录的筛选机制，改为"登记"工作基础上的国际登记体系。这个登记体系将是应有关成员国的请求，唯一条件是运用相关技术对文化遗产进行完整记录，记录内容包括国内立法、保护行动计划、确认文化遗产保管者的相关描述。

第二个是列出反对杰出代表作名录的理由，呼吁专家注意国际登记体系所具有的

---

① 非遗公约正式文本中的第五条至第八条关于保护非遗政府间委员会的相关规定。

② 详细内容参见Valdimar Tryggvi Hafstein. Intangible heritage as a list: from masterpieces to representation // Laurajane Smith, Natsuko Akagawa. Intangible Heritage. New York and London: Routledge, 2009: 93-111。

优点。这份建议列出了实施非遗珍宝/杰出代表作名录（a List of Treasures）会产生的三个问题：

一是名录承担了1972年公约下《世界遗产名录》相似的功能，很难将其与之区分开来；

二是它声称是一个建立在杰出标准之上的名录，而这种选择性很可能会转移新公约的宗旨，导致公约"潜在的目标是登录而不是保护"（safeguarding）；

三是这个名录是一个主观性和精英式的，替换掉珍宝（treasures）、杰出代表作（masterpieces）等术语并不会减少上述性质，因为选择是建立在"突出价值"（exceptional value）基础上的。相比之下，加勒比海地区国家的选择——国际登记体系，在美学和卓越的标准下却不排斥任何形式的非遗。

在会议上，由于各国专家代表对于非遗名录体系中使用的术语含义理解不一样，专家把大量时间花费在术语的选择上。大部分专家赞同"登记"（register）、"名录"（list）、"清单"（inventory）等术语，但对使用哪个术语而展开争论。荷兰代表呼吁马上投票以节约时间："在2月份的会议上，我们已经花很多时间比较登记'register'和名录'list'的优点。今天我们又已经花两个小时了，现在最简单的选择就是：要不用登记'register'要不就用名录'list'。"日本代表支持这个提议，反对投票的国家认为有必要首先弄清楚这些术语的不同之处，作为响应，荷兰代表要求UNESCO的法律顾问来解释"登记"（register）和"名录"（list）的区别。这位法律顾问回答得很坦白："不在于使用哪个术语，重要的是你们在'登记'和'名录'中放入什么内容，如何看待它们。"他的答复留下了没有解决的话题。

阿根廷代表进行总结时表达了对登记（register）而不是名录（list）的支持，他认为可以避免与《世界遗产名录》相混淆。但并不是所有代表与阿根廷立场保持一致，以日本为首的倾向于"名录"（list）的国家开始联合起来支持以《世界遗产名录》为模式的"非遗珍宝/杰出代表作名录"（the List of Treasures /Masterpieces）。相反地，赞成使用"登记"（register）的国家支持由加勒比海四个岛国提议的"国际登记体系"方案。这样，由加勒比海地区国家的提议引发了赞成和反对的激烈争论。

格林纳达岛专家代表认为，指定一些实践和表达成为"非遗珍宝/杰出代表作"（treasures or masterpieces of humanity）是不恰当的，因为这种指定意味着对其他团体的排斥："一个团体的非遗对他们而言是非常珍贵和有价值的，如果仅是就他们而言，那么公约不应该视非遗有着'突出'价值（exceptional value）。"她还强调，2003年公约不应该用于弥补1972年公约所带来的不平衡，如果仅是这样一个理念，那么结果显然将是令人失望的："保护不应当是一种竞争。富有的国家已经投入很多钱去保护非遗，因此即将发生的是他们的非遗进入国际名录（the international list），而发展中国家将再次成为输家（losers）。"

丹麦代表认为这个建议抓住了保护的本意。圣卢西亚和巴巴多斯拒绝"非遗珍宝/杰出代表作"是因为这会导致文化遗产等级化。西班牙代表辩论道"非遗不是选美（Intangible heritage is not a beauty contest）"，他反复强调反对"非遗珍宝/杰出代表作"的理由是："这个经验是随着（1972年）《世界遗产名录》体系来的，通过等级建立起来的体系很难证明它是合理的，而是在申报非遗项目的国家之间制造了紧张，这是不能被接受的。"

就西班牙代表的发言笔者想说的是，至2011年为止，西班牙进入1972年公约《世界遗产名录》的文化遗产有43项，位列世界第二，或许因为这个原因，西班牙代表的发言更有分量。

多米尼加代表认为加勒比海地区国家的提议恰好没有"精英"的等级性含义，乌拉圭代表说公约的基本目标是从整体上保护非遗，而不是为了登记"杰出代表作"。其他与会专家采取了类似的立场，其中一位代表以其雄辩的口才表达了他的观点："我们如何确定'杰出价值'（outstanding value）？这将导致我们在应该合作的地方产生竞争，对'杰出代表作'的调查将使人们的注意力远离最需要我们予以重视的那些濒危中的非遗。"他认为"杰出代表作"不需要帮助，并把公约比喻成"医院"，提醒保护是关系非遗生存的行为，而不是在一个本来是以抢救为任务的地方举行庆祝舞会。

当然也有国家反对加勒比海地区国家的提议，我国代表提到UNESCO 2001年产生的"杰出代表作"在中国已经相当成功，认为"《世界遗产名录》因为UNESCO已成为广为人知的一个强大资源，我不明白我们为什么想摆脱它"。日本代表提醒到："'登记'（register）除了是一个巨大的数据库之外什么也不是，不会有任何明显效果"，他指出："我的国家有六万多项非遗，而现在讨论的登记项目不仅仅包括这些，它将是来自全世界各地的非遗项目！"智利代表赞同日本的说法，认为采用"登记"的办法得到的只是一个"电话本"。非洲国家贝宁说："拒绝非遗杰出代表作将带来一个危险的信号：意味着2003年公约是一个二流产物，没有1972年公约好，这是因为一些成员国逼着我们这样做。"最后根据非正式投票结果，只有8个国家赞同加勒比海地区国家的提议，却有27个国家反对，其中有的国家主要是担心"登记"是一个不好操作的行为。

墨西哥代表讨论成员国在国家层面的责任时，认为："当前的文书缺乏对评估重要性的认识，按照公约文书所持的立场，任何社区要求将他们的传统视为非遗，他们既是评价者也是当事人，在没有评审方法，没有机构来评估相关非遗重要性的情况下，社区却要求国家为他们的文化提供财政资助时，这将会产生各种问题。"墨西哥代表的意思应该是指非遗也应如 1972 年公约那样要有来自专家的评估。Hafstein 认为墨西哥代表发言清楚表明传统如果要以非遗的面貌被人们认可，就必须有相关的评估，这也正是许多成员国代表反对加勒比海地区国家提议的"国际登记体系"的原因。因为没有筛选机制是不切实际的（越南）、不方便的（哥伦比亚）、太繁杂而不好管理的（乌干达）。

对许多北欧国家而言，他们一直都反对创建 2003 年公约，更不想设立任何非遗名录。作为冰岛代表的 Hafstein 描述这次会议上的北欧同行评价 UNESCO 秘书处赞同建立在卓越价值基础上的"非遗珍宝/杰出代表作名录体系"时，他们认为是荒唐的："拿芬兰、土耳其、日本的民间舞蹈来说，是不可能比出它们哪个更好一些的。"另一个北欧国家的代表也没有隐瞒他对"非遗珍宝/杰出代表作名录体系"理念的不喜欢（没有好感），他宁愿没有任何名录。但面对讨论的情形，他们决定矮子里面选高的，选择支持加勒比海地区国家提出的"国际登记体系"的建议。

经过投票，加勒比海地区国家关于"国际登记体系"的建议没有被采纳，但是日本等国家支持的"非遗珍宝/杰出代表名录"（the List of Masterpieces or Treasures）也没有获得足够的支持，因为这个名录太像 1972 年公约的《世界遗产名录》了。笔者认为，日本本意即是如此，试图借鉴 1972 年文化遗产保护的成功经验和模式，尤其是借"文化遗产"这个术语在全世界公众中的影响力来促成非遗保护，但会带来正如加勒比海地区国家针对这个名录提出的三个问题。

对此，专家开始为这个名录的标题改名，尼日利亚仍支持使用"珍宝"（Treasures）；由法国和葡萄牙建议的，由牙买加、圣文森特岛、冰岛支持的"举例说明的名录"（Illustrative List）和乌拉圭提议的"代表作名录"（Representative List）；各个非洲国家讨论采纳"荣誉"（prestige）这个术语，但是其他国家担心这个术语仍会显示出等级化的意思。最后"代表作"（Representative）作为折中的解决办法被采纳，也就是我们今天看到的 2003 年公约最后文本中的"人类非物质文化遗产代表作"（Representative List of the Intangible Cultural Heritage of Humanity）。

经过三轮政府间专家会议的讨论，2003 年公约第一稿文本在 2003 年 9 月的 UNESCO 执行局第 167 次会议通过，决定将这个文本作为公约草案，提交给 2003 年 10 月 17 日举行的 UNESCO 第 32 届全体成员国大会进行表决。UNESCO 有 191 个成员国，在投票表决过程中，没有成员国投反对票，120 个国家投票赞成，一些国家投了弃权票（澳大利亚、加拿大、英国、瑞士、美国、丹麦、新西兰、俄罗斯），63 个国家放弃投票。①

---

① UNESCO. Records of the General Conference, 32nd session. Paris 2003 (Vol. 2, Proceedings).

结合上述研究者对三次政府间专家会议对 2003 年公约草案讨论的叙述和 UNESCO 关于这三次会议的会议文件内容可以看出：

一是非遗概念的具体内容经历了细微调整，"保护非物质文化遗产国际公约第一稿"在都灵会议非遗定义的基础上，进一步修改为："指被社区（或译为群体）和个人视为其非物质文化遗产的各种实践和表现形式（包括必要的知识、技能、工具、实物、工艺品和场地），而且须与普遍接受的人权、平等、可持续性及文化社区（或译为群体）之间相互尊重等原则相一致。各社区（或译为群体）为适应其生存环境和历史条件不断使这种非物质文化遗产得到创新，同时使他们自己具有一种历史感和认同感，从而促进了文化多样性和人类的创造力。"但 2003 年公约正式文本中的非遗概念在社区后增加了"群体"（groups）术语，形成了"社区"、"群体"、"个人"三个术语，略去了这一界定中的"平等"表述，对"普遍接受的人权"和"可持续性"的表述则进行了重新组织。

以文化遗产名录机制为核心，各国专家从不同的视角出发，在不断与 1972 年公约保护理念对比的过程中，深化了对非遗保护的理解。这样，UNESCO 从最初打算以 1972 年公约为蓝本的 2003 年公约，最终没有把 1972 年公约中用以评价文化和自然遗产的"突出的普遍价值"标准、"原真性（authenticity）和完整性（integrity）"标准①应用于 2003 年公约。由此，2003 年公约下的名录机制运作理念和原则与 1972 年公约产生了重大差别，而非遗保护的各个条款，尤其是涉及保护措施的实施、缔约国的责任和非遗保护的国际合作方面时，英文中表达的措词都被讨论和修改。这些措词都意味着不同的含义，在被翻译为中文文本时以"鼓励"、"应该"、"建议"、"确保"来表示，具体意味着什么，2003 年公约条款如何与我国非遗保护具体情况结合，都需要在我国具体国情语境下展开深入分析。

二是在这三次政府间专家会议中，政府间专家强化了非遗保护与国际人权文件的关系，最终决定将这一观点置于公约较重要的位置②。尽管在 2003 年公约起草过程中已经注意到了这一点，但政府间专家会议召开的结果是把有关人权的理解还放入非遗概念的界定中，强调非遗概念所指范畴与人权标准必须相适应，使用了"只考虑"这一措辞。这是都灵会议、2003 年公约第一稿的非遗概念中所没有的。人权与非遗保护也是西方研究关注的问题，此中更为具体的考虑和深意，在思考非遗概念时，是需要展开详细研究的重要议题。

三是就公约的运作机构、财政基金措施在各国间征求和交换意见，涉及各国利

---

① 详细内容见《实施〈保护世界文化与自然遗产公约〉的操作指南》（2005 年版）第 79~95 段。
② 2003 年公约前言第二段。

益,是争论的焦点问题。在最后的公约文本中,设立了执行2003年公约的两个主要实体机构:缔约国大会和政府间保护非物质文化遗产委员会,由这两个实体机构展开UNESCO 2003年公约的具体工作,推动各国非遗保护的发展。

不难感觉出,三次政府间专家会议和2003年公约投票表决成为东西方(南北)国家文化交锋的战场。2003年公约与2005年《保护和促进文化表现多样性公约》、2007年《土著民族权利宣言》一样为当前部分发达国家所不认同,如美国、加拿大、一些北欧国家认为2003年公约是存在缺陷的。兹举当时一些国家就2003年公约草案第一稿的看法①:

(1) 澳大利亚就公约第一稿的文本内容持严重保留意见,认为虽然公约已经起草出来了,但对非遗的确认没有一个共同商议并认可的国际标准(agreed international standards in the identification),对非遗缺乏准确界定(the lack of adequate definitions)。

(2) 加拿大认为公约没有在成员国充分考虑和讨论的情况下就开始起草了……也遗憾地看到社区和土著居民代表是缺席的。

(3) 瑞典认为公约的内容应当认真准备,解决或将有争端和歧义的内容挑出来。挪威就第一稿内容没有发表评议,期望公约草案在下一轮得到大幅修改。这正是欧洲国家所想的,欧盟国家发表联合声明"这一过程不应操之过急"(the process should not be rushed)。

(4) 在美国看来,在讨论非遗保护采用哪种性质的国际文书之前,必须先解决和搞清非遗的定义。美国认为制定一个具有约束力的国际新文件的建议为时过早,尤其是2003年公约第一稿内容,是对一个没有决定好的问题提供了解决办法(provide the solution to the yet-to-be-determined problem)。

2001年,美国在WIPO委员会第一次会议上发表声明,申明其对保护非遗的理解和立场:"对于得到和超越所有权,且有如此众多和不同的期望、目标和本地系统,要建立一个有用的、可实施的全球性系统在事实上是不可能的。'一刀切'的方式确实可解释为是对本土习俗和传统缺乏尊重的表现。我们也感兴趣地注意到,在一些本土社区内发展起来的地方制度和程序,这些地方制度显然应受到尊重,并且一定要谨慎地避免对其侵犯。"②

在这些国家中,对于有着许多原住民但却由欧洲移民统治的国家如澳大利亚、新

---

① UNESCO. General Comments received from Member States(NO. CLT-2003/CONF. 206/3).
② Carlos M Correa. Traditional Knowledge and Intellectual Property:Issues and Option Surrounding the Protection of Traditional Knowledge. www.geneva.quno.info/pdf/tkmono1.pdf,2011-12-04. 中文译文转引自赵方. 我国非物质文化遗产的法律保护研究. 北京:中国社会科学出版社,2009:189。注:在原文中,关于美国对传统知识保护的立场的英文内容表述多于上述中文内容翻译,但意思基本一致。

西兰、加拿大、美国等，2003年公约发起的非遗保护可能还会引发其国内与原住民有关的政治博弈。

而受物质文化遗产保护理念支配的英国，则体现了对非遗的抵制态度。从相关研究中可以看到，在英国提及本国的莫里斯舞蹈、吉普赛人故事时，主流社会团体并不认为这些民俗文化有多么重要。① 或许，英国人认为，这些民俗文化是无法与那些体现民族伟大成就的物质文化遗产和高雅艺术相媲美的。即使是已经加入2003年公约的欧洲发达国家，如法国，非遗在其国家法律文本中并没有明确的位置，对文化遗产概念的界定仍然主要以物质文化遗产为主。尽管相关文化部门致力于非遗保护，但有确切文本支持（textual support）的保护政策并没有发展出来。② 当然不同国家的不同国情和文化思维方式会导致不同的做法，不必非得在政府层面体现出来。

让我们再假设性地思考一下，即使这些国家意识到非遗的重要性，在主导方向是由北到南的全球化进程中，还要不要将一样源自传统的欧洲古典音乐、莎士比亚戏剧甚至地球人都知道的圣诞节认定为非遗？相信大多数人的回答是没有必要的。因此，从上文的描述我们可以看出，从"1998年杰出代表作"计划，再到后来2003年公约的起草过程中UNESCO执行局一系列会议和第29到32届四届UNESCO全体成员国大会，发达国家都持反对态度。他们对非遗保护并不感兴趣，总是要求认真考虑有关非遗保护的相关行动计划，采用消极拖延的政治外交策略，坚决反对UNESCO的经费用于非遗保护。这些国家的外交立场与一些倡议保护非遗的人士和发展中国家面对非遗濒危处境时的那种"心急如焚"可真是形成鲜明对比。

结合1972年公约诞生的过程③，可以说，它和2003年公约都表达了对人类文化的关注和自觉保护，但最后呈现出来的文本各个条款的表述却是在各国较量、利益权衡以及各类国际政治团体斡旋中诞生的，有着各自特定的理念和影响。UNESCO好比是一位父亲，已养育了一个出身富贵的30多岁的儿子，2003年又有了一个众望所归的小婴儿，显然，喜欢哥哥的人并不喜欢弟弟。最为艰巨的任务也来了，那就是他将如何成长，UNESCO和各缔约国如何推动和执行这个比1972年公约晚了30年的文化遗产保护新公约。

---

① Laurajane Smith, Emma Waterton. "The envy of the world?": Intangible heritage in England // Laurajane Smith, Natsuko Akagawa. Intangible Heritage. New York and London：Routledge, 2009：289-302.

② Marie Cornu. 法国文化遗产保护法律及影响 // （日）河野俊行（Kono Toshiyuki）. The Impact of Uniform Laws on the Protection of Cultural Heritage and the Preservation of Cultural Heritage in the 21st Century. Leiden, Boston：Martinus Nijhoff, 2010：412.

③ 1972年公约诞生的详细过程可参见李春霞. 遗产：源起与规则. 昆明：云南教育出版社, 2008：39-87。

三、《保护非物质文化遗产公约》生效后的主要进展

2006年4月20日,罗马尼亚成为第30个批准2003年公约的国家,2003年公约开始生效。

随着第一次保护非遗政府间委员会的召开,2003年公约进入正式执行阶段,开始就2003年公约各个条款的具体执行办法和机制展开讨论。2006年6月27~29日2003年公约缔约国第一届大会在巴黎召开,选出负责2003年公约实施的第一届政府间委员会18个成员,至第一届政府间委员会会议召开时,2003年公约已经有50个缔约国,该委员会扩大至24个成员。2006年11月18~19日,2003年公约政府间委员会第一次会议在阿尔及利亚阿尔及尔召开,会议内容主要讨论2003年公约第7条、第8条、第9条,讨论政府间委员会议事规则,咨询组织的认证,起草《2003年公约业务指南》的内容框架和第7条、第16条、第17条中关于人类非遗代表作遴选标准的制定。

2007年9月3日~7日,UNESCO在日本东京举行第二届非物质文化遗产政府间委员会(以下简称"东京会议")。本次会议的议题包括"观察员与会资格认证标准"、"社区、实践者、专家和研究机构的参与"、"非物质文化遗产基金使用原则"、"2003年公约徽标设计原则"、"原人类口头和非物质文化遗产代表作项目纳入新的名录"及"国际援助的指导原则"等。同时,这次会议大力呼吁各缔约国在非遗保护工作中应高度重视"社区参与"。

2008年,第二届2003年公约缔约国大会通过,并在2010年第三届2003年公约缔约国大会修正了《执行〈保护非物质文化遗产公约〉业务指南》。

2009年,2003年公约下第一批"人类非物质文化遗产代表作名录"产生。

迄今为止,加入2003年公约的国家数目已经超过150个。2013年是2003年公约通过10周年,6月14日,在我国成都召开了成都国际非物质文化遗产大会暨《保护非物质文化遗产公约》通过10周年纪念大会,通过了《成都展望》。

第四节 《保护非物质文化遗产公约》的影响

一、《保护非物质文化遗产公约》的积极影响

2003年公约对人类文化发展的三点积极影响:

(一)《保护非物质文化遗产公约》的根本宗旨

2003年公约"保护"的英文术语使用了不仅具有抢救内涵并有促进活力发展意

义的"safeguarding",而不是具有防御、保卫性意思的术语"protection"。设立非遗这一新的文化遗产类型,最重要的目的是引起人们如同重视物质文化遗产一样重视非遗,提高人们对那些因不同原因而导致边缘化、濒危的传统,以及民间、民族特定的文化表现形式的重要性的意识,并予以自觉保护。尤其是那些因为各种人为观念操纵、支配、设置的不合理社会因素(如制度、政策等)而导致濒危、边缘状况的非遗,需要当代人的文化自觉并介入予以调整。UNESCO 发起非遗保护后,展开了非遗名录的评选等具体保护工作,这些保护工作引发的反应、讨论多种多样。不同的社会利益团体对非遗保护所持态度和兴趣、动机都会不一样,但 UNESCO 制定 2003 年公约的宗旨,就是保护非遗的生命力及传承它们的社区的文化活力,以此保护世界文化多样性和推动不同社会的可持续发展。

在 2006 年 11 月阿尔及尔召开的第一次保护非遗政府间委员会会议上,曾参与公约制定和磋商的委员督促保护非遗政府间委员会应尊重支配 2003 年公约出台的主要精神:即 2003 年公约的主旨在于保护(safeguarding),"急需保护的非遗名录"才是 2003 年公约中至关重要的,应尽快制定"急需保护的非遗名录"的详细标准,确保它们能够获得国际资助。会议讨论期间经常参照 1972 年公约的消极之处,许多委员反对在名录申报方面有任何限制措施。卢森堡公国反对限制登录,因为这样做,与 1972 年公约比较起来,会降低 2003 年公约的声望。名录的列入是永久性的,日本为了避免 1972 年公约所经历的错误,反对限制代表作名录的列入。而为了能够公平评估、监督非遗,印度反对限制不具备地理代表性的 NGOs 咨询机构的数目。①

(二)保护文化多样性,是《保护非物质文化遗产公约》追求的基本精神

文化多样性对人类社会可持续发展有着重要意义,非遗的代代传承正是维持文化多样性的途径之一。而要实现非遗的代际传承,以"突出的普遍价值"的精英式观点衡量非遗的确欠妥,这一价值观暗含那些没有突出普遍价值的非遗并不值得人们去保护。1972 年公约下的《世界遗产名录》确实产生了等级化的效果,进入《世界遗产名录》前,各国需要展开大量具体保护工作,在此基础上,专业评估机构要实地考察,评估文化遗产地保护机构是否具备保护能力。这些前期工作完成后,文化遗产地才能申报,登录《世界遗产名录》门槛的确很高。为了能够进入《世界遗产名录》,相关主体总是加大申报项目的保护力度,而忽略没有入选的文化遗产。以文化多样性作为非遗理念,则意味着不同文化是平等的。

---

① Noriko Aikawa-Faure. UNESCO Convention for the Safeguarding of the Intangible Cultural Heritage – from its Adoption to the First Meeting of the Intergovernmental Committee. http://www.tobunken.go.jp/~geino/pdf/sympo/07KeynoteSpeech2Aikawa.pdf,2011 – 05 – 01.

把非遗与文化多样性联系起来,也使保护非遗的必要性得到更为深入的理解,与文化多样性理念具有联动关系的是生物多样性,生物多样性与在全世界产生巨大影响的环境生态运动有密切关系,一系列与环境有关的国际文件已经显示出政治层面对地球生态的重视。生物多样性离不开文化多样性,文化多样性的基础之一便是从非西方国家历史中发展而来的文化,相信这种联动关系将会随着全球化进程扩展到其他领域,在思考强势文化输入与地方文化多样性变化的关系时,文化多样性赋予非遗哪些新的意义,可能会带给我们更多的启发,进而探索出有利于非遗的可持续发展方式。

实现这一点,需要国家力量的因势利导。为各类有益于人类幸福的文化营造传承、发展的平等社会空间,使每种文化表达形式、每个人都有自我表现、发展的机会,让人们愿意为自己热爱的文化投入热情和精力,反过来促进包括非遗在内的文化表达形式的生命活力。

(三)重视创造、传承非物质文化遗产的地方民众

从 2003 年公约产生过程可以看出,另一个贯穿 2003 年公约的重要观点是,强调非遗保护过程中社区和传承者对非遗持续和传承至关重要的作用。2003 年公约发展出以强化非遗传承者及社区自我保护和有机传承的新方向,承担非遗保护的主角中第一次包含了社区、非遗传承群体或个人。通过动员全社会对非遗的尊重和珍惜,推动非遗传承者的文化自豪感并自觉将其传承下去,成为 2003 年公约保护行动的基本原则。

这一点也是与 1972 年公约的重要区别所在,非遗保护的相关利益者不仅包括政府、研究者,也包括那些承载非遗传承的地方社会团体。认识到兼持续性和变化性为一体的文化表达形式的活力传承,需要与特定社区民众的持续互动才会成为可能。尽管意识到这一点,2003 年公约的最大困难也是来自于此,这一原则与具体实际如何结合起来,又应该如何理解,在各个国家又如何依据自身的国情展开具体的实施,到目前为止,仍在探索之中。涉及非遗传承主体,经常在人类学中讨论的"谁是土著"、"谁拥有文化遗产"、"谁有权决定文化遗产"等关系到文化遗产所有权、文化遗产归属等复杂议题也因 2003 年公约的影响而渐渐不绝于耳。①

二、关于《保护非物质文化遗产公约》的批评

前面我们提到一些国家对 2003 年公约的观点,但这些国家针对 2003 年公约发表的看法显得比较抽象。让我们看看曾致力于推动 2003 年公约制定的学者以及来自欧

---

① 相关讨论参见吕江. 文化知识产权在新国际民俗学中的凸现. 民族艺术,2005 (4):6-11。

美的研究者为何对2003年公约表示了自己的失望①,也许可以看出西方和非西方国家在非遗保护观点上的些许不同之处。

(一)《保护非物质文化遗产公约》对"保护"的界定

推动2003年公约制定的荷兰,于2012年加入UNESCO的2003年公约。最初根据专家意见,除了认为2003年公约有自身的问题外(academic, ethical, as well as discipline-internal problems),更认为对非遗实施保护是妨碍(interfere with)了非遗自我能动变化的本质特点,尤其是流动性、变化性是非遗必然发生的特性,而变化是很难"保护"的。因此,荷兰专家对2003年公约的保护取向,尤其是名录并不认同,认为它并没有从公平的角度对待非遗,只能导致人为的保存(artificial conservation),将非遗与自身的发展进程相隔离(isolated)②。

"丹麦人认为,它不应该被固化为条条框框的类别,应该从根本属性上来理解它,这种根本的属性存在的基础就是社会系统之所以存在的基础和软环境。如此说来,文化是以一种潜移默化的形式存在并影响着我们,就像我们使用语言一样。当我们用语言来表达的时候,必定是遵循某种语言系统,基于不同具体形象可能对语言进行加工改造。语言和文化有相同的地方,那就是我们使用语言的时候对它进行改造,遵循文化规律的同时我们也在创造文化。"③

任职于美国史密森尼研究所,曾组织参与1999年华盛顿会议,致力于支持UNESCO发展一份关于非遗保护国际新文书的Richard Kurin认为,各种非遗类型和表达形式只是在历史某一点上由社区实践者确认具有"本真性"。但是,非遗是随时间而变化的。他指出,一种艺术形式可能是出于平民实用的需要,随着时间的推移,它变成了一个王朝上流社会的艺术,或者有了神圣的意义,或者变成了用于市场交易的大众技艺,或者变成旅游商品。文化实践也可能一度是日常生活工作的一部分,后来进入精英领域,甚至仅限特殊场合或节日出现。在这种情况下,非遗"本真性"是什么?要保护的是什么呢?④ 因此,Kurin认为2003年公约夸大了保护期望(envisioned results)——确保非遗的生命力和产生过程,他认为这是做不到的,"任何一种干涉都不可能确保这种结果。文化是变化和演进(evolves)的。过去的文化实践

---

① 这些学者的观点不代表本国政府官方立场。

② Katja Lubina. Protection and Preservation of Cultural Heritage in the Netherlands in the 21st Century. http://www.ejcl.org/132/abs132-4.html, 2011-11-20.

③ 刀文克. 丹麦如何保护三种非物质文化遗产. http://finance.sina.com.cn/hy/20120108/105511151227.shtml, 2012-01-08.

④ Richard Kurin. Safeguarding Intangible Cultral Heritage: Key Factors in Implementing the 2003 Convention. International Journal of Intangible Heritage, 2007 (2): 13.

对社区而言，没有了实用或象征功能就会被遗弃（discarded），UNESCO和成员国并不能通过财政和象征性奖励保护社区成员本身想放弃的习俗、实践、信仰和传统。他们也不能在反全球化和保护文化多样性的幌子下鼓励对文化有害的做法和把文化实践'冷冻'起来。2003年公约的真正目的在于帮助（aid）传统文化实践和他们的实践者有机会生存（survive）甚至兴旺（flourish），但不是要确保这种结果。"①

我国学者安德明谈及非遗保护时引芬兰民俗学者劳里·航柯的话说："谁也不能阻止人类集团摈弃民间文化的某些形式而发展一些新的形式。这就是为什么把民间文化做成文献的工作如此重要的原因。要想全部贮存或保留是绝对办不到的，然而通过这种办法，至少可以保存一部分，也许这是唯一的保存办法。"②

上述研究者的批评反思，说明非遗"保护"这一术语所包含的清楚理念并没有得到解决。2003年公约考虑到各国情况的不同，在正式公约文本中给出的是一个弹性的界定。那么具体到我国，应该如何理解，非遗保护在社会结构运行中哪个层面展开，我国以往进行的与非遗有关的传统文化保护与2003年公约保护理念、手法有哪些相同和相异之处，我们的优势和自身特色是什么，又存在哪些不足，也许没有得到系统、深入的反思性研究。虽然就非遗所包含的客观对象范畴、特征、保护原则、保护具体措施从研究层面进行了阐释，但保护置入具体实际生活的过程中发生了什么，还有待于更为深入的分析。③ 这也说明，针对目前非遗保护喜忧参半的状况，非遗保护研究仍处于不平衡的阶段。

（二）非物质文化遗产名录的消极作用

Barbara Kirshenblatt-Gimblett认为2003年公约仅是重新制作了一个与1972年公约《世界遗产名录》相区别但在本质上却与其一样具有排他性（an act of exclusion）的名录，物质文化遗产和非遗的价值、意义通过名录各自设立的标准固定下来，非遗代表作名录中的项目在西方人眼中只是奇风异俗，并不具有充分的代表性。她指出，同样有着正规训练，使用剧本，由演员传递知识的莫斯科芭蕾舞（Bolshoi Ballet）和大都会歌剧（Metropolitan Opera）不可能进入非遗名录，但既不是少数民族也不是土著

---

① Richard Kurin. Safeguarding Intangible Cultural Heritage in the 2003 UNESCO Convention：a critical appraisal. Museum International, 2004 (1-2), Vol.56：74.
② 安德明. 非物质文化遗产保护：民俗学的两难选择. 河南社会科学，2008 (1)：19.
③ 康保成师主编的《中国非物质文化遗产保护发展报告（2011）》（北京：中国社会科学文献出版社，2011）一书对我国当今非遗十个分类的保护情况有全面总结。

的文化形式——日本能乐（Nôgaku）进入了非遗名录。① Hasftein 则指出，名录的使用将远远超出保护的初衷，为那些投机者甚至成为特别时期（如战争、极端对峙时期）某些社会团体进行破坏的行动指南。

Kurin 针对非遗名录则指出，各国的非遗清单和 UNESCO 非遗名录体系是执行 2003 年公约最重要的工具，是非遗保护的起点，同时也是非遗所在国拥有这些非遗智力产权的一种证明。但名录体系在人类学家看来，纯粹是一项浪费时间、金钱却不会直接有助于非遗的真正保护。通过名录引起人们对非遗的关注和保护意识是没有问题的，但是非遗并不会仅仅通过名录而得到保护。名录潜在的危险在第一次 2003 年公约政府间非遗保护委员会上已经出现了，使得各国对 2003 年公约的履行集中到名录本身和荣誉的分配上来，而接受荣誉的是国家及其政府代表，并不是传统的实践者②。

在名录方面，安德明指出："一个社区或一个国家，究竟向上一级的机构申报什么项目，不是由具体文化项目的传承人来决定，而是由相应的行政管理机构及学者来为整个区域或民族代言。但他们所代表的，可能只是主流意识形态而非传统知识社区或民众的意愿。事实上，这些社区或群体在文化上所要求的权利和利益很可能会与政府部门截然相反。……，这种申报制度本身，实际上使得与人民生活息息相关的生活文化事象人为地具有了等级。由于 UNESCO 确定的评价标准，每一种民间传统文化事象都因其是否具有'遗产性'或具有多少'遗产性'而迥然不同，这势必会加剧不同文化之间以及同一文化系统内不同群体之间的不平等。这样的结果，与 UNESCO 一向主张的文化多样性和文化平等原则，其实是完全相左的。"③

作为非遗保护最重要的措施之一，非遗名录设立的初衷在于以荣誉和物质奖励双管齐下的特殊手段，从官方层面认可非遗的重要性，着重强调某一文化实践对于民众生活的重要性，反过来促进民众予以自觉的保护和传承。同时，伴随着对非遗的认可，官方层面赋予传承者的文化荣誉，对非遗传承者本人是一种极高的尊重和肯定，前提是他们传承非遗的高水准已为民众所认同。这种附加国家扶助的荣誉进而激励传承人发挥自身的能动性，展开传承活动。因此对非遗名录"等级化"的理解需要辩证地看，但由申报名录而产生的不同层面的纠纷正日益成为不利于保护的消极因素，是我国非遗名录体系建立过程中必须予以重视并及时从行动上纠正的。

---

① Barbara Kirshenblatt-Gimblett. Intangible heritage as metacultural production//Laurajane Smith. Cultural Heritage: Critical Concepts in Media and Cultural Studies (Volume IV). New York and London: Routledge, 2006: 309 – 322.

② Richard Kurin. Safeguarding Intangible Cultural Heritage: Key Factors in Implementing the 2003 Convention. International Journal of Intangible Heritage, 2007 (2): 16 – 17.

③ 安德明. 非物质文化遗产保护：民俗学的两难选择. 河南社会科学, 2008 (1): 18.

（三）关于文化遗产"非物质"与"物质"区别与联系的理解

关于非遗中非物质的特征，并与物质相区分，由这种二分法引起的争议，衍变为1972年公约与2003年公约的相同和差别的讨论。非遗与物质文化遗产的分歧不在于管理和技术层面，而是就这两类文化遗产的联系和相伴性的理解存在分歧，对文化遗产从物质与非物质两个层面进行类别划分，也引起了认识上的更多混乱。那么应该如何理解现实中非遗的"非物质"特征并与保护联系起来，这将引出我们对非遗概念尤其是"非物质"的理解，即第二章所讨论的内容。

三、《保护非物质文化遗产公约》对我国非物质文化遗产学术研究的影响

都灵会议专家都反复提到了人类学、民俗学中的研究术语：社区（community）或传统持有者（traditional holders）、过程（process）、成果（product）、实践（practice）、行动（action）、语境（context）、传承（transmit）、创造性（creativity）等。这些研究术语与人类学、民俗学对地方传统文化表现形式采取整体的研究取向密不可分，这种整体研究取向正如刘晓春所概括的：注意到作为民间文化传承主体的人群在具体时空坐落中对民间文化的创造与享有，以表演中的、过程中的民俗为中心，通过田野调查，考察民俗的传承与社会、历史、文化之间的关系。[①]

这种研究范式，不再限于对民俗事象本身的描述和文化意义分析，而是把视角转向了民俗事象的发生过程。比如民间故事研究，突破了对民众创造、传承的"成果"——民间故事本身的研究，着眼于故事生活背景、历史传播、文本内容、情节母题、文化内涵等研究。转为对民间故事"口头"方式的研究，进而注意到"口头"的承载者——人，围绕传承者的日常生活环境、个人经历、传承能力、传承者与各种社会组织、生活变迁脉络等方面展开研究，也即对民间故事动态传承"过程"的研究。西方民俗学采取整体的研究范式产生了鲍曼的表演理论、帕里—洛德的口头诗学理论、结构功能主义的语境理论。

2003年公约在非遗界定中提到的"互动"、"不断再创造"正是融入了上述理论思考，首先意识到非遗不只是人类文化创造力成果的体现，更将非遗视为持续演进的动态过程，注重非遗动态的传承过程和获得方式，与其所在社会语境的关系。其次是重视社区民众能动性对非遗活力传承的作用，引出对非遗保护中社区及非遗传承者角色的重新思考。这对各个非遗研究产生了广泛影响，在非遗保护展开前，我国许多研

---

① 刘晓春. 从"民俗"到"语境中的民俗"——中国民俗学研究的范式转换. 民俗研究，2009（2）：5-35.

究传统文化表现形式的已有学科视角是从已经形成的非遗"成果"切入的，即围绕传统文化表现形式本身展开，重点研究非遗发展历史、表现形态的构成、特征等。虽然传承者及其社会关系也是研究内容之一，但主要服务于传统文化表现形式本身。

在展开非遗保护后，非遗及其传承者在生活中发生着什么才成为不同学科"普遍"关注的问题。各类非遗的传承模式及与之相联系的传承者自我创造力、能动性，传承者的社会生活，社会变迁等内容开始成为相关学科研究重点。这也意味着研究者对非遗转向了"活态过程"的研究视角，看到了非遗在特定的社会语境中，既是人类精神创造的成果之一，更是当下人类继续展开精神创造的借鉴中介。不能把非遗以成果形式固定下来，从社会文化产生、发展的整体性结构互动过程中分离开来，这一观点日益成为共识。由此在研究层面审视非遗保护实践时，注意到把非遗传承群体与其社会文化组成的各种因素联系起来，在此基础上进行恰当的介入，使保护不再限于已经形成的成果，注重非遗代际传承过程中传承者创造力的持续发挥。

更重要的是，2003年公约把非遗重要性与文化多样性和可持续发展联系起来，使相关研究注意到了当代传承濒危的非遗。对这一点的认识，已经不限于西方视野中的土著文化，也包括受全球化进程影响，被各国视为"高雅"但生存濒危的传统文化表现形式。我国在展开非遗保护前，研究者经常要以宏大的民族话语证明传统文化表现形式值得传承的"正当性"，这种话语表述的动员能量因说教性而显得空泛。但2003年公约提倡的文化多样性观念摒弃了以往文化差异与"文化优劣观"的联系，转而把文化差异与文化平等观念联系起来，为任何文化传统值得传承提供了不证自明的合理性，直接关系到不同社会阶层中的非遗传承者。这对相关非遗学科产生了潜在而广泛的影响，各个学科在学术层面开始研究那些由草根阶层传承，受众范围小，美学、历史、文化价值并不高的非遗。

这种研究转向推动人类学、民俗学以外的更多非遗学科展开对以下问题的思考：这种"文化转向"是如何发生的，背后的理论基础是什么？非遗对我们生活的意义是什么？进而研究非遗的各个学科伦理需要进行哪些调整？很显然，答案并不能从实用主义或"物以稀为贵"中获得。

小　　结

我们今天所看到的2003年公约最终文本，自UNESCO最初以1972年公约为基础开始构思，展开推动非遗保护的小型奖励项目开始，后UNESCO以1997年马拉喀什会议为契机，把这个奖励计划拓展到"1998年杰出代表作"计划。1999年华盛顿会议在学术层面彻底反思1989年建议案的基础上，提出UNESCO应当重新制定非遗保护方面的国际文书的建议。随着1999年UNESCO新总干事松浦晃一郎的到来，2003年公约的制定终于被付诸行动。

在华盛顿会议成果的基础上，2001年都灵专家会议确定了2003年公约的关键概念和整体框架。非遗文化价值、保护原因、保护目的、方式等问题均在专家的讨论中形成较为一致的意见。都灵会议、埃尔切会议、里约会议为2003年公约的制定奠定了坚实的专业理论基础。而UNESCO执行局历次与非遗保护有关的会议，UNESCO第30、31届全体大会，2002年UNESCO第三次文化部长圆桌会议则使2003年公约获得了发展中国家广泛的政治支持，也意味着非遗保护将与公约缔约国政府责任绑定，成为各国从政策层面予以着手展开的公共事业，不再限于1989年建议案侧重的学术性调查、研究层面。

作为人类文化创造力体现的世界各地的传统民间文化表达形式正通过UNESCO非遗代表作名录为世界民众了解和认识，与非遗保护相关的各种文化观念正不断对我们的生活产生影响。

毋庸置疑，2003年公约的诞生是在专业学者、广大发展中国家、认识到非遗重要性的国际社会组织的共同努力下产生的。

第二章 对《保护非物质文化遗产公约》中非物质文化遗产术语和概念的再探讨

2003 年公约第 2 条（1）款对非遗的界定是"被各社区、群体，有时是个人，视为其文化遗产组成部分的各种社会实践、观念表述、表现形式、知识、技能以及相关的工具、实物、手工艺品和文化场所。这种非物质文化遗产世代相传，在各社区和群体适应周围环境以及与自然和历史的互动中，被不断地再创造，为这些社区和群体提供认同感和持续感，从而增强对文化多样性和人类创造力的尊重。在本公约中，只考虑符合现有的国际人权文件，各社区、群体和个人之间相互尊重的需要和顺应可持续发展的非物质文化遗产。"

2003 年公约涵盖的非遗类别有：

> 口头传统表现形式；
> 表演艺术；
> 社会实践、仪式节庆活动；
> 有关自然界和宇宙的知识和实践；
> 传统手工艺。

2003 年公约虽然采用了"非物质"文化遗产这一术语，但界定注重于意义内涵的提炼，我们如何理解 2003 年公约所列出的五个非遗类型，它们与物质的关系是什么？在这一界定中，被视为非遗的千差万别的客观表现形态是人类文化创造力的体现，但人类文化创造力形式的体现并不限于非遗，那么非遗区别于其他文化成果的特征是什么？对保护又造成哪些影响？在思考上述问题的基础上，结合物质遗产保护的有关历史，我们将对非遗这一概念展开进一步讨论。

第一节　理解文化遗产的三个关键理念

无论是物质还是非物质文化遗产，都在文化遗产范畴之内，文化遗产是一个开放性的词汇，因"遗产"一词天然地与"继承"内涵联系在一起，也是文化遗产最重要的本质特征所在。把认为值得继承的文化遗产由国家予以保护的理念，始于19世纪现代国家的成立，尤其是欧洲各国对历史建筑、艺术从民族记忆、国家财富等角度重新认识，并将这种认识在理论上予以系统化，开始了文化遗产国家立法保护的新时代。1931年诞生了第一个文物保护国际文件《历史性纪念物修复雅典宪章》（以下简称"雅典宪章"），自此欧洲对文物的保护观念开始不断传播到不同社会的文化体系中，文物保护逐渐成为公众关注的话题，有了专以保护文物为目的的职业机构，并逐渐衍变为今天的文化遗产保护。

葛兰·艾波林（Graeme Aplin）指出①：文化遗产②首先是一种观念，从个人到国家的不同阶层中，人们可以分享许多关于文化遗产的观念，也会做出自己的定义，而文化遗产在国家力量介入后，定义就通常由官方认可的主流团体提出，并且尽量能够与社会中其他团体共享。从观念角度阐释文化遗产，我们可以看到，1972年公约把世界遗产视为"人类共同遗产"而加以保护，但2003年公约是视非遗为保护而不是为"人类共同关注的事项"，我国则更倾向于从"文化资源"的角度来审视文化遗产。对文化遗产的理解角度不同，影响着文化遗产保护实践的发展。

一、从"文化财产"到"文化遗产"

在文化遗产保护的早期阶段，"文物"和"文化财"术语普遍为各国政府保护机构和研究者所使用。"文化财产"这一术语在国家层面，出现在日本1950年通过的《文化财保护法》中，也是"无形文化财"术语首次出现在国家层面的立法中。"文化财产"这一术语在国际社会多用于概括要保护的珍贵文物、艺术作品、遗址古迹、古建筑等。在国际法中，"文化财产"首次出现在1954年《关于在武装冲突情况下保护文化财产的海牙公约》（Hague Convention for the Protection of Cultural Property in the Event of Armed Conflict，以下简称"海牙公约"）中。另一个国际公约1970年《关于采取措施禁止和防止非法进出口文化财产和所有权非法转让的公约》（The Con-

---

① 葛兰·艾波林（Graeme Aplin）. 文化遗产：鉴定、保存和管理（Heritage: Identification, Conservation, and Management）. 刘蓝玉，译. 台北：五观艺术管理有限公司，2005：72.

② 主要指物质文化遗产。

vention on the Means of Prohibiting and Preventing the Illicit Import, Export and Transfer of Ownership of Cultural Property）也使用了"文化财产"这一术语，这一公约中根据宗教或世俗的理由，列出了11类具有重要考古、史前史、历史、文学、艺术或科学价值的财产，几乎涵盖了所有与文化有关的物质财产。

许多学者认为，"文化财产"这一术语将焦点过于集中在所有权、归属权上，忽略了其所包含的现实对象承载的更为广泛的感情和价值方面的细微差异（value-laden nuances）①。作为替代，此后大部分国际文件以"文化遗产"代替"文化财产"。

在非遗这一新的文化遗产类型出现之前，1972年公约使用了"文化和自然遗产"的术语，将保护对象正式划分为"文化遗产"和"自然遗产"，公约第1条、第2条就文化遗产和自然遗产分别给出了定义②，在国际法层面拓展了文化遗产的内涵与外延。在不断反思保护实践的基础上，1972年公约鉴于这两个术语把文化与自然割裂对立起来，脱离了文化遗产实际情况，于是又把文化遗产与自然遗产整合起来，统一使用"世界遗产"术语概括人与文化遗产之间的关系。

最初，欧美文化遗产保护经验主导了1972年公约的实施，重心是物质文化遗产的保护（conservation）和保存（preservation），而不是当下社会有关文化遗产的各种观念和对文化遗产的利用。随着1972年公约影响日益扩大，文化遗产术语的使用越来越开放，被人们无意识地使用在各种表述中。

二、人类共同遗产（Common Heritage of Mankind）

"人类共同遗产"理念缘于人类为保护自然生态，解决各国在海洋等自然资源方面的争端时，反思何为"共同利益"的收获之一，以及在维护世界和平的行动中取得的共识。③ 这一理念体现出对全体人类共同利益的关注，渐渐地成为国际社会保护自然和其他文化的支配原则之一。根据《联合国海洋法公约》、《月球协定》、《南极条约》等国际法规，联合国提出的"人类共同遗产"理念涉及以下原则：

（1）人类共同遗产不属于任何个人和国家，而属于全人类，任何私人或国家都

---

① Peter K Yu. Cultural Relics, Intellectual Property and Intangible Heritage. http://ssrn.com/abstract=1272727, 2008-09-24.

② 1972年公约对文化遗产的定义是："从历史、艺术或科学角度看具有突出的普遍价值的建筑物、碑雕和碑画、具有考古性质成份或结构、铭文、窟洞以及联合体；从历史、艺术或科学角度看在建筑式样、分布均匀或与环境景色结合方面具有突出的普遍价值的单立或连接的建筑群；从历史、审美、人种学或人类学角度看具有突出的普遍价值的人类工程或自然与人联合工程以及考古地址等地方。"

③ 葛勇平. 论"人类共同遗产"原则与相关原则的关系. 河北法学, 2007（11）：119-122.
欧斌. 论人类共同继承财产原则. 外交学院学报, 2003（4）：106-111.

不得独占，应实行国际管理。

（2）以维护国际和平与安全为前提，确保人类共同遗产的非军事化。

（3）坚持可持续发展政策，注意环保，坚持相关收益可以公平地分配给当代世界所有国家以及全人类的后代。

1954年，吸取"二战"教训，为避免战争期间文物被毁，UNESCO在荷兰海牙通过了海牙公约。由这份国际法，"人类共同遗产"理念在文物保护领域占据了一席之地，产生了法律效力。1960年，UNESCO应埃及的请求，发起了努比亚遗址国际保护运动①，不仅改变了公众对物质遗产保护合作的认识，还推动了"人类共同遗产"理念与文化政策的有力结合，在世界范围内调动起人们保护文化遗产的积极性。1962年，国际社会又发起了保护纪念文化遗产的行动，即保护威尼斯。1968年通过了《关于保护受公共或私人工程危害的文化财产的建议》（Recommendation concerning the Preservation of Cultural Property Endangered by Public or Private works），1970年通过了《关于禁止和防止非法进出口文化财产和非法转让其所有权的方法的公约》。

1966年，UNESCO大会通过了著名的《国际文化合作原则宣言》（Declaration on the Principles of International Cultural Cooperation），这份宣言是值得人们注意的，宣言第一条开明宗义地指出："每一文化有其尊重和价值，必须受到尊重和保存；每一个人都有权利和责任去发展自己的文化，这些丰富而多样，并互为影响的各类文化，是人类共同遗产的组成部分，属于全人类。"② 严格地讲，《国际文化合作原则宣言》并没有从法律角度使用文化遗产概念，但"人类共同遗产"理念已成为UNESCO文化政策领域的关键要素。③

1972年公约的保护目标与联合国维护世界和平的宗旨具有一致性，这一公约的制定受到"人类共同遗产"理念的很大影响，从1972年公约前言我们可以看出："7. 考虑到现有关于文化和自然遗产的国际公约、建议和决议表明，保护不论属于哪国人民的这类罕见且无法替代的财产，对全世界人民都很重要；8. 考虑到部分文化或自然遗产具有突出的重要性，因而需作为全人类世界遗产的一部分加以保护。"前

---

① 有关努比亚遗址国际保护运动详细介绍见李春霞. 遗产：源起与规则. 昆明：云南教育出版社，2008：25 – 28。

② 英文原文：Article one：
1. Each culture has a dignity and value which must be respected and preserved.
2. Every people has the right and the duty to develop its culture.
3. In their rich variety and diversity, and in the reciprocal influences they exert on one another, all cultures form part of the common heritage belonging to all mankind.

③ 参见UNESCO的文章"Working towards a Convention on intangible cultural heritage"，http://www.unesco.org/culture/ich/index.php?lg = en&pg = 00308。

言这两段清晰地表明 1972 年公约下规定的文化遗产属于全体人类，享有文化遗产的主体不仅包括当代的全体人类。文化遗产学者阿特尔·奥姆兰德认为 1972 年公约的核心理念就是文化遗产属于公众，亦即 1972 年公约下的世界遗产委员会指出的，世界遗产的核心特质是普世性，即世界遗产地属于全世界所有人，不论它坐落在哪个国家或地区疆域内。[①] 在这一观念指导下，"突出的普遍价值"成为 1972 年公约的核心主题。

世界遗产委员会认为：文化遗产来自过去，是当代送给未来的礼物（A Gift from the Past to the Future）。这句话就把文化遗产的过去、现在、将来有机地联系在一起，融入了"代际平等"思想，视世界遗产为"全人类共同继承"，值得人类珍惜并好好保护下去，具有很强的伦理意义，日益成为共识，产生了巨大的国际影响。

但这一理念也与国家主权和利益发生了冲突，为此 1972 年公约在文化遗产归属权、所有权、《世界遗产名录》评选、文化遗产地国家和国际社会利益共享等方面不断进行探索，寻求物质文化遗产保护与人类共同利益的紧密结合，并与国家责任感联系起来，使文化遗产得到各国妥善的保护和管理。

除 1972 年公约外，UNESCO 1989 年建议案也沿用了"人类共同遗产"的提法："考虑到民间创作是人类的共同遗产，是促使各国人民和各社会集团更加接近以及确认其文化特性的强有力手段。"2001 年《世界文化多样性宣言》把文化多样性也视为"人类共同遗产"，第 1 条"文化多样性是人类的共同遗产，应当从当代人和子孙后代的利益考虑予以承认和肯定"。2005 年《保护和促进文化表现形式多样性公约》（以下简称"2005 年公约"）延续了这一思想，前言中"认识到文化多样性是人类的共同遗产，应当为了全人类的利益加以珍爱和维护"。

2005 年，欧盟委员会起草的《文化遗产社会价值框架公约》（Council of Europe Framework Convention on the Value of Cultural Heritage for Society, 2005）将文化遗产视为特定社会群体认同，并继承了来自过去的资源，体现、反映了他们持续的价值观、信仰、知识和传统的演进，包括人与时空的互动中形成的所有方面。[②] 在此基础上，界定出了促进欧洲稳定、凝聚欧洲文化共同感的"欧洲共同遗产"的内涵。

这表明，"人类共同遗产"意味着全人类应该树立这种价值观，保护"共同遗产"是人类需要履行的道德责任。在国际法作用下，"人类共同遗产"在文化层面正

[①] 李春霞. 世界遗产：人类共同继承的遗产. 重庆文理学院学报，2008（2）：5-11.
[②] 英文原文：Cultural heritage is a group resources inherited from the past which people identity, independently of ownership, as a reflection and expression of their constantly evolving values, beliefs, knowledge and traditions. It includes all aspects of the environment resulting from the interaction between people and places through time.

不断获得承认和贯彻。在我国，从法学层面对文化遗产保护与"人类共同遗产"理念关系的研究也正不断深入，内容侧重于人权、自然生态、文物保护等方面。我国虽然已经加入1972年公约、2005年公约，但还没有"人类共同遗产"的立法意图，而国内文化遗产法规和保护实践为此已经做出哪些调整，还需进行哪些调整，是文化遗产研究的重要议题之一。

三、文化遗产"资源"观

方李莉认为在我国，文化遗产被理解为前代人的遗留物，来自过去在当代不再发挥效用的，至少是不再完全发挥效用的传统文化，曾被视为阻碍社会发展遭到贬损与否定，冠以我们极为熟悉的"落后文化"、"旧的传统"、"保守"、"封建"、"迷信"等刻板符号，这源自中国近代受侮辱与殖民的历史语境。在经济得到长足发展之后，人们把这些遗留物"China"（谐音"拆呐"）完之后，怀旧成为人们保护传统文化的原因。她认为，非遗始于UNESCO的提倡，保护理论体系来自国外，很多人不知道文化遗产保护是怎么一回事，惯常的反应是发展旅游。所以，我国也许只有文物保护体系，而没有文化遗产保护体系①。著者的上述观点指出了因历史原因，我们没有自己的文化遗产保护理论，更谈不上文化遗产在知识层面的传播，使得我国公众文化遗产保护意识普遍缺失。

在此基础上，方李莉沿用费孝通先生"人文资源"②的思路，着重从"资源"角度阐述文化遗产保护。她认为文化遗产不仅是来自过去的文化表现形式，更是当今社会发展的宝贵文化资源，能不断提供给人们精神和物质上的需要，强调文化遗产的资源意义和价值。目前人们对文化遗产的理解并不能充分体现当代赋予"文化"的多重意义，因此视文化遗产为资源时，就是要文化遗产融入当代生活。而"创新"一词在现下非遗保护实践中不断遭到滥用时，方李莉指出"民众有时比我们更知道，他们应该如何生活，如何创造新的文化。……创新也是一种保护方式"③。这一观点，

---

① 方李莉. 遗产：实践与经验. 昆明：云南教育出版社，2008：12-24.
② 费孝通先生提出，人文资源是"人类从最早的文明开始一点一点地积累、不断地延续和建造起来的。它是人类的历史、人类的文化、人类的艺术，是我们老祖宗留给我们的财富。人文资源虽然包括很广，但概括起来可以这么说：人类通过文化创造，留下来的、可以供人类继续发展的文化基础，就叫人文资源"。费孝通，方李莉. 关于西部人文资源研究的对话. 民族艺术，2001（1）：9.
③ 方李莉. 从"遗产到资源"的理论阐释——以费孝通"人文资源"思想研究为起点. 江西社会科学，2010（10）：196-197.

贯穿于她关于西部人文资源的一系列研究著作中。①

在法规层面，响应2003年公约，我国官方正式法规文件把非遗与文化资源联系起来，"非物质文化遗产是各族人民世代相承、与群众生活密切相关的各种传统文化表现形式和文化空间。非物质文化遗产既是历史发展的见证，又是珍贵的、具有重要价值的文化资源。"② 结合方李莉的讨论，笔者认为，视文化遗产为"资源"，重点在于"利用"和"受益"于当代人，其背后蕴涵着人类学关于"文化再创造"的理论视角，侧重于那些被我们视为非遗的文化形式在当代的重新发现和创新，但把发现和利用的主体转向了"民众"，但民众是哪些人，在理论层面又如何对非遗"创新"做出内涵上的诠释。上述文化遗产的"资源化"观点如何在理论层面得到发展，这都是十分值得观察的，沿着这个思考下去，或许将形成基于我国国情的文化遗产理论。

在我国当下，人的发展主要用于为经济服务的社会语境中，把"文化资源"和文化遗产尤其是非遗联系在一起有其必然性的一面。当我们使用"文化遗产"时，表明它是与特定群体相联系的，较之这一内涵，文化资源则包容了当代文化产业盛行背景下"利用"的内涵，追求更多人来共享、消费它们，这点也是为我国公众所津津乐道的。如起用云南草根舞蹈演员但在商业票房上获得极大成功的《云南印象》，被视为非遗在当代传承的典型样本。再有河南的少林武术产业，1982年电影《少林寺》公映后，逐渐带动起旅游、教育、电子游戏、表演等文化产业。1984年260万人到河南登封县旅游，2004年到少林寺的游客按每人消费200元计算，登封的经济收益为2.2亿元；少林寺周围的武校有5万学生，按每人每年消费1万元计算，是5亿元。2005年，经少林寺授权，由台湾开发的大型网络《少林传奇》游戏举行公测；2005年，舞剧《风中少林》在北京保利剧院上演。③

上述案例表明，作为文化资源的非遗，进入市场形成产业链效应，是经济潜力巨大的文化资本。而许多传承濒危的非遗因稀缺和不可再生性特征也具备了经济增值潜力，成为有待文化产业开发利用的传统文化资源。

四、人类共同关注（Common Concern of Mankind）

在UNESCO官方文件中，文化多样性被视为"人类共同遗产"，与文化多样性关系密切的2003年公约文本就非遗没有使用"文化财产"、"文化资源"、"人类共同遗

---

① 西部人文资源研究系列丛书：方李莉. 1. 西部人文资源论坛文集；2. 从遗产到资源——西部人文资源研究报告；3. 西行风土记——陕西民间艺术田野笔记；4. 梭戛日记——一个女人类学家在苗寨的考察. 北京：学苑出版社，2010.
② 国务院办公厅《关于加强我国非物质文化遗产保护工作的意见》（国办发〔2005〕18号）.
③ 黄永军. 发展文化产业要科学利用"非遗"资源. 文化产业导刊，2012（9）：73-74.

产"中的任何一个表述，该公约正式文本序言第6段中指出"保护人类非物质文化遗产是人们的普遍意愿和共同关注的事项（common concern）"，较之1972年公约"人类共同遗产"是指世界遗产，这一表述的重点落在了"保护"而不是"非遗"。

参与2003年公约制定的文化遗产法学家Janet Blake指出，UNESCO用"普遍性"（universal）评估非遗和发展各类非遗的保护计划是有困难的。因为要保护的是非遗对地方社区的特定价值，把普遍性观念应用于非遗价值评估时，与构建特定民族和社会群体的认同并不统一。如果把非遗视为人类共同文化遗产，土著和地方社会可能会怀疑这是将其文化遗产"殖民化"或商业利用合法化的一种说法①，或是把非遗置入公有领域，有着否定非遗持有人的控制权的嫌疑，因此非遗保护应受到普遍关注，但不是庆祝非遗作为"人类共同遗产"所具有的普遍价值②。

Janet Blake的这一观点有着国际法律研究的背景，从她的研究中可以看出，"人类共同关注"这一术语的运用源自生态保护，因生态环境关系到全人类的生存利益，理解这一术语的核心主要是各国在国际层面的合作和责任分担，而不是利益分配和国际利益的合法化③。基于这样的理解，"人类共同关注"写入了1992年《生物多样性公约》中，该公约前言指出"确认保护生物多样性是全人类共同关切的问题"。该公约在关注全人类共同利益的基础上，发展出各国主权优先、事先知情权以及惠益分享机制的保护生物多样性资源的做法。

Janet Blake的研究提醒我们，与"人类共同遗产"相比，写入2003年公约的"人类共同关注"才是非遗保护的观念基础，这与2003年公约积极提倡以非遗所在社区的民众为核心，让他们以自己的方式为基础进行非遗保护和传承的宗旨是一致的。在我国，"人类共同关注"这一观念的学术渊源及在非遗保护方面有哪些法律含义和影响，国际法研究几乎是空白。④ 目前急需各学科研究者在非遗保护方面收集更多资料，在梳理这一术语内涵的基础上，思考这一术语在我国非遗语境中是否有其独特之处。

应当说，上文提到"人类共同遗产"、文化资源和"人类共同关注"的文化遗产

---

① Janet Blake. Developing a New Standard-setting Instrument for the Safeguarding of Intangible Cultural Heritage. Paris，UNESCO，2001：12 – 13.

② Noriko Aikawa-Faure. UNESCO Convention for the Safeguarding of the Intangible Cultural Heritage：from its Adoption to the First Meeting of the Intergovernmental Committee. http://www. tobunken. go. jp/ ~ geino/pdf/sympo/07KeynoteSpeech2Aikawa. pdf，2011 – 05 – 01.

③ Janet Blake. On Defining the Cultural Heritage. International and Comparative Law Quarterly，2000（1）：70 – 71.

④ 相关文章见苏金远. 文化多样性作为"人类共同遗产"与"人类共同关切". 西安交通大学学报，2009（5）：77 – 85。

理念并不截然对立，而是各有侧重。鉴于非遗与生物和文化多样性关系密切，关系到人类生存和社会可持续发展，运用"人类共同关注"的文化遗产保护理念意味着对非遗保护的"共同责任感"，这会涉及以下情形：

第一，许多人并不是非遗的直接传承人或传承群体，但应树立保护非遗的意识。要实现对非遗保护的"共同关注"，必不可少的途径是推动不同文化间、不同个体间的交流，减少价值观念、保护行动方面的冲突和分歧，使非遗得以传承。如日本社会因老龄化、村落人口减少，导致许多民俗文化后继无人而不断衰退，面临彻底消亡的危机，针对日本非遗这一共有的普遍性课题，日本学者樱井龙彦以爱知县东北部山区传承的"花祭"为例提出相应的解决方案，包括调整举办日期、缩短仪式内容、允许外来的新的传承人进入、学校教育包括在外地培养传承人才等措施，这些措施打破了民俗学关于民俗是根植于地方文化的观点，尤其是由非本地人承担"花祭"的传承活动时，最终的结果带来的是祭祀活动人员构成的本质性变化，即祭祀活动从人和神的交流（神人合合）变成了人与人的交流（人人合合），如何看待这些变化，樱井龙彦认为，归根结底，还是取决于地域居民的人生态度。这一问题像外来者包括专家在内，不能随便说这个问题，要由和民俗在一起的人们来解决，解决的主体是他们，不是我们。这一理解在本质上与2003年公约视非遗保护为"人类共同关注"的理念相通。①

第二，非遗根植于不同的社区群体文化脉络，都独具特色，体现着不同社区的历史认同和人类文化多样性。基于社区发展而来的非遗保护理念和具体方式也必定多样化，没有统一的模式，2003年公约就非遗保护没有给出特别硬性的规定，这意味着各缔约国保护非遗有极大的灵活性。当下世界各国根据自身情况，正发展出适用于本国的非遗保护和传承方式。在强调尊重各国社区民众生存、发展权益和非遗的基础上，从非遗保护的"人类共同关注"出发，各社区、各国就非遗的濒危和保护可以展开充分合作、互为参照，形成共同利益。

第三，2003年公约把保护非遗视为"人类共同关注"的事项，为破解跨界传播发展的非遗的申报、保护困境提供了灵感。对此，康保成老师针对非遗申报之争，提出了"文化边界"的观点②。他指出文化边界与行政边界是不同的，二者虽不截然对立，但并不完全重合。行政边界是当代根据新的社会规则划分出来，并对应相应的国

---

① 樱井龙彦. 人口稀疏化乡村的民俗文化传承危机及其对策——以爱知县"花祭"为例. 中日韩非物质文化遗产保护比较暨第三届中国高校文化遗产学学科建设学术研讨会论文集. 广州：中山大学非物质文化遗产研究中心，2011：59-68. 另：这部分内容的撰述也得之于王晓葵教授在广州举行的"非物质文化遗产法制建设研讨会"（2012-12-17）上的发言所启发。

② 这一观点是2012年2月康保成老师指导笔者论文时所提出。

家力量，但它并不能限制非遗的流传空间以及由此形成的文化边界。

事实也是如此，非遗在不同层面的地理区域中流传是常态：

不同社会的个体虽为有限的地理空间制约，但同样可以欣赏彼此的文化，使文化边界得以延伸。当日本"国宝级"歌舞伎艺术家坂东玉三郎表演昆曲时，那是中国的古典文化已对这位异域艺术家产生了感染力，将从这种文化中汲取出来的理解存放于自身心灵之中。在今天生活中更为常见的是，我们极有可能被距离自己十分遥远的某一文化形式深深吸引，如探戈、非洲音乐、意大利歌剧、美国 NBA 和欧洲足球比赛。这也是当代社会日益普遍的文化共享方式，被称为"文化游牧"，这一术语不会脱离自身文化之根涵义的基础之上，表明在信息传播技术迅速夷平地理阻隔的年代，不同社会的文化正前所未有的相互联系起来。

在一国范围之内，流传于相邻省区的非遗无孔不入地存在于当地民众生活之中，如产生、流传于北方不同省区，但集中在黄河文化带的剪纸、民歌、皮影等非遗均在同一文化边界之内。晋剧、蒲剧、秦腔、豫剧表演者都行走于山陕豫省际间。这些非遗是他们彼此亲近和睦的文化纽带和凝聚力的标志。所以，我国非遗名录把某一文化形式用某一行政省份标示其所属，从文化角度看并无实质意义。

在世界范围内，不同时期、不同国家的文化互为交流和传播是非常频繁的。我国许多非遗源自异域，如来自非洲的狮子传入我国，形成了当代有中国文化特色的舞狮表演。UNESCO"人类非物质文化遗产代表作"中的越南中部高地的"铜锣乐器文化"（2005）与我国广西、云南地区的铜鼓文化血脉相通，不丹的"达麦兹的鼓伴奏面具舞"（2005）与我国西藏地区的藏戏艺术相类似①，蒙古长调自不必说。

基于上述原因，在 UNESCO 层面，不同国家联合申报同一项 UNESCO "人类非物质文化遗产代表作"，如南美洲加利弗那语言、舞蹈和音乐（尼加拉瓜、洪都拉斯、危地马拉、巴西，2001）；地中海饮食（意大利、摩洛哥、非洲西北部、西班牙、希腊，2010）；猎鹰训练术则横跨亚洲、非洲、欧洲三大洲（阿拉伯联合酋长国、阿拉伯叙利亚共和国、沙特阿拉伯、卡塔尔、西班牙、斯洛伐克、韩国、摩洛哥、非洲西北部、蒙古、法国、捷克共和国、比利时，2010）。这些案例鲜明体现出不同国家之间文化接触和共处的历史，有的还带有殖民历史的痕迹。

纵观上文对文化边界和文化分享的理解，康保成老师"文化边界"的观点是把文化而不是行政视为管理和政策制定的前提，而文化对人的感染力只会在人们意识深处产生，因此，文化边界也只会存在于人的深层观念意识之中。附着于人身上的非

---

① 张振涛. 第三批"人类口头和非物质遗产代表作"评审纪事. http://www.ihchina.cn/inc/detail.jsp?info_id=110, 2009-11-25.

遗，在人类各个历史时期跨越地理界限，通过不同方式，如流浪、人员迁移、军事侵略、宗教信仰、贸易交往、大众传媒及互联网在不同地方和国家之间流传、变化。在这样的文化传播过程中，当原本陌生的各个社会群体相互了解了对方的文化时，便滋生了文化分享的深层意识。这时，也是不同的人不断克服偏见、歧视，进入文化接受、认同的动态过程，原本彼此区分的群体由此建立起共处的文化边界，并因共享而无限延展，这是任何外在的强制力量难以禁止的。

所以，非遗归属存在于文化传播互动过程中，是在人们心理层面形成的文化共享感觉，这是外在行政力量不能轻易改变的。它不会被国家主权和政府划分下的地理位置所限制，也不会完全由社会学中提到的人的肤色、性别、族群、社会阶层、经济发展程度甚至生活方式来决定，尽管这些因素会影响到文化边界的形成，但文化边界更多的与精神、道德、人文价值观相联系。在当下的非遗保护中，各主权国、国内各级行政区域作为非遗项目申报的主体，忽略文化边界，标明自己对非遗的归属权，但这种归属标明给非遗保护带来了误解、分歧。

从"人类共同关注"的思路出发，结合文化边界看非遗的归属，我们需要清楚非遗保护不是造成孤立的非遗，制造冲突，而是要保护非遗不断活态发展、传播的过程，培养人们对文化变迁的调节能力、善于倾听合作的保护能力。从共同分享和保护责任感的高度，关注存在于不同地域的非遗。这一观念应成为行政决策过程中被衡量的因素，并不断得到巩固，提升社会整体的人文关怀程度。

UNESCO在这方面已有积极的尝试，视文化为解决当代社会冲突的重要途径，实施的各种文化项目就是为促进文化多样性，以及文化共享和对话，从人的思想入手，实现"欲免后世再遭战祸，务必于人之思想中筑起保卫和平之屏障"的联合国根本宗旨。2003年公约作为国际法意义的重要性就体现在推进不同层面对非遗重要性的认识和不同国家之间非遗保护的国际合作[①]，UNESCO鼓励多国联合申报人类非遗代表作正是具体表现之一。因此，"人类共同关注"的文化遗产观念有助于调整受国家行政力量主导的各层地理边界和因文化传播、交流而产生的文化边界二者之间的矛盾，是值得我们进一步深入分析的非遗保护思路。

"人类共同遗产"、"人类共同关注"、"文化资源"作为我们理解文化遗产术语的关键理念，实际上注入了人类的精神信念、价值理想，被写入不同层面的法律法规条文中，获得了制度保障，从理念走向了具体实施。在我国，人们对"人类共同遗产"和"人类共同关注"还缺乏应有的敏感。非遗是不同社区民众文化创造力的高度体现，长久以来它们几乎远离真实的政治世界。但非遗保护无法超越法规制度体系

---

① 《保护非物质文化遗产公约》第1条：本公约宗旨（d）开展国际合作及提供国际援助。

和日常的政府管理，非遗保护理念与政策法规的制定、实施的契合度决定着非遗保护的成败，尽管研究者对非遗保护的政治色彩持谨慎态度。

同时，在文化价值整体沦落的当代中国，非遗保护不单指向非遗传承，也指向社会关怀，而这更是非遗"人类共同关注"理念的应有之义，最终关系到民众尊严和文化多样性的培育。这一理念如何战胜功利，渗透到我国政府对非遗传承的干预过程中，转化为具体可行的公共政策，这意味着思路、观念的改变，视野的拓展，将是一个长期的过程，也是有待继续深入的时代理论课题。

简言之，文化遗产的观念衍变是现代文明演进的一个缩影，当代社会透过文化遗产展开了不断的调整和博弈，越来越注重对人类、民族的文化意义，伦理色彩也越来越强。文化遗产研究在20世纪90年代到21世纪初经历了戏剧性的增长，对上述关键理念的理解，是我们理解非遗术语和概念的重要前提。

第二节　理解非物质文化遗产术语和概念的不同视角和争议

一、1972年公约视角下的非物质文化遗产概念讨论

1972年公约下的保护实践以客观对象的"物质存在"为前提。各国的古迹、遗址、历史建筑若要进入《世界遗产名录》，由专业学者依据专业知识来评估其文化遗产价值是关键环节，这一环节也决定了进入《世界遗产名录》后需要保护的详细要素。UNESCO 1972年公约《世界遗产公约操作指南》中的世界遗产评选标准是"突出的普遍价值"的评估标准（outstanding universal values，以下简称"OUV"），2005年《世界遗产公约操作指南》规定：各缔约国如果申报文化遗产符合OUV 10项标

准中的一项或多项标准,世界遗产委员会将认为该文化遗产具有突出的普遍价值。①

2003年公约出台后,非遗与物质文化遗产的异同成为研究者关注的焦点,也导致对"非物质"认识上的分歧,下文将从以下三个方面加以说明:首先是OUV标准6与"非物质"的关系;其次是文化遗产"主位"价值与"非物质"的关系;最后是1972年公约"原真性"保护原则与"非物质"的关系。

（一）1972年公约下"突出的普遍价值"标准6与"非物质"的关系

董晓萍指出,正是OUV中的标准6,肯定了文化遗产的非物质与物质的关系,这一条也成为UNESCO 2003年公约独立的依据之一。这条标准中所列的"生活传统、信仰"等事象,包含了2003年公约的核心保护对象。②"具体而言,OUV标准6中'独特的艺术成就''创造性的天才杰作''建筑艺术''文明与文化传统的特殊见证''与思想信仰或文化艺术有联系'等表述,指的正是那些文物、遗址、建筑群所承载的'非物质'文化的价值评估。从这个意义上说,世界遗产公约为非遗概念的确立奠定了最早的坚实基础。"③ 国外研究者Mounir Bouchenaki阐述非遗与物质文化遗产之间的相互联系时,也认为1972年公约以OUV标准6将更多的非物质因素（intangible elements）包含到保护中来,2003年公约则为保护文化遗产形态和重要意义提供了一个更大的框架,物质和非物质文化遗产都承载着人类记忆,由此指出1972

---

① 见《实施〈保护世界文化与自然遗产公约〉操作指南》（2005年版）77段,"突出的普遍价值"（OUV）10项标准是:

（i）代表人类创造精神的杰作;

（ii）体现了在一段时期内或世界某一文化区域内重要的价值观交流,对建筑、技术、古迹艺术、城镇规划或景观设计的发展产生过重大影响;

（iii）能为现存的或已消逝的文明或文化传统提供独特的或至少是特殊的见证;

（iv）是一种建筑、建筑群、技术整体或景观的杰出范例,展现历史上一个（或几个）重要发展阶段;

（v）是传统人类聚居、土地使用或海洋开发的杰出范例,代表一种（或几种）文化或者人类与环境的相互作用,特别是由于不可扭转的变化的影响而脆弱易损;

（vi）与具有突出的普遍意义的事件、文化传统、观点、信仰、艺术作品或文学作品有直接或实质的联系（委员会认为本标准最好与其他标准一起使用）;

（vii）绝妙的自然现象或具有罕见自然美的地区;

（viii）是地球演化史中重要阶段的突出例证,包括生命记载和地貌演变中的地质发展过程或显著的地质或地貌特征;

（ix）突出代表了陆地、淡水、海岸和海洋生态系统及动植物群落演变、发展的生态和生理过程;

（x）是生物多样性原地保护的最重要的自然栖息地,包括从科学或保护角度具有突出的普遍价值的濒危物种栖息地。

② 董晓萍. 概念与定位:三遗产与非物质文化遗产//文化部民族民间文艺发展中心. 中国非物质文化遗产保护研究（2005·苏州）. 北京:北京师范大学出版社,2007:11.

③ 乌丙安:中国文化语境中的"非物质文化遗产"界定//文化部民族民间文艺发展中心. 中国非物质文化遗产保护研究（2005·苏州）. 北京:北京师范大学出版社,2007:26.

年公约和 2003 年公约是互相交叉的①。

那么 1972 年公约框架下 OUV 标准 6 是如何与非遗发生联系的呢？从《世界遗产名录》我们可以看到，以 OUV 标准 6 进入的文化遗产主要与以下四点因素有关：

（1）与地方文化传统有关，如澳大利亚乌卢鲁—卡塔·丘塔国家公园（Uluru-Kata Tjuta National Park）②，1987 年作为自然遗产进入《世界遗产名录》，1994 年根据 OUV 标准 6，把当地土著的"圣山"传统信仰的"象征性价值"纳入保护要素，以"文化景观"重新登录《世界遗产名录》。与此类似的还有新西兰汤加瑞尔国家公园（Tongariro National Park）以及我国的布达拉宫、泰山等。

（2）作为地方传统信仰的神圣场所，如乌干达卡苏比陵③（2001）以 OUV 标准 1、3、4、6 入选世界遗产，评价中指出"卡苏比陵最大的意义不仅在于其建筑，还在于其所体现的精神价值和信仰价值"。与此类似，还有 2001 年进入《世界遗产名录》的马达加斯加的安布希曼加的皇家蓝山行宫。对于此类文化遗产，不仅从建筑本身予以评价，也把遗产地作为地方民众信仰的寄托地纳入评价要素之中。

（3）具有普遍意义和重要历史事件的象征，如南非罗布恩岛（Robben Island）④，1999 年列入《世界遗产名录》，与 OUV 标准 6 相关的评价是"民主和自由战胜压迫和种族主义的过程的见证"。与此类似的还有塞内加尔的戈雷岛奴隶转运站（讲述了

---

① Mounir Bouchenaki. The Interdependency of The Tangible and Intangible Cultural Heritage. Paper of the place-memory-meaning: preserving intangible values in monuments and sites. ICOMOS 14th General Assembly and Scientific Symposium.

② 世界遗产委员会评价："乌卢鲁—卡塔·丘塔国家公园，座落在以红色沙土地为优势的澳洲中部，以其壮观的地质学构造而闻名于世。乌卢鲁是一块巨大的圆形柱石，而卡塔·丘塔则似一块石头圆屋顶座落在乌卢鲁西部，形成了世界上最古老人类社会之一的传统信仰体系的一部分。而乌卢鲁—卡塔·丘塔传统的拥有者则是阿南古土著人。

这里成为国家公园后，土著拥有所有权和管理权。居住在这里的澳大利亚土著在此石周围住了几千年，视其为他们生活的一部分：他们的生活准则包括爱护这片土地。对他们来说，乌卢鲁地区是他们祖先足迹的交汇点。每一块岩石、每一个悬崖、漂石、岩洞都有神圣的意义。有些岩洞，主要是穆蒂特尤鲁和勘特尤峡谷的岩洞，都被土著用赭石、岩灰和木炭画上壁画。"

③ 2010 年 3 月已经毁于大火。世界遗产委员会评价："乌干达国王们的卡苏比陵，位于坎帕拉的一座面积有 30 公顷的小山上，山上大部分以农业为主，当地人以传统方式耕种着这里的土地。山腰的中心地带是过去巴干达王国的王宫，建成于 1882 年，1884 年以后成为皇家墓地。穹隆屋顶的陵墓主建筑内有四位皇室成员的墓，都呈圆形。卡苏比陵是最原始材料建筑的典范，主要由棕榈树叶、芦杆、篱巴条等材料建成。卡苏比陵最大的意义不仅在于其建筑，还在于其所体现的精神价值和信仰价值。"

④ 世界遗产委员会评价："从十七世纪到二十世纪罗布恩岛曾有过不同的用途，它曾经是监狱、不受社会欢迎的人的医院和军事基地。它的建筑，特别是那些在二十世纪后期用来关押政治犯的最安全的监狱，象征着民主和自由战胜了压迫和种族主义。罗布恩岛上的建筑是其阴暗的历史的最有说服力的见证。罗布恩岛及其监狱建筑象征人类精神、自由和民主战胜压迫取得胜利。"

黑人曾经遭受的痛苦岁月)、加拿大的葛罗斯莫恩国家公园（作为欧洲人早期定居的地点，早期人类移民历史的象征）、美国独立纪念馆（象征美国国家独立的胜利）、波兰的奥斯维辛集中营（纳粹屠杀的见证，追求和平的象征）、日本广岛和平纪念公园（原子弹破坏力的见证，追求和平的象征）等，这些文化遗产都与积极或负面的重要历史事实相联系，成为人类某种精神价值的象征标志。

（4）人类重要思想、观点的象征，如德国魏玛和德绍的包豪斯校舍及其环境①，1996 年以 OUV 标准 1、2、6 入选，包豪斯学校被列入《世界遗产名录》，决定性因素在于认可包豪斯建筑思想以及对于世界建筑的贡献。

从上述登录世界遗产名录的景观遗址，我们可以看出，如果忽略澳大利亚土著人的文化观念，仅从乌卢鲁—卡塔·丘塔国家公园巨石构造，我们无法得知巨石与土著信仰之间的内在联系。南非人民反种族隔离的大部分斗争也没发生在罗布恩岛上，罗布恩岛是因民主斗士曼德拉的人格魅力具有了象征意义。距离现代社会不远的包豪斯学校建筑本身并无多大魅力，但因与对 20 世纪建筑思想产生重要影响的建筑学家发生联系而有了重要意义。因此，OUV 标准 6 中的许多评价内容、信息并不能从文化遗产本身物质构造中解读出来。这些传统、信仰、历史事件是与物质文化遗产本身脱离的，的确是有别于物质遗产的"非物质"存在。1972 年公约运用 OUV 标准 6，使得"传统"、"信仰"、"历史事件"要素成为物质遗产文化背景的一部分并受到保护。

然而，伴随着 1972 年公约保护实践和国际社会对非遗认识的不断深入，出现了以下值得我们注意的保护事件：2001 年，UNESCO 把附属于 1985 年进入《世界遗产名录》摩洛哥马拉喀什老城的吉马·埃尔弗纳广场视为"文化空间"纳入"人类口头和非物质遗产代表作"；把 1995 年进入《世界遗产名录》的文化景观——菲律宾伊夫高梯田中由伊夫高族群世代传唱的"哈德哈德圣歌"纳入"人类口头和非物质遗产代表作"；把 1995 年进入《世界遗产名录》的韩国首尔宗庙中进行的"祭祀礼乐"纳入"人类口头和非物质遗产代表作"。这些物质遗产与非遗的相互交叉，表明文化遗产保护实践整体化趋势在当代日益鲜明。

这些文化遗产保护事件有力地说明，1972 年公约下 OUV 标准 6 的价值评估，使研究者突破了对文化遗产客观存在物"本身"的研究，扩展至文化遗产本身之外的更多因素，这使得不同社会群体创造、传承的文化遗产开始成为保护关注的重点。而人类学观念在文化遗产研究中的运用，在"保护"视野下"平凡人"与文化遗产关

---

① 世界遗产委员会的评价："从 1919 年到 1933 年，先后位于魏玛和德绍的包豪斯学校，彻底改变了建筑学的和美学的观念。学校教授（葛罗皮乌斯、麦耶等）设计并装饰的建筑引起了现代建筑运动。"

系的讨论不断出现，不仅使乡土村落、古镇甚至劳工阶层的工业文化遗产等相继进入《世界遗产名录》，那些承载了普通大众集体记忆和精神的"活态传统"应被视为文化遗产受到保护，也成为越来越强的声音。

基于 OUV 标准 6 单独使用时会导致对同一物质文化遗产的不同主观评价和争议，甚至臆测。为确保客观性，世界遗产委员会坚持标准 6 与其他 OUV 标准（至少一项）一起使用，来约束脱离物质文化遗产本身的 OUV 标准 6。1994 年版《世界遗产公约操作指南》中对此使用了"必须"的措辞，即 OUV 标准 6 不单独作为列入条件[①]。这些并非源自物质文化遗产本身却成为关注的因素，虽然没有动摇 1972 年公约坚持以"设计、工艺水平、材料和环境"为主的原真性标准，但 2005 年出版的《世界遗产公约操作指南》将措辞改为"最好"，放宽了 OUV 标准 6 的限定条件，注重世界遗产与其他社会因素的关联。某种程度上，是受到 2003 年公约的影响，这一点可从上文提到的 2001 年 UNESCO"人类口头和非物质遗产代表作"中包含了已进入《世界遗产名录》的文化遗产中看出来。

（二）文化遗产主位价值观与"非物质"的关系

1972 年公约注重从物质文化遗产本身解读出来的文化遗产价值，如历史、科学价值等"原真性"内容，这被视为一种文化"客位"（etic）取向。如苏州园林作为人类建筑的杰出范例，评价语中"咫尺之内再造乾坤"的园林建筑思想可以从苏州园林建筑结构中解读出来，这种文化遗产内在价值需要通过维持文化遗产的物质构造来实现。

文化遗产的主位观，主要指为不同社会团体认可但不一定能从物质文化遗产本身识别出的价值观念，1972 年公约 OUV 标准 6 正是这种文化主位观视角的体现。OUV 标准 6 把不同社会主体对文化遗产的价值观、信仰、情感纳入保护体系中，某种程度上，纠正了只关注物质文化遗产客观性的历史、科学价值时，导致文化遗产与当代社会脱离的弊端。正如 Dawson Munjeri 指出的："车不是能推动马走的，文化遗产只能是通过人们赋予的价值呈现自己，而没有其他途径。物体、收藏品、建筑等物质性东西表达一定社会价值的时候就变成了文化遗产，因此物质文化遗产只能通过非物质来解释和表达，它与社会和价值有着本质联系。"[②] Laurajane Smith 则直接针对 2003 年公约的非遗界定分析道："如果文化遗产不是由其与生俱来的价值（innate value）决定，而是由我们所处的社会文化价值观（the cultural values of a society）决定的话，

---

① 中国 UNESCO 全国委员会. 世界遗产与我们. 北京：北京师范大学出版社，2004：48.
② Dawson Munjeri. Tangible and Intangible Heritage：From difference to convergence // Laurajane Smith. Cultural Heritage：Critical Concepts in Media and Cultural Studies（Volume IV）. London and New York：Routledge，2006：324.

那么所有文化遗产都是非物质的。"① Laurajane Smith 的观点鲜明地指出，非遗的出现是当代社会价值观决定的结果。

2003年10月27～31日，国际古迹理事会（ICOMOS）在津巴布韦召开第14次会员大会和专题研讨会，题为"地方—记忆—含义，保护文物和遗址中非物质价值"②。这次会议上的观点同样说明物质遗产领域的专家在理解非遗上存在分歧，会议上有的专家倾向于将非遗简化为与物质文化遗产有关的价值观念，分为能够解读的物质文化遗产内在价值和不能解读、阐释的非物质价值。

Jean-Louis Luxen 在这次会议论文中指出：由于人类学理论进入文化遗产领域，使得人们开始从文化遗产与社会关系的角度展开研究，也导致对文化遗产保护中"原真性"标准的重新认识，引起一系列关于"为什么要保护（conserve）?"、"为谁保护?"、"保护的意义是什么?"的问题，促使人们思考物质文化遗产中的伦理价值观、社会风俗、神秘信仰等，逐渐地认为当下社会表述的观点比实物（objects）呈现的文化遗产价值更为重要，于是使"非物质"层面的东西盛行起来。这虽然动员了地方社会，但如果忽略了各种文化的开放性和普遍性，就有产生盲目民族沙文主义和认同冲突的危险。因此，Jean-Louis Luxen 认为，文化遗产中物质和非物质的区分是人为主观的，而物质文化遗产只有呈现出自身内在的价值才是最重要的；反过来，非物质文化遗产若要得到保存，必须通过物质形态具体化。③ 这段话也表明著者 Jean-Louis Luxen 并不赞同脱离文化遗产的物质层面，将文化遗产视作一种社会现象来主观地诠释文化遗产，即"非物质"。

这些研究者的观点表明，文化遗产的"主位观"本质上是把文化遗产保护作为"社会现象"展开阐述的，表明人们在"为何要保护文化遗产"这一问题上思考愈加深入，从要"保护什么样的文化遗产"转向了思考"我们为何要保护文化遗产"，这种转向意味着1972年公约实施过程中坚持的"孤立文物"的保护立场已被打破，由此在文化遗产保护实践中容纳了来自不同社会群体的价值观，协调世界遗产地与相关利益者的关系成为保护焦点之一，这一视角启发了2003年公约对非遗保护角色的思考。

（三）1972年公约下"原真性"与"非物质"的关系

原真性（authenticity）这一术语源自古典希腊·罗马语，最初被用来指称历史环

---

① Laurajane Smith. General Introduction // Laurajane Smith. Cultural Heritage: Critical Concepts in Media and Cultural Studies (Volume I). London and New York: Routledge. 2007: 4.

② The 14th General Assembly of ICOMOS, 27 - 31 October 2003, Victoria Fall, Zimbabwe.

③ Jean-Louis Luxen. The Intangible Dimension of Monuments and Sites with Reference to the UNESCO World Heritage Lists. http://www.international.icomos.org/victoriafalls2003/luxen_eng.htm, 2011 - 04 - 22.

境中某种真实的、最初原有的成分。随着文化遗产保护的兴起，这一术语的使用越来越频繁。1972 年公约对原真性的理解是以 1964 年《威尼斯宪章》为基础的："留存至今的某一文化遗产'饱含着过去岁月的信息，成为人们古老历史的活的见证。'"沿着这一理解，1972 年公约从设计、工艺水平、材料和环境背景四个方面对物质文化遗产原真性进行了量化规定，更有具体的处理方法来确保世界遗产地的品质和价值。①

随着世界遗产保护实践的深入，文化遗产保护者面临"原真性"标准的质疑。1994 年奈良会议便是一次对世界遗产"原真性"标准的反思，这次会议使欧美之外的国家——日本，得以有机会结合有别于欧洲的东方文化背景，向世界阐述自己的文化遗产保护理念，对 1972 年公约下的世界文化遗产保护实践产生了重要影响。有研究者指出②，原真性这一术语在英语之外的语言中很难找到它的对等词，1972 年公约以原真性作为保护原则时，在亚洲国家遇到以下两个问题：第一是亚洲建筑的木质原料构成，第二是文化信仰。针对这些问题被提及的典型案例就是日本的伊势神社③，伊势神社早已存在，却不是古建筑，因为神社宫殿建成时间从来都不满 20 年，在建筑实体、材料、历史年代方面都不符合《世界遗产公约操作指南》规定的 OUV 及"完整性"和"原真性"标准。

出于神道教信仰崇拜，日本伊势神社正殿有"贰十年迁宫"传统，每 20 年会重建一次正殿，因此伊势神社正殿非常新，据说此习俗已经跨越 1300 多年。从公元 690 年第一次重建开始，到 21 世纪已进行重建及举行迁宫仪式 60 余次，每次重建要用 8 年时间，重建时使用周围森林提供的圆木，宫殿设计和建造技艺及相关信仰习俗活动都严格遵循传统。伊势神社这种 20 年重建习俗"比较合理的说法是，20 年可以看作是一代人的时间，这样，迁宫的习俗使一代接一代的日本人能够注意或欣赏到神社在文化与宗教上的重要性。在日本人的思想中，这种活动是神圣的，正是传统思想和习俗使这种古老的活动得以保存延续了 1000 年"④。

---

① 详细处理方法参见费尔登·贝纳德，朱卡·朱可托. 世界文化遗产地管理指南. 刘永孜，刘迪，等译. 上海：同济大学出版社，2008：80-88。
② (加) Bob McKercher, (澳) Hilary du Cros. 文化旅游与文化遗产管理. 朱路平，译. 天津：南开大学出版社，2006：79-82。
③ 代表日本神道教的伊势神社的所在地地方政府曾有申报《世界遗产名录》的想法，但每 20 年重建这一做法并不符合 1972 年公约下世界遗产登录标准，因此没有付诸实践。日本九州大学在读博士生白松强提供资料，特此致谢。
④ 胡秀梅，宣建华. 传统思想和习俗在历史环境保护中的作用——以日本为例. 规划师，2005 (3)：92-94。

位于荷兰乌特勒支"里特维德—施罗德之家"① 2000 年进入《世界遗产名录》，Dawson Munjeri 认为"里特维德—施罗德之家"能够进入《世界遗产名录》，是因为它是欧洲现代建筑哲学和运动的精神象征，而不是这幢房子本身有多好。但世界遗产委员会根据 OUV 标准 1、2，没有以 OUV 标准 6 将其选入《世界遗产名录》。结合这一案例他进一步论述，对非洲而言，一处并不起眼、不突出的文化遗产所包含的精神信仰比物质性更重要。他认为物质文化遗产的"原真性"存在于非遗中，即存在于人的实践活动中，而不是物质文化遗产本身。②

上述案例，体现了不同文化脉络下的保护实践，来自保护实践的认识，1972 年公约《实施〈保护世界文化与自然遗产公约〉操作指南》（2005 年版）对"原真性"标准扩展到传统、精神和感觉等非物质因素③，使《世界遗产名录》中的自然和文化遗产中非物质属性（intangible attributes）作为背景性要素成为保护实践关注的对象。正像 Herb Stovel 讨论非遗与物质文化遗产的区别时，认为过去 10 年 1972 年公约最主要的变化就是以多种方式认可了非遗的重要性。④

从上述案例我们还可以发现，比起民众认可的非遗——传统习俗和民间信仰，从物质构造上保持文化遗产"原真性"并不是最重要的，原真性只有与创造文化遗产的人们联系在一起时，才能清晰发现保持文化遗产持续和活力的另一种动力。

更值得我们注意的是，不同社会群体对"原真性"的不同理解，不仅对 1972 年公约下世界遗产委员会的"突出的普遍价值"和在此基础上建立起来的评估方法构成挑战，还有对专门从事保护的专业人员所扮演的角色的质疑，即文化遗产保护应由

---

① 由吉瑞特·托马斯·里特维德（Gerrit Thomas Rietveld）设计并于 1924 建成，房屋的建筑物理结构被认为是荷兰"风格派"艺术设计运动的体现。荷兰"风格派"，在荷兰曾是很有影响的建筑家团体，通过他们的期刊《风格》，表达了对现代艺术和建筑有影响的理念：通过抽象、精确和几何状来研究自然法则，这个运动追求艺术的纯粹和简洁性。施罗德之家是这些理念的第一次大规模实践，风格派艺术设计由此从家具领域进入建筑领域，"里特维德—施罗德之家"也成为现代建筑运动的象征。

② Dawson Munjeri. Tangible and Intangible Heritage: From difference to convergence//Laurajane Smith. Cultural Heritage: Critical Concepts in Media and Cultural Studies (Volume Ⅳ). London and New York: Routledge, 2006: 323 – 330.

③ 82. 依据文化遗产类别及其文化背景，如果遗产的文化价值（申报标准所认可的）之下列特征是真实可信的，则被认为具有真实性：
·外形和设计；·材料和实体；·用途和功能；·传统、技术和管理体制；·位置和背景环境；·语言和其他形式的非物质遗产；·精神和感觉；以及·其他内外因素。
83. 精神和感觉这样的特征在真实性评估中虽不易操作，却是评价一个地方特征和气质的重要指标，例如，在保持传统和文化连续性的社区中。

④ Herb Stovel. The World Heritage Convention and the Convention for Intangible Cultural Heritage: Implications for Protection of Living Heritage at the Local Level//Okinawa International Forum 2004: Utaki in Okinawa and scared spaces in Asia: community development and cultural heritage. Tokyo: The Japan Foundation, 2004: 130.

"谁说了算"。基于人类学、民俗学对非遗属性的探讨，2003年公约显然没有回避对这一问题的考虑，公约文本前言中就社区（各社区，尤其是原住民、各群体，有时是个人……）对非遗和文化多样性贡献予以正式承认，承认非遗首先属于社区群体。在此前提下，公约中许多条款都有"各社区、群体，有时是个人"的表述，这些内容关注非遗传承主体的权益，更提倡通过多种方式让非遗传承主体参与到非遗保护中来，这正是我们在第四章中详细讨论的内容。

那么，在UNESCO层面，1972年公约下许多在世界遗产自身之外却与之联系的价值、原真性的理解是否应归入2003年公约所保护的非遗范畴？

2003年公约通过后，UNESCO鼓励两个公约在文化遗产保护领域展开合作，为此曾召开两次专家会议：2004年12月6～11日世界遗产委员会召开了题为"UNESCO文化遗产保护公约的协调和合作"的第7次特别会议。2004年10月20～23日在日本奈良召开题为"保护物质和非物质文化遗产，走向整合的方法"的会议，这次会议聚集了来自物质遗产和非遗方面的40多位专家，会后发表了"大和宣言"①。这是一个几乎没有人参考的文献，或许说明文化遗产专家在对非遗和物质遗产异同的理解上还没有达成一致，抑或可以视为世界各国对非遗的理解仍存在分歧，因此也不太可能认同将二者整合起来的方法的呼吁。"大和宣言"中有两条值得我们注意，此两点阐明了2003年公约中界定的非遗概念并不包含与物质文化遗产相关的价值及原真性：

1. 第8点，考虑到非物质文化遗产是不断地被再创造的，不把用于确认物质文化遗产的"原真性"作为确认和保护非物质文化遗产的标准。②

2. 第10点，进一步考虑到无数的非物质文化遗产并不依赖于特定的空间和实物存在，那些不是当代社区中的活态文化遗产，而是与文物古迹相关的过去的价值，不在2003年公约中非物质文化遗产的界定之中。③

这两点，应该说是东方国家非遗保护立场的体现，以会后宣言的形式表态，把1972年公约下与物质文化遗产相关的"非物质"价值、主位观、"原真性"准则与

---

① Yomato Declaration. http://www.sacredland.org/PDFs/Yamato_Declaration.pdf. 2011-4-19.
② 原文 8. further considering that intangible cultural heritage is constantly recreated, the term "authenticity" as applied to tangible cultural heritage is not relevant when identifying and safeguarding intangible cultural heritage.
③ 原文 10. further considering that there are countless examples of intangible cultural heritage that do not depend for their existence or expression on specific places or objects, and that the values associated with monuments and sites are not considered intangible cultural heritage as defined under the 2003 Convention when they belong to the past and not to the living heritage of present-day communities.

2003 年公约中所界定的非遗区分开来。

综上所述，由 OUV 标准 6 的评审使人们从关注物质遗产本身转向了"人们如何审视文化遗产"，不再把世界遗产视为"孤立的文物"，在评估世界遗产价值的过程中开始重视人的活动所产生的影响和本地人所看重的精神观念，文化主位观则推动人们从思考"保护什么"转向思考"当代人为何要保护文化遗产"；而基于不同文化脉络的"原真性"观念则使世界遗产的本土特性得以凸显，也更显现出文化多样性与文化遗产之间日益密切的联系。随着越来越多的有识之士意识到文化多样性对社会可持续发展的重要性，把传统文化和民俗视为文化遗产保护起来，强调对创造和丰富了不同文化的地方社区应有权利的重视，渐渐成为国际社会的共识。

这样，与 1972 年公约保护具有"突出的普遍价值"的世界遗产不同，非遗的世代传承和生命力的存续离不开其所处的传统社区和成员，对非遗传承主体——社区的尊重和承认成为 2003 年公约的宗旨之一：尊重有关社区、群体和个人的非物质文化遗产。① 非遗传承者及反映社区历史持续感和文化认同感的非遗成为 2003 年公约的保护核心，这使 2003 年公约成为文化遗产史上新的里程碑事件，而这也是非遗保护中最具挑战性的理论难题。进一步，基于文化多样性、可持续发展的人类价值观，把 1972 年公约和 2003 年公约联系起来促进文化遗产的整体性保护方式，是当下文化遗产保护越来越重视的策略。

二、对非物质文化遗产术语选择和特征的不同理解

（一）非物质文化遗产术语的选择

在 1989 年建议案通过前，"非物质文化遗产"这一术语已经出现在 UNESCO 的相关讨论中。UNESCO 官方文件第一次明确把"语言、礼仪、信仰"与非物质相联系，视传统和民俗文化为文化遗产，是 1982 年联合国在墨西哥召开的"世界文化政策会议"通过的《墨西哥城文化政策宣言》："一个民族的文化遗产包括它的艺术家、建筑师、音乐家、作家、学者的作品，也包括从人民灵感中涌现的民间无名艺术家的创作，以及使生活具有意义的一切价值。它包括反映这个民族创造性的物质和非物质的作品，即历史遗址、古迹、文学、艺术作品、档案和图书馆和语言、礼仪、信仰。民族的文化遗产是民族成员和社会了解民族历史、认识民族文化价值、吸取民族文化营养、创造新的民族文化的'富矿'和'参照'。"② 从这一定义可以看出，文化遗产是"创造新的民族文化的'富矿'和'参照'"，将非遗与物质文化遗产并列起

---

① 见《保护非物质文化遗产公约》第 1 条（b）款。
② UNESCO《墨西哥城文化政策宣言》第 23 段。

来,在做出上述文化遗产的阐述后,紧接着明确把保护文化遗产与文化认同联系起来。① 结合当时仍以物质文化遗产保护为主的时代背景,以及2001年《世界文化多样性宣言》和2005年《保护和促进文化多样性表现形式公约》都将"文化认同"作为文化遗产保护的重要前提予以阐述,这些观点的提出可以说极富远见。

自现代科学主导世界以来,非遗所指的传统文化和民俗作为生活方式被刻板化为落后、愚昧的,是导致非西方国家落后于西方国家的原因,是社会发展的绊脚石和人们要摆脱的对象,这种观念直到现在都有很强的影响。刘晓春从民俗学史切入,指出当代非遗保护中发明的"原生态"术语,原因仍在于"人们将传承非物质文化遗产的传承主体想象为与外界割裂的、没有历史的、落后的、依然处于传统社会的人民"②。有研究者指出,许多国家直到现在都排斥"民俗"这一术语。③

转变对民俗的上述认识是缓慢的,原因也很多,现代民族文化认同意识的增强和人类学、民俗学研究的深入,慢慢培育出了对传统文化和民俗的"保护"意识,但直到20世纪80年代,这种保护意识明确地与"文化遗产"联系起来还没有成为社会的主流共识。通过上文讨论我们可以看到,UNESCO先行展开的1972年公约下的世界遗产OUV标准6的不断运用,在保护视野下突破了阶层属性和对文化遗产认识专业客观性的限制。1994年的奈良会议,结合在日本这一高度西化的东方国家文化背景下出现的真实案例,对1972年公约框架下的"原真性"讨论,突破了文化遗产只有"物质"的表现形态,从保护视野重新理解传统和民俗文化,我们今天所说的非遗已经呼之欲出了。

从理论层面意识到非遗保护重要性的另一个转折点是1995年世界文化与发展委员会《文化多样性与人类全面发展——世界文化与发展委员会报告》指出,"文化不是促进物质进步的一种手段,如果我们把人的发展看做是人类生存的整体繁荣,那么文化恰恰就是这种'发展'的最终目标和归宿。"④ 纠正了文化是发展的阻碍的社会观念,倡导"文化尊重",报告建议正式承认遍布全球的手工艺、舞蹈、口头传统等非物质文化遗产和财富。这点在1998年斯德哥尔摩"政府间文化政策促进发展"会议上通过的《文化政策促进发展行动计划》中得到进一步的体现,这份计划的目标三涉及文化遗产保护议题,向会员国在行动目标上提出建议时指出,目标三:强化维

---

① UNESCO《墨西哥城文化政策宣言》第25段。
② 刘晓春. 谁的原生态?为何本真性?——非物质文化遗产语境下的原生态现象分析. 学术研究, 2008 (2): 154.
③ 巴莫曲布嫫. 非物质文化遗产:从概念到实践. 民族艺术, 2008 (1): 10.
④ UNESCO,世界文化与发展委员会(WCCD). 文化多样性与人类全面发展——世界文化与发展委员会报告:导论. 张玉国,译. 广州:广东人民出版社, 2006:导论4.

护、发展文化遗产（有形和无形的，可动和不动的）与促进文化产业的政策和实践。……第3. 更新文化遗产的传统定义，因文化遗产现在应指遗留下来的或新创造的所有物质和非物质的自然和文化财产。各社会群体正是通过这些财产认识到自己的特性，认识到自己有义务使留给后代的文化遗产更加辉煌、更加丰富多彩。这说明UNESCO已经开始尝试把非遗保护提高到文化政策和社会行动层面。

在"非物质"与文化遗产联系不断强化的过程中，考虑非物质+文化遗产的具体内涵时，绕不开1989年建议案，因为在UNESCO正式文件中只有这份文件给出了"传统文化和民俗"的定义："民俗（或传统的和大众的文化）是指来自某一文化社区（cultural community）基于传统的全部创造，由某一群体或一些个体表达，并被认为是符合社区期望的，进而反映了社区文化的和社会的身份认同；其准则和价值通过模仿或其他方式得以口头相传（transmitted orally）。它的形式包括：语言、文学、音乐、舞蹈、游戏、神话、仪式、习俗（customs）、手工艺、建筑技术及其他艺术。"1989年建议案最重要的贡献在于从概念上明确了传统文化和民俗的传承群体的地位，改变了之前民俗和传统文化概念中"见物不见人"的不足，这一点成为制定2003年公约时界定非遗内涵最重要的参照依据之一。

但是，2003年公约文本内容中，我们已看不到一个"传统文化"或"民俗"的术语，全用"非物质"文化遗产这一术语统称，这一转变是在对"民俗和传统文化"保护不断反思和各国争议的基础上完成的。

Janet Blake认为1989年建议案对"传统文化和民俗"的界定中，值得注意的就是关于"社区基于传统的全部创造"的观点，这一观点把传统文化与特定社区联系起来，也没有把民俗持续演变的特征排除在外，表达了民俗对文化认同的重要性，而且把事关非遗传承的重要方式——口传（orally）和模仿（imitation）也列入其中。但是1989年建议案没有注意到社区民众、团体、个人在传统文化持续发展中的核心作用。忽略了传统文化赖以发展的社会语境，包括社区民众是如何参与传统文化的发展的，忽略了成果产生过程中与成果一样重要的民众自发的创造行为，实施的保护只是针对传统文化与民俗的成果。它也没有参照土著关于文化遗产的理解，没有与特定利益团体相联系。因此1999年召开的华盛顿会议，对1989年建议案普遍的批评就是用"民俗"来描述所要保护的文化遗产范畴是不恰当的（inappropriateness），土著社会认为"民俗"这个术语某种程度上贬低了其所拥有的传统文化遗产，要求避免使用"民俗"以免导致不受欢迎的结果。①

---

① Janet Blake. Developing a New Standard-setting Instrument for the Safeguarding of Intangible Cultural Heritage: Elements for consideration. Paris：UNESCO, 2001：7-10.

在此基础上，Janet Blake 对除民俗之外的其他备选术语：大众的（popular）、传统的（traditional）、活态的（living）、口头的（oral）、文化智力财产（cultural and intellectual property）、非物质的（intangible）从优势和缺点两方面进行了讨论，① 见表 2-1：

表 2-1 与非遗相关的其他术语的优缺点

术　语	优　势	缺　点
大众的（popular）	得到不少拉丁美洲国家的支持，强调文化不是精英的	偏向于指当代的、都市文化，排除古代的和乡村的文化形式
传统的（traditional）	关于文化的核心概念	偏向于一种静态的、不演进也不是动态的文化，假设附着于一个不变的过去
活态的（living）	强调现存大量仍活跃在相关文化社区，仍被实践，并不断被创造和维持的此类文化遗产，保护旨在确保其续存，反对将传统文化定义为"死"的	不是这类文化遗产全部的特质
口头的（oral）	众多待界定的文化具有口头表达、传承的形式	没有包括所有的传统文化形式
文化的和智力的财产（cultural and intellectual property）	强调了保护对象跟其控制、利用权力的关系（包括经济权力）	这个术语在文化遗产保护领域有大量的问题要解决，并不适合制定一个"特别法"来保护
非物质的（intangible）	已是联合国教科文组织相关领域核心和工作术语（成立有非物质文化遗产部），在 1998 年第一批"口头和非物质文化遗产杰出代表作"中使用，从术语上反映了对于文化遗产本质认识的变化	1. 一些环太平洋国家民众并不强调物质与非物质文化遗产的区分，认为非物质并未反映原住民对文化和文化遗产的整体观 2. 亚洲国家如日本、韩国、菲律宾认为反映了文化遗产的欧洲中心主义，习惯地将文化纪念物和遗址视为高于与之相关的无形价值 3. 深层缺陷：未指出此类文化遗产社会作用的重要性

Janet Blake 并不赞同使用"非物质的"术语，原因之一是在土著社会中，从来没有将文化以物质和非物质来划分。鉴于这类文化遗产有无数的表现方式：传统科学、

---

① 详见李春霞. 无形文化遗产保护中的智力产权：现代性全球化的产物. 云南师范大学学报，2010（3）：65。

医药、生态知识；技能和诀窍（know-how）；符号和设计，仪式和典礼；音乐、舞蹈和歌曲；名称、故事和诗歌；价值和信仰体系；语言；烹饪传统，她更愿意使用"口头和传统文化遗产"这一术语，认为需要仔细考虑非遗范畴的界定。1989年建议案和"1998年杰出代表作"计划为理解非遗的本质特征和UNESCO成员国认识到哪些传统文化表现形式值得保护已提供了经验，她认为界定代替"民俗"的非遗应该包含的主要特征有：

1. 创造的自发性（the spontaneous act of its creation）；
2. 创造它们的社会、文化、智力语境（contexts）；
3. 在传统习俗规则约束下的使用和获得（access）；
4. 传承的方式，尤其是口头；
5. 代代相传；
6. 是不断演进的活态文化；
7. 是集体持有（hold）的，有着集体认同感、归属感；
8. 反映了一个社会的价值和信仰；
9. 对于创造认同的重要性；
10. 对于文化多样性的贡献；
11. 具有精神和文化上的重要性。

2003年公约最后文本基本包含了这11个要点。

从Janet Blake对1989年建议案的分析可以看出，2003年公约在吸收了1989年建议案关于"民俗和传统文化"概念积极的一面后，基于1989年建议案的缺陷并应有关成员国的要求，弃用"民俗"这一术语，采用了一个从字面上无论在汉语还是英语中都全新的术语"非物质"（intangible）文化遗产。

在1998年UNESCO"人类口头和非物质遗产代表作"项目评选中，非遗中"非物质"这一术语已面向全球公开使用。1998年杰出代表作原先是以"人类口头遗产"（Proclamation of Masterpieces of Oral Heritage of Humanity）的标题出现的，使用"口头遗产"术语本意是想限制1998年杰出代表作入选范围，结果不但没有得到部分国家的支持，还引发了误解。韩国在我国、巴基斯坦、拉美和加勒比海地区国家的支持下，要求在1998年杰出代表作的"口头遗产"术语中加入形容词"非物质"，以包含那些诸如手工技艺但不以口头语言为主要媒介的非物质文化遗产。[①] 于是就有了

---

① Noriko Aikawa. The Conceptual Development of UNESCO's Programme on Intangible Cultrual Heritage // Janet Blake. Safeguarding Intangible Cultural Heritage：Challenges and Approaches（A Collection of Essays）. Builth Wells：Institute of Art and Law, 2007：60.

1998年杰出代表作把口头和非物质文化遗产并列起来的"口头和非物质遗产代表作"的项目标题。显然，从东方思维来看，这是把口头和非物质的包含关系搞成了并列关系。①

但加入了"非物质"文化遗产的"1998年杰出代表作"计划的实施，在更大范围内寻求非遗保护和各国国家政策的结合，已使这一术语有了积极的内涵。1998年杰出代表作项目引起了2000年7月份在日本冲绳召开的G8峰会的注意，G8峰会领导人表示"欢迎已在进行的有形文化遗产保护，号召在保存和推动非遗方面做出进一步努力。鼓励致力于保护发展中国家的可移动文物、古建筑的计划和UNESCO的'宣布人类口头和非物质遗产代表作'计划。"② 这或许是日本政府有意安排的结果，但"非物质"文化遗产的确已经产生了实质性影响。

20世纪90年代以来土著运动的兴起，传统文化和民俗在理论层面上的进展也要求对传统文化和民俗有一个全新的态度。同时，考虑到日本将近半个世纪"无形文化财"、"无形民俗文化财"保护的国内经验和40年来1972年公约在物质文化遗产保护实践方面产生的巨大影响，2003年公约放弃各国研究者所熟悉的"传统文化"、"民俗"、"口头遗产"而选择非遗这一术语，因与"物质"文化遗产形成二元划分，无论对发达国家还是发展中国家都格外具有吸引力。

事实也证明，在2003年公约出台后，正是"非物质"这一术语的陌生感引发了来自不同领域研究者的兴趣和热烈讨论。许多研究者认为非遗这一术语是有问题的，但却使2003年公约不断引起注意，产生了国际影响，推动了世界范围内各国对传统文化表现形式的关注。在这个意义上，2003年公约对非遗这一术语的选择是成功的，尽管Janet Blake认为以"非物质"为中心的非遗这一术语并没有反映所有非遗的真正实际情形，UNESCO选用非遗这一术语是为了方便（convenient）和有点官僚作风（bureaucratic）③。

通过上文我们可以看到，2003年公约最终文本用"文化遗产"将传统文化和民俗与保护联系起来，效果大于"传统和民间文化"+"保护"的组合。因为传统和民间文化这两个术语很难摆脱与现代生活的二元对立，背上了庸俗进化论的负面效果，虽源自过去，却在长期的使用过程中被去除了能被当下"继承"的内涵。因此，

---

① 宋俊华曾就1998年杰出代表作的述语进行讨论，详见宋俊华. 非物质文化遗产概念的诠释与重构. 学术研究, 2006 (9): 119。

② We welcome efforts already made to preserve tangible heritage and call for further efforts toward the preservation and promotion of intangible heritage. We encourage programmes dedicated to protect movable art and archaeological wealth in developing countries, as well as UNESCO's projects on Masterpieces of the Oral and Intangible Heritage of Humanity. 2000年G8峰会信息发布: http://www.g7.utoronto.ca/summit/2000okinawa/finalcom.htm, 2011-03-23.

③ Janet Blake. Commentary on the UNESCO 2003 Convention on the Safeguarding of the ICH. Leicester: Institute of Art and Law, 2006: 23.

也才有"传统的发明"、"传统的创造"的研究范式来突破"传统"与现代的割裂,表明传统并不是静态的而是对当下不断产生影响的文化模式。文化遗产与之相比,因词源就具有"继承"的内涵,较之"传统"和"民间文化"的运用,在当下多变的社会中,运用文化遗产这一术语把过去和现在脆弱的关系联系起来,更容易获得认同。

(二) 非物质文化遗产"活态性"、"变化性"特征的争议

有研究者指出,活态和变化是文化与生俱来的特性,即使是那些看起来很坚固的物质文化遗产,其构造形状及所蕴涵的内在价值也会随着时间而发生变化,因此活态性、变化性特征并不是非遗独有的。Barbara Kirshenblatt-Gimblett 以日本伊势神社作为案例表明了上述观点,她认为,物质文化在特定条件下也是不断更新(renewable)或可替代的(replaceable),即使它是定期重建的,也是一件缓慢变化发展的事件(A thing is a slow event)。① 从纵向的跨时空角度看,世间万物都新陈代谢,生生不已,任何事物都会随时空的转换而变化直至消亡是绝对的,即使是不为人所察觉的缓慢变化,这是根本规律。从这个角度而言,活态变化性并不是非遗的独有特性。但物质文化遗产自其被完成时,本身就处于相对静止的状态之中,变化趋势是物质外在形式会随着时间推进呈现不断的衰退性特征,直至消亡。② 对它的保护正是为了尽可能维持和延长其存在寿命。

与之相比,非遗活态性的独特之处正如宋俊华所指出的,是因"传承人的传承活动"形成的,"非物质文化遗产中的传说、表述、表演者和传统工艺技能的操作者,是非物质文化遗产'活态'文化创造的主体,最具有能动性,处于'活态'文化的核心地位。……他们在不同时期、不同地域、不同场次或场景的表述、表演和技能操作,都会有所发挥,都是一种新的创造。"③ 由此我们可以总结出,非遗的"活态性"特征主要指两个方面:第一,非遗是借助于人们动态的身体技艺(能)、行动才能完成,由于人与身体的同在性,每个人对自身的身体控制能力各不相同,因此面对自身所处的社会、时代变化,会利用人的直觉潜能机动灵活表现。第二,从纵向维度看,非遗在与不同时空的互动过程中,总是不断地发生变化的。非遗与物质文化遗产一样凝聚了人类的创造性智慧,但是对于非遗而言,其信息储存于人之身体和记忆之中,身体活动、实践一旦停止,这些信息顿时消失。正是由于这种基于"人"而不是"物质"的活态性,才必须探寻有别于物质文化遗产的保护方式。

---

① Barbara Kirshenblatt-Gimblett. Intangible heritage as metacultural production // Laurajane Smith. Cultural Heritage: Critical Concepts in Media and Cultural Studies (Volume IV). New York and London: Routledge, 2006: 316-317.
② 蔡达峰. "世界遗产学"研究的对象与目的. 复旦大学文物与博物馆学系文化遗产研究中心. 文化遗产研究集刊. 2003: 73.
③ 宋俊华. 非物质文化遗产特征刍议. 江西社会科学, 2006(1): 36.

第三节 非物质文化遗产的形态特征

通过本章第一节的讨论，我们不难发现，在1972年公约框架下，研究者所针对的物质文化遗产中蕴涵的主观价值观、象征观念与表演艺术、手工艺、节日、仪式活动、社会实践等非遗并不处在一个逻辑认知层面上，以体系较为完整的日本"国指定重要无形文化财"①为例，如表2-2：

表2-2 日本国指定重要无形文化财

类别	种别1	种别2	UNESCO非遗类别
无形文化财	艺术	雅乐、能乐、文乐、歌舞伎、组踊、音乐、舞蹈、戏剧、人形净琉璃	表演艺术
	工艺技术	陶艺、染织、漆艺、金工、木竹工、人偶、拨镂、手抄和纸、截金	手工艺
保存技术	有形文化财、有形民俗文化财保护技术 无形文化财、无形民俗文化财的保存技术	1. 修复、复旧、复原、模写、模造等技术与技能 2. 修理所需之材料的生产、制造，用具的制作、修理等用到的技术与技能	与手工艺有关
		表演或其他活动中所使用之用具的制作、修理及材料的生产、制造等技术与技能	
无形民俗文化财	民俗技术	为了生计并能展示地方特色的生产技术，日常生活中与衣食住有关的技术。2005年《文化财保护法》修正后正式实施	日常生产生活技能
	民俗艺术	神乐、田乐、风流、语物、祝福艺、延年、渡来艺、舞台艺	表演艺术
	风俗习惯	社会生活（民俗知识）	社会实践
		生产·生业	
		娱乐·竞技	
		人生·仪礼	仪式行为
		年中行事	传统节庆
		祭礼（信仰）中相关表演活动	民俗艺术表演活动

---

① 日本文化厅. 国指定文化财. http://www.bunka.go.jp/bsys/index.asp, 2011-03-11.

2003年公约所界定的非遗概念，是从不同社会群体的生活方式中提炼出来的，包括非遗在内的非物质文化就是源自过去却又是我们当下正在过着的某种生活方式，并不止于某一社会群体所认可的与物质文化遗产发生联系的不同文化价值。日本学者吉田宪司以日本伊势神社为例，指出伊势神社跨越世代、延续了1300多年的建筑技术、作业方式和习惯本身就是一种文化遗产，但却不是有形文化而是非物质文化。他认为2003年公约中关于非遗的定义是"身体化知识"的总称："这些经常更新、持续重新构筑，由社群或个人认同形成的东西，有超越世代之持续性，不知道何时会变化、或是保留下来。这种'遗产'本来就不是过去'保护'或'保存'的对象；另外，跟其他'遗产'做比较，从中选出'杰作'或'代表作'的制度也不适用于'非物质文化遗产'之性格。'保护非物质文化遗产公约'的意义应是重新认识'遗产'之重要性，并不是用一成不变的形式来'保存'人类遗产，而是应该'保证'其中生命力并加以运用。人所制造出来的东西原本就有有形面（物品本身）跟无形面（制作物品的技术、知识和用法等）。硬把人类的文化分成有形、无形本来就不合理。"①

　　如何理解吉田宪司关于非遗是"身体化知识"的观点呢？身体化知识与其他类别的知识相比，有何特点？笔者认为，所有知识都是人类创造力的表现，可分为思想知识、技术发明知识、身体化知识这三大类。非遗属于身体化知识，它如何与其他知识区分开来？在我国学者研究的基础上，下文把非遗独特特征概括为三点：身体性、经验实践性、传统性。意在说明，非遗与思想知识、技术发明虽同为人类创造力的体现，但产生、传递过程和表现形态并不相同，我们需要从这些特征切入，考虑非遗传承的独特性和保护的关键所在。

一、非物质文化遗产形态特征之一：身体性

　　2003年公约正式出台后，在非遗特征的研究方面取得了较为一致的看法，非遗具有活态性、传承性、社会性、多元性等特点。② 刘铁梁认为非遗是经由人的身体体现出来的文化能力，如少数民族擅长歌舞是个典型。③ 向云驹分析非遗时，提出了"人体文化"的概念，即人体器官、行为和传人是非遗的载体，以"载体特性"作为

---

① （日）吉田宪司. 有形、无形文化遗产与博物馆.（台湾）文资学报，2007（4）：202.
② 宋俊华. 非物质文化遗产特征刍议. 江西社会科学，2006（1）：33－37.
③ 刘铁梁. 非物质性还是身体性. http://www.ihchina.cn/inc/detail.jsp?info_id=2765，2011－03－11.

分类原则，将非遗分为口头文化、体形文化、综合文化、当下的造型文化四类①，继而提出"人的身体是非物质文化遗产的学术元点及其元科学的逻辑起点，是通向身体哲学的身体文化遗产"。向云驹根据非遗与身体的关联程度，将非遗分为五类②：①直接与身体有关的，如文身；②服饰与体饰；③以身体作为象征模型的，如皮偶、木偶等；④身体表演；⑤以身体行为和身体图式构建的非遗。

不难看出，刘铁梁和向云驹两位民俗学者的分析视角注重于具有身体性特征的民俗与社会互动的关系。戏曲学者傅谨讨论戏曲传承时则指出，身体是艺术家的所有手段，表演艺术必须通过身体表现艺术家所欲表现的所有内涵，更为看重身体表现能力对形成非遗的决定性影响。③

人作为非遗的特殊"媒介"，使非遗成为充满生命力的文化表达形式，早已成为共识，因为人与其身体自然属性是同一的，所以非遗的身体性特征可以认为是非遗以人为载体的另一种解释。宋俊华认为，非遗传承是人对"精神文化"的传递，是通过传承人的口述或口述表演、身体示范或表演、综合示范或表演等进行的，传承人既是文化遗产的接受者又是创造者④。传承非遗比传承物质文化遗产更需专门的知识和技术，物质文化遗产是人类历史实践的产物、结果，是实践的凝聚物，文化凝聚在"物"中。非物质文化遗产则是实践本身，文化体现在实践之中⑤。

在这个过程中，非遗保护所重视的精神文化和专门知识、技术是看不到的，人们只能在非遗呈现的过程中感觉和体悟。这个呈现过程正如上述学者所说，是由人的身体某部位或整个身体综合协调运动，有规可循地表达出来的。我们常用"技能"、

---

① 具体为：
1. 口头文化：以口头、嗓音、声音表现的文化和艺术（分为语言、口头文学、口技、口头艺术、传统声乐、山歌）；
2. 体形文化：以人的身体、行为、姿态、动作为表现形式和表现对象的文化和艺术（分为体饰文化、形体文化、行为文化）；
3. 综合文化：口头与形体相综合的艺术（分为以口头为主的艺术、口头与形体并重的表演艺术）；
4. 当下的造型文化：人的即时的当下的活的创造及创造物，是空间艺术和视觉艺术（分为建筑技术与建造物、民间艺人传人的造型技艺和艺术家的造型艺术）。向云驹. 人类口头和非物质遗产. 银川：宁夏人民教育出版社，2004：61，88-91.
② 向云驹. 论非物质文化遗产的身体性——关于非物质文化遗产的若干哲学问题之三. 中央民族大学学报，2010（1）：63-72.
③ 傅谨在讨论我国戏曲如何传承、传承与创新的关系时在不同的文章中提到戏曲表演的身体性特征，详细内容参见傅谨. 京剧学前沿. 北京：文化艺术出版社，2007；傅谨. 薪火相传：非物质文化遗产保护的理论与实践. 北京：中国社会科学出版社，2008.
④ 宋俊华. 非物质文化遗产概念的诠释与重构. 学术研究，2006（9）：120.
⑤ 宋俊华. 非物质文化遗产特征刍议. 江西社会科学，2006（1）：33-37.

"技巧"、"技艺"等术语来称呼,其具体内涵就是指人们把自身对生活的深刻理解与身体动作熟练结合在一起的综合能力,是"懂"和"做"互为一体的经验性实践行为。因极度灵敏的身体,它无法做到精确表达,而是强调视个人悟性而定的经验。身体与生命都有时空限制,不同身体技艺(能)、行为在不同社会中具有不同的象征意义,在不同的时空中和条件下发展、变化、消失。

人的身体技艺(能)、社会实践不只限于我们今天所说的非遗。它广泛存在于日常生活中,在不同时代有着不同的表现形态,如烹调手艺、各种酿造工艺、茶艺、棋艺、手工编织、理发技艺、田间劳动技能、节庆庆祝仪式活动、手工服饰制作、各类体育活动、美术、音乐、歌舞、影像摄录技巧、影视演员演技、各式装饰技艺如现代插花、折纸等等。它们有的被人们称为"绝活";有的成为世人公认的经典艺术,如古典音乐、戏剧、书法;有的成为通俗文化,如街舞、音乐剧、流行音乐等;有的成为风行世界的健身方式,如瑜伽;有的成为著名的体育项目,如游泳、篮球等;有的为人们习而不察,如化妆、编织等各式实用技艺,难以穷尽,它们均为"非物质文化",但却不一定是文化遗产。文化遗产是人之价值评判的产物,因此,歌剧、芭蕾舞、交响乐不是非遗,但昆曲、探戈、古琴是非遗。

(一)非物质文化遗产形态的身体技艺(能)、行为特征三要素

笔者认为,包括非遗在内的身体技艺(能)、行为的表达形式有着如下特点:

身体技艺(能)、行为是建立在生活基础上,身体动作与人的自我意识融为一体的结果,体现为社会生活、人的自我意识、身体技艺(能)及行为三者间的不可分离地互动,把普通民众自我意识对现实世界的理解、想象、倾诉、批判和社会运作控制系统通过以身体动作为基础的各种手法表现出来:

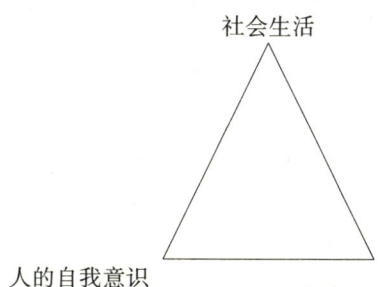

图 2-1 生活、自我意识、非遗三者间的关系图

艺术学在探讨传统艺术的创作时,对三者的关系有较多阐述,只是在表述中没有明确地将其与身体相联系。我国《庄子·达生》篇中痀偻者承蜩、津人操舟若神、

吕梁丈夫蹈水、庖丁解牛的故事对"道"与"技"、"神遇"与"感官"、"天理"与"人工"关系的阐释，郑板桥阐述绘画艺术的"眼中之竹"、"胸中之竹"、"手中之竹"均是对这三者关系的形象诠释。

社会生活是人的自我意识、身体动作的源泉和基础，任何人的自我意识均是个体与其社会环境互动的结果。人类学家毛塞尔·莫斯讨论"身体技术"的概念时，指出"身体是人首要的与最自然的工具。不用说工具，人首要的与最自然的技术对象与技术手段就是他的身体"。① 他观察到，不同的社会中，人们行走、游泳、与礼仪有关的身体姿势、狩猎实践等身体技术都有不同的特征，这是人所处的社会文化模式对其加以构建的结果，涉及"一个象征合成体系的意识活动"。反之，人的身体如果脱离其社会生活，就会变成与其他物体一样的自然单位。

非遗传承者深深根植于其所处社会，其身体技艺、行为实践与其生存环境融为一体是常态，因不同地域而具有不同风格。正如刘铁梁指出的，人类创造和传承文化需要依托他所面对的自然，……不同的文化造就了不同的身体感觉。② 同为山西民歌的"走西口"和"开花调"，由于它们产生和发展的社会人文条件不同，歌者唱出的整体曲调中就会透露出不同的文化气质。从代际传承角度看，非遗中许多杰出传承人的技艺习得主要通过以下方式：家世、师徒、科班、村落传承，当然这些传承方式在实际中从来不是截然分开的，很多时候是混合在一起的。长期以来人们之所以选择这些传承方式，重要原因就在于这些方式为传承人提供了大量可以浸淫其中的社会环境，使传承者从没有任何隔芥的熟悉生活开始，耳濡目染，达到了潜意识中的心领神会效果。

梅洛·庞蒂在解释人的身体、生命时指出，人的身体和思想一定不是两种物质的融合，因为它们在客观上并不是两种不同的物质，但我们却又真切地感受到，人的确有一个心灵和一个身体。身体之所以是人的身体，因为它是心灵的基础，是个体精神的外在呈现，心灵之所以是心灵，在于它借助于困着它的身体显现出来，身体是个体感觉、认知和理解的起源和中心，是个体与世界建立关系的基础。③ 结合梅洛·庞蒂心灵和身体关系的观点，笔者认为非遗形成过程中的人的自我意识主要是以追述能力极强的经验思维为主，它里面储存着丰富的知识，这些不能被人直接观察到。但身体作为自我意识表达的载体之一却是能为外界观察到的，在长期的社会发展进程中，自我意识指导下的身体创造出丰富多样的文化表现形式，呈现出身体的多姿多彩和无限

---

① （法）马塞尔·毛斯. 社会学与人类学. 余碧平，译. 上海：上海译文出版社，2003：301－307.
② 刘铁梁. 非物质性还是身体性. http://www.ihchina.cn/inc/detail.jsp?info_id=2765，2011－03－11.
③ （法）梅洛·庞蒂. 知觉现象学. 姜志辉，译. 北京：商务印书馆，2001.

美感，它们中的优秀表达形式，当之无愧地成为我们今天所说的非遗。

对于非遗而言，如果人的自我意识不能通过身体的技艺（能）、行为外在形式表现出来，纵使有多么丰富的经验和文化思想，也只能是个体的意念而已，不能为人所感知。笨拙的技能技艺，更是无法准确地传达人的主体意识，也不能为外界所接受，即"活儿、把式不行"。博厄斯对此曾指出："很多人想要努力表现某种美学的冲动，但却不能实现这种理想。他们所追求的东西是一种设想的完美形式，而由于他们的肌肉缺乏训练，不能充分表达。"①

傅谨在论述京剧表演时，把京剧表演艺术称为"身上有"，把演员所饰演的角色称为"心里有"。他强调身体表演技艺对戏曲的第一重要性，虽然外在的表演技巧并不一定能成为大师，只有通过身体表演技艺鲜明地传达出角色人物精神气质的大师才能做到二者相得益彰：

> 京剧表演的训练，所谓四功五法，就是训练身上的功夫，因为只有身上的功夫才是直接面对观众的，才是有戏剧意义的。因此可以说，京剧表演功法训练的目的，就是为了让演员掌握一系列外在的形体表现手法，让演员能够借助于这些动作，直接让观众体会到戏剧人物的思想情感。经过训练形成了一系列身体记忆，即使演员并不了解人物的内心世界，并不了解人物的情感走向，也足以表现戏剧人物。……中国戏曲几百年技术积累的成果就体现在这里，经过漫长的历史进程中一代一代艺人的摸索与创造，那些最具表现力的手段渐渐积淀下来，成为戏曲的表演"程式"，正是这些程式，这些规定了演员如何通过"身上"的表演传递人物情感与内心世界的表演手段，才使得京剧演员即使"心里"没有，也足以演好戏，演好人物，……"心里有"不等于"身上有"，"身上有"也不等于"心里有"。假如"心里有"而身上没有，对戏剧而言等于零。②

综上所述，非遗作为我们的生活方式之一，以身体技艺、行为实践为中心，在生活—自我意识—身体技艺（能）及行为三者之间循环反馈，让身体成为它的记录载体，"艺随人动、艺随人走"。小至舞蹈、歌唱、演奏、戏剧、绘画、雕塑、手工技艺，大至传统建筑技艺等，都是借助身体这一最复杂的有机体，使生活与人的心灵发生交感，将人类最复杂的情感和思想欲望以技艺（能）及行为的频率、幅度、节奏、力度呈现出来，把无法为外界感知的人之意识与自然、社会文化有机地连贯起来。同时，又将这些活动的成果和收获纳入自己的身体中，在人的意识、思想情感与生活间

---

① （美）弗朗兹·博厄斯. 原始艺术. 金辉，译. 上海：上海文艺出版社，1989：3.
② 傅谨. 京剧学前沿. 北京：文化艺术出版社，2007：36 – 37.

反复穿梭，不断地再生产。伴随个体人生经历的丰富，每个人的身体技艺（能）、行为是不断变化再生的，体现出某种美感、气质、性格及社会文化内涵。

因此，身体技艺（能）、行为是情感和思想外化的理想途径之一，是人类困在身体中的精神意识的解放形式之一，这是形成非物质文化（包括非遗）的基本模式。我们可以发现，不是每个人都擅长这种身体表现能力，而且擅长不同的非遗，相声说得好演戏未必行。但杰出的非遗传承者总能随心所欲地发挥自己身体的天赋和潜能，最大程度表现某一非遗的魅力，呈现出极具个人特点的自由美学境界，这是一种在实践中高度个性化、经验化的智慧成果和文化认知。有些非遗已成为根植于某一文化群体的约定俗成的实践行为，如普通民众进庙"上香"仪式行为，已经把一个群体的人生欲求、情感和社会关系全部凝聚、投射于这一简单的仪式行为之中了。很多民间信仰仪式的复杂性就在于其借助基于人身体表现出来的传统艺术表演，对于民俗而言，日常生活情境的交流、口头文化和仪式行为，身体从来就是不可缺少的因素。

从非遗的身体性特征讨论非遗的构成时，薛艺兵研究仪式音乐所采用的分析框架为我们提供了借鉴。他指出音乐的客观存在是由音乐声音构成的音乐形态体系和人的行为方式、功能、意义构成的音乐行为体系构成的，这两套体系是互为关联、不可分割但又有着相对独立性的一个整体，可分为六个层次，当然这样划分是为了分析上的方便。[①] 沿着薛艺兵的思路，笔者认为我国目前除民俗外的非遗也可以划分为形态体系和行为体系两套体系：

◆非遗的形态体系是指形成非遗所需要的一系列要素，以身体为媒介，是非遗外在的显性具体存在方式。

◆非遗的行为体系是指非遗具有的功能和意义体系，即其文化、社会属性的隐性表现。非遗在社会文化脉络之中生成发展，蕴涵着社会的特性，其内涵依赖于整个社会体系的性质。

非遗两套体系组成因素见表2-3：

---

① 薛艺兵. 神圣的娱乐：中国民间祭祀仪式及其音乐的人类学研究. 北京：宗教文化出版社，2003：63-69.

表 2-3 非遗的形态体系和行为体系

非遗体系	非遗层次		具体内容
非遗形态体系	第一层次	物质基础	媒介：身体各个部位或身体协调动作 口头、手、肢体、形体姿态、表情、行为动作
	第二层次	物理媒介	运用自然界的各类材料、物质，并加以组合、调整后形成的某些可以自然科学解释原理规律的媒介，如声波、光波、线条、图像等
	第三层次	形态样式	以一定的习惯和规则组合起来，可以直接观察和可以直接感受到的，共同构成各个非遗的具体形态样式
非遗行为体系	第四层次	效应形成	非遗表现形态带给人们的感觉、体验
	第五层次	社会价值	社会中个人和群体对非遗功能、意义的认知以及非遗在所处社会中具体应用和互动，都体现着非遗的社会价值
	第六层次	文化归属	单一归属性，任何非遗的形成都离不开其所处社会民族文化语境，无论它们如何表现，都有文化背景的依托，即其文化归属

由薛艺兵的分析框架我们可以清楚地看到，非遗以人的身体为表现载体，与物质文化遗产一样有外在表现形态，而且有的非遗的形态体系是相对独立的，只要条件合适，它可以脱离蕴育其产生的社会时空得到传承，把积淀于形态体系中的文化脉络延续下来。当非遗的形态体系在不同时空中传播时，可与文化中其他因素（宗教信仰、经济、政治甚至血缘）互融，形成新的行为体系要素。同一社会文化语境中，非遗就各自所包含的行为体系中的效应、价值、功能也可能各不相同，但却可能拥有同一文化归属。当下非遗保护的首要目的正是通过保护非遗表现形态体系中的一整套技艺、技术，来维持蕴涵在非遗形态中的行为体系，形成民族文化的历史持续性和文化归属感，并在此基础上发展当代文化。在非遗保护中，我们需要仔细考虑具有相对独立性的非遗形态体系的传承与其所处社会文化生态的关系并进行调整，而不是一厢情愿地通过确保社会生态的不变来保证非遗传承。

（二）非物质文化遗产身体性特征与媒介、技术的关系

任何文化的传播和发展都需要一定的媒介。媒介原指事物生成与活动的环境，20世纪传播学诞生以后，媒介主要指信息符号在传播过程中起扩大、延伸作用的物质承载和传送工具。科技的进步不断改变着人类文化传播媒介的材料，进而改变着人类文化的具体表现形式。传播媒介从媒介材料上区分，主要有四种，以 19 世纪作为分水岭，在 19 世纪以前，人类传播媒介主要限于身体和再现性媒介，而 19 世纪以后，主

要是视听和数字媒介。①

（1）身体媒介：以人的生理器官为媒介材料，交流发生在几乎是面对面的同一时空的直接状态，艺术表现为舞蹈、唱歌、演戏，这种方式在19世纪末以前一直延续着。

（2）再现性媒介：运用间接性的符号（文字、线条、色彩等）在自然材料上表达意义，依靠人的技艺在某种材料上制作出来，有共同理解的规则和编码，将信息传达给受众。艺术表现为文学、书法、美术、器乐、雕刻等。

文字是最重要的再现性媒介，它的出现扩展了社会共有的记忆力，使知识和信息的传播突破了面对面的有限时空界限，适应文字发展的需要，造纸术、印刷术诞生，构成了人类传播史上的第二次革命。以文字为主的传播时代到来了，这一时代在人类历史上持续了上千年，以致人们把知识分子与看书、识字画上等号，成为再现性媒介的主要代表，但文字书写本质上没有离开人的身体——手的运动。

（3）视听媒介：通过照相、摄影、录音设备等摄取物理光波和声波作为媒介材料进行文化传播。艺术表现为电影、电视艺术作品等。

这些视听媒介的出现离不开以机械力为基础的机器。19世纪，英国珍妮纺纱机发明后，大大提高了效率，人力远远不能满足需要，从而推动了蒸汽机的产生。瓦特蒸汽机普及后，人类学会利用热能转化而来的机械力量，从沉重的体力劳动中解放出来，以较少的劳动时间和强度，获得了大量的食物、生活用品和拥有了高效便利的交通运输工具。"劳动人民"不再以"体力"为特征，许多体力劳动转由机器来代劳。在没有机械动力之前，人类对生产工具的改进一直没有能够脱离人的劳动力而独立存在，蒸汽机发明后，人的文化创造力逐渐从体现在身体上的技艺过渡到机械工具的技术发明、工业造型设计。

在人类不断发明、改进机器设备的过程中，伴随的就是诸多依赖身体的经验感觉和技艺的消失。如在手工艺制作中，人们以前是凭眼睛、肢体等来感知材料的软硬、对制作过程中产品成形的"度"的把握，这必须以无法速成的长期经验为基础。因此，传统手工业制作工序中师傅把关非常重要，但有了精确测量的工具后，取代了以经验为主的师傅把关这一环节，拥有这一感觉经验的师傅逐渐显得不重要，在相关行业体系中遭到残酷的淘汰。

方李莉在对景德镇陶瓷烧制环节的描述中提到，烧制陶瓷时，温度的控制是陶瓷能否成功的重要因素。在景德镇陶瓷烧制环节运用瓦斯窑以前，窑温与天气、气温、松柴的温度有密切关系，不同窑位，温度也各不相同。无论是柴窑还是煤窑的窑温全

---

① 宋杰. 视听语言——影像与声音. 北京：中国广播电视出版社，2001：3.

凭烧窑师傅的经验和直觉来判断和控制，只要有一点不同的差异，都会影响窑炉的变化，从而影响到瓷器的发色和质量。把桩师傅看火全凭眼力，红一点和白一点之间极细微的差异，有时很难用肉眼判断精确。因此，每次烧窑无论经验再丰富的窑工都没有十成把握，能使一窑瓷器全都烧得完美无瑕，所以在景德镇，所有的窑户基本是不保好坏的。瓦斯窑的出现，使这一切都成为过去，瓦斯窑有精密的测温仪器，有严格的密封保温装置，排除了不确定的因素，确保了每一次都能烧好瓷器。不再需要凭肉眼判断窑温的烧窑师傅了。①

摄录等视听媒介是对运动事物精确而具体的纪录，与身体、文字符号等媒介有根本区别。视听纪录媒介是机器的自动记录，除非摄录者变换机器角度，否则它可以最大限度地排除观察者和观察对象之间由于人为干预和个人气质的差异造成的观察结果的不同。随着摄录媒介发展的成熟，影视表演方式逐渐出现并成为今天主要的文化表现形式之一。但绘画者面对同一景观，基于个人气质，对形和色的经验感觉、拿笔的手的力度不同，导致线条的运动就有了凝滞与流畅之分，眼睛对于光与色的感觉差异更大，最后形成的作品不会是一样的，这就是人类身体与思维合二为一的结果，其灵活性与不确定性，却正是人类最具创造力的表现之一，或许中国艺术理论中的四个字已经道尽这个道理：观物取象。

（4）数字媒介：以计算机数学符号运算、编程为基础对图、文、声、像等信息进行加工，如作图，摆脱了对物理光波的依赖，通过编程数学计算绘制，迈向人工智能化。

在人类不断改变文化表现媒介和改进生产工具的历史中，人的身体表达及叙事方式也随之改变。而且因媒介传播的异地异时性，已经没有了人们身处同一空间带给人的真实感，人们在现场观看一位歌星的演唱会、戏曲、杂技表演与通过影像观看，所获得的体验是完全不一样的。

传播学者波斯曼以"技术"为对象，将人类文化演进分为三个阶段：①工具使用文化阶段；②技术统治文化阶段；③技术垄断文化阶段，重点阐述技术进步给文化带来的阴暗的一面。从远古到17世纪是工具使用文化阶段。18世纪末瓦特蒸汽机的发明（1765年）和亚当·斯密《国富论》的发表是技术统治文化阶段的开始，20世纪初则进入技术垄断文化阶段。他认为，在工具使用文化阶段，人和技术是友好的关系，技术受社会制度的约束，产生了丰富的传统、社会礼俗、信仰和宗教。在技术经济文化时期，技术和人的关系发生逆转，机械钟改变了人们的时间观念、印刷机导致

---

① 详细内容参见方李莉. 传统与变迁——景德镇新旧民窑业田野考察. 南昌：江西人民出版社，2000：124–125。

口头传统的衰落、望远镜动摇了上帝的存在，技术开始在人的精神世界里扮演核心角色，人必须顺从于机器的标准生产。到了技术垄断阶段，人与技术的关系完全颠倒，社会以法律、规章、工作原理的专业科学知识取代了个体的经验思考，以便实现高效率工业生产，社会问题的解决主要依靠技术的进步。每一种技术的发明，都会产生技术文化之间的竞争，如印刷术对手抄文字方式，摄影对绘画，电子媒体对纸质媒体，伴随着不同世界观、文化的冲突，前一阶段产生的文化不得不为生存而斗争。①

在所有文化媒介中，人的身体是最为复杂的生命有机体，最复杂的智能网络系统与人体神经网络相比，不过是小儿科。我们目前所指的非遗，正是以最原始的媒介材料——身体作为载体，以人之体力为动力源，纵然是画画、雕刻、剪纸及其他传统手工艺，所借用的工具可被视为身体某个部分的延伸，并没有脱离人的身体，非遗的表现手法和内涵深度取决于传承者对身体的控制。

当下许多被我们视为非遗的传统文化表现形式基本产生、成熟于视听媒介出现以前的工具使用文化阶段，即农业社会，并发展成为各种成熟的行业如陶瓷业、制笔业、酿造业等，或者艺术形态，如绘画、戏曲、书法、杂技，等等，形成一套完整而独特的社会文化体系。这些传统技艺行业和传统艺术遭遇新的媒介和技术挑战时，其原有的行业生态、社会结构、从业者都将面临残酷的淘汰和痛苦的转型。当文字从以笔手写转为依靠键盘时，不仅是书法艺术的式微，围绕手写方式长期以来形成的一整套生产行业链条（与文房四宝有关的传统手工艺及行业）的发展前景也渐渐变得黯淡。

机器生产解放了人的身体，把人们从沉重、重复性的体力劳动中解脱出来，使人们将主观创造力转向了与机器有关的技术革新、发明和各类造型设计。在这个过程中，可以发现，很多制作者的文化记忆并没有被削弱，由他们设计、由机器生产出来的产品仍能保留原有传统手工艺制作文化的特色和内涵。我国北方春节时大部分家庭张贴的对联和版画都是由机器胶印制作而成的，机器胶印是在吸收手工版画艺术风格、书法风格后重新设计，由机器胶印生产，其耐用性、色彩搭配、视觉效果并非都"粗俗不堪"②，大众接受度实际上很高。但根据目前对非遗的理解，并不认为机器生产工艺是非遗。

从日常生活诸多现象我们也可以看到，人类的思维意识与不依赖身体的机器生产

---

① （美）尼尔·波斯曼（Neil Postman）. 技术垄断：文化向技术投降. 何道宽，译. 北京：北京大学出版社，2007.

② 马丽云，李榆，赵轶，朱海婧. 木版年画与胶印年画的抗衡——朱仙镇木版年画创新发展现状的个案调查. 文化遗产，2010（1）：125–133.

结合起来，成为人类精神意识的另一种解放形式。如机器刺绣、摄像、电脑数字绘图、医学仪器诊病、电子秤①、机器炒茶等，其结果都不再是身体行为的直接产物。这种模式（社会—人之意识—机器技术）所产生的成果应用于社会生活，正不断取代那些依赖身体的文化形式。在这个过程中，从来没有消失过的是那些必须以身体作为媒介的身体行为、技艺（能）形态，改变、消失的只是其中具体的表现形式，比如我国表演从戏曲为主要形式变为以影视剧为主。某种程度上，媒介技术、机器生产工艺技术的不断革新是造成部分非遗濒危的原因之一，但那些在与机器生产竞争过程中生存下来的非遗，笔者相信它们已经达到一个新的艺术、文化和市场高点。

任何一个时代的社会都不是完美的，完美的社会只是人类的乌托邦和推动人类不断努力的驱动力之一，把当下的技术社会说得一无是处并不益于非遗保护。技术发展在激发人类以身体为媒介的文化创造潜力上，永远是我们始料不及的。人类在科学技术上取得的进步与面临的巨大风险的几率是均等的，非遗将是控制后者的智慧灵感来源之一。当下对非遗的保护必须将其放在新媒介、技术变化的社会整体历史进程中来考虑，思考非遗在面临由媒介、技术发展导致的社会观念、社会体系变化时继续传承、再生的各种可能性，这样才会更为理性。

二、非物质文化遗产形态特征之二：经验实践性

2003 年公约的非遗界定中，以身体为媒介的艺术、技能表现出来的非遗，如手工艺、表演艺术等有着相对独立的表现形态。同属于非遗范畴的社会实践、观念表征（representation）、知识，虽然仍以人为载体，但却没有相对独立、能以听觉和视觉感知到的表现形态，它们多属人类学视野中的地方知识（亦称本土知识），作为产生于与民众所处自然环境不可分离的传统社会并世代传承的各种信仰体系、经验、日常生活方式，归入非遗的只是其中的一部分。

社会的发展使普遍存在于非西方国家的这类知识逐渐引起人们的注意，常用"本土知识"、"传统知识"、"地方知识"等术语来称呼。它们产生于人们的日常生活中，是人们为了生存，面对所处环境不断调整、创造、发展出来的经验性认识，分散而琐碎，是一种非系统性、地方性、细微经验性的知识系统，深嵌于民众生活背景之中，具有很强的动态性和变化性。这些知识何时发挥作用，何时被人们运用，又何时会发生变化、直至消失，对于研究者而言，需要亲身体验才会有所收获。这种分散性特征与社会生活多样化的需求相一致，是文化多样性的实际呈现，是不同群体感受、观察自身周围环境，逐渐积累而成的无数经验。外界根本观察不到或者只能意

---

① 电子秤的出现使手工制秤技艺濒危，而人们度量衡知识和心算能力出现了弱化的倾向。

会，日常生活中它们是大量存在的，成为世间最为不起眼的知识和经验。徐艺乙就以现代科学无法证明的钻木取火为例说明非遗多属于一种不见文字的、非文本的知识体系。这种知识体系的传播和传承，需要个人或团体的亲身体验和参与。①

正因为地方知识的经验实践性和强烈实用特点，许多社会的意识形态总是抬高脱离身体的思想知识的地位，抑制地方知识。在我国，许多用于谋生的技艺性知识，作为"雕虫小技"在精英教育中一直不占主流，只有那些为历代"有闲阶层"用以修身养性而不以迎合世俗的技艺才能获得认可。但民俗学的研究表明，正是最不起眼的民众日常生活经验在不断重复的过程中体现了生活的本质，这些生活经验和能力浓缩了生活中最稳定和内在的一面，为人的生活实践提供了所需要的启示、各种可能的解决方案。让特定地域的人们在不断重复中累积出应付千变万化的自然却只在一瞬间会用到的智慧。这种知识不同于当下以西方科学为基础的具有普世性的专业知识，但同样有助于促进决策，形成有效的地方管理机制，增强地方凝聚感和发展能力。这种知识的非系统性，并不意味着它们没有任何价值，探寻这些知识，正是发现人类生存意义的一个过程。

张永宏对本土知识做出了较为全面的界定，"本土知识是在人们与自然环境长期紧密的相互影响中保留和发展起来的实践、陈述体系，是一种包含了语言、命名及分类系统，利用资源的方式，礼仪、精神与世界观的文化复合体。这种知识体系为本土社区提供日常生活重要事务，如狩猎和采集、捕鱼、农业、动物驯养、食品生产、水资源管理、健康以及对环境和社会变化的适应等的决策、判断的基础。虽然本土知识主要通过口传的形式代代相传，很少被文本化，但同样具有相对的完备性。"② 他认为，本土知识与源于西方的科学知识一样是特定社会的产物，都有着各自的优势和不足，它们不应当是对立的，相反是应当互为参照的两种文化体系，具有互通性。③

马格林（Stephen A. Marglin）讨论非西方国家为推广高科技农业所付出的沉重代价时，肯定了农民面对无常的自然，发展出来的不同于专家知识（episteme）的技艺（techne）知识的重要性，他认为二者有以下区别④，见表2-4：

---

① 徐艺乙. 非物质文化遗产的传承与高等教育的使命. 徐州工程学院学报，2010（1）：68.
② 张永宏. 非洲发展视域中的本土知识. 北京：中国社会科学出版社，2010：32.
③ 张永宏. 本土知识与科学知识：差异、联系和互借. 思想战线，2010（6）：104－110.
④ 马格林. 农民、种籽商和科学家：农业体系与知识体系. 卜永坚，译//许宝强，汪晖. 发展的幻象. 北京：中央编译出版社，2001：245－339.

表2-4 专家知识和技艺知识的区别

专家知识（episteme）	技艺知识（techne）
思维意识与身体分开	思维意识与身体无法分开
逻辑演绎推理，步步求证	直觉、经验
分析性，知识的整体化解，拆除，得出元素，阐述来龙去脉	不可分解，只能在人的具体实践中呈现
应用上是理论性的，目的是证实或证伪	服务于发现、创造
抽离社会背景，放之四海皆准	技艺与特定时空（地方）紧密相连
文字知识、正规教育	师傅口传心授、潜移默化
发明的主要形式是批判	不断在实践中修正
精确计算	依赖传统规矩，可能停滞不前或者突然飞跃
理性冷静	情感性强

上述对比，清晰地表明地方知识是人们在日常生活中身心并用的结果。长久以来，虽然我们认为这些地方知识不可缺少，但也没有给予专门重视。随着对本土知识研究的深入，尤其是"低碳时代"的到来，它们在医药、生态保护（包括防灾、减灾、粮食生产、加工、保护粮食安全）、数学、冶金、适应环境的建筑技术等方面都显示出巨大的创新潜力。J. O. Kakonge 指出，非洲那些处于底层社会的农民掌握的草药、野生植物、土壤、肥料等方面的生活经验，对于环境生态的可持续发展意义重大①。非西方国家如果想实现自我发展，在全球化进程中找准自身的定位，就必须重视民众基于所处环境、历史积累的本土知识的各种潜力，启动地方知识资源的保护和利用，这已经是当代许多发展中国家的战略选择。

2003年公约把属于地方、传统知识体系的"关于宇宙和自然的知识和实践"

---

① John Otachi Kakonge. Traditional African Values and Their Use in Implementing Agenda 21. http://app.iss.nl/ikdm/ikdm/ikdm/3-2/articles/kakong.html, 2013-11-15.

纳入非遗保护范畴中，给出的具体解释是：有关大自然（如时间和空间）的观念，农业活动和知识，生态知识和实践，药典和治疗方法，宇宙观，航海知识，预言和神谕，有关大自然、海洋、火山、环境保护和实践、天文和气象的具有神秘色彩的、精神上的、预言式的、宏观宇宙的和宗教方面的信仰和实践，冶金知识，记数和计算方法，畜牧业，水产，食物的保存、制作、加工和发酵，花木艺术，纺织知识和艺术。① 这一解释肯定了由地方民众根据他们所处自然生态环境发展出来的生存经验，重视关系民众信仰、环境保护、民众医疗健康、粮食安全、民间建筑技艺、民间科技等具有低成本投入特点的地方性知识，重视人与生态的和谐互动。

更为重要的是，通过专家知识和地方知识的比较，我们可以清晰地认识到，以非遗为代表的本土知识的保护不能脱离依赖于环境的变化特性，记录下来的本土知识通常是被验证为对生活有效的总结。可民众面对无常严峻的自然、生活的变化，其知识永远都是在反复的过程中不断调整的、变化的，在这个过程中沉淀出应对生活的有效策略，这些知识经常是细微到只有载入当地小生态环境时才会发挥其功能，脱离相关环境应用它们时，便显得一无所用，不具普世性意义。属于2003年公约保护范畴的"关于宇宙和自然的知识和实践"作为地方知识的一部分，只有被社区民众不断运用才是最富生命力的，但多不是正规教育体系内的学习内容。正由于这一点，《2003年公约业务指南》明确规定"承认以非正规形式传播非物质文化遗产内涵的知识和技能的价值"。[第107段（g）]

三、非物质文化遗产形态特征之三：传统性

非遗除了具有身体性、经验实践性以外，必不可少的特征是传统性，这尤其适合于我国国情。传统性是现阶段确认非遗的关键特征，因为许多文化表现形式都具有身体性、经验实践性，但并不能被确认为非遗。如体育类，现代体育也有曲棍球运动，但只有达斡尔族传统曲棍球运动才能被确认为非遗。

WIPO基于保护对象，对于"传统"做出了较为准确的描述和解释。在2003年公约出台前，WIPO一直关注民间文学、艺术方面的保护，将民间文化称为"传统知识"。由于各国、各个国际组织对传统知识的使用重点不一样，国际社会在传统、民间文化保护进程中，正趋于把传统知识分为三个类别：①民间文学艺术（民间故事、音乐、舞蹈、艺术品）；②遗传资源（genetic resources）；③狭义的传统知识。它们分别成为不同国际论坛、公约关注的对象。WIPO把狭义上的传统知

---

① UNESCO. 保护非物质文化遗产国际公约第一稿. 巴黎：UNESCO, 2002.

识概括为:"传统背景下由智力活动所产生的知识的内容或者实质性要素,包括诀窍、技术、创新、对传统知识体系形式部分的实践和学习,以及关于当地和本土社区传统生活方式的知识,或者包含在已编码的知识体系内代代相传的知识。它不限于任何特定的技术,并且可以包括农耕、环境和医药知识,以及与遗传资源相联系的知识。"① WIPO 对传统知识的"传统特性"给出了五点描述:②

1. 在传统环境下产生、保存和弘扬。
2. 分别隶属于传统或土著的文化或社区,世代保存和弘扬。
3. 通过一种保管、保护或文化责任感,例如保存知识的义务感或允许不当使用或贬低性使用将是有害的或侵犯性的这样一种认识而与当地或土著社区相联系;这种关系可能通过习惯法或实践正式或非正式地被表达出来。
4. 在广泛的社会、文化、环境和技术背景下来源于智力活动意义上的"知识"。
5. 基于来源的社区而被确认为传统知识。

为了人类文化多样性的保存和传统知识的开发并防止不合理使用,WIPO 用 1998—1999 年两年,在全球范围内进行了传统知识的调查,详细列出了 29 项与传统知识有关的具体分类,囊括民间文学艺术表达、传统生活知识、传统标记、有形

---

① 王鹤云,高绍安. 中国非物质文化遗产保护法律机制研究. 北京:知识产权出版社,2009:21.
② 黄玉烨. 民间文学艺术的法律保护. 北京:知识产权出版社,2008:19-20.

文化财产（可移动和不可移动）、传统生活方式五大类①。WIPO 所列的传统知识覆盖了 2003 年公约所规定的范畴，并把工业时代的文化表现形态排除在外。

2003 年公约下对非遗的确认包含以下两点：①不同社区、群体、个人间的世代传承；②历史连续性和文化认同。非遗传统的根源可能非常古老，但却未必是缺乏活力，而是持续更新"再创造"的。这与 WIPO 归纳的传统性特征是基本一致的。同

---

① 刘银良. 传统知识保护的法律问题研究. http://www.110.com/ziliao/article-11056.html，2011 - 04 - 21.
（1）口头或文学作品，包括民间诗歌和民间故事；
（2）民间音乐作品，包括歌曲和戏曲；
（3）民间戏剧、舞蹈作品及其表演；
（4）民间美术作品，包括版画和绘画；
（5）民间手工艺品，包括手工艺品、编制品设计、纺织品设计、服装、地毯或其他用品的设计和装饰；
（6）（表演意义上的）传统庆典、仪式和礼节；
（7）传统农业技术；
（8）传统畜牧技术；
（9）传统狩猎技术，如跟踪动物和渔猎的方法；
（10）传统服装或织女布的制作和印染技术；
（11）传统食品制作技术，如烹制、发酵和加工食物的方法、制作调料和饮料的方法、切肉技术和保存与藏食物的方法；
（12）传统医药和医疗知识，包括药用动物和植物的知识，还包括精神治疗方法；
（13）传统生育或分娩方法；
（14）对传统香料如熏香的应用；
（15）与保护环境和生物多样性有关的传统生态知识，如关于草种、天气模式、保存与利用生物资源的知识（和相关的生物资源）；
（16）传统的头发造型方法；
（17）传统的骨安置技术；
（18）用手语表示数字的方法；
（19）标记、符号和名称；
（20）不可移动的文化财产或遗产，包括具有神圣意义或历史价值的古迹、遗迹或埋葬地；
（21）可移动的文化财产或遗产，可包括具有神圣意义或历史价值的史前遗物、木刻、石刻、古乐器或其他文物；
（22）人体遗骸和人体组织；
（23）传统生活方式及与之相关的知识整体性；
（24）本土风格；
（25）习俗、风俗、（实质或目的意义上的）仪式和礼节；
（26）争端解决方法和管理方法；
（27）宗教；
（28）对圣物的崇拜；
（29）语言；
（30）对体现在主流社会的档案、电影、摄影、录音、录像或其他媒体形式中的传统知识或无形文化遗产的文献化。

时，在强调传统性的基础上，进入非遗名录的文化表现形式应能见证人类的文化创造力，表现文化多样性。我们可以看到，UNESCO"人类非物质文化遗产代表作"的评审并没有局限于"民间"和"土著"等社会属性，也不排斥非遗所具有的商业化、精英性等特性，如中国的昆曲、阿根廷的探戈、法国美食大餐等。正如 Harriet Deacon 指出的，非遗绝不仅仅是存在于西方所确立的原始/文明二元划分法中的文化现象，存在于前现代（农业）社会中、非西方国家、传统土著社区中，它也可能是当代社会那些特别具有活力的，但与民族、地方认同联系不大的文化实践。①

第四节　非物质文化遗产术语和概念对非遗保护工作的影响

对非遗身体性、实践性、传统性特征的论述，使我们更为清晰地看到了非遗产生、传递过程和表现形态的独特性所在，非遗保护也需要结合这些特征选取恰当的保护方式。

一、非物质文化遗产身体性特征与非遗保护

（一）非物质文化遗产范畴和保护重点

首先，从非遗身体性特征出发，我国非遗保护工作中应该重新审视，非遗是否可以直接与民间文化相置换？如地名、百姓家谱、镖局文化等，它们固然有历史、文化、科学等价值，但是否应归入非遗的保护范畴中？笔者认为百姓家谱归入文献类遗产更为合适。地名，在日常生活中主要是用口头表达的交流符号和媒介，是人们赋予某一特定空间位置上自然或人文地理实体的专有名称。它不同于风土人情的口头传说，其命名方法及其丰富的传统文化意蕴本质上是与地名指称的地理实体联系在一起的。因诸多原因，许多老地名在当代被更换、弃用，成为人们的历史记忆和档案记录。当下将某一地区的传统地名集中起来，纳入非遗范畴内是否妥当？与百姓家谱一样，笔者认为将其作为档案文献文化遗产更为合适。诚然，由古老地名所引出的丰富的历史记忆，反映着人们的文化认同，是历史文化资源的组成部分，当代人任意更

---

① Harriet Deacon with Luvuyo Dondolo, Mbulelo Mrubata and Sandra Prosalendis//The Subtle Power of Intangible Heritage: Legal and Financial Instruments for Safeguarding Intangible Heritage. Cape Town: Human Sciences Research Council, 2004: 64.

改、废止地名的现象在引起我们反思的同时，还要考虑将地名视为非遗是否合适。①

其次，以身体为媒介形成的不同非遗会有着各自无可取代的独特性。昆曲和京剧，虽同为中国戏曲，但昆曲之所以为昆曲，京剧之所以为京剧是因为它们各自拥有自成一体的表演技艺体系及美学理念。以此推衍开来，我国各类地方戏存在着很多相同剧目，但表演技艺决定了它们各有千秋的美学艺术魅力，不能互相替代。以此类推，对以身体技艺（能）为主要表现方式的非遗的保护，重点就是这些它们能够独立存在、相互区别的身体表达技艺（能）体系、行为及与之有关的实物、空间场所，这绝不会导致非遗的停滞不前。相反，杰出的非遗传承者都能"移步"的同时却不"换形"，而若从非遗"身体性"特征思考非遗的传承和变化两者的关系时，我们还能理解许多学者何以对非遗"创新"持批评态度的关键所在。

更进一步，从非遗的身体性角度切入，非遗保护要真正有效果，诚如刘铁梁所说，还要使它们成为人们切身的感性体验，使其文化魅力沉淀在每个人的生命经历中，也只有在这个层面，才会产生真正的文化认同。从台湾作家龙应台《如果你为四郎哭泣》②讲述的故事中我们可以深刻地体会到这一点。当代非遗传承出现危机，因各种历史原因，与人们失去对它们的体验有极大的关系。那么在当代的非遗保护中，必须思考如何让人们通过体验非遗，产生真正的文化认同，这不是简单地参观展览等形式就能达到的目标。

（二）身体性特征决定口传心授方式

非遗的身体性特征，决定了非遗具体形态的呈现需要调动身体感官展开。身体有丰富的神经细胞，感觉主要是通过身体感官从整体上获得认知、情感、美感的过程，这是人类特有的掌握知识的一种方式。我们不能指望失去感觉的身体某一部位来表现和体验人的内在意识，感觉也绝不会停留在身体的层面。朱光潜先生指出："感觉到运动也就是要在脑里产生一种意象，而这种运动意象也就成为形象思维的一个因素。……许多艺术评论都特别着重艺术作品对欣赏者心中所产生的筋肉紧张或松弛的感觉。……'气势'、'骨力'、'雄健'等观念至少有一部分来源于我们的身体感觉。"③

---

① 第九届联合国地名标准化大会暨第二十四次联合国地名专家组会议确定地名属非物质文化遗产，适用《保护非物质文化遗产公约》。中国地名研究所所长刘保全昨日对记者表示，包括北京很多地名在内的一批非常严谨、独一无二的地名即将开始申遗，地名也要和戏曲、手艺一样成为非物质文化遗产，被保护起来。资料来源：旧城保护将扩展到全京城：形成"一轴一线一带多片"历史文化名城保护格局，北京日报，2011-01-12(10)。

② 龙应台. 如果你为四郎哭泣. 语文世界（高中版），2005（3）：15.

③ 朱光潜. 西方美学史. 北京：人民文学出版社，1964：674.

通常情况下，我们每个人都能掌握一门技艺的基本功，但水平高低却取决于长期实践培养出的身体的敏锐感觉。这种感觉极度熟练的结果通常用"经验"这一术语来描述，非遗技艺的获得就是思想意识对身体感觉获取过程，感觉找到了，技艺也就附在身体上了，也就是用身体协调完美地表现出来。中国戏曲中为了将角色人物的心情绝妙地表现出来，创造出的"变脸"表演技艺是一个典型。所以，对于身体感觉极度敏感的非遗，如果传承者荒废身体"功夫"，则出现人们常讲的"不进则退"。

这种通过身体感觉学习到的知识，在迈克尔·波兰尼看来，属于默会性知识。波兰尼认为知识有两种，一种是描述性、规范性和可用文字符号表示的正规知识，可以在个体间以系统、逻辑的方法加以传达，如科学理论等；另一种则属于"默会性"的个人知识（personal knowledge），是高度个性化的，没有符号可以表示出来，它依赖于个体的体验、直觉和观察力，深深地植根于人的行为过程之中，是附着于人身体上的技艺（能），无法用文字描述清楚。他指出："实施技能的目的是通过一套规则达到的，但实施技能的人却并不知道自己那样做了。……一个会游泳的人无法说出他能游泳的原因，……物理学家，工程学家可以解释骑自行车保持平衡的原理，但这种原理并不能够教会人骑自行车。"① 顺着波兰尼的思路，中医、太极拳反映了我国传统文化哲学理念，但领悟到这种哲学理念并不会让人学会看病、打太极拳。波兰尼指出，这种感觉性技艺若要流传下去，徒弟只能屈从于传统，在师傅的示范下通过观察和模仿，在不知不觉中掌握技艺规则。

人以身体感知的方式学习非遗，不需要复杂的理论和明晰的逻辑理性，只需不断的模仿、练习和感觉。俞振飞先生回忆其学习昆曲的经历时提到，他每天与父亲在一起不断拍曲，念字辨别四声，在咬字、换气、放音等方面做到了不用脑子想，张口就对，熟极而流，这正是把昆曲那种抑扬顿挫的音韵感觉与声腔振动融为一体的结果。② 他认为，照着简谱念，只是学到了谱，会了音阶高低，而昆曲的"味"只有跟着老师念才能学到手，否则清汤寡水，淡而无味。这种感觉无法用语言说清，即中国人常说的只可意会，不可言传。波兰尼指出一位艺术大师可以系统阐述自己的经验，但他们知道的东西永远比他们能说出来的多得多，他们整体的艺术只存在于亲自的身体示范中。

非遗主要的传承方式——师徒间、家族关系下父子的口传心授正是由非遗的身体性决定的。师徒制在传承以身体感觉和体验为主的默会知识中具有独特的优越性，那

---

① （英）迈克尔·波兰尼. 个人知识：迈向后批判哲学. 许泽民，译. 贵阳：贵州人民出版社，2000：73-74.
② 俞振飞. 艺林学步//杨扬，陈引驰，傅杰. 艺人自述. 杭州：杭州大学出版社，1998：152-156.

些细微的差别,含有文化内涵的"韵味"的传承必须有人传授、指点才能获得。无论是文字、图像符号的静态记录还是电子媒介的动态影像记录都有过滤和选择的弊端,更无法记录技艺中所传递的人之体验和感觉,无法提供耳提面命的交流,仅是提供了用以参照的原始记录。对于一个完全没有受过相关训练的人来讲,想通过人之外的记录媒介展开学习,这将是一个建立在自我意象基础上的艰难过程。

侯宝林先生以自己的相声表演经验指出"科"① 出来与"录"② 出来的就是不同,前者不仅保持了学生的个性,还能体会段子的字儿、味儿、劲软簧,而后者完全失去艺术的光华。他指出,找到艺术感觉比懂得艺术理论重要。一个好演员,只要他一张口,就能在他的声音与气息、字韵与声腔、节奏与旋律之间感知到观众的心态与情绪、期待与平复、共振与共鸣。这多半是由师承关系传承下来的。尽管老师当初打你时你不明白为什么,甚至还嗔怨苛刻过分,但你在以后的艺术和人生经验能体会到其中的真谛而豁然开朗。侯宝林先生以自己的经历阐明艺术是一个"会通精化"的过程。③

因此,从各类非遗大师的回忆录及民俗学、人类学关于非遗传承模式的个案研究中,可以发现这样一个共同点:传授者和受传者一起生活,传与承在不着痕迹的过程中完成,这种方式几乎没有什么教材或特别规定的进度,很大程度上是师徒或父子间手把手地教,通过说话、眼神、无声的身体语言甚至毫无外在体现的心灵交流实现传承。这种面对面的口头传承并不停留在技艺的单纯模仿上,而是要求传承者在模仿师傅技艺的时候投入主观情感,并不区分精神和身体感觉,只是从整体掌握非遗技艺。

在这个传承过程中,学习者需要依靠自己的眼力劲和勤奋来不断模仿和体验,从实际的训练中印证自己的体会,拓展自己的经验,熟稔非遗技艺,在成长过程中不断汇集非遗方面的经验。杰出的传承者会在某一刻形成连锁反应而豁然开窍。在开窍之前,基于现象和事实所产生的经验,是无法以理论逻辑推导来阐明的,这正是身体这一媒介的特殊性所致,只有长期、反复地训练才会形成身体最为自然的反应和身体记忆。大量案例表明,公认的非遗杰出传承者几乎都是从小就开始了对非遗的学习,在师徒父子间的密切接触中,师傅对徒弟反复模仿过程中那些细微的不当之处,及时发现并给予纠正,从而使传承者在一次次的练习中获得把握身体技艺的那种恰到好处的感觉。

这种适应非遗身体性特征的传承方式造就了许多卓越的非遗传承者,成为非遗不

---

① 科指由师傅亲自示范传授。
② 录指听录音机中的相声段子。
③ 薛宝琨. 侯宝林评传. 北京:中国社会出版社,2005:107-108.

断提高的重要基础。在我国古代社会，师傅收徒是一件大事，确保了选拔徒弟的严格性，只有那些有悟性和毅力的徒弟才能在师傅严格的口传心授教学中坚持下来，获得内心理解和身体熟练动作结合在一起的综合性能力，藉着自己的身体记忆，完成代际传承，延续非遗的生命。

当代我国非遗的传承，有的是纳入学校教学体制中展开。但学校教育的展开首先是以逻辑、演绎推理等脱离人身体的陈述性知识为基础的，忽略、割裂了人的感觉体验与身体技艺之间的关系，导致正规教育体制下的非遗教学，很多时候反而不如民间社会自然传承所取得的效果。虽然培养了大量人才，但能呈现民族文化魅力的大师级人物却越来越少，这对自成一脉的文化传承是一个巨大的威胁。没有母体文化消化外来文化因子后的创新、再生，就有着被外来文化因子吞没的危险。因此，在非遗具体形态的传承教育方面，从身体性感觉出发，当代非遗保护中非遗传承的进行，应当结合口传心授这一核心方式来思考。

二、知识、实践类非物质文化遗产的保护

较之于技艺（能）、艺术等具有相对独立表现形态的非遗，属于"关于宇宙和自然的知识和实践"的非遗作为地方知识体系的一部分，集人们行为实践和观念经验于一体，缺少相对独立集中的表现形态。UNESCO制定2003年公约的过程中将这部分地方知识归入非遗时，日本并不赞同用"知识"（knowledge）这一术语，认为它并不能稳定地构成非遗呈现要素（element），建议在其他公约框架下讨论对知识类非遗的保护。[①] 而日本《文化财保护法》也没有与"关于宇宙和自然的知识和实践"有关的非遗类型，日本无形文化财和无形民俗文化财所涵盖的范畴基本是以身体为媒介的技艺、艺术表现形态。"民俗知识"和2005年后新增的"民俗技术"可能是最为接近UNESCO"关于宇宙和自然的知识和实践"的非遗类型。

2003年公约中"关于宇宙和自然的知识和实践"，有时会以"文化空间"、"节日和仪式事件"类型进入UNESCO两个名录体系中，这是地方知识以相对稳定的形态表现最为集中的时空点，如艾法预言体系（2003年）、安第斯卡拉瓦亚的宇宙信仰形式（2005年）；或者以某一大的类别把这些零散的地方知识包含进来，如法国大餐（2010）、地中海饮食（2010）、猎鹰训练术（2010）、法国传统马术（2011）等。这些非遗项目存在于特定地方社会，涉及一系列的农业、狩猎生产生活方式，传统物种种植、原料加工、繁殖、饲养、鉴别，从人与生物相处过程中积累起来的文化精神等

---

① Janet Blake. Commentary on the UNESCO 2003 Convention on the Safeguarding of the Intangible Cultural Heritage. Leicester: Institute of Art and Law, 2006: 39.

微观琐碎的生活知识，这类非遗贯穿于日常生活当中，几乎不会留下任何"物质性"成果作为见证。如果要保护这类非遗，就需要从学者记录、静态调查转向如何使民众保有并继续传承这些本土知识。

三、对非物质文化遗产文化表现和文化内容的区分与保护

1982 年，世界知识产权组织（WIPO）和 UNESCO 共同起草了《发展中国家著作权保护突尼斯示范条款》。这一《条款》使用了术语"民俗表达"（expressions of folkore）。2000 年，WIPO 在各种文件中开始使用"传统文化表达"（tradition cultural expression）和"民俗表达"术语，并注明两个术语为同一义语。[①]"民间文学艺术表达"术语的使用表明，这些国际组织及其法规已经考虑将民间文学艺术与著作权法中提到的作品（works）区分开来，把民间文学艺术的保护对象只针对文化表达形式，而不是文化内容。在著作权法中，"思想"与"表达"的二分法是一个重要原则，即作品中的思想内容不受保护，内容在公开发表后就脱离作者之手而为公众共有，而表达思想的形式则归作者所享有，这个原则在各国的立法与实践中获得了认可[②]。

与著作权相关的"表达"一词在 2005 年中文版《保护和促进文化表现形式多样性公约》中被翻译成"文化表现形式"。更重要的是，2005 年 UNESCO《保护和促进文化表现形式多样性公约》第三章第四条文化多样性的定义，规定：文化内容是"源于文化特征或表现文化特征的象征意义、艺术特色和文化价值"，文化表现形式是"个人、群体和社会创造的具有文化内容的表现形式"。

2005 年公约对文化多样性的界定和著作权法的法理基础给笔者提供了启发。在结合非遗身体性、经验实践性特征的基础上，我们可以把许多非遗视为文化表现形式和文化内容的完美结合，二者都非常重要，但二者在当代生活中又是有所区别和分离的，主要体现在以下三个方面：

第一个方面是传统文化表现形式完整的传承、发展。这主要指传统文化表达形式与主题内容完美地结合在一起，被传承者以其精湛的水准传承下来，其表现方式、特色因具有独一无二的不可替代性而有经典意义。如我国古琴艺术、昆曲、书法艺术等都有自成一体的丰富、经典的表现方式和主题内容。

---

① 参见 Resource：Glossary of Terms. http://www.wipo.int，2011 - 10 - 31。
② 思想与表达的二分法产生于 18 世纪下半叶的德国，著作权专家 Cella 较早注意到作品与构成其内容的社会事实或事件的区别，他认为后者并不能成为所有权的客体，作者不能排除第三人对作品内容的自由利用。18 世纪末，另一位德国学者 Fiche 将作品本身分为"思想内容"与"思想的表现形式"两个部分，其中"形式"应归作者享有所有权，而作品的"内容"则在作品公开发表后脱离作者之手而成为公众的共有物。参见黄玉烨. 民间文学艺术的法律保护. 北京：知识产权出版社，2008：39 - 40。

第二个方面是运用传统文化形式表现现代风格的内容，产生有别于传统的新的成果。这种方式主要是传统文化表现形式适应现代生活审美观念、生活趣味，迎合当代人心理品味，被重新提炼、重组并加以表现。如现代陶瓷（江西景德镇瓷器、四川瓷胎竹编茶具），现代剪纸、面塑（如2008年奥运会福娃），用传统制作技艺生产的布料生产现代款式的服饰（如服饰的手工缝制），运用相声传统表演手法表现当代社会市井人情（郭德纲在这方面取得了成功）。在我国戏剧表演中，各个剧种切换戏曲题材内容屡见不鲜，其中不乏为人们所认可的成功之作，如京剧《江姐》、晋剧《傅山进京》等新编戏剧，也使传统戏曲表现艺术有了新的内容题材。

第三个方面是传统文化内容从传统表现形式中分离出来，结合现代材料、现代工艺生产，被新的形式表现出来。如民间美术的图案元素（年画）、剪纸、皮影、戏剧脸谱等传统图案样式被印制到当代服饰T恤上，其原有的民俗内涵或者被默认，或者通过叠加、改变等方式产生新的文化内涵。在传统音乐领域，许多传统音乐的曲调在当代被音乐人运用新的乐器、音响方式重新演绎，大量的传统文化内容因材料和工艺的不同而有了再创造的新空间。

上述传统文化表现形式的表现手法和内容相互分离和不断地重新组合后，在现实生活中已经分裂出无数种存在形态，结合非遗概念中"这种非物质文化遗产世代相传，……被不断地再创造，这些社区提供认同感和持续感……"，在我国对非遗保护和创新二者关系极为敏感的情况下，非遗研究其实非常有必要对与各类非遗有关的当代文化"再创造"和创新状况展开仔细调查，厘清二者的关系，对"再创造"做出适合我国的理论阐释，并与非遗保护重要性联系起来。

在这三种之中，第一种形式和内容都有完整传承的传统文化表现形式是被指定为非遗的决定性前提，也是行政立法重点保护的非遗。这一类非遗正如宋俊华所指出的，正如生物多样性中保护遗传资源的纯种性一样，通过专门保护这些具有极高文化价值的非遗及其杰出传承者，保证它们继续传承下去。

从非遗的文化内容和文化表现形式的角度切入，可以使我们更明确地认识到非遗保护重点所在和选择最为恰当的保护方式，主要有两点：

第一，非遗保护实践中，在确认非遗创造、传承群体这一前提下，是否可以将民间文学、民间生活经验、传统艺术作品，如宇宙、自然、生物方面的传统知识、诀窍等视为文化内容？这类文化内容可以通过文字、影像、数字技术等各类信息媒介保存在国际、国家或地区的记录档案系统中，可以有限地实现"异地保护"。在我国，属于今天非遗范畴的中医药方、传统生态（包括生物医药）知识、二十四节气、包括农历在内的天文历法、音乐曲谱等，它们都曾因为被很好地记录下来，使这些知识被以文献方式"冻结"的同时，却突破了人类大脑记忆的局限性，不断地流传，与民间对它们的实践互为补充，也能更好地促进社会对它们的持续传承。这些构成非遗的文化内容为民众集体拥有，供人们相互借鉴、改编，在共同享有的同时并不会形成冲突。

我们也注意到，许多被搜集记录在文献中的民间故事已不为我们所垂青，但如果从故事母题情节思考的话，当代最为人们熟悉的影视表演形式早已一次次将相似的故事母题、叙事功能表现出来。① 曾由祖母在油灯下讲述的民间故事，在当代早就摆脱了对口头表达的依赖，以更为多样的变异途径和流传方式表现出来，虽面目全非，却流转千年，传承至今。因此，对非遗中的文化内容采用静态、"异地"保护方式时并不会损害它们的流传和中断其传承，相反，正是由于有了各种记录文本，促成了不同时代的人们对这些文化内容的不断利用。

第二，承接第一点，文化表现形式决定了某一非遗的魅力程度。如民间故事，当它依赖于口头表达时，在于故事家运用想象力以虚构、杜撰等手段丰富故事情节，再绘声绘色地讲出来。如果我们喜欢听故事，绝不仅仅是因为故事情节精彩，也在于故事家口头表达的那种魅力。谁都会说话，但出色的口头表达能力却绝不可能是人人都能拥有的，如果一个人照本宣科，再好的故事也没有人愿意听。在我国以民间故事闻名的地方，地方政府投入资金，建立故事厅、故事堂甚至故事博物馆。但如果民间故事只是停留在这种静态展示的视觉层面或简单的讲述，却后继乏人，对于曾因民间故事家口头魅力流传的民间故事而言，其本质已经不存。而极具口头魅力的人物也没有消失，电台电视主持人、优秀教师、相声演员甚至"声优"艺人都能说会道，只是他们不讲民间故事。

在当代社会，不以表现文化内容而主要以"非物质"手段呈现的一个极端案例是在东北表演的剧场"二人转"，其表演没有任何剧情内容，人物、唱段、化妆全部不伦不类，节目相互之间几乎没有关联可言②，被文艺评论家直斥为"低俗"、"下流"。对许多人而言，"二人转"演什么内容并不重要，人们喜欢的是"二人转"演员那种即兴幽默表演能力的精彩发挥，某种程度上，这种表演能力遮掩了其内容上的"粗俗"。

比起"二人转"，经典表演艺术昆曲，因文人的参与，剧本创作成就异常突出，已自成一类文学体裁，是古代文学研究的重要内容。但昆曲的本质魅力同样在于其

---

① 民间故事关于人与妖怪、猛兽的斗争母题情节变成了电影《终结者》、《生化危机》、《异形》系列中人与机器人、异化生物的斗争；而电影《机器人管家》中一个机器人的终极理想却是想变成真正的人类中的一员，类似白蛇传的"人与异类婚姻"的母题情节；电影《哈利·波特》中巫师各自拥有的宝物，与民间故事"宝物"型故事如出一辙；"喜羊羊与灰太狼"动画系列则是民间故事中动物类"以弱胜强"母题情节的扩展。
② 详细内容参见王杰文．媒介景观与社会戏剧．北京：中国传媒大学出版社，2008。

"非物质"的表现形式，艺人精彩的表演与剧本内容的珠光宝气交相辉映。不止民间文学和传统艺术，其他非遗也是如此，极度依赖原料品质的工艺美术、传统手工艺决定性因素仍是存于人身上的"非物质"能力，北京"葡萄常"料器制作技艺是个非常突出的例子，运用玻璃这种普通材料，把这门技艺的长处发挥到了极致，做出"以假乱真"的精美工艺品。

同时，构成非遗的同一文化内容可以被多种文化表现形式体现出来。"梁祝"民间传说得以广泛流传、不断丰富的前提之一在于被人们以惊人的创造力用不同的非物质文化形式表达出来，它既是我国说书、民歌、戏曲的经典题材，更是当代影视表现的题材。以梁祝越剧曲调为原型创作的音乐已是世界上最为知名的小提琴协奏曲。但人们从越剧表演和小提琴的音乐演奏中获得的梁祝的审美体验是不一样的，在人们对梁祝故事烂熟于心时，反复欣赏越剧、小提琴协奏曲完全是为这些完美的表达形式所吸引，这才是发现非遗"非物质"的关键所在！

因此，结合保护这个关键词，理解非遗"非物质"特征侧重于突出非遗是"怎样、如何"运用身体表现的能力，它与哲学家阐释思想、科学家发明科学技术的创造能力本质上是相同的，有着同等重要的意义。这种创造能力以身体为媒介，赋予人之灵感一个形式和意义，带给人们不同体验和感受，能力水准依赖于非遗传承者把握生活的悟性和不断丰富提高的文化涵养。

从非遗保护角度审视非遗的这种文化创造力时，可以发现，与文化内容不同，构成非遗文化表现形式的身体创造力并不能通过静态记录方式被保存下来。这些表现形式全部保留在人的身体和头脑记忆中，表现文化内容的身体性技艺、技能等表现形式很难通过除人之外的媒介得到完整的传承。对非遗文化表现形式的获得必须通过请教前辈和长期的亲身实践，别无他途，而它们一旦被取代，消失几乎是不可逆转的。

由非遗"如何表现"的身体文化创造力出发，我们也会理解运用知识产权保护非遗时，何以只能关照到这种能力发挥下产生的成果。因为产生这些成果的"非物质"表现能力并不能通过知识产权获得代代传承和持续性的更新，而是必须配合恰当的社会环境、条件予以配合、滋养，有稳定的人才接续。针对这点有学者论述道："如果（传统）社区不能保有其土地、传统文化和生活方式，那么所有这些法律手段并不足以防止传统知识的消失。对本土社区传统生活空间的破坏阻碍传统知识持有者像从前那样生活，或导致他们一起消亡。事实上，过分强调传统知识的知识产权可能会使注意力从真正危及传统知识保存的因素上移开，它们包括土地保有的安全性、对资源的控制、尊重传统文化和传统的所有权。"① UNESCO 也意识到这一点，因此阐述 2003 年公约下的保护要义时指出："保护是有关这些文化遗产的知识、技能和内涵的传播。这些文化遗产的传承，或者世代之间的传授，是《公约》所特别强调的。而并非舞蹈、歌曲、乐器或工艺的具体的作品表现。因此，在很大程度上，任何保护措施都意味着增强和巩固非物质文化遗产的多样的、丰富多彩的、物质的与非物质的环境，这种环境对于非物质文化遗产的持续发展，对于传承人的理解和演出，以及向后代的传播，都是必需的。"②

在传统社会，非遗的这种文化表现能力在契约师徒制、血缘家族的代际传授体制下从人才传承、接续，更新方面获得了稳定的保证。当代的非遗保护不可能只凭认定传承人而取得成效，非遗的身体文化表现能力作为一种创造力，离不开表现过程中的人的价值判断、个人文化情趣及社会氛围，进而不断吸引一项非遗传承、发展所需要的各类人才，展开精心经营。由政府主导的非遗保护工作，需要对社会机制、人的价值观念进行调整，培养有利于非遗文化表现能力的持续传承、更新的社会环境。

小　　结

UNESCO 2003 年公约对非遗概念的阐述建立在已往文化遗产保护实践基础之上，在 1972 年公约的文化和自然遗产保护实践基础上，形成了"人类共同遗产"和"人类共同关注"的文化遗产保护理念，其具体内涵还有待结合我国国情语境予以深入研究。我国在 2003 年公约出台后，流行"传承与发展并举"、产业开发、文化创新等话语，某种程度上，这是从"文化资源"角度理解非遗。方李莉延续费孝通先生的"文化资源"观点做出了她的阐释。

2003 年公约与 1972 年公约密切相关，非遗与物质文化遗产的异同成为研究者关注的焦点，也导致对非遗内涵认识上的分歧。有研究者从 OUV 标准 6、"原真性"内涵、主客位价值观三个层面把 1972 年公约与非遗保护联系起来，忽略了非遗的客观表现形态。UNESCO 召开的专家会议发表了"大和宣言"，阐明了 1972 年公约和 2003 年公约保护对象的异同所在。

非遗作为人类文化多样性的体现和文化创造力的见证，以人为媒介，有着自身独特的表现形态，具有身体性、经验实践性和传统性特征。正是这些特征，决定了非遗

---

① Carlos M Correa. Traditional Knowledge and Intellectual Property: Issues and Option Surrounding the Protection of Traditional Knowledge. www.geneva.quno.info/pdf/tkmono1.pdf, 2011-11-22.

② 李楠. 不僵化的保护. http://www.ihchina.cn/inc/detail.jsp?info_id=3382, 2011-12-03.

是有别于当下科学知识、思想知识的独特知识体系，决定了师徒、父子间的口传心授是非遗代际传承过程的关键方式，而不是我们通常意义上理解的由于缺乏文字能力而做出的无奈选择。这些特征也决定了非遗的"非物质"魅力在于"怎样、如何"运用身体表现的能力，要使这种身体文化创造力得到代代传承和持续性的更新，必须创造合适的社会环境、条件予以配合、滋养。

第三章 非物质文化遗产保护的文化多样性原则

2003年公约中前言第3段中指出非遗是"文化多样性的熔炉，可持续发展的保证"。第7段则指出："承认各社区，尤其是原住民、各群体，有时是个人，在非物质文化遗产的生产、保护、延续和再创造方面发挥着重要作用，从而为丰富文化多样性和人类的创造性做出贡献。"

2003年公约第2条非遗的界定和第16条关于人类非遗代表作名录的评选标准中也出现了"尊重文化多样性"的表述。

这些规定，都体现出非遗与文化多样性的内在联系，保护非遗就是保护人类文化创造力的酵素，而生生不息的文化创造力是维持文化多样性的根本，这是UNESCO长久以来思考文化多样性问题所取得的成果表现。

第一节 UNESCO通过《世界文化多样性宣言》和《保护和促进文化表现形式多样性公约》的背景

在2003年公约中，UNESCO的立场很明确，这一国际公约不可能保护所有非遗，而只保护符合人权准则、反映文化多样性和有利于社会可持续发展的非遗。文化多样性是我们理解非遗概念和具体保护实践最重要的理念。

2003年非遗名录最重要的评审标准是文化多样性和文化间对话，符合UNESCO推动世界和平、促进社会可持续发展和不同文化群体和睦相处的根本宗旨。当世界因全球化前所未有地紧密联系起来时，文化观念的碰撞中有不利于和睦的一面，文化多样性有助于消除这一负面影响，促进全球化与在地化的相互协调，因此成为制定公共政策的重要依据。2001年"9·11"事件的发生，强有力地推动人们更为深入地思考文化间冲突和对话的关系，这促使UNESCO在21世纪初的短短5年内专门就文化多样性议题通过了三个重要文件《世界文化多样性宣言》、《保护非物质文化遗产公约》、《保护和促进文化表现形式多样性公约》（学界多简称"2005年公约"）。

这三份UNESCO文件出台的共同背景就是全球化：

2001年《世界文化多样性宣言》序言第9段："认为尽管受到新的信息和传播技术的迅速发展积极推动的全球化进程对文化多样性是一种挑战，但也为各种文化和文明之间进行新的对话创造了条件。"

2003年公约序言第5段："承认全球化和社会转型在为各群体之间开展新的对话创造条件的同时，也与不容忍现象一样，使非物质文化遗产面临损坏、消失和破坏的严重威胁，在缺乏保护资源的情况下，这种威胁尤为严重。"

2005年公约序言第18段："注意到信息和传播技术飞速发展所推动的全球化进程为加强各种文化互动创造了前所未有的条件，但同时也对文化多样性构成挑战，尤其是可能在富国和穷国之间造成某种失衡。"

可以看出，全球化是与科技、信息传播绑在一起的，在肯定全球化积极一面的同时，上述文件关注的焦点在于全球化过程中强势文化的输出严重影响了弱国文化的生存。全球化虽然催生了新的消费模式，形成了新的生活方式，但产生的负面冲击一样值得注意。2003年公约指出了对非遗的负面影响，2005年公约指出了全球化背景下发达国家和不发达国家两者间进一步拉大的差距，这使得许多国家开始考虑如何保护本国文化的问题。

《世界文化多样性宣言》的序言提出："希望承认文化多样性，认识到人类是一个统一的整体和发展文化间交流的基础上展开更广泛的团结互助。"第1条则指出："文化在不同的时代和不同的地方具有各种不同的表现形式。这种多样性的具体表现是构成人类的各群体和各社会的特性所具有的独特性和多样化。"第7条则指出："文化遗产——创作的源泉：每项创作都来源于有关的文化传统，但也在同其他文化传统的交流中得到充分的发展。因此，各种形式的文化遗产都应当作为人类的经历和期望的见证得到保护、开发利用和代代相传，以支持各种创作和建立各种文化之间的真正对话。"表明UNESCO认为世界不同文化的存在并不是威胁和冲突产生的原因，虽然文化差异给人们带来挑战，但也可以通过文化对话和交流形成新的发展机遇。

2002年9月16～17日在土耳其伊斯坦布尔举行UNESCO第三次文化部长圆桌会议，主题为"非物质文化遗产——文化多样性的反映"。在政治层面强化和明确了非遗与文化多样性的联系，指出："在这个全球化的时代，一个国家对可持续发展的需要与对文化多样性的需要相互协调。另外，有必要在保护、传播和推动非遗发展方面谋求国际的协调一致，并考虑建立地方、国家和国际的保护非遗的灵活战略和策略。"

在这次会议的基础上，UNESCO把2003年公约与《世界文化多样性宣言》和

2002年文化部长圆桌会议《伊斯坦布尔宣言》的关联写入该公约序言的第3段。

2005年公约序言第8段指出:"承认作为非物质和物质财富来源的传统知识的重要性,特别是原住民知识体系的重要性,其对可持续发展的积极贡献,及其得到充分保护和促进的需要。"第2条(3)款则明确规定:"保护与促进文化表现形式多样性的前提是承认所有文化,包括少数民族和原住民的文化在内,具有同等尊严,并应受到同等尊重。"

上述规定都推动人们思考文化多样性与文化尊重之间的内在关系,以及这一内在关系成为非遗保护理念的原因所在。当代文化多样性研究成果十分丰富,我们着重从文化多样性和文化遗产保护实践之间的关系展开分析。

一、欧洲发达国家对美国影视音像等文化产业的抵制

2001年的《世界文化多样性宣言》和2005年公约中的"文化多样性"的提法,在政治层面最初是由法国提出,使用的是"文化例外"术语,源于针对电影和传媒音像为主的文化产业的世界市场竞争。1993年WTO体系下乌拉圭回合最后一轮谈判,美国代表团在一些国家(含日本)的支持下明确提出,电影和所有作品音像制品将来也应该属于100%的自由贸易产品,谋求美国文化产业在世界各国的市场份额。深谙美国意图的欧洲企图遏制这一做法,在当时紧急情况下,采取了把文化视为一种特殊形式的产品的提法,用"文化例外"概括。1995年法国总统密特朗在动员欧洲各国接受文化例外观点时指出"文化例外"就是:"认为精神作品不是普通产品;就是坚信它关系到我们各民族的文化特性和各民族的文化发展权;就是要保护多元化和自由,为的是让每个国家不把代理手段让给别的国家,也就是使每个国家认识到自我存在的手段。"①

"文化例外"在欧洲各国间并没有起到很好的动员作用。为了联合更多国家,在全球文化市场竞争中应对美国强势的文化商品输出,保护本国文化,法国总统希拉克把"文化例外"改称"文化多样性",与文化标准化或文化匀质化对立起来。如流行音乐,被认为是由世界跨国公司②所把持的文化生产,以营利为目的,结果就是产生了大量以市场为基础,考虑如何满足大众尤其是年轻人趣味的一般文化产品,使人类精神变得单一化,导致全世界文化的同质化。为了避免这一结果,全球化过程中文化全面市场自由化是应当受到抵制的。

---

① (法)贝尔纳·古奈(Bernard Gournay).反思"文化例外"论.李颖,译.北京:社会科学文献出版社,2010:53.

② 出品流行音乐的五大音乐产业集团四家位于美国,另一家位于英国,主宰了音乐销售市场。

以法国为首的欧洲国家认为,不同社会中不同文化表现形式的存在才是大众真正拥有文化选择权的前提,而不是由几个大的跨国集团提供的"眼花缭乱"的文化产品,必须由政府出面对市场的不足加以调整①,提出反对文化贸易全面自由化的文化多样性观点。

二、发展中国家保护本土文化的需要

2010年UNESCO新的世界报告给出的数据说明了发达国家和不发达地区在全球化进程中利用信息传播技术在文化输出方面存在的巨大悬殊。② 这从一个侧面说明,在世界金融业、跨国企业、通讯技术、大众传媒等因素参与下,以美国为首的西方国家的生活方式和文化伴着全球化进程正在"征服"全世界。"像西方人那样活着"是非西方国家许多人逐步认同的目标,这对发展中国家民族文化产生了强有力的冲击,年轻一代越来越喜欢欧美流行文化,却不青睐具有地方色彩的独特文化。纵观当代,以经济为主导的全球化通过理性的扩张,利用一整套西方文化话语,在经济、政治、语言、教育、文学、艺术、宗教、法律、生活方式、价值观念等方面,消解着非西方民族的文化个性和历史传统。

因此,全球化背景下的市场竞争带来的急剧挑战,使不发达国家民族传统文化功能和自我防御机制的发挥受到了限制,全球化导致许多文化样式和表现形式趋于消失,称其为"文化侵蚀"并不过分。

面对全球化进程中文化产业和信息产业的发展,虽然欧洲国家和发展中国家考虑立场有所不同,但面临的挑战是基本相同的,出于维护本土文化的考虑,二者对全球化进程中的文化发展有了较为一致的看法。以法国、加拿大为首的国家以UNESCO为平台,试图从文化的角度推进各国理解全面放开文化贸易带来的弊端。1996年UNESCO在《文化多样性与人类全面发展——世界文化与发展委员会报告》中,强调文化作为经济和社会发展杠杆的创造性作用。1998年斯德哥尔摩"文化政策促进发展的政府间会议",提及文化产业对文化多样性造成的负面效果,正是延续了法国文化多样性的观点主张。很快,在这些前期工作的基础上,2001年UNESCO第31届全体成员国大会,在美国缺席UNESCO的情况下,毫无异议地通过了《世界文化多样性宣言》。

---

① 肖云上. 法国为什么要实施文化保护主义. 法国研究, 2000 (1): 93-101.
② UNESCO. 世界报告: 着力文化多样性与文化间对话. 巴黎: UNESCO, 2010: 131-133.

三、美国研究者反对 2005 年公约的观点

2002 年美国重返 UNESCO，参加了 2005 年《保护和促进文化表现形式多样性公约》起草工作，最后，美国投了反对票。在美国看来，2005 年公约起草过程中各国关于以美国为首的文化帝国主义的讨论是有违西方经济学理性道德标准的。参加 UNESCO 2005 年公约起草工作的泰勒·考恩（Tyler Cowen）非常支持文化多样性观念，但他并不赞成当下 2005 年公约中的文化多样性的文本内容。原因在其著作《创造性破坏：全球化与文化多样性》[①] 得到了详细阐释。他以"创造性破坏"（creative destruction）一词来说明文化的兴起、发展、高峰、衰退到再生出新形式的文化发展规律，从自由贸易和技术传播的优势讲述了他对全球化、贸易自由与文化多样性关系的见解，否认商业市场竞争对文化创造力的负面影响。他指出，欧洲政府虽然给本国电影生产很多补贴，但依然没有效果，足见全球文化市场竞争不会扼杀人类文化创造力，反对采用其他手段来阻止文化产品的自由市场贸易，提醒人们不要低估市场对文化的积极作用。

在这本著作中，泰勒·考恩也提出自己对文化多样性的独特理解。泰勒·考恩认为理解文化多样性存在两个维度：一个维度是社会中个体能够享有的文化种类的丰富程度；另一个维度是不同社会或地方间的文化形成的多样性，但每个地方的人们仅享有屈指可数的文化种类。他认为，随着跨国文化贸易的展开和各国市场化程度的加深，文化多样性的状态将从不同社会间的独特文化形式过渡到文化同质性，出现各个社会间文化异质程度的降低，文化同质性增强的趋势，但个体所能选择的文化种类却变得异常丰富起来。他认为这才是文化多样性的真实情形："这是一种有效的多样性（operative diversity）——我们能在多大程度上享受世界的多样性——与客观的多样性（objective diversity），即世界存在多少种多样性是不一样的。"[②] 因此他认为文化衰落、消失的数量并不足以解释市场竞争、全球化对文化多样性和文化创造力造成的破坏。

泰勒·考恩的观点和立场在 2005 年公约文本内容中没有得到体现。就 2005 年公约，UNESCO 最新的世界报告也指出："在处理构成我们的世界遗产的文化间的交流方面，2005 年的公约标志着一个制定标准文书的新时代的开端，其中各项文书的目

[①] （美）泰勒·考恩（Tyler Cowen）. 创造性破坏：全球化与文化多样性. 王志毅，译. 上海：上海人民出版社，2007.

[②] （美）泰勒·考恩（Tyler Cowen）. 创造性破坏：全球化与文化多样性. 王志毅，译. 上海：上海人民出版社，2007：25.

标是在保护不同文化特征的同时通过交流和商业化促进全球规模的文化发展。"[①]"保护不同文化特征"的具体含义应当是"保护不同社会、群体的文化特征"。同时，在市场贸易中，包括影视音像产品在内的各种文化产业是不同于其他商品的特殊产品的原则，第一次以国际法性质确立下来，标志着国际共识的达成。作为优先考虑的因素，强调各国有权利"采取它认为合适的措施"来保护本国文化，这与贸易自由一样是一种正当的原则，以此遏止当代文化生产中以商业利益最大化为目的的自由化运作，从而平衡市场对文化稀释的一面。这说明文化多样性与文化实力的竞争有着密切的关系，在市场竞争处于劣势的情况下，以文化多样性为理论基调承认各种文化存在的合理性，是实行文化贸易限制的理论基础。

担任1997—2002年间法国驻UNESCO大使和常驻代表让·姆齐戴利谈及文化多样性概念为UNESCO接受的过程时分析道："'文化多样性'的概念有一个好处，那就是把文化特殊性（文化例外）的狭窄的领域扩大到了一个更大的范围，重新平衡了文化的人类学和社会学的组成因素。这些因素在贸易谈判中原来是没有人考虑的。从1996年开始，联合国教科文组织在题为《创造的多样性》的报告当中，强调了作为经济和社会发展杠杆的文化创造性和特征性的作用。然而，联合国教科文组织被排斥在文化资产和服务的贸易谈判之外，不好从正面论及全球化对文化表达和实践的影响问题。把两种潮流组织在一起的思想，成为南北国家结成文化多样性联盟的理论和政治基础。这两种思想潮流，一种是通过以文化、贸易和文化产业为中心的文化特殊性的争论而产生的思想潮流；另一种是UNESCO所提出的文化和发展的联系以及以保卫文化的创造性表达为中心的思想潮流。文化多样性正是从这些丰富的直觉当中"发明"出来的。"[②] 这是在当代文化研究领域产生诸多杰出人物、学派的法国为了达到经济上的目的而运用文化理论的一次高明的外交策略。

第二节　UNESCO关于全球化和文化多样性的观点

一、UNESCO对全球化的观点

从上述文件对全球化的阐述可以看出，UNESCO对全球化的理解是辩证的。首先肯定全球化给世界带来的积极深远的影响，指出信息和传播技术的迅速发展正在改变

[①] UNESCO. 世界报告：着力文化多样性与文化间对话. 巴黎：UNESCO，2010：28.
[②] 让·姆齐戴利. 文化多样性公约：对一次成功外交的分析. http://www.faguowenhua.com/spip.php?article1455，2009-10-12.

着各地文化。方李莉在考察当今景德镇陶瓷的发展现状时,指出:"在许多本土文化走向与国际现代文明接轨的今天,考察技术和文化之间相互影响的模式就非常紧要。现代新技术的锲入,最后伴随而来的就是非地域化过程的发展。也就是说,相同的技术往往会拉平各种不同文化之间的差异。"① 这表明,全球化对文化带来的重大变化是:文化的地缘界限被弱化,本土性不再是文化具有独特性的决定因素,随之而来的问题就是本土文化在技术这一前提下如何再生、再创造。

其次,全球化进程中信息和传播技术的突飞猛进,使文化得到前所未有的普及和发展,为社会普通大众提供了更多学习、掌握和分享文化的机会。文化不再是精英或知识的象征,逐渐促成了地方社会结构的民主化,不同社会阶层的权利开始得到应有的尊重。而全球化对文化的影响不能从现象表层看,一个人喜欢吃麦当劳并不意味着他在思想、生活态度上完全西化了,其中产生哪些变化,这要从日常生活经验层面观察才能有所收获。

因此,对于全球化,UNESCO指出:"最好把全球化理解为在经济、社会、科技和文化诸领域同步演进的一种多向和多维进程。这是在这些领域之间和内部运行并且对当今世界的物质、社会、经济和文化生活施加越来越大影响的一个相互联系、相互依存、快速发展的复杂网络。可以把全球化描述为当代生活特有的几乎涵盖所有事物的日益增大的'流动'。"② 这一界定不再倾向于把全球化视为以西方为主的单向过程,并把全球化看作不同文化之间相互传播、彼此融汇的过程。

UNESCO也肯定了全球化文化交流对非遗的影响,认为非遗本身就是"多元化的文化遗产",它的发展并没有脱离异文化之间的交流。主要有三种方式:文化借鉴(一个群体承认另一群体的文化实践明确优于自己先前利用的文化实践,吸引另一群体的文化实践)、文化交流(相邻和相互依赖的文化发展)和文化强加(通过战争和征服实施的文化强加)。③ 这三种方式在伦理层面虽有所区别,但这些互动交流形式对非遗的影响十分显著。

但在客观看待全球化积极意义的同时,以市场经济作为驱动力的全球化进程并不是万能的,市场最大的弊端来自毫无道德和情感的资本利润最大化追求。如果一个成熟的市场没有用以弥补这一弊端的社会机制,毁灭的不止是文化,而是人的生存,这是许多文化研究者反思和批判的原因之一。在全球化进程中,以非遗为基础的传统生计模式面对强势文化的冲击,遭到破坏后,其传承者却还没有熟悉现代社会(指那

---

① 方李莉. 遗产:实践与经验. 昆明:云南教育出版社,2008:171.
② UNESCO. 世界报告:着力文化多样性与文化间对话. 巴黎:UNESCO,2010:14.
③ UNESCO. 世界报告:着力文化多样性与文化间对话. 巴黎:UNESCO,2010:39.

些现代思想观念、技术条件、管理模式、生活方式等）的运作，生活反而愈加贫困，导致自身的繁衍生存岌岌可危，这方面1995年UNESCO的报告提供了斯里兰卡案例①。因此保护非遗并不是排斥全球化，而是要考虑如何减少、消除全球化带来的人类生存风险，这才是UNESCO保护非遗的出发点之一。

从我们日常生活感受出发，全球化为我们提供了更便利的生活方式，带来更好的文化共享平台，开拓了文化视野，改善了生活品质。面对全球化，我们的态度应是探寻传统和当代生活方式之间的平衡，换句话说，既要现代生活，也不放弃有意义、有利于社会可持续发展的文化传统。

二、UNESCO对文化多样性的观点

文化多样性观念的兴起，还伴随着西方文明自身发展陷入难以解决的困境，自然生态不断恶化导致的灾难随处可见，人类对未来的展望似乎再没那么乐观，反而变得更加不确定，尽管人类拥有自然方面的专业知识，征服自然的能力超过历史上任何一个时代。西方国家主导的全球化在世界范围内加剧了这种风险程度，伴随着西方内部反思"人类中心主义"和"西方中心"论，人类可持续发展终于成为关注的问题，也让西方看到了不同于且"落后"于他们的文化样式及其积极意义，意识到这些文化模式可能是解决人类生存困境的出路之一，尤其是传统地方群体的自然宇宙观等知识对地球生态可持续发展日益显示出战略层面上的重要性时，意识到文化间存在的差异不是冲突的根源，而是文化革新和创造力的来源，文化多样性理念日益深入人心，全球化程度的加深也推动人们在不同层面理解文化多样性。

《世界文化多样性宣言》第1条对文化多样性的界定是："文化在不同的时代和不同的地方具有各种不同的表现形式。这种多样性的具体表现是构成人类的各群体和各社会的特性所具有的独特性和多样化。文化多样性是交流、革新和创作的源泉，对人类来讲就像生物多样性对维持生物平衡那样必不可少。"2010年UNESCO世界报告列出了理解文化多样性的三个关键要点：② 第一，文化多样性首先是一个事实，各不相同的文化广为存在，尽管确立某种特定文化的轮廓证明要比乍看起来困难。第二，文化多样性现已成为一个重大的社会关注问题，并且与社会内部和不同社会之间的社会准则日趋多样化有着紧密联系。第三，如何看待文化与变革之间的关系，以往人们视文化是固定不变的，现在则将其视为不同的社会沿着各自特有的路径不断演变的过

---

① UNESCO，世界文化与发展委员会（WCCD）.文化多样性与人类全面发展——世界文化与发展委员会报告.张玉国，译.广州：广东人民出版社，2006：42.
② UNESCO.世界报告：着力文化多样性与文化间对话.巴黎：UNESCO，2010：4-5.

程。强调"文化多样性应该定义为我们所有人(不论是个人还是群体)保持变化动力的能力"。UNESCO这个定义体现出当下对文化多样性的新的理解,很广泛地指出文化多样性与变迁的密切关系,视文化多样性为人类保持变化动力的能力,实质上正是告诉我们,文化多样性只有与人的积极创造能力联系起来,才能有效平衡全球化带来的文化雷同,寓意极为深远。

进一步地,20世纪80年代冷战结束后,人类学提出世界上任何一种文化都是人类总体精神文化的组成、所有文化是平等的观点,越来越受到认同。人类学家从文化多样性与人类创造力的关系出发,对长期以来凌驾于其他文化之上的西方文化体系展开了不断反思。人们意识到,任何一种文化形态都是独特的,这些文化若要在全球化进程中生存下去,就必须将其视为人类文化创造力的见证予以尊重和平等对待,而不是加以排斥。受人类学观点影响,UNESCO文化多样性的理解是基于全世界范围而言的。2011年已经是《世界文化多样性宣言》通过10周年,尊重文化多样性是解决社会重大问题的重要理念,列维-斯特劳斯指出:"衡量一种文化对世界文明的真正贡献,不能只看它独立发明了多少东西,更要看它与其他文化的差异性。对于其他文化的尊敬与心存谢意,只能建立在对其他文化的差异性的理解上。甚至当一个人无论如何努力也无法理解这种文化差异的本质时,实际上他已经对这种文化差异多多少少有所了解,只不过这种了解不够彻底而已。……文明只能在所有文化的同生共在和多样性中生存。"①

将非遗保护与文化多样性联系起来,这种调整最重要的是承认不同的文化都是平等的,应当互为参照。不同文化的历史和过去都值得现在施以敬意,文化尤其是传统、民间文化并不是社会发展的阻碍。文化多样性理念的确立意味着承认这些文化表达形式及其传承者的重要性和尊严②,有平等获得社会资源配置的正当性,承载了地方社会历史和民众智慧,是地方走向真正可持续发展的重要文化基础。在反思现代性灾难的过程中,人们对待传统文化的态度发生了巨大的改变,从没有哪个时期能像在今天这样一个不确定的年代对来自过去不同类型的文化遗产保护投入巨大的热情和精力。

---

① UNESCO,世界文化与发展委员会.文化多样性与人类全面发展——世界文化与发展委员会报告.张玉国,译.广州:广东人民出版社,2006:导论8.
② 2003年公约前言第7段:承认各社区,尤其是原住民、各群体,有时是个人,在非物质文化遗产的生产、保护、延续和再创造方面发挥着重要作用,从而为丰富文化多样性和人类的创造性做出贡献。

第三节 文化多样性与文化遗产保护

一、文化多样性对文化遗产保护的影响

(一) 非物质文化遗产对文化多样性、生物多样性的重要性

民俗学研究表明,非遗是在其传承群体和地方生态环境长期互动中形成的,存在于人们对所处环境的观察和经验之中,包含在传统知识中的宇宙观是人与自然和谐相处的经验总结,传承者在熟悉地方生态环境的基础上发展出的生态管理经验,为人类可持续发展提供了重要借鉴。2010年的UNESCO世界报告列出生物多样性和文化多样性互相依存的七个领域:① ①语言多样性;②物质文化;③知识和技术(包括传统和当地知识,例如传统医学或早期预警);④生活模式(例如基于资源的生活,植物/动物驯养,选择育种);⑤经济关系(基于交易自然资源的伙伴);⑥社会关系(包括对地点的依附);⑦信仰体系。

非遗是这七个领域的重要组成内容,这有大量的经验事实作为支撑:

第一,以生活模式为例,云南南部哈尼族的传统农业历法,将环境、历法和人们每个月的农业和文化活动联系起来,对所处其间的自然进行了精心而复杂的分类,节日安排是参照特定的植物和动物来确定的,体现了世居其间的民众对当地生物、生态系统关系的深刻理解。这种历法并不具有普遍性,而只适用于当地。

第二,以信仰体系为例,傣族地区的佛教信仰有力保护了该地区的植物多样性,莲花、葫芦、柳枝、菩提树、榕树等植物是佛教信仰的重要象征物,这提升了这些植物在人们心中的地位,引导人们爱护它们,成为文化信仰保护生物多样性的典型。

上述两个案例②表明,在西方科学文化支配世界之前,拥有非遗的社区、群体已世代居住在各自的土地上。我们不能用"未开化"、"落后"来描述他们的生活,许多非西方社会在当代发展的不理想也不是"封闭"、"保守"、"征服自然的能力有限"等原因所能概括的。相反,正是这些世代居住其间的民众不断摸索,寻找人与自然的相互生存之道,使得今天地球上绝大部分的多样性、纯种生物遗传资源都保留在他们生活的领域内,非遗正是这种生活方式的组成部分和见证。尽管现代科学给人们生活带来种种便利,也是以自然恶化、资源枯竭、生物遗传资源灭绝和掠夺后代继

---

① UNESCO. 世界报告: 着力文化多样性与文化间对话. 巴黎: UNESCO, 2010: 204.
② 哈尼族、傣族案例资料来源: 薛达元主编. 民族地区传统文化与生物多样性保护. 北京: 中国环境科学出版社, 2009: 55-68, 86-90.

续生存的机会为代价的,并不是可持续发展的表现。

第三,把非遗与文化、生物多样性联系起来,不仅在于世界各国各地间不同非遗的多样性,还在于每个非遗都形成了识别自我独特性的多样性传承状态。叶春生先生指出,我国酒文化的多样性在于各地"曲"、"蒸"、"烧"等多种酿造技艺造成了不同酒的醇度、口感和回味。① 即使使用相同的原料、设备,也会因酿造师傅的不同勾兑技艺而形成不同的酿品,体现着各地社会、自然生态的多样性文化对人的影响。闻名世界的藏族史诗《格萨尔》有一则古老传说,格萨尔对一只投胎转世为"仲肯"(说唱艺人)的青蛙说:"愿我的故事像杂色马的毛一样。"当《格萨尔》故事版本越多,说明它流传得越广。任何一种非遗,都是在不同民众集体不自觉地参与下,积累起一个非遗本身多样性的特征,其文化底蕴也才如此深厚。

一项非遗自身的多样性还意味着它们面临时代选择时会赢得更多机遇。正是昆曲艺术表演的多样性和剧目类型的多样性,为其赢得了一次次发展机遇。在我国20世纪50年代的社会氛围下,昆曲如果仅有"才子佳人"式的剧目表演,恐怕不会有"一出戏救活一个剧种"的美谈。

当代全世界的非遗正面临濒危消失的威胁,主要原因有②:

1. 定居生活方式的发展,主要体现在加速城镇化方面。
2. 基于宗教原因的不容忍,把传统习俗视为应该消灭的异教徒活动。
3. 对某些传统文化社区中的知识传播方式缺乏尊重。
4. 媒体传播的世界文化。
5. 不尊重某些仪式的神圣或虔诚的特性。
6. 旨在保持和强化社会联系的集体休闲方式被"博物馆化"。
7. 新的通讯技术取代古老的文化表现形式。
8. 全球电影发行网络对当地电影制作的影响。

可以看出,很大一部分是因生活转型,导致当代人对非遗"尊重"的缺失,2003年公约文本内容就非遗和文化多样性不断出现"承认"、"增强"、"尊重"的措辞,肯定非遗在当代社会与其他文化具有同等尊严。

1974年联合国提出《建立国际经济新秩序的宣言和行动计划》,UNESCO进一步提出应该依靠文化来建立国际经济新秩序,因为只有文化才能使人们设计出更好的生活方式。从1982年墨西哥会议通过的《关于文化政策的墨西哥宣言》开始,到联合

---

① 叶春生. 以广东凉茶为例看"非遗"的生产性保护. 寻根,2009(6):13-17.
② UNESCO. 世界报告:着力文化多样性与文化间对话. 巴黎:UNESCO,2010:17-18.

国确立 1987—1997 年为"文化发展十年"（The UN World Decade for Cultural Development），UNESCO 都强调文化与认同感之间的联系。也正是在这 10 年当中，UNESCO 正式指出活态文化遗产对社区认同的重要意义，是社会多样化发展模式的主要来源之一，在新的层面重新肯定了文化的价值，改变了长期以来人们对文化与发展是冲突关系的认知观。

2001 年 UNESCO《世界文化多样性宣言》和 2005 年公约，正式承认"文化相对性"，但不是强化文化差异。在文化多样性理念的基础上，2003 年公约是对构成文化多样性最为脆弱的一部分——非西方国家传统文化表现形式的保护，这一里程碑式的文件，是人们在观念上做出调整的结果。唯有人们在观念上做出这样的调整，才会思考公共文化政策是否利于非遗的传承和发展。

（二）文化多样性对文化遗产保护的影响

2003 年公约的保护理念注重在世界各国文化传播和充分交流的前提下，非遗所在群体应以自己的价值观来确认自己的文化，决定其保护和发展方向，以此维持自身的文化独特性进而保持文化多样性。而不是轻易让自己的传统适应他者的文化价值观，尤其是轻易套用当下发达国家的文化价值观，否则，由自身创造的文化优势常常会在这种转变中沦为弱项。

1. 文化多样性与 1972 年公约下的文化遗产保护

相比非遗保护，1972 年物质文化遗产保护有较长历史，为 UNESCO 把文化多样性与文化遗产保护实践联系起来提供了丰富的经验。

2003 年公约之前，UNESCO 一系列文化遗产保护公约①以物质文化遗产为保护对象，这些公约受益者主要是专注于保护纪念性物质文化遗产的发达（Developed）国家，或"北方"（North）国家。1972 年公约下的《世界遗产名录》（The World Heritage List）中很多都是发达国家的皇宫、城堡、教堂等古建筑、壮美自然景观。这种情况虽然在 1994 年世界遗产委员会启动的"全球战略"（Global Strategy）专家会议上有所纠正，但 UNESCO《世界遗产名录》项目失衡的议题已变为地缘政治间"文明冲突"的话题了②，如同松浦晃一郎所讲："我深入研究了这个议题，逐渐认识到，通过《世界遗产名录》（1972 年）的排斥，绝大部分文化遗产主要集中于'北方'国家的物质文化遗产和自然景观上，这使 1972 年公约（和其他公约）没有涉及南方

---

① 1954 年《关于发生武装冲突情况下保护文化财产的公约》；1970 年《关于禁止和防止非法进出口文化财产和非法转让其所有权的方法的公约》；1972 年《保护世界文化和自然遗产公约》；2001 年《保护水下文化遗产公约》。

② Dawson Munjeri. Following the lenth and breadth of the roots: some dimensions of intangible heritage // Laurajane Smith, Natsuko Akagawa. Intangible Heritage. New York and London: Routledge, 2009: 131-132.

国家的活态的文化表达。1999年11月我担任UNESCO总干事后，就着手推动这种状况的改变。"①

1972年公约以"突出的普遍价值"为核心理念，2005年《世界遗产公约操作指南》（第49段）中将其解释为："指文化和/或自然价值之罕见超越了国家界限，对全人类的现在和未来均具有普遍的重大意义。因此，该项文化遗产的永久性保护对整个国际社会都具有至高的重要性。世界遗产委员会将这一条规定为文化遗产列入《世界遗产名录》的标准。"并指出："该《公约》（《保护世界文化与自然遗产公约》）不是旨在保护所有具有重大意义或价值的文化遗产，而只是保护那些从国际观点看具有最突出价值的文化遗产。不应该认为某项具有国家和/或区域重要性的文化遗产会自动列入《世界遗产名录》。"这一理念视文化遗产为整个人类的共同财富，"普遍"这一术语包含着理所当然的全世界认可，而"突出"则表明这种普遍价值的优秀程度。"突出的普遍价值"以"对全世界都重要"作为识别世界遗产的前提。

许多南方国家认为，作为"突出的普遍价值"的实际体现，1972年公约实际的执行主要是以西方价值观为基础的，列入《世界遗产名录》的文化遗产从数量、地理位置、类型上均偏向西方国家，在全球出现了失衡现象②，无形之中把显示文化遗产的重要性变成了其价值的等级化，使《世界遗产名录》呈现出南北国家间的不平等。虽然1972年公约下的世界遗产委员会也注意《世界遗产名录》的平衡问题，但主要平衡的是名录所代表的"突出的普遍价值"的各个标准，而不是平衡《世界遗产名录》在地域、类型上的分配，求得各个国家和地域的满意。③ 在具体保护理论和措施上，正如前文所说，主要是以一系列代表西方保护经验的宪章、条约为标志，体现着西方文化遗产观对1972年公约的支配。

然而西方文化遗产保护理念有些并不适用于亚洲东方国家文物古迹的保护实践。我国加入1972年公约后，文物保护界发现"原真性"标准所提倡的对全部历史信息进行保护的理念和我国追求"完美"、"完整"的审美倾向存在矛盾。④ 我国许多保留到当代的古建筑是以不断的重修甚至是重建实现的。在重修过程中，会带来建筑面积的扩大和新技艺、新样式、新材料以及时代特色的融入，进而导致文化遗产所包含的物质信息不断衍变和创新。这些文物古建筑并没有保留原始的、最初的样貌，但是

---

① （日）松浦晃一郎. Preface. Museum International，2004，56（1-2）：4-5.
② 《世界遗产名录》不平衡问题的详细讨论参见李春霞. 遗产：源起与规则. 昆明：云南教育出版社，2008：64-75.
③ ICOMOS. The World Heritage List：Filling the Gaps - an Action Plan for the Future. http://www.international.icomos.org/world_heritage/gaps.pdf，2011-12-10.
④ 吕舟. 论遗产的价值取向与遗产保护. 城市与区域规划研究，2009（1）：47.

从古建筑结构所代表的内在文化价值与民族的精神内核来看，却是真实的、历史的，也受到了民众认可，在文化精神和表现手法方面做到了传承与相变的统一。

典型的案例就是曲阜的孔庙。山东孔庙的碑亭，13个碑亭各具特点，宋、辽、金、明、清各个朝代的都有。每个朝代都没有简单地复制，而是修建了属于那个时代特点的建筑。与此类似的案例还有重修的天坛祈年殿、鹳雀楼①，这种基于我国文化背景下的文物模式，与西方有很大不同。在精神层面的维持和建筑木匠、工匠技术的世代相传与相变的技艺重于有形建筑的维持和保护。这也说明由西方价值观确立的物质文化遗产保护实践及经验并不是唯一选择，也不能因为不符合西方标准的文化观念而否定其文化遗产价值。

所以，"突出的普遍价值"虽然超越了民族主义的狭隘性，倾向于引导不同国家、民族的人们共同寻求一种具有"普遍性"的国际文化观，但却无法绕开不同地区的文化特性和地方文化观念，使文化的普遍性和差异性成为一对矛盾。随着对文化相对主义和文化多样性理解的深入，意识到差异并不是导致冲突的根源，1972年公约随着时代发展，不断地调整着"突出的普遍价值"和原真性的保护理念。

多次遭受火灾而重建的日本法隆寺申报《世界遗产名录》，使世界各地不同的文化遗产观念终于进入1972年公约下世界遗产委员会的视野。为论述方便，这里运用前人研究成果再谈一下《威尼斯宪章》"原真性"保护理念的具体含义。吕舟认为，《威尼斯宪章》视文化遗产是一个历史信息的载体和历史发展的见证，作为人类认识历史、社会变迁的重要途径，它的原真性是无法替代和再现的，因此这一保护理念不追求为了展现一个辉煌时代，表现某一群体精神需求而对保护对象进行美化。这种保护理念反映了一种更为客观的现代精神和历史观。② 从这一理解出发，反映日本法隆寺不同社会发展阶段的历史信息早已化为灰烬，重建的法隆寺其"原真性"实在不大，不足以体现"突出的普遍价值"。

但若这样看，日本又为何不断重建法隆寺？沿着这一问题探讨下去的结果，日本动摇了由"欧美说了算"的1972年公约下的"原真性"保护理念。但这是否意味着《威尼斯宪章》提出的"原真性"保护理念是错的？也不是，那么在1972年公约框架内，人们究竟应该以哪种保护理念展开实际工作？1972年公约是UNESCO着眼于全世界物质文化遗产保护的，要推动它的发展，针对上述情况，必须进一步思考究竟哪一方应做出保护观念上的调整。这关系到各国政府政治层面上的文化遗产政策的调整和执行。运用非此即彼的二元思维或整齐划一的单一标准思维都无益于保护实践，

---

① 阮仪三，李红艳. 原真性视角下的中国建筑遗产保护. 华中建筑，2008（4）：146-147.
② 吕舟. 论遗产的价值取向与遗产保护. 城市与区域规划研究，2009（1）：47.

只会加深相互间的不理解。"山重水复疑无路，柳暗花明又一村"，奈良会议从保护理念层面突破了这种二元对立思维或单一思维，把那些看起来互不相干的文化观念以文化多样性加以阐释，使人们释然的同时找到了面对不同文化遗产保护方式但能共处的价值观。

1994 年 11 月 1～6 日，在日本政府的积极促成下，世界遗产委员会在奈良召开奈良原真性会议，会议达成《奈良原真性文件》（The Nara Document on Authenticity），正式承认 1972 年公约下的文化遗产识别和保护方法不必非要以西方或欧洲的文化遗产价值观为基础，而应在文化遗产地所在的文脉中来进行。文件第 5～8 条①阐述了"文化多样性"与物质文化遗产之间的关系，对世界物质文化遗产保护以西方经验为主的保护原则进行了纠偏。文件中对世界遗产原真性的阐述中融入了文化多样性的观点，强调各类文化间的相互尊重，肯定保护有形文化遗产的方法、实践、管理同样需要文化多样性的观念，承认各国以自身文化为基础发展出来的文化遗产保护观念的合理性。

受奈良会议的鼓励，全球各区域开始在 1972 年公约下阐述本区域文化背景下的文化遗产保护观念：

1996 年在美国召开的依据美洲背景的"保护和管理文化遗产中的原真性美洲会议"，通过了《圣安东尼奥宣言》。

2000 年 5 月召开的依据非洲背景的"基于非洲文脉的原真性、完整性的津巴布韦会议"，把那些物质文化遗产价值并不突出但却与地方文化特色、宗教信仰、习俗联系密切的"无形价值"包含到对原真性的理解之中。

2000 年 10 月在拉脱维亚召开的依据东欧背景"原真性和关系到文化遗产的历史重建"地区会议，通过了《里加宪章》。

2007 年 5 月由中国与 UNESCO 世界遗产委员会（WHC）、国际古迹遗址理事会

---

① 文化多样性和遗产多样性

5. 世界的文化多样性和遗产多样性，是人类精神丰富性和智慧丰富性的不可替代的源泉。对我们世界的文化多样性和遗产多样性的保护和加强，应作为人类发展的一个本质方面加以积极推动。

6. 文化遗产的多样性存在于时空之中，它要求尊重其他文化及其信仰体系的所有方面。在多种文化价值观表现出处于冲突状态的情况下，对文化多样性的尊重，要求承认各方的文化价值观的合法性。

7. 所有的文化与社会都根植于特定的物质和非物质的表现形式与方式。这些形式与方式构成它们的遗产，应该被尊重。

8. 落实联合国教科文组织的一项基本原则十分重要，该原则是：一方的文化遗产也是大家的文化遗产。对文化遗产的责任及管理，首先应属于产生它的文化族群，然后属于关心它的文化族群。然而，除上述责任外，遵守为保护文化遗产而制定的国际宪章和公约，也有义务重视源自宪章、公约的准则和责任。对每个族群来说，应当努力做到平衡自己的需求与其他文化族群的需求，只要达到这种平衡不损害他们基本的文化价值观。

（ICOMOS）、国际文化财产保护与修复研究中心（ICCROM）联合召开了"东亚文物建筑保护理念与实践国际研讨会"，以中国北京故宫、天坛、颐和园三个文化遗产地保护实践为例，对东亚地区独特文化背景下的文化遗产保护展开探讨，强调文化遗产与文化多样性之间的联系，以及文化遗产地与其历史分层之间的关系，突出地把文化遗产保护与中国文化自身的背景结合起来。最后通过了《北京文件》。

这些会议的召开，说明了基于不同文化背景的文化多样性观念对文化遗产保护的重要性，为世界各国文化遗产保护实践存在的差异性提供了理论基础。积极结果就是文化遗产保护理论的丰富和保护方式的多元化，推动了1972年公约OUV标准的不断修正以回应各国文化遗产保护实践，而不是各国物质文化遗产保护必须削足适履地适应从欧洲文化遗产观念发展而来的1972年公约。在具有影响力的文化遗产保护体系下，保护与文化多样性之间的关系不断变得清晰起来。1998年3月25～28日在荷兰阿姆斯特丹召开的1972年公约的全球战略专家会议就"突出的普遍价值"给出新的解释是："每一种文化遗产都有其独特性和特殊价值所在。……这要求普遍价值解释为对所有人类文化需要处理和普遍关注议题的突出回应，涉及自然遗产时，在生物多样性中可以看到；涉及文化遗产时，在人类创造力和由人类创造力导致的文化多样性中可以看到。"① 把生物多样性和文化多样性与"突出的普遍价值"理念协调起来。

在此基础上，《世界遗产名录》中的文化类型不断拓展（如从皇宫到乡土建筑，从农业文化遗产到工业文化遗产等），其代表性特征逐渐呈现出不同文化视野下的文化遗产，以此来表达对人类文化多样性的重视，形成文化特性基础之上的文化遗产共享观。"突出的普遍价值"的内涵在文化多样性视角下也被拓展为体现不同社会群体的文化创造力的普遍性，而不是单一、绝对的普遍性。顺着这一理解，一个重要收获就是从保护视角开始意识到文化遗产所在地的地方民众，尤其是曾被视为"没有历史"的土著、社区民众对文化遗产的理解和传统保护方法，2003年公约就这一点则贯彻得更为彻底，走得更远。

2. 文化多样性与2003年公约下的非物质文化遗产保护

处于起步阶段，专门针对地方社区非遗的2003年公约，没有使用1972年公约下的"突出的普遍价值"概念，"因为它认为，凡是被特定社区确认为重要的文化表现形式和传统都具有同等价值，而无高低贵贱之分。现实中这种活遗产能否得到国际认

---

① The requirement of outstanding universal value characterising cultural and natural heritage should be interpreted as an outstanding response to issues of universal nature common to or addressed by all human cultures. In relation to natural heritage, such issues are seen in bio-geographical diversity; in relation to culture in human creativity and resulting cultural diversity. 参见UNESCO文件：Report of the Global Strategy Natural and Cultural Heritage-Expert Meeting, 25 to 29 March 1998, Amsterdam, The Netherlands, 文件号：WHC – 98/CONF. 203/INF. 7。

可，取决于创造、传播和再创造该遗产的社区对它的认同感和历史感，而不取决于对有关实践的含蓄评价。"① 这段论述表明，对非遗的认可取决于地方民众而不是外界。就全世界范围而言，如果1972年公约"突出的普遍价值"强调的是"世界眼光"，那么2003年公约"文化多样性"就是强调"本土视角"。文化多样性作为非遗保护的目标，前提是不同非遗之间是平等的，也即不同非遗传承者是平等的，应该受到任何人的尊重。

这种以文化多样性为前提的平等原则在2003年公约的文本内容起草和实际执行过程中已经产生影响。从本文第一章的内容我们可以看出，UNESCO发展2003年公约的过程中，从最初打算照着1972年公约模式起草2003年公约文本，到后来逐渐演化为讨论2003年公约能否避免1972年公约模式，设立非遗世界级名录的可行性成为核心和最具争议性的话题。但是在决定设立非遗名录后，主导非遗名录的原则就是对不同的非遗持平等态度，尤其是对那些处于消亡边缘的非遗加以重视（而不是任其消亡），以促进文化多样性的发展。

基于文化多样性的平等理念，2003年公约让非遗文化传承者与其他社会团体享有平等地位的伦理原则是实施保护的起点，鼓励非遗传承者尤其是弱势、边缘群体建立文化自信，2003年公约文本鲜明标示出这一宗旨："尊重有关社区、群体和个人的非物质文化遗产"；2006年，2003年公约正式生效后，随即取消了1998年启动的类似《世界遗产名录》的"人类口头与非物质遗产代表作"计划，根据公约文本第16条②和第31条③，排除了"杰出性"（masterpieces）评选标准，代之以"人类非物质文化遗产代表作名录"，2009年，产生了第一批UNESCO"人类非物质文化遗产代表作名录"。

在这一转变中，非遗代表作的含义是代表所在社区，而不是全体人类。"代表作名录项目可以理解为代表性遗产或代表遗产，即一个社群或群体的遗产持有人认同的

---

① UNESCO. 世界报告：着力文化多样性与文化间对话. 巴黎：UNESCO，2010：27.
② 《保护非物质文化遗产公约》第16条：人类非物质文化遗产代表作名录
1. 为了扩大非物质文化遗产的影响，提高对其重要意义的认识和从尊重文化多样性的角度促进对话，委员会应该根据有关缔约国的提名编辑、更新和公布人类非物质文化遗产代表作名录。
2. 委员会拟订有关编辑、更新和公布此代表作名录的标准并提交大会批准。
③ 《保护非物质文化遗产公约》第31条：与宣布人类口头和非物质遗产代表作的关系
1. 委员会应把在本公约生效前宣布为"人类口头和非物质遗产代表作"的遗产纳入人类非物质文化遗产代表作名录。
2. 把这些遗产纳入人类非物质文化遗产代表作名录绝不是预设按第16条第2款将确定的今后列入遗产的标准。
3. 在本公约生效后，将不再宣布其它任何人类口头和非物质遗产代表作。

具有代表性的项目。遗产持有人的社群大到可以是一个或多个国家，小到甚至可以是个人。"① 若从这一考虑出发，UNESCO 在非遗名录申报上，没有限制各国每轮申报非遗项目的数量，或许就是让不同社区的非遗有均等的机会参与申报，突出发展程度不一的各个社区非遗的平等性，并通过 UNESCO 非遗代表作名录表现自己，让非遗传承者发出自己的声音，为世界所了解，受到应有的尊重。当然这使 UNESCO 2003 年公约下附属机构面临大量的审查材料，工作量超大，而且使非遗代表作数量不断增加，但至 2011 年 11 月 UNESCO 召开第 36 届全体成员国大会时，上述决定尚未改变②。

更深层地看，2003 年公约就"尊重"意识要求缔约国不能仅停留在意识层面，而是要体现在实际行动中。这意味着在日益成熟的市场竞争和技术进步的社会发展前提下，以非遗为中介，以更民主的方式，使其传承群体参与到国家公共文化事业中来，要求各缔约国赋予他们相应权利并可以自由运用而不是依然受到排斥和限制。《2003 年公约业务指南》中多处提及"确保社区、群体和有关个人的非物质文化遗产得到尊重"。在提高"人们对非物质文化遗产的认识"的行动指南中则明确缔约国在实施非遗保护的过程中"不给社区、群体或有关个人打上跟不上当代生活的烙印，也不以任何方式损害其形象；不帮助证明任何形式的政治、社会、种族、宗教、语言或性别歧视是合理的"③；这些均是从保护实践层面致力于贯彻文化平等原则，要求缔约国采取一切必要的手段，推动非遗传承社区民众文化尊严获得承认。

2003 年公约提出尊重非遗的观念实在非常重要，结合我们自身的文化体验，或许我们应当确立这样一种理念：在与他者文化展开交流时，不必以贬低自身或他者的文化为前提，而应有理性、独立的思考。而如果连我们都不欣赏自己的文化，其实也没什么能拿出来与他者进行交流了。

更重要的是，文化与人不可分离，而人人都有生存权已是当代社会的共识，沿着这一逻辑下去，那么不同的文化与人一样有着生存权。但仅仅认识到这一点可能还不够，还需思索这一共识如何影响到除我们之外的人的生存和他们的文化。当我们对他人，或他人对我们的文化表示鄙夷，正是鄙夷创造、传承了这些文化的人。这种做法成为社会正常价值观而被人们认可时，挫伤的是这些社会群体的文化及其文化尊严，进而就是漠视其建设社会的智慧和主观能动性，可能是在摧毁这些社会群体内在的发

---

① 邹启山. 代表作名录和急需保护名录申报及其相关情况. 文化遗产，2010（1）：14.
② UNESCO 文件：36 C/REP/23. 保护非物质文化遗产政府间委员会关于其活动（2008—2010 年）的报告.
③ UNESCO. 执行《保护非物质文化遗产公约》的业务指南：102 段.

展力量和文化自信。没有了文化自信和主观能动性，以社区内发力量为前提的非遗传承能走多远？

二、非物质文化遗产保护与文化间交流

（一）观念分歧与非物质文化遗产的确认

2003年公约中明确将非遗保护与人权相联系①，这体现了UNESCO在非遗保护方面坚持的道德立场。但一些国家和民族、地方群体认为自己的某种传统文化表达形式、社会实践属于非遗，这在某种程度上，与西方人权价值观是相抵触的。针对这种矛盾，公约起草过程中各国代表展开了比较激烈的讨论，多数国家的代表认为非遗的界定应该体现兼容性要求（compatibility requirement），这有助于消除对非遗带有歧视、偏见、恶意的一面。少数国家认为非遗的确认不应该参考国际人权标准和其他公共利益（public interests），理论基调就是非遗的界定不应该受到在西方文化语境下产生的国际人权文书和其他公共利益的影响。这背后呈现出国际普遍主义人权观念和少数民族文化权利之间、国际普遍主义人权（universalism of human rights）观念和文化相对主义（cultural relativism）理论之间的分歧。②

普遍主义人权提倡没有种族、性别、语言或宗教歧视的人权和基本自由，讨论世界上所有的人都应该被提供基于普遍标准的人权保护，在人权和国内法的冲突中，前者往往会取得胜利。相对主义认为国际社会和国际法规不应该干涉国家内的实践，外来个体或团体不能宣称有优先权来决定特定传统文化表达和实践是否与人权及其他公共利益相一致或存在冲突。即传统、集体实践和文化过程不应由外来者评价决定，更不能借着从西方法律下发展而来的普遍人权来进行持续压迫。面对这些思想交锋，需要在非遗保护中达成新的折衷，综合审视地方情况和人权、公共利益，赋予地方权威相应的判断权利，保留国际人权文件和其他公共利益而抛弃极端主义（extremism）的观点。

由人权等观念方面存在的分歧，当代社会在确认哪些传统文化表达可以成为非遗时一直存在着争议。有些代代传递、古老、传统的活态文化实践是侵害人权的，有的会造成身体的伤害，有的被视为歧视女性，有违于性别平等的人权观念，如作为传统成年礼仪的割礼（非洲）、佩戴金属长颈圈（泰国）；又如我国，广东地区的游神习

---

① 2003年公约前言第二段：参照现有的国际人权文书，尤其是1948年的《世界人权宣言》以及1966年的《经济、社会及文化权利国际公约》和《公民权利和政治权利国际公约》。

② （日）河野俊行（Toshiyuki Kono）. Convention for the Safeguarding of Intangible Cultural Heritage: Unresolved Issues and Unanswered Questions // （日）河野俊行. Intangible Cultural Heritage and Intellectual Property: Communities, Cultural Diversity and Sustainable Development. Antwerp-Oxford-Portland: Intersentia, 2009: 23–24.

俗——雷州穿令①，但被当地人认为非常神圣，已被列入市级非遗名录。

2003年公约采取的是非遗保护与当下人权观念一致的立场，把这一立场放在了文本序言第一段②，并在非遗概念界定中使用了"只考虑符合现有国际人权文件"这一措辞来描述非遗保护与人权的关系。这意味着参照人权的标准是非遗保护最重要的前提，不支持和鼓励有违人权的传统文化表达，但在具体实践中这种理念的执行是有困难的。应当如何审视这些观念分歧？任何权利观念均源于文化，西方文化中如人人（性别）平等、自由选择、个人成就、法律公义等绝对是值得全人类认可和尊敬的价值观，也是人类社会语境改变发展的需要。而世界上有些文化形式无论多么古老、神圣，从普遍人性角度重新审视的话并不合理。

文化观念方面的分歧并不限于人权观，如在我国文化体系下认定的非遗中，少林武术、太极拳因受影视作品影响，在西方认知中被理解为暴力攻击动作③。而有的非遗也与当代青少年的文化理念相悖，例如许多地方的斗牛习俗被认定为非遗④，但却与当代生物伦理中强调的人道主义动物保护观存在冲突。

非遗与保护相联系，但不意味着任何文化观念下的传统文化表现形式都应该视为非遗而加以保护。多样的文化具有差异性，有着不同的价值观支撑，认识到差异却不能强化差异、相互排斥，而是需要在平等的基础上了解和沟通，基于共同的人性，接受不同的文化参照。如何调整与非遗有关的观念冲突，需要就不同的价值观展开理解沟通，而不是因分歧、冲突导致人们交流层面的隔绝。怎样才能达到这一目的，已是现实对理论研究提出的挑战。

（二）非物质文化遗产的民族独特性与相对的文化共享

在非遗保护中，不仅存在观念层面上的分歧，对非遗的文化共享也是相对有限的。视觉上的猎奇感与理解层面的文化共享有着根本区别，说外国人喜欢代表中华文化的昆曲、古琴、书法，只具极小的真实性，甚至让人怀疑是真实的谎言。因为越是反映民族、地方文化深度的非遗，越是其传承群体之外的社会短期之内难以理解的。

---

① 元宵期间，特制的箭从人的脸颊一边穿过口腔，再从另一边脸颊穿出，穿令者由人抬着游行。

② 参照现在的国际人权文书，尤其是1948年《世界人权宣言》以及1966年的《经济、社会及文化权利国际公约》和《公民权利和政治权利国际公约》。

③ 李颖."少林文化"将申遗. 郑州日报，2010-08-09（7）.
另：关于少林功夫申报世界非遗屡次不成功的原因，有专家指出，可能因为商业味过浓，但这可能不是主要原因，商业化程度较高的探戈舞、法国大餐（2010）现均是非遗代表作。

④ 中国嘉兴掼牛. http://www.zjfeiyi.cn/xiangmu/detail/54-932.html，2011-12-18；
中国金华斗牛. http://www.zjfeiyi.cn/xiangmu/detail/52-806.html，2011-12-18；
日本牛の角突きの習俗. http://www.bunka.go.jp/bsys/maindetails.asp?register_id=302&item_id=51，2011-12-18.

这并不是非遗独有的，它存在于任何一种类型的非物质文化中，如果没有点美国历史和文化感觉，看懂电影《阿甘正传》是有困难的。在"强者"的文化心态下，更为常见的是广泛存在于欠发达地区的非遗经常被他者视为奇风怪俗。例如，日本明治维新时期全盘西化过程中，相扑曾被视为"裸体的野蛮游戏"，遭日本政府禁止①；我国中医自近代以来备受质疑，总是笼罩在"科学化"背后的"西化"阴影中。因此许多非遗反而没有物质文化遗产的共享程度高。

在同一文化体系之内，许多非遗是基于各个社区、群体以及个人所处生态环境、文化背景、文化价值观基础上世代传承、积累的结果。其表现形式和美学内涵差异很大，有着各自的独特性，对应不同社会群体的生活环境和品味。在羊肠小道上唱出的山陕民歌和在江南水乡摇曳荡舟时唱出的江南民歌是无法比较优劣的，但却有人们"萝卜青菜"喜好不同的差异，更不用说阳春白雪和下里巴人存在的文化趣味差异了。这正是"文化多样性"的图景，从文化沟通和价值观出发，需要人类"多样性"的包容胸襟。

在这个意义上，人类各种各样的文化要实现交流共享，需要看到它们之间有何关系，存在的差异和共性。当代人类学通过对世界各地的民众、民俗学通过对本国民众生活各方面的细致观察和描述，提供了一幅多姿多彩的文化图谱，为不同文化背景、阶层的人们互相理解打开了最重要的窗口。通过对他们文化表现形式的观察和分析，在把握民众生活的实际形态和真实感受基础上，促进了不同社会、群体之间真正的了解和交流。

《世界文化多样性宣言》第 2 条"从文化多样性到文化多元化"中指出："在日益走向多样化的当今社会中，必须确保属于多元的、不同的和发展的文化特性的个人和群体的和睦关系和共处。"促进文化多样性的非遗保护，实现文化共享，要切实承认不同文化背景的人有着相同尊严。尊重、包容彼此的差异，从好奇、容忍最终达到欣赏，减少对不同文化固有的成见，实现真正的文化互动和交流。上述认识不能仅仅停留在观念层面上，还应贯彻在实际行动中，思考在非遗保护中如何培育人们欣赏自己和他者文化的能力，采取相关措施，使不同文化及其传承群体和成员参与到文化交流互动中来。在这方面，我国在多民族和谐共处方面取得了宝贵的经验，需要从文化多样性角度深入，提炼具有普适意义的理论观点，成为非遗保护的理论支撑。

综合上文所述，从文化多样性和生物多样性视角出发，在当代，衡量文明程度和经济发展的标准不是衡量人类文化、精神的标准。一个国家、地区、民族的经济落后并不在于他们文化的愚昧和落后，而是在一个更大范围的社会体系下遭受压迫的结

---

① 田青. 中国非物质文化遗产保护的现状与未来. 解放日报，2010－09－26（9）.

果。传统是能够被民众主动构建的,是动态的,关键在于创造诸如平等的社会地位、政策制度和教育培训等适当条件和有助于激发每个人能力的社会氛围,让来自全球化的影响被地方民众充分消化和融合。

更重要的是,文化多样性作为非遗保护的理论基础,意在打破来自他者评价的主导,认识到决定自我可持续发展的基础不是他者文化观念。自身的文化与他者有所区别,原本就是文化多样性的客观表现,需要人们尊重这一客观事实并展开沟通理解。非遗保护体现了一个国家、民族对传统文化的态度,一种以自我价值的确认为前提寻求新的文化超越,在世界文化这一层面,则谋求与西方文化一样的文化平等,打破地方与全球化、中心与边缘、上层与下层、精英与草根、文明与原始、落后与先进、口头与文字的二元对立和划分。从包括非遗在内的传统文化中获取灵感,创造出富于民族特色的文化产品,输出体现自身创造力的文化,以本民族的文化来丰富世界。

这需要支持非遗保护的各个团体和精英人士做出切实艰苦的努力。他国已有的历史为我们提供了借鉴。日本明治维新后,美术学界力主欧化的极端欧美画派曾占主导地位,游历东西方文化的美术家冈仓天心力主复兴日本传统美术。他曾说:"欧洲的美术一步步征服了我——这种征服不在于它的外在形态,而是精神的征服。我比之前的任何一个时候都更接近这些美术家们。虽然东洋的美术家们大多以线条作画,而西洋的美术家们则大多以象征的手法作画,但他们倾诉的是相同的爱与同样深沉的情感。他们代表了美术的一个侧面,我们的美术家也是。正因为这两者是不一样的,所以它们的结合才能共同描绘出一个真正的美的理想。"[①]

凭借深厚的东方思想和开阔的世界视野,冈仓天心捍卫了日本的传统绘画,在他的主持下,日本明治时期的美术教育抛弃了西洋绘画优先的教育观念,坚持一切创造、发展都应以传统为基础,最终目的是走日本美术的自主创造之路。[②] 他也参与了日本文物保护史上的第一次文物大普查。[③] 正是文化精英的前瞻意识和学术研究,为后来日本文化遗产保护奠定了基础。更说明西化过程中,我们看到的当代日本传统和现代并存的社会文化氛围并不是一夜之间自然形成的,而是有着不同时代不同阶层的人物从学术理论、实际行动中对传统的不断肯定和艰苦努力。结合我国国情,非遗保护也不可能仅凭运动模式而取得成效。

---

① (日)冈仓天心. 中国的美术及其他. 蔡春华,译. 北京:中华书局,2009. 前言.
② 赵云川. 日本工艺文化与日本现代化. 博士论文. 中国艺术研究院,2007:77.
③ 顾军,苑利. 文化遗产报告:世界文化遗产保护运动的理论与实践. 北京:社会科学文献出版社,2005:91.

第四节 我国非物质文化遗产保护的文化多样性取向

任何文化都不是完美的,但长期以来西方以其强大为前提确立了西方文化的优越性,并以合法性名义将这种优越性在全世界范围传播。随着西方自身问题的逐渐暴露和不发达国家对民族发展的不断对比反思,才意识到西方文化并不是无与伦比的,非西方文化也并不是陈腐或低效率的。无数现实个案已经证明传统文化蕴涵着无限生机,正如西方文化会主动吸收传统文化用于自我创新一样,在发展过程中,传统文化也会主动吸收科学知识,不断创造出新的传统来。当代发展出的文化多样性观念,强调传统智慧是维护文化多样性的动力之一。

在我国,就非遗与文化多样性二者的关系,笔者认为需要从以下方面予以理解。

一、非物质文化遗产保护与我国民众文化选择的自主多样性

我国在讨论非遗濒危消亡原因时,总会提及当下生活方式的多元化,有了可以替代非遗的新的文化表现形式,从而使非遗传承发生断裂。傅谨指出,这不是最根本的原因,根本原因在于我们面对强势外来文化时所采取的否定民族传统、地方文化价值的文化态度。① 某种程度上,许多非遗是某一社区长期以来唯一或为数不多的文化形式,有着深厚的传承基础和独有特色,这些不同地方的文化组成了世界的文化多样性,但这种文化多样性如同泰勒·考恩指出的,未必意味着民众文化选择的多样性。在我国,各地尤其是乡土村落日常生活的单调是有目共睹的,民众可以选择的文化种类其实少之又少,加之民间、传统文化以往受到价值评定、政策操作上的限制,这种情况在我国当代农村,并没有多大变化。

保护非遗不能以牺牲大众的文化选择为代价,抑制代表多样性大众文化趣味的市场机制。相反,在非遗的保护工作和非遗的自身发展上,尊重非遗传承群体在内的大众自我选择是展开这项工作的前提,与他们展开真正的平等沟通。否则保护极易变成为评论家、官僚个人的寥寥理念而保护的文化遗产,与社会个体、地方民众的认同度却相差甚远,使文化多样性成为高级理论的低级运用。目前我国正式实施的非遗保护正面临着这种尴尬,比如梭嘎生态博物馆的设立,在外来力量介入本地发展过程中,由于地方民众所想与国家、研究专家的想法并不一致,但沟通不畅,其发展与设立初

---

① 这一观点在作者的著作中多次提及,参见傅谨. 二十世纪中国戏剧导论. 北京:中国社会科学出版社,2004。

衷并不一致①，生态博物馆与旅游日趋结合，未来的生态博物馆正逐渐呈现出要么变成一个热闹的旅游景点，要么无疾而终，成为一个形式。

更多地，当代许多非遗传承者正通过商业、传媒体系展示其才华，为更大范围的人们所认识和熟悉，其心理认识和寄托重心也已改变，追求生活的目标也在逐渐偏移，他们传承的非遗的文化特征、意义随之悄悄变化，脱离了原生社会空间，这个过程是传承者自愿与其他社会团体共谋完成的。比如，人们体验到的"原生态"歌曲早已经历了一系列新的编排、包装，原生态歌手正从初出茅庐逐渐变为舞台经验老道的演员。为此有研究者指出："因为舞台，他们作为优秀民间艺人有了改变人生的际遇，而对于他们所承载的艺术形式来说，这也许恰恰就是一种损失。"② 这种损失会让哪些人感到失望？

在思考如何保护非遗时，诸多学者从不同的角度提出保护非遗与民众生活之间的悖论："如何保护原汁原味的非物质文化遗产形态，又保证传承人和当地村民向现代化生活方式迈进？"③ "对非物质文化遗产的关心，真的是站在当地民众的立场上吗？……是不是在遇到矛盾的时候，人家宁肯选择一个新的生活方式而不得不放弃原有的一些民俗文化？如果是的话，我们是选择发展，还是选择文化保护？"④ 社会的发展提出了"保人"还是"保文"的问题。⑤ 这一矛盾困扰着当下的非遗保护。

从上面的论述中，我们看到了民众主动发展的意愿，但现实还不乏这样的情况，有的社会群体过着那种在我们视野中是"不发展"、"没有追求"的生活，但却被当做扶贫的对象，要求其改变这种"不开化"的文化观念以获得发展。

无论怎样，以何种态度和思维模式对待"过日子"的民众，这关系到非遗保护政策的制定。某种程度上，当下非遗保护忽略了对民众自我选择与文化动态多样发展的关系，或是文化消失和再生之间关系的观察。传承者有权决定自己的生活，生活境遇的改变并不代表非遗传承者不再精研于非遗，必须注意到，非遗保护不仅要看到已完成的非遗成果，也要注意到因人的能动性而正在发生的"再创造"过程。

对脱离原有社会体系进入另一社会支配体系（如市场体系）中的传统文化表现

---

① 个案详细情况参见方李莉. 非物质文化遗产保护的深层社会背景——贵州梭嘎生态博物馆的研究与思考. 民族艺术，2007（4）：6-20。

② 李昕. 论非物质文化遗产保护产业化运作的可能性——从非物质文化遗产的符号价值谈起. 贵州民族研究，2008（2）：69.

③ 康保成. 试论当代学者在非物质文化遗产保护与研究中的角色定位//文化部民族民间文艺发展中心. 中国非物质文化遗产保护研究（2005·苏州）. 北京：北京师范大学出版社，2007：424.

④ 刘铁梁. 非物质性还是身体性. http：//www.ihchina.cn/inc/detail.jsp?info_id=2765，2011-03-11.

⑤ 费孝通语，转引自麻国庆. 大国崛起的文化软实力：文化的消费与创新（代序）//皇甫晓涛. 创意中国与文化产业. 广州：暨南大学出版社，2007：4.

形式是否还能被确认为非遗时,需要考虑的是非遗是否发生了断裂性质的变化,即是否破坏了非遗独立存在的丰富表现形态及其所携带的文化属性,其表现形态是否还受到原生环境中大多数民众的认同?对地方社会文化造成了哪些影响?在新的社会体系中是否还为人们所认可?也就是说,仍是在产生、蕴育、改变非遗的社会文化脉络中来思考它们的变化。从这一角度出发,面对生态博物馆的运作产生的消极作用,我们是否在看到地方民众日渐变得"狡黠"的同时,想想在哪些方面忽略了他们?而"原生态"歌手离乡离土,附着于其身体记忆之中的精湛民歌唱法及艺术风格有的并没有本质性变化,有的歌手甚至发愁唱什么都摆脱不了那股"山丹丹味",若是这样,我们还耿耿于怀什么呢?

对于展开的文化遗产保护,UNESCO世界报告也提醒到,不能指望保存所有面临消亡危险的文化形式,保护文化多样性意味着确保文化多样性持续存在,而不是维持某种多样性状态永久一成不变,这就要求我们要有接受、维持文化变迁的能力。正如克洛德·列维-斯特劳斯观察到的那样,必须挽救的是多样性本身,而非各个时代为多样性套上的那些外在可见的形式。①

从民众角度看,答案无需多言,他们会做出合乎自己利益的理性权衡。这种权衡与其所处地方社会的文化观念、习俗规范密切结合并受其制约,并不会如我们想象的那样一味利私,失范恰恰是负面的人为强制带来的。因此,在发展变迁中实现传统的保留同样是可能的,这取决于包括为政者在内的人们的文化态度、素质以及尊重民众意愿为前提的公共文化政策制度。我国古代早有这样的政治理念,《礼记·王制》有云:"修其教,不易其俗;齐其政,不易其宜。"

一个最有说服力的案例是香港,这个亚洲现代化程度最高的城市,人们不仅把西方的圣诞节、复活节、感恩节、情人节过得很地道、过得很滋润,同时中华民族的传统节日也很认真地过,比如清明节、佛诞、中秋节、端午节、重阳节、冬至都是法定假日,春节、元宵节就更不用说了。②香港有的地方在这些传统节日举行春秋二祭(农历二月二、九月九)及祭祖仪式、宗族、亲朋聚会及其他传统文化活动,有这些传统文化空间的存在,传统文化自然也就一脉相传。在文化意识上,东西方价值观在民众各自选择过程中,共同存在于香港,与此同时,民众也早已将传统文化有选择地"混同"到强势的现代文明中了,正从原有的文化多样性过渡到当下的文化多样性状态中来。

延伸开来,当下我国的非遗保护,需要辩证地看待国家意志对非遗造成的影响。

---

① UNESCO. 世界报告:着力文化多样性与文化间对话. 巴黎:UNESCO,2010:3.
② 张国良. 中秋节清明节放假有望. http://news.sina.com.cn,2007-06-27/134413322574.shtml.

如果过去一段时期内民众能决定自身文化选择的话，其所持文化价值观、意愿得到足够尊重、包容的话，许多非遗的传承状态不会在我国经济发展、社会迅速转型的情况下急剧恶化，导致年轻一代对其如此陌生，如此"真空"，甚至毫无保留地抛弃它们。近年在各方力量尤其是专业精英的努力下，促成中央对清明节、端午节、中秋节实行公假制度，这既是尊重民众文化选择的表现，也显示出传统节日培养民众传统文化意识积极的一面。所以，要对当下大众的非遗意识进行调整，需要通过人为干预，纠正、改变不利于非遗传承的社会价值观念、政策机制，创造文化多元发展空间，提升民众文化选择的自主性权利。

二、非物质文化遗产是当代文化创造力的灵感源泉

创新或创造通常有两种形式，一种是发现，指将存在于世界的某一客观存在公布于世，如发现某种化学元素、宇宙某颗行星；另一种是发明，指利用现有的文化形式，组成一个从未存在过的形式，如某种制度、器具的发明等。非遗的创新往往发生在后一种情形中，这是立足自我传承的基础上的再创造，可以发展出新的文化表现形式。对文化创新而言，非遗所具有的潜力是难以穷尽描述的，一些在当代社会看似已经过时、陈旧老套的非遗实质上蕴涵着无限的发展可能性。我们永远不知道它们哪天会以什么方式被重新运用，有惊为天人的表现，这意味着非遗保护正在为当代、未来留下更多的灵感源泉，为形成新的文化多样性奠定基础。这方面有屡见不鲜的例子，也说明，非遗通过人们的不断更新，早已融入当代生活中了。如：

第一，对于个人而言，许多杰出艺术家的成名都得益于其深厚的非遗功底，如《西游记》中六小龄童的传神表演得益于戏剧的功底，郭兰英的歌剧演唱风格得益于晋剧唱腔功底，甚至林青霞运用于电影中的眼神源自京剧名家叶少兰的指导。他们的表演已经成为新的经典。

第二，对各类艺术而言，如民间美术为当代提供了丰富的传统艺术想象力和视觉审美来源；长久流传在蒙古族中的"呼麦"，演唱时在喉咙底部发出共振，歌手可以不依赖任何物质手段就能同时发出两种声音，从而形成泛音的效果，流行音乐歌手王力宏在其创作的歌曲《在那遥远的地方》中加入了"呼麦"唱法，呼麦作为歌唱技法才为我国更多年轻人所了解；经历了时间洗炼的1996年CCTV春晚的音乐短剧《过河》，是作曲家李海鹰和表演者潘长江在"二人转"民间小戏传统唱段和表演功夫基础上厚积薄发的结果。但民间小戏的艺术魅力远不止于此。

第三，在传统工艺领域，古代铸钟、铸鼎的手工技艺"失蜡法"目前不仅是首饰行业造型设计的关键工序，而且已经融入精密机械铸造技术之中，用于制造航天飞机所需要的无缝隙零件。即使被现代行业所忽略的传统技艺，在关键时刻仍能为人们

提供解决问题的灵感,如农村打井技艺①。反之,透过文物研究可以看到,如果古代人类的文化、技艺能够被人们活态传承到今天,或许能解释许多考古之谜,如长沙马王堆汉墓出土的漆纱冠因技艺传承中断至今无法复制,以致修复都不知如何入手②。

在科学知识方面,国际科学理事会在《科学与利用科学知识宣言》的《行动纲领》中强调:"传统社会(……)滋养并完善了自己的知识体系,涉及到诸如天文学、气象学、地质学、生态学、植物学、农学、生理学、心理学和保健法等多种不同的领域。这些知识体系都是巨大的财富。它们不仅蕴藏了现代科学尚未知晓的信息,而且还表达了世界上的其他生活方式,社会与自然之间的其他关系,以及获取和构建知识的其他办法。"③ 这表明传统社会文化包含的多样性容量,现代科学体系并不是完全脱离传统社会发展出来的,传统知识不能因现代科学无法解释和领悟而遭到摒弃和排斥,能否从深厚的传统中提炼出新的文化表达形式和精神力量,对传统社会的深入了解恰恰是前提。

非遗有着如此厚积薄发的潜力,以往从文化整体上采取了抛弃民族文化的价值取向,尤其是"去语境化"的学习,使接受正规教育的群体对民族文化表现形式极度陌生,2003年公约所说的"再创造,进而为社区和群体提供认同感和持续感"在我国并不理想。"一个社会及其主流知识分子群体和艺术家们对传统没有起码的温情和敬意,就不会心悦诚服地、自觉主动地去继承传统,并且努力和细心地揣摩传统,发掘其中潜于精微之处的无穷魅力;普通民众对传统连客观和公正的态度都没有,更不用说对自己民族的文化与传统那种与生俱来的、发自内心深处的敬意,就不会从传统艺术中得到熏陶,为之陶醉。"④ 传统的活力要被人们发现、提炼和真正地运用,首先要彻底改变人们对传统的鄙薄认识,重塑当代人"内心"对民族文化表现形式的文化认同。保护并自觉珍视身边凝结着历史智慧的传统文化表现形式,不断提高非遗的社会影响力,这正是为当代人增加智慧之源,提供更多文化选择的机会,增加着人类文化多样性。

三、坚持非物质文化遗产一脉相承的自我独特性是文化多样性的根基

任何一个群体的文化都是一个动态发展的过程,重构、再组、调适、反馈、定型等都只是文化发展中的一个小侧面,我们今天所能看到的不同社会的文化类型都是在

---

① 郭小川. 7岁男童掉进15米深桩井 被困20小时获救. http://news.china.com/zh_cn/social/1007/20100709/16017630.html, 2010-07-09.
② 徐艺乙. 非物质文化遗产的传承与高等教育的使命. 徐州工程学院学报, 2010 (1): 68.
③ UNESCO. 世界报告:着力文化多样性与文化间对话. 巴黎:UNESCO, 2010: 112-113.
④ 傅谨. 薪火相传:非物质文化遗产保护理论与实践. 北京:中国社会科学出版社, 2008: 297.

这个过程中形成发展的。它所承续的部分大于重构创新部分时，人们才会将其视为一脉相承的民族文化。在非遗保护中，树立自身的文化自信和文化自觉意识，坚守自我文化发展的脉络，珍视历史文化，在此基础上才会培育出新的文化多样性。

在我国近现代，凡是带有过去、传统、下层、民间等标签的文化均遭遇了不同程度的冷遇与贬损的历史过程。追寻这种现象产生的原因，有学者指出，自1840年以后，在工业化过程中，劳动生产效率实现了转折性的增长，进入了"增量时代"，历史进程的突然增速，导致思想意识和社会制度的剧烈变化，也引发了人们对未来的想象与奋斗，因此产生了厚今薄古的倾向，进而排斥历史、传统、过去。只有在历史发生断裂的时代，才会有"历史"，才会从观念上产生同以往时代区隔开来的需求，历史分期的概念范畴才会应运而生并深入人心。① 而且，当人们把未来超前地纳入现在的想象中时，历史和传统便不再是现在的参照，而是需要遗忘的。要遗忘就必须对其加以贬损，这成为一种支配性的话语力量和文化态度。在这个过程中，空间意义上的西方文明插入时间意义上的中国历史中，打断中国历史发展的连续性，成为现在行动的参照和未来的目标，这也是我们经常提到的"进步就是向西方学习"渊源之一。

1949年后这种文化态度并没有发生大的变化。20世纪70年代末改革开放后，随着经济迅速发展，传统文化被视为GDP发展的阻碍，我们对与过去、历史、传统关系密切的民间文化的排斥程度更为激烈和"自觉"，硬性移植西方文化而不是基于自身历史传统的基础上加以吸收，希望以此获得更大的进步，换取想象中的西化生活。② 自我殖民结果是自身文化在现代生活中的边缘化，当代非遗濒危的处境，视传统文化为落后、过时的贬损性态度或不恰当的外部干预和控制，导致大量非遗消亡。

以民间音乐为例，黄翔鹏先生在20世纪80年代谈及在正规音乐学科教育体制中采用西式音乐理论给中国传统音乐传承带来的最严重后果，就是丧失了自承一体的音乐表现方式：

> 把欧洲十八、十九世纪以大小调体系为基础的理论知识，当做普遍真理灌输给他。先入为主的训练迫使他今后在分析或处理中国传统音乐的作品时必须另下

---

① 祝东力. 谈"文化多样性"问题. 绿叶，2010（7）：103-109.
② 《贝聿铭传》中提供的描述可以丰富这一观点，如20世纪70年代末80年代初改革开放初期，贝聿铭建议我国政府颁布相关法令，禁止在故宫周边建设高楼，提出"不要为建立全球最新的文明而牺牲世界上最古老的文明"的告诫，在当时并不被理解。而贝聿铭设计的北京香山饭店，具有中国传统文化意蕴的建筑风格在当时也没有获得国内的高度认可。听贝聿铭讲座的建筑学专业学生对于他"不要忘记过去"的教诲大感失望，因为这些学生都决心把通俗杂志上那些令他们羡慕不已的代表西方繁荣昌盛的灿烂建筑在实践中加以复制、再现，这是此后我国最为常见的建筑形式和风格。参见（美）迈克尔·坎内尔. 贝聿铭传：现代主义大师. 倪卫红，译. 北京：中国文学出版社，1997：291-325。

十几、二十年的自学功夫，才能跳出原有的樊篱，甚至终生格格不入，而强把中国音乐放到达玛斯忒斯"Damastes"的铁床，不拉断骨架就予斫头削足。即使他通过实践明白了 Key 的概念略同于"宫"（gong），而 mode 可同于"调"（diao）时，也难于理解什么是"均"（Yun），难于知道为什么"湖南花鼓戏"所用的调式虽然两个增二度的位置全同于吉普赛音阶，但两者却无共同规律可言。

由于汉藏语系并不存在欧洲语言的轻重律条件，使中、西的节拍规律上也有极大的矛盾。高等音乐院校毕业的优秀生可能拿起拍板或鼓槌在民乐合奏中打不到点子上，难道可以责怪他缺乏天资或学习极不努力吗？……向民间学习的机会越来越少，在这样的传承条件下，……青年学生们已经习惯于弹奏二十三品、二十五品全按平均律定柱位的琵琶，不再知道老七品和老十一品特殊柱位的奥秘。这不是单纯的演奏问题，在根据工尺谱来试奏古曲时，甚至会导致宫调关系的歪曲。……青年的二胡演奏家已经难于控制阿炳使用缠弦和老弦的演奏技术，习惯于音乐会中使用的、风格趋向于纤细的中弦与子弦，这也是传统音乐中渐少雄浑而颇入柔靡的原因之一。①

作为音乐理论家，黄翔鹏先生指出了保持源自中国历史的一脉相传的音乐体系的重要性，因为《二泉映月》内在精神的流淌与那种无可替代的传统二胡演奏技艺是相互依附的。反之，我国音乐家在学习过程中代之以西方的音乐技巧，自身的优势也随之减弱，直至丧失。师从白凤鸣先生的国家一级演员刘慧琴出身曲艺世家，她以个人的体会谈到中西唱法时讲道②：

> 有人对民族唱法轻易加以否定，企图用西洋唱法来加以改造，结果搞得"面目全非"。我自己就曾经有过这样的教训。在合唱团工作时，为了取得和合唱声音的统一，我全盘学习西洋唱法，结果原来优美的音色、明亮的声音，都悄然消失了。声音完全倒在后面，连原来能喊的高音也上不去了。好在电台有不少我原来的录音，通过听录音，一句句的把原来的声音找回来。所以学习西洋唱法，切忌全盘否定自己。只有在保持民族风格的基础上来加以学习，才能达到目的。

上述案例说明，传统文化表现形态在传承体系上无法保持一脉相传的自主性时，也就有失去文化内在自我独特性的危险，沦为他者文化的模仿，进而丧失了自己的文

---

① 黄翔鹏. 论中国传统音乐的保存和发展. 中国音乐学，1987（4）：19-20.
② 刘慧琴. 建立民族唱法中的继承与借鉴. 中国音乐，1987（4）：21.

化影响力。在非遗保护中如何突破来自他者文化观念的强大思维惯性，保持一脉相承的文化体系，是最具挑战性的问题。

黄翔鹏先生讨论传统音乐时，指出梅兰芳先生所提出的"移步不换形"的做法中本来就存在着某个剧目、某个唱腔、某种表演保持严格师承关系的关键因素。因此，当代音乐必须把传统音乐的本来面貌、原始面貌直接教给学生，不能因刘天华在二胡上的创新，梅兰芳在京剧上的创新就忘了阿炳、王瑶卿等前人的成就。① 此话的意思是想说如果只是单纯把创新后的结果告诉学生，会误导学生忽略传承的重要性，"移步不换形"理念中所包含的严格师承正是牢牢坚守了文化一脉相承的底限原则。从上述传统音乐理论家的理论探讨和艺术家的亲身经验出发，或许可以让我们更为深刻地理解当下非遗保护坚守具有自我特色的一脉相承的文化表现体系的必要性。面对非遗的濒危，这更应该成为文化自觉行为。

然而当下非遗保护中坚守自我文化价值的意识远远不够，反而是文化媚外主义②现象总是出现在非遗保护过程中，无意识地按他者对自身的想象制造文化。这正如刘晓春指出的，这种主动投怀送抱的行为，表明传承者的文化自信被摧毁后，文化殖民观念已经内化为自觉意识。③ 京剧对外交流经常是做工强的《三岔口》、《西游记》。在展开非遗保护后，经常会听到把一些非遗运用西方文化中的某种名称进行比喻：如黔东南反排村苗族传统的木鼓舞比喻为"东方的迪斯科"，七夕节比喻为"中国的情人节"，这些比喻虽然使他者容易理解和亲近自身的文化，但潜移默化地造成了人们对于民族文化的历史属性、地方知识背景的模糊，削弱着非遗在历史上积累起来的自我文化韵味。非遗保护过程中随意"媚外"式的做法并不得到支持，左权开花调在2008年第13届中国"青歌赛"表演中运用了西方和声技法遭到评委的严厉批评④；西藏踏歌（藏族踢踏舞）申报UNESCO非物质文化遗产代表作时，由于舞蹈表现手法像百老汇的爱尔兰踢踏舞，受到评审团的批评⑤。

傅谨就川剧曾指出："川剧是可以被其他国家和其他城市的人喜欢的，可是，它毕竟是四川的艺术。川剧生存得好坏关键不在于外地人喜不喜欢它，而是四川人喜不喜欢，在于我们有没有能力重新唤醒四川人对川剧的热爱，这才是川剧的根。川剧的

---

① 黄翔鹏. 论中国传统音乐的保存和发展. 中国音乐学，1987（4）：4-21.
② 这里的"媚外"，主要是这样的心理：认为自己社会的产品、文化及观念劣于其他民族或地区社会的文化。
③ 刘晓春. 非物质文化遗产的地方性与公共性. 广西民族大学学报，2008（3）：76-80.
④ 刘红庆. "开花调"气坏了原生态评委——田青说："一切都回到了原点". 音乐生活，2008（6）：20-21.
⑤ 乌丙安. "非遗"保护莫擦文化遗产的"包浆". 文汇报，2010-02-08（6）.

观众最主要集中在四川,川剧的戏迷在四川,能够评价川剧的优劣、能够判断它是否健康发展的人在四川。立足于本地,立足于传统,踏踏实实地一步一个脚印地致力于川剧的保护和发展,川剧才生存得更好,有美好的今天,或许还会有辉煌的明天。"①著者本意是阐述戏迷对戏曲的提升作用,但也指出了非遗传承的动力主体所在——存在于不同社会阶层中的民众及由他们自主得出的对文化遗产的认识观念和传承方式。

而2003年公约正是着眼于"知识遗产承载者群体和团体内部的知识传播过程"②。传递的信息很明确:在文化共享、交流的基础上,承认和尊重并且保护文化特殊性、差异性,认可根植于地方传统中的非遗,其生存和传承关键在于不为他者价值观所决定的自身独特表现体系。要求非遗传承者建立起自己的文化自信,世代传承由自己的祖辈创造的非遗。非遗无可代替的与众不同的独特表现特点首先来自于一脉相传的传承体系。只有坚守自承一脉的文化传承的底限原则,吸收来自各方不同的异质因素却不为其左右,这是对本国历史传统反思后对自我文化尊重的表现,也才会呈现出世界"同中有异"的文化多样性。

四、非物质文化遗产"持续感"、"认同感"与保护

任何一种非遗,都裹挟着民族长期的历史嬗变和文化积累,并因身体性特征而成为体验生命本体的文化形态。2003年公约中的非遗界定肯定了这一观点,阐明了认同感和持续感的形成根基在于非遗动态的世代相传。从这一观点出发,我们思考的一个问题是,对于各个非遗,面对社会生活的转型和变迁,保护实践如何把握非遗在文化属性、表达形式不断变动的特点,保护着重点应该落在哪里才能够有效形成民众的文化持续感和认同感?这最终关系到文化多样性的存在状态,在我国存在于以下情形中。

(一)非物质文化遗产文化属性的转变

许多非遗如流传在各地的民歌、故事、书法、古琴、昆曲、武术并不以谋生为主,而是我国各阶层民众主要用以满足自我精神为主的非遗。有的在当代出现了职业化趋势,成为人们谋生的职业之一,其社会属性由此发生改变。王咏针对古琴的研究③指出,长期以来,古琴作为中国传统"士"文化的象征,其文化意义已远远超越了古琴音乐本身,"审其音而知其德"的审美特性与士大夫文化身份构建有着不可分割的关系,欣赏古琴弹奏的听众只是这种文化表达的副产品。古琴鉴赏体系是独家用

---

① 傅谨. 非物质文化遗产保护与戏剧发展. 四川戏剧, 2010 (4): 21.
② UNESCO. 世界报告: 着力文化多样性与文化间对话. 巴黎: UNESCO, 2010: 27.
③ 王咏. 国家·民间·文化遗产——社会学视野中的吴地古琴变迁. 南京: 江苏人民出版社, 2009.

于士阶层的综合考核体系，包含琴德、琴韵、风度、技巧、古典文化知识等一系列不可分割的指标。

在当代，围绕古琴技艺发生了诸多变化：

（1）在古琴制作层面，有手工和机器加工的区分，琴弦有丝弦和钢弦的区分；

（2）在表演层面，引入了大众音乐会形式；

（3）在评定古琴演奏水平方面，引入西方音乐体系下的级别考试。

这些变迁情形加之我国"士"文化氛围的衰落，导致古琴"士"文化象征的属性渐渐衰微。在这种情况下，当代的传统琴人坚持古琴的首属功能是让古琴的阅听人修身养性，清心反省，而不是满足阅听人耳朵的欲望，坚持推崇几乎让普通现代人听不下去的手工制作的古琴丝弦演奏，认为古琴从来不是为大众口味诞生的，指出当人们从古琴声中听到筝和琵琶的悦耳之音时，古琴就死亡了。

针对上述情况，我们需要考虑对古琴实施的非遗保护重点是应该落在古琴的"首要属性"上，还是通过音乐会、考级、学院教学等现代社会通行的方式实现其大众共享的审美功能属性？

类似的，一部分非遗如书法、太极拳等作为我国民众提升自我生命境界的文化形式，强调的是它们与自我内心的互动，不断追求个体精神人格深度上的修为，这是这些非遗存在的本质。它们从来都不是为获得他者的青睐而存在的，尽管某种程度上需要这种青睐。但与古琴一样，它们的欣赏功能甚至商业消费用途是其衍生的副产品之一。热衷于太极拳的人都明白，太极拳绝不是为了让人欣赏而表演的"太极操"。古琴、书画、民歌等非遗也不是单纯为创收而诞生的文化形式，当此类非遗传承者把大部分精力投入非遗本身的发展时，并不能换取到生活所需的足够物质基础，所以这类非遗的杰出传承者要不是一些不愁生活的"有闲阶层"，要不就需要各种形式的资助、供养、馈赠等赞助机制作为个体生活的保障，或者就是在闲暇之余自我娱乐中发展起来的。

反之，许多非遗是人们为谋生这一首要目的产生的，作为一门行业而存在，依赖于市场交换体系，是在与大众的互动和认可中成就自身的，如相声、戏曲、手工艺等。有趣的是，它们由于来自市场之外的各种原因，却与其职业化谋生特征相脱离，远离大众。

这些非遗不同的社会存在状态正是人类生活多元化的表现，互为平衡和弥补各自存在的不足。非遗保护应当遵循其一以贯之的目标，当然这面临许多困难，但这正是专门展开的非遗保护需要克服的。我们如何把文化多样性思维与非遗保护结合起来，依据其表现形态的首属性质、与社会的关系、濒危程度来思考不同的方案，在理论方面还需要更为艰苦的深入探索，仅从非遗保护这一务实角度考虑的话，对于列入名录的非遗从不同角度进行分析、总结，可能会开启对更多非遗保护观念的思考。

（二）非物质文化遗产文化风格逐渐转变

许多非遗，在表现手法上，仍以传统"技艺"、"技术"为主，但却表现出明显不同的文化风格。剪纸是一个典型案例，同为剪纸技艺，当代剪纸既在不同群体尤其是农村妇女中有广泛的流传，也进入专职艺术创作的领域，还有专以市场为主的剪纸产业。乔晓光指出剪纸正在脱离民俗实用功能，发展出艺术性的剪纸技法，并衍生出许多剪纸风格的艺术品，如产业化类型的绘画剪纸，旅游商品类型的风物、生肖类剪纸，工艺品类型的剪纸制品等，正成为当下文化舞台上的流行类型，剪纸也成为城市现代生活中经常使用的公共艺术符号。作为喜闻乐见的民间美术形式，剪纸总体的发展趋势是从民俗视野中的民间艺术走向独立的艺术形态，从原来的地域性风格中解放出来，向个体化语言风格发展。① 从非遗保护的角度切入，同为剪纸技艺，保护重点是那些传承自农耕时代的剪纸技艺和造型、视觉风格。

（三）"创新型"保护方式与非物质文化遗产的认同感、持续感

在我国，传统、民间文化表达形式为当代不同群体所创新和自由演绎，甚至被彻底的脱胎换骨，追求更大范围的人的认可，是我们应予以尊重和欣赏的。但动用非遗保护公共资源时却必须思考哪种创新才符合非遗界定中所说的"世代相传，是各社区和群体适应周围环境与自然和历史的互动中，被不断地再创造，为这些社区和群体提供认同感和持续感"。

当下许多非遗的异地表演、西化形式的特征被有关群体反复肯定和认可，如地方政府会大力支持民间小戏的晋京表演，这种表演还会以民间小戏搭配交响音乐会的形式出现。就这种形式，相关艺术创作者表示："……以这样一种全新的表演形式介绍给首都观众，是对非遗一种更高层次的保护，为××非遗的传承与弘扬注入新的生命力，也将民间艺术提升到一个新水平。"诸如此类的话语被媒体不断引用和宣传传播。这在当下的非遗保护中并不新鲜，把首演地点放在北京而不是在本地的民间小戏交响音乐会，看作"对传统文化的高层次保护"，"是对传统文化内容展示上的一次创新"，"是××地文化的更深领域的拓展"，这正是某些非遗保护追求的目标和效果，孙玄龄以戏剧为例，指出一边是非遗的抢救保护，一边是对非遗的改头换面，用"大桶漏香油，遍地拣芝麻"形容再贴切不过了。这种对非遗近乎伤筋动骨的改造，已经成为非遗保护中最为惯用的方式之一，几乎到了熟视无睹的地步。②

---

① 乔晓光. 中国剪纸的新时代——现状、趋势及其问题//中日韩非物质文化遗产保护比较暨第三届中国高校文化遗产学学科建设学术研讨会论文集. 广州：中山大学中国非物质文化遗产研究中心，2011：130-133.

② 孙玄龄. 声响年华. 北京：中华书局，2009：325.

某些团体创新非遗时导入西式形式和体例，是非遗多元发展的表现，这绝对值得我们尊重和欣赏。但这种形式的导入，某种程度上是西方文化观念融入的结果。如戏曲音乐，由专业编曲者改编后以交响乐形式呈现，有着专业化、理性组织的一面，这正是西方文化的一个显著特点。在音乐厅中享受具有地方特色的交响乐时，人们实质上已经身处西方文化支配的意义空间中了。在这个文化意义的再生产中，祁太秧歌的传承者扮演了何种角色尚无实际资料说明。但可以肯定的是，从农村进入都市，从露天简陋舞台进入音乐厅，从简单乐器到交响乐团演奏等一系列转变就是某些团体想象祁太秧歌如何创新发展的实际表现。

对这些团体而言，形成某一非遗在地方地域性影响的决定性因素：如民间小戏艺人与地方民众长期互动积累起来的独特唱腔、音乐韵味、即兴撷取生活内容的表演手法并不是他们展开非遗保护首先要考虑的，只有提炼、改变构成民间小戏的核心要素如曲调、表演手法，运用新的音乐表现方式——交响乐演绎，才是非遗保护效果的体现。但民间小戏这样的表演方式，又会对其传承产生哪些影响？不知是否曾搬入民间小戏所属的地方社区如农村去表演？不知是否真的为喜欢民间小戏的民众所认同？

因此，我们要质疑的是，诸如此类形式是否可以视为是"对非遗的更高层次保护"？这一问题仍需我们进一步深思，如果掌握社会资源分配权的群体认可这种观念，把非遗保护公共资源主要用于上述"交响音乐会"之类的资助，忽略乡土社会中民间小戏的艺术核心内容整理、传承人培养、唤起地方民众对民间小戏重要性的意识和认同感时，无可否认，我们看待世界的观点和生活方式已经深受他者观念的影响，非遗保护仍是后者工具化的合理途径，保护目标绝不是指向民族纵向的历史连续性。自视为文化自觉的非遗保护，以保护为名动用各项经费、人力等公共资源时，追求一脉相承的历史认同感将在这个过程中以不为人察觉的方式丧失殆尽，被置换为追求他者文化基础上的认同感，是更加彻底的"釜底抽薪"。这有悖2003年公约追求的精神宗旨，也有悖于"保护和弘扬我国非物质文化遗产，就是延续和保持中华民族的精神血脉和民族基因"[①]。

综上所述，必须认真考虑哪一种保护取向才有利于非遗传承及其所追求的历史持续性和文化认同感的目标，并为此做出学术理论上的解释。与周边国家日韩相比，求新求变或许是我国的显著特点，但保护重视的是非遗对传统脉络的高度依存，显示现代社会深植民族文化土壤之中的多样性。历史早已证明，人们如何思考和行动，很难

---

① 孙家正. 提高民族文化自觉，做好我国非物质文化遗产保护工作——在"中国非物质文化遗产保护·苏州论坛"的讲演//文化部民族民间文艺发展中心. 中国非物质文化遗产保护研究（2005·苏州）. 北京：北京师范大学出版社，2007：5.

脱离自身所处社会长期以来所形成的历史文化,正是意识到这一点,各国在现代化的进程中,才以立法形式确立文化遗产保护的"历史持续性"理念。无论非遗如何变化,如何创新,把握非遗保护的重点在于上述原则,而不是引导人们形成基于他者文化之上的认同感或是脱离文化脉络连续性,有时甚至是完全重新打造。

当下包括地方政府在内的不同团体致力于把主要社会资源用于非遗的开发和创新,冠以"创新"、"与时俱进"等提法,这种实际保护中对持续感、认同感的错置,使得当下非遗保护呈现繁荣的背后,实质仍是以割裂非遗传承脉络为代价。这将极有可能导致以非遗为平台达到经济文化双赢的如意算盘的落空,面临的将是双输的局面。在这个层面,必须清醒地意识到非遗保护存在着一系列尖锐的价值对抗,要尽最大程度影响对历史文化漠不关心的某些社会群体,只有从这些价值对抗和博弈中推动非遗保护导向真正传承属于我们的传统精髓,形成历史持续感,在此基础上发展的文化多元社会才更具包容和智慧。

五、建立保护非物质文化遗产的知识话语系统

要从当下与非遗有关的尖锐的价值意识对抗中使非遗获得真正意义上的传承,知识教育是重要一环。从知识形态的角度而言,包括非遗在内的技艺经验性知识与其所处的历史、生存环境密切相连,具有世代相传、口传、动态性特征,在不同的社会、团体内形成独特的文化哲学和生活模式。这些知识有不同的称呼:地方(土著、本土、原住民)知识、传统民间(民族、民俗)文化,它们都被打上了有别于西方文化、现代知识的烙印。其实这类知识存在于任何一个社会中。除前文中提到的波兰尼外,布尔迪厄、舍勒都注意到这类知识不同于学校教育中所采用的知识体系,指出这类知识依赖的是行动中"即兴"习得的技巧,而不是在研究生院里学来的法则。[①]

在实际生活中,非遗传承者在各种社会关系网络中发挥自身能力,只有围绕非遗传承和传递的群体和个人,形成外在的、有利于维持和保护非遗群体生存利益的社会结构系统,才有代代传承非遗的可能。反之,当非遗传承者在与地方或更大社会组织系统的互动中无以获得认可和支配一定社会资源时,非遗就会随着其负载者的没落不断滑向社会边缘,在这种演变中渐渐退出社会。我国非遗边缘化原因之一正在于近代以来中国在对发达国家文化与价值的积极主动引进过程中,对以非遗为代表的民族文化不断加以贬损导致的。

19到20世纪,西方科学知识被大规模传播到非西方国家,通过学术研究、专业

---

① (法)皮埃尔·布迪厄,(美)华康德. 实践与反思:反思社会学导引. 李猛,李康,译. 北京:中央编译出版社,2004:339.

学科、教育制度的设置等知识控制体系，使非西方社会在各领域结构和功能方面实现了较为彻底的变革。具有客观性特征的科学知识在当代社会变成了"权力"资本的象征，具有了"四海皆准"的普适性。它把社会进步归结于正规教育训练出来的专业知识，在这种知识权力操控下，将其无法解释的其他知识体系，用进化论的解释抛进迷信、愚昧、落后的认识框架中。意识不到它们的合理性存在而遗弃，或者以西方知识的逻辑范式对其加以筛选、改造直至替代。

相反，本土文化知识并没有建立起有效的抵御机制，甚至根本没有这样的"防御"意识，冈仓天心就此指出："我们东洋的各个民族——自身就是一个世界——从未有过让其他民族屈从于自身的想法，因而也就没有机会体验从对立中滋生出来的民族自觉意识。"① 这导致非西方国家本土文化遭到侵袭和压迫，不断流失和消亡，无法以整体形态获得主动意义上的自我发展，不断让出地盘给西方文化，最终失去了自我掌控生活的社会机制，逐渐在生活的各个方面模仿、依附于西方文化。

中医就是一个典型的案例，其外在医疗技艺所蕴涵的认知理论如经络、腧穴等在西方医学无法予以清晰解释的情况下而遭质疑和遗弃，而其疗效的不稳定在西医疗效立竿见影的映照下更相形见绌，沦为西医的补充治疗手段。澳大利亚官方在批准中医行医资格时，将中医切分为中医、针灸、配药三种行医资格，将中草药列入与维生素、矿物元素、植物、荷尔蒙同列的辅助药物。有的如枸杞只能作为健康食品，中药只能以药粉的成品化、片剂化、胶囊的形式而不是煎煮的方式出现。② 自近代以来，中医在如何"科学化"的质疑、争论中，戏剧性地成为非遗。

在西方文化体系下，我国太极拳被研究者运用体育学、康复学、养生学等相关理论进行表述，并用现代医学实验手段来说明太极拳的有关功效。由于缺乏切身的深入体悟，年轻一代中的大部分人已经难于理解以中国哲学为基础的虚实、"用意不用力"等太极拳的传统知识表达方式。类似地，如上文中黄翔鹏先生所指出的，流传在中国各地的传统音乐、工艺美术、地方戏曲甚至古典艺术等都被有意无意地运用西式思维进行阐释，捡了芝麻丢了西瓜，它们被简化、过滤、遗弃的情况十分严重，所表现出的濒危性导致它们在今天统统纳入非遗麾下。

西方文化的认知范式并不能有效解决非西方国家和地区的发展问题，拥有技术优势的发达国家在非西方国家的生物资源开发、环境保护和文化产业开发三个领域取得了成功，获取了巨额利润，从侧面肯定了地方文化对社会的可持续发展所具有的积极作用，也提醒着非西方国家必须把本土文化上升到"国家资源"的战略高度。从记

---

① （日）冈仓天心. 中国的美术及其他. 蔡春华，译. 北京：中华书局，2009：79.
② 张京红. 澳大利亚的中医药市场与法规概览. 环球中医药，2009（1）：75，80.

录立档、学术研究到法律机制完善本国的传统文化保护体系，全方位支持建立在本国文化基础上的自我发展。同时要求在国际层面采取保护措施以维护本国民众利益，2003年UNESCO《保护非物质文化遗产公约》便是这种努力的国际成果之一。

我国在引入西方知识正规教育体系过程中，形成学科制度、评价体系和职业体系等知识传播机制，也逐渐改变了我们的文化心态结构。这种心态结构从专业知识领域扩散到日常生活领域，形成了强大的话语支配权，其结果不仅造成几代国人文化价值观的根本改变。更为重要的是在西方知识控制的社会体系下，在看待自己本土的各种文化现象时，往往不自觉地套用他者审视和判定事物的文化标准与理论。

直到现在，不是正规教育体系中的非遗，很难以其本身的魅力说服正规"专业知识"培养出来的自我感觉良好的年轻一代及掌握话语权的相关团体。王宁宇考察陕北匠艺——丹青技艺时，看到了传统技艺所蕴涵的民间智慧在保护地方文化特色中无可替代的重要作用，指出受过正规教育的各级行政人员和年轻工匠对没有受过正规教育的民间老工匠所拥有的传统地方知识的轻视态度，揭示了传统技艺在当代社会传承时面临的困难，突出了以非遗为代表的地方性知识与冠以"设计"之名的正规知识实践相比时所处的弱势地位和遭到的排斥。① 这种行教育之名不知不觉表现出来的对非遗的漠视、歧视成为当下社会再正常不过的价值观，也成为非遗社区大多数民众认为理所当然的价值观，关于非遗"不符合时代审美"、"不符合年轻人品味"种种说辞某种程度上正是这种价值观的改头换面，体现的是对非遗的不认同。必须承认，先入为主的文化偏见已经成功抑制了我们用尊重、耐心的心态对待非遗，深刻地理解更是无从谈起。

从这个层面而言，运用消解西方中心主义的后现代文化批评理论来揭露影响我们日常生活的各种文化殖民心态，真正树立起文化本无优劣之分的多样性观念，重新认识、定格自己的历史和文化，恢复对自我文化传统的尊重，才会有自我文化创造力的不断涌现。反之，不摆脱这种持续自甘简陋的心态，任何非遗保护措施都很难奏效，社会各个层面仍是那些不断地致力于告别传统的"创新"话语声音。所以从知识生产、知识意识形态角度考虑，当代需要建立有利于非遗保护、传承的知识话语的理性表述、传播系统和职业道德方面的秩序体系，肃清随意贬低传统、地方文化价值的社会话语操控力量。从知识意识形态上确立我国民族文化价值的合理性和正当性，并将其带回正常的社会生活中来。

从现有状况来看，文化多样性是这个知识话语系统最重要的理论基础，已经在我

---

① 王宁宇，高晓黎. 让传统手工技艺进入当代知识系统——从陕北匠艺丹青生产性方式保护谈起. 美术观察，2009（7）：8-10.

国政府、学界、社会大众中自上而下的实践中层层铺开。在社会体系中，教育是推动一切知识合理化的重要手段，它所培养的人才正是未来可能会把握社会话语权的人。布尔迪厄在其著作《国家精英》中早就强调，社会个体的生活方式、思想、美学品味很大程度上取决于其社会经历和支配社会资源的社会结构的特征，其中家庭背景、出身和教育是重头戏。许多非遗主要由那些精通非遗的各阶层人士持之以恒地对年轻一代进行引导和培养，这种良性传承恰恰是在非正规教育体系下进行的。笔者认为，应以非遗为中介，让学生尽可能早地在正规教育之外的真实生活情景中接触到各类非遗，培养社会个体对自身所处社区的非遗的尊重、欣赏和理解，让社会个体在逐步成长的过程中认识到不同文化对这个世界不同地区、不同历史阶段的解释和表达方式，调整、适应不同文化表达形式所带来的差异感，拥有对各种独具特色文化的欣赏和转换能力，这是当今全球化背景下多元社会人们需要具备的能力。

这一切首先需要对非遗保护展开持续的学术研究，对非遗进行重新诠释、评估，在民众认同非遗重要性的基础上找到走出非遗传承困境的潜能和创造力。这或许有点鼓吹的意思，但真正的教育永远不是鼓吹、宣传，而是学者在扎实的学术研究基础上展开教育，使民众独立思考的结果。如国画，"国画是否艺术，有无价值，国画与洋画相比，是否在进化路程上后人一步，诸如此类的问题，今日国人已不大提出，……可是如果没有陈师曾等人在日本的大村西崖等人的提醒之下，迅速扭转观念，国画的命运与其他国字号事物或许不会相差太远。……由此可见，担当者的水准能力及其主观努力，在相应条件下对于该项事物的存亡兴衰具有决定意义。"① 这说明，比起我国其他民族文化表达形式，国画的命运之所以好得多，离不开早期中西文化比较中精英学者对国画价值的理论研究和不断肯定。因此，从知识层面推动民众认识非遗，扩大非遗的社会影响，重视自己的历史文化，立足于自我文化基础，充分吸收外来文化的优势，这样的文化发展或许才能避免成为强势文化的牺牲品。

小　　结

在求新求变的当代社会，过去、传统和未来的内在联系变得脆弱起来，也使当代和未来充满了不确定的风险。作为人类共同遗产的文化多样性，是 UNESCO 不断提倡的文化观念，并将这一观念与解决当今世界面临的重大社会问题联系起来，尤其是全球化进程带来的负面影响，推动公众在日常生活中思考这一观点，提醒社会的发展不能以丢失传统和自我文化特征为代价。

---

① 桑兵. 近代中国国字号事物的命运. 中山大学学报，2009（1）：63.

文化多样性理念更确定地告诉我们，不断加深对外沟通，追求经济发展的社会是可以做到兼具国际性和地方性双重性格的，在贪婪吸收外来文化、具有国际视野的同时，却有传统民间文化的缓慢孕育，这种格局为各个阶层生存和各种文化形式的表达及糅合创新提供了"和而不同"的文化空间。

文化差异是创造力的来源之一和文化多样性的表现，承认文化无高低优劣之分，任何文化都具有平等的尊严和权利。保护非遗是实现文化多样性的重要策略，这需要从包括政治在内的社会各个层面追求文化平等，正如2003年公约指出的，承认各社区、团体、个人所传承的与众不同的非遗为丰富文化多样性做出了贡献。这一理念正如一位华语歌手以其无可抵挡的非物质魅力唱出的："缤纷色彩闪出的美丽，是因为它没有分开每种色彩。"①

在此基础上，非遗保护应该积极展开不同层面的文化交流沟通和对话，更鼓励不同非遗传承者或群体参与到保护过程中来，坚持一脉相承的文化自主，注重民族历史的持续性，实现非遗的代际传承和再创造。"一个由主人翁组成的社会，一个由集体创造自己未来的社区，能够没有自己的知识的基础而存在吗？反过来说，一个社区肯定自己的知识，以自己的知识为荣，并且积极地利用和建设自己的知识，难道不就是在开创自己的未来吗？"②

---

① 中国歌曲《光辉岁月》（粤语版）歌词，词曲作者：黄家驹，Beyond乐队主唱，作品发表时间1988年。
② 马格林. 农民、种籽商和科学家：农业体系与知识体系. 卜永坚，译//许宝强，汪晖. 发展的幻象. 北京：中央编译出版社，2001：325.

第四章 非物质文化遗产保护的社区参与原则

2003年公约文本内容中有多处提及"社区"、"群体"、"个人"这三个术语，但并没有对它们做出界定，也没有确定非遗社区、群体、个人享有哪些权益，而是把三个术语隐匿在2003年公约的各项条款中。"承认各社会，尤其是原住民、各群体，有时是个人，在非遗的生产、保护、延续和再创造方面发挥着重要作用，从而为丰富文化多样性和人类的创造性做出贡献。"①

在公约第1条中：

> 本公约的宗旨如下：
> (a) 保护非物质文化遗产；
> (b) 尊重有关社区、群体和个人的非物质文化遗产；
> (c) 在地方、国家和国际一级提高对非物质文化遗产及其相互欣赏的重要性的意识；
> (d) 开展国际合作及提供国际援助。

上述规定非遗保护在三个层面展开，地方→国家→国际。以国家作为2003年公约执行主体，明确了同时在地方和国家层面实施非遗保护措施以及"相互欣赏"，并且在非遗概念的界定中，非遗是指被各社区、群体，有时是个人，视为其文化遗产组成部分的各种社会实践、观念表述、表现形式、知识、技能以及相关的工具、实物、手工艺品和文化场所。这种非物质文化遗产世代相传，在各社区和群体适应周围环境以及与自然和历史的互动中，被不断地再创造，为这些社区和群体提供认同感和持续感，从而增强对文化多样性和人类创造力的尊重。在2003年公约中，只考虑符合现

---

① 2003年《保护非物质文化遗产公约》前言第7段。

有的国际人权文件，各社区、群体和个人之间相互尊重的需要和顺应可持续发展的非物质文化遗产。

在界定非遗概念的基础上，较之以往文化遗产保护方面的国际公约，2003年公约最重要的创新是就社区、群体、个人参与非遗保护做出了规定，有关社区参与非遗的内容体现在不同条文中。具体内容摘录如下：

  第11条（b） 在第2条第（3）项提及的保护措施内，由各社区、群体和有关非政府组织参与，确认和确定其领土上的各种非物质文化遗产。

  第13条（d）（ⅱ） 确保对非物质文化遗产的享用，同时对享用这种文化遗产的特殊方面的习俗做法予以尊重；

  第14条 各缔约国应竭力采取种种必要的手段，以便：

  （a）使非物质文化遗产在社会中得到确认、尊重和弘扬，主要通过：

  ⅱ. 有关社区和群体的具体的教育和培训计划；

  ⅳ. 非正规的知识传播手段。

2003年公约在吸收已有保护实践和1999年华盛顿会议结论的基础上，在确保社区参与非遗保护决策和管理上迈出了切实的一步。在非遗保护视野下，社区（群体、个人）成为非遗保护的关键术语。第15条规定：缔约国在开展保护非物质文化遗产活动时，应努力确保创造、延续和传承这种文化遗产的社区、群体，有时是个人的最大限度的参与，并吸收他们积极地参与有关的管理。①

笔者认为社区参与非遗保护主要包含两层含义：

第一，在非遗所在社区，就非遗本身的创造、延续和传承，社区是主动意义上的自发参与（participation）；

第二，就非遗保护管理决策等公共文化事务，更多的是政府官方主导下的行动，实施社区参与原则就需要对社区加以动员，这需要具备或创造许多前提条件才能使其参与投入到或吸收他们（involve in）参加到与管理相关的非遗保护行动中来。

---

  ① Article 15: Participation of communities, groups and individuals. Within the framework of its safeguarding activities of the intangible cultural heritage, each State Party shall endeavour to ensure the widest possible participation of communities, groups and, where appropriate, individuals that create, maintain and transmit such heritage, and to involve them actively in its management.

第一节 非物质文化遗产保护的社区参与和人权、知识产权

早在2003年公约之前,与"社区"、"群体"、"个人"相似的术语已经反复出现在其他国际法律文件中,显示出国际社会对与地方社会民众不可分离的传统文化表达形式,在观念认识层面的逐渐变化。Janet Blake指出,2003年公约最值得注意的就是把核心角色给了与非遗相关的文化社区(有时是群体或个人),置入非遗概念的界定中,并要求社区参与到非遗保护的每一个步骤中,发挥其应有作用,这一点是已有相关国际法律文书所没有的。因此2003年公约在对传统文化表达形式的研究和认识上,尤其从保护视角出发对非遗传承群体重要性的认识,是一个全新突破。她以生态保护方面的国际文件的相关条款加以说明。① 与她类似的研究还有Henrietta Marrie,以土著民众和非遗为关注点,讨论了有关国际文件对土著民众的关注。②

下文在前人研究的基础上,将主要从物质文化遗产和生态环境保护领域着手,通过相关案例和有关国际文件中关于社区、地方群体的条款规定,了解非遗传承者——社区、群体日益受到重视的过程,看到2003年公约保护理念转变的必然性所在。

一、物质文化遗产和生态环境保护领域社区民众的重要性

(一)物质文化遗产保护领域中社区民众的重要性

1972年公约在近40年的实施过程中,社区民众及其承载的包括非遗在内的传统知识和文化日益发挥着重要作用。从西方文化视角看到文化遗产所在地民众对物质文化遗产保护的重要性,有不少可供借鉴的案例:如澳大利亚的乌卢鲁—卡塔·丘塔国家公园(Ulura-Kata Tjuta National Park)在其保护计划和管理过程中有土著居民的参与,管理规划把土著居民的传统习惯放在首位③;非洲的大津巴布韦遗址修复采纳了当地传统建筑技艺和常用材料,将尊重与遗址有关传统习俗、信仰仪式纳入保护管理中④。1972年公约通过OUV标准6的修正,把地方社区与文化遗产有关的信仰等认

---

① Janet Blake. Towards a Better Understanding of Community Involvement for Achieving Environmentally Sustainable Development. Environmental Sciences, 2008 (2): 1–14.

② Henrietta Marrie. The UNESCO Convention for the Safeguarding of the Intangible Cultural Heritage and the Protection and Maintenance of the Intangible Cultural Heritage of Indigenous Peoples // Laurajane Smith, Natsuko Akagawa. Intangible Heritage. New York and London: Routledge, 2009: 169–192.

③ 详见(加)Bob Mckercher,(澳)Hilary du Cros. 文化旅游与文化遗产管理. 朱路平,译. 天津:南开大学出版社,2006:99–101。

④ Dawson Munjeri. Following the lenth and breadth of the roots: some dimensions of intangible heritage // Laurajane Smith, Natsuko Akagawa. Intangible Heritage. New York and London: Routledge, 2009: 133–137.

知观念纳入保护要素之中。

有研究者指出,土著居民参与文化遗产地保护管理的优势在于:热爱故土的土著民众最为熟悉和了解当地自然环境,对于旅游、各类自然资源开发对环境造成的影响,他们可以很快发现被外界忽视的变化。土著民众还能使旅游观光者深入体会到文化遗产地环境独特的文化特征。

但在具体的保护实践中承认社区参与的合理性却并不容易。澳大利亚卡卡杜国家公园花费了近20年时间才建立起土著居民与非土著居民平等参与管理的联合管理体制。由于存在对土著团体及其利益的协调、政府和商业利益集团的抵制、相关保护管理团体对土著参与保护重要性的认识不足、管理事务中决策权分配的分歧等因素,使土著居民参与文化遗产保护管理经历了一个极其困难而漫长的过程,直到1999—2004年卡卡杜国家公园管理计划才正式承认土著居民的权利在保护管理中的优先地位。①

1972年公约下新修订的2005年《世界遗产公约操作指南》在服务于文化遗产地保护目标时,在以下方面涵盖了社区民众参与文化遗产保护管理的内容:

1. 保护和管理世界遗产的合作伙伴可以是:个人和其他利益相关方,尤其是对世界遗产的保护和管理感兴趣并参与其中的当地社区、政府组织、非政府组织和私人组织以及财产所有人。(第40段)

2. 世界遗产的管理体制可能包含传统做法及有效的管理体制包括各利益方对文化遗产价值共同的透彻理解、合作者与各利益相关方的共同参与。(第110—111段)

3. 在准备世界遗产申报文件的过程中,当地群众的参与很必要,能鼓励他们与缔约国共同承担保护文化遗产的责任。世界遗产委员会鼓励多方参与编撰申报文件,其中包括文化遗产管理人员、地方和地区政府、当地社区、非政府组织和其他相关群体。(第123段)

4. 关于支持1972年公约的目标中规定:增强地方及全国公众对文化遗产保护和展示活动的参与。(第211段)

这体现了1972年公约下的物质文化遗产保护在不断修正的过程中已经考虑如何吸收地方民众参与文化遗产保护管理,如何与他们打交道。思考他们的想法、意愿与文化遗产保护存在的一致和矛盾之处,对文化遗产会造成哪些影响,如何把民众想法

---

① 玛瑞卡·维克塞尼. 国家公园与本土文化的保护:以卡卡杜国家公园为例//郑玉歆,郑易生主编. 自然文化遗产管理——中外理论与实践. 北京:社会科学文献出版社,2003:228-254.

转变成文化遗产保护管理的一部分。社区参与已经是物质文化遗产保护规划设计和具体管理过程中不容忽略的因素。

（二）自然生态保护领域中社区民众的重要性

前文已多处提及这方面的内容，因为气候、自然生态关系到人类的生存，也指出正是生态运动的兴起，不发达地区的地方或传统知识的重要性才逐渐被认识到。因此，生态环境保护领域中，较早地从保护维度对传统知识持有者与其他团体予以承认和尊重。这在以下生态保护的国际文件中得到了详细的体现：

（1）在1992年通过的《里约环境与发展宣言》中的相应规定：

> 原则10 环境问题最好在所有有关公民在有关一级的参加下加以处理。在国家一级，每个人应有适当的途径获得有关公共机构掌握的环境问题的信息，其中包括关于他们的社区内有害物质和活动的信息，而且每个人应有机会参加决策过程。各国应广泛地提供信息，从而促进和鼓励公众的了解和参与。应提供采用司法和行政程序的有效途径，其中包括赔偿和补救措施。
>
> 原则22 本地人和他们的社团及其他地方社团，由于他们的知识和传统习惯，在环境管理和发展中也起着极其重要的作用。各国应承认并适当地支持他们的特性、文化和利益，并使他们能有效地参加实现持续发展的活动。

这两条原则指出并承认原住民、地方及社区在环境管理发展中的关键角色，后来许多国际公约都参考了上述原则。受《里约环境与发展宣言》的影响，后来通过的自然生态方面的国际法律文件，都对地方社区参与环境保护管理做出了规定。

（2）1992年在联合国环境规划署（UNEP）的主持下，在联合国环境与发展大会上，由缔约国签署通过《生物多样性公约》（CBD），其中也有相应的规定：

> 第8条 （j）依照国家立法，尊重、保存和维持土著和地方社区体现传统生活方式而与生物多样性的保护和持续利用相关的知识、创新和实践并促进其广泛应用，由此等知识、创新和实践的拥有者认可和参与下并鼓励公平地分享因利用此等知识、创新和做法而获得的惠益；
>
> 第17条 2.此种信息交流应包括交流技术、科学和社会经济研究成果，以及培训和调查方案的信息、专门知识、当地和传统知识本身及连同第16条第1款中所指的技术。可行时也应包括信息的归还。

在这些条款的基础上，CBD的生物多样性保护实践为执行社区参与原则提供了成功的经验。2004年，CBD缔约国大会通过了《对拟议在圣地和土著、地方社区历来居住或使用的土地和水域进行的、或可能对这些土地和水域产生影响的开发活动进行文化、环境和社会影响评估的阿格维古自愿性准则》（简称"阿格维古自愿性准则"），探索这项准则如何更好地与国家层面的立法和决策结合起来。这项准则规定，在 CBD 缔约国大会上，如果被提议的发展正在或即将影响土著、地方社区的宗教信仰及他们世代生活和占有的土地和水域时，会邀请土著和地方社区的代表出席会议及其他会议，并参与 CBD 的"传统知识议题工作组"的有关工作决策①。

（3）1994 年通过的《联合国关于在发生严重干旱和/或荒漠化的国家特别是在非洲防治荒漠化的公约》（CCD）中，由于这项治理沙漠的公约特别针对广大欠发达的非洲国家，多处特别提及"传统的和当地的知识、诀窍和做法"，要求缔约国确保当地民众参与相关计划的设计和执行。较之上述国际文件有更多条款就"地方社区"参与给出了详细规定：

  第 3 条　（a）缔约方应当确保群众和地方社区参与关于防治荒漠化和/或缓解干旱影响的方案的设计和实施决策，并在较高各级为便利国家和地方两级采取行动创造一种扶持环境。

  第 5 条　（d）在防治荒漠化和缓解干旱影响的工作中，在非政府组织的支持下，提高当地群众尤其是妇女和青年的认识，并为他们的参与提供便利。

  第 10 条　（f）设法在地方、国家和区域各级让非政府组织和当地男女群众，特别是资源的使用者，包括农民和牧民及他们的代表组织，有效参与国家行动方案的政策规划、决策、实施和审查。

在这一国际公约中，对地方社区相关权益的保证也进行了详细规定：

  第 17 条　研究与发展：1. 缔约方承诺根据自己的能力通过适当的国家、分区域、区域和国际机构促进防治荒漠化和缓解干旱影响领域内的技术和科学合作。为此，它们应支持研究活动，这些研究活动：

  （c）保护、综合、增进和验证传统的和当地的知识、诀窍和做法，在符合各自国家立法和/或政策的前提下确保拥有这种知识的人能以平等、相互商定的条件从这些知识的商业利用或从这些知识所带来的技术发展直接获益。

  第 18 条　技术的转让、获取、改造和开发：2. 缔约方应根据各自能力并在符合各自国家立法和/或政策的前提下保护、促进和利用特别是有关的传统和当地技术、知识、诀窍和做法，为此，缔约方承诺：

---

① 薛达元. 民族地区传统文化与生物多样性保护. 北京：中国环境科学出版社，2009：2-5.

（a）请当地群众参加将这种技术、知识、诀窍和做法及其潜在用途登记造册，并酌情与有关政府间组织和非政府组织合作传播这方面的信息；

（b）确保这种技术、知识、诀窍和做法受到充分保护，并确保当地群众能平等地和以相互商定的条件从这些知识或源自这些知识的任何技术发展的任何商业利用中直接获得利益；

（c）鼓励和积极支持改进和推广这种技术、知识、诀窍和做法或据以发展的新技术；

（d）酌情便利改造这种技术、知识、诀窍和做法，以利广泛使用，并酌情将之与现代技术相结合。

（4）2001年联合国粮农组织（FAO）通过《粮食和农业植物遗传资源国际条约》（ITPGRFA），2004年正式生效，116个国家签署了条约，公约前言承认农民在粮食、农业植物遗传资源方面享有的权利、权益和参与有关决策的权利：

确认世界所有地区的农民，特别是原产地中心及多样性中心的农民过去、现在和将来在保存、改良及提供这些资源方面的贡献是农民权利的基础；

还确认本《条约》中承认保存、利用、交换及出售农场保存的种子和其他繁殖材料的权利和参与利用粮食和农业植物遗传资源的决策及参与公平合理分享这种利用所产生利益的权利，是实现农民权利的根本，也是在国家和国际一级促进农民权利的根本；

第9条　农民的权利

9.1 各缔约方承认世界各地区的当地社区和农民以及土著社区和农民，尤其是原产地中心和作物多样性中心的农民，对构成全世界粮食和农业生产基础的植物遗传资源的保存及开发已经作出并将继续作出的巨大贡献。

9.2 各缔约方同意落实与粮食和农业植物遗传资源有关的农民权利的责任在于各国政府。各缔约方应酌情根据其需要和重点，并依其国家法律，采取措施保护和加强农民的权利，其中包括：

（a）保护与粮食和农业植物遗资源有关的传统知识；

（b）公平参与分享因利用粮食和农业植物遗传资源而产生的利益的权利；

（c）参与在国家一级就粮食和农业植物遗传资源保存及可持续利用有关事项决策的权利。

9.3 本条款绝不得解释为限制农民根据国家法律酌情保存、利用、交换和出售农场保存的种子和繁殖材料的任何权利。

《粮食和农业植物遗传资源国际条约》在保护和维持物种基因、保障全球粮食安全方面具有极其重要的意义，意识到了存在于农村地区的传统知识在维护人与环境的和谐、粮食及植物种植技艺等方面的优良经验是值得现代社会借鉴的。该条约为使这些优秀传统经验得到发挥，强调在国家层面展开的植物遗传资源保护相关决策必须保证有农民的参与，承认农民享有由植物遗传资源带来相关利益。

这些自然生态方面的国际法律保护的现实对象有很大一部分与2003年公约非遗界定中"关于宇宙和自然的知识和实践"范畴是相重叠的，它们在当代环保、生态平衡、医疗健康等领域发挥着越来越重要的作用，确保这些传统知识和实践的持有者享有参与相关保护行动是实现其宗旨的有效措施，这些国际法律文件内容，某种程度上是对西方普遍科学知识在全球传播后产生恶性后果反思的体现。所以，UNESCO现任总干事伊琳娜·博科娃说："在粮食安全、健康和自然资源管理等具体问题上，传统知识系统与古老智慧可让我们受益无穷……"①

通过上述生态保护国际文件，我们可以这样认为，2003年公约的诞生主要源自以下两条历史脉络：

第一条就是嵌入地方传统社会中的自然生态知识被不断发现的过程，可归入"社会实践"和"关于自然界和宇宙的知识"非遗类型中，是从关系人类生存的粮食安全、生物多样性、生物遗传资源等方面意识到了保护非遗的重要性，即对人类可持续发展的重大价值。

第二条是亚洲国家日本、韩国等从20世纪五六十年代出于民族认同诉求，在国家层面展开本国无形文化财保护。

这两条历史脉络交汇的共通点正是发现了包含环境保护、遗传资源的传统自然生态知识和传统民间文艺、手工艺都是由社区及其成员创造、世代传承、更新，其活态生命力很难与传承者、文化空间相剥离，它们会随着环境变化不断发展。在民俗学、人类学、自然生态学、文物古建筑等学术研究不断深入的基础上，这两条历史脉络与1972年公约保护实践、1989年建议案保护经验教训汇合起来促成了2003年公约的诞生，也使2003年公约不仅重视非遗所在社区为非遗世代传承、持续创造的语境，也重视非遗的传承主体，从非遗概念界定到保护实践上关注的是非遗传承主体——社区、群体、个人，其次才是非遗。

对比早于UNESCO展开非遗保护的日本，这一保护理念或许更为鲜明。日本立法层面的保护注重的是纳入无形文化财的技艺、技术方面的经验知识、历史价值、艺

---

① 详见伊琳娜·博科娃为UNESCO《基本文件：2003〈保护非物质文化遗产公约〉（2010版本）》所撰之序。

术价值的传承。在这套法律体系下,"人"是实现无形文化财(无形民俗文化财)传承之目的所需要的媒介,而不是彰显的对象,日本对非遗传承者个人成就的彰显和突出则有另一套奖励系统。①

"非遗概念的提出是一个弱势的、潜在的、民间的文化被国家权力发现、认同并纳入国家视野的过程,这个概念的提出无疑是有开创意义的,它第一次把民众文化在世界范围内纳入国家权力的视野,并给予了很高的地位。"② 2003年公约出台后,成为文化遗产保护领域的一个新方向,批准加入的缔约国数目在短期内迅速增加,反映出国际社会尤其是发展中国家对非遗重要性认识的提高,也意识到了非遗保护的紧迫性,体现了全球化大趋势下社会各界对原住民(土著)和传统草根群体文化的关注。

(三)社区传承非遗对社会和文化可持续发展的重要性

前文提到,非遗若要以我们能够感知到的方式存在下去,须寄生于传承者真实的生命之上,地方社区民众及非遗传承者真心传承非遗是先决条件。王岳川以书法为例,看到了日韩对我国书法原创国的轻视和批评。但他指出,我国当代书法如果继续忽略优秀的书法大家对后代的精心培养、民众对书法文化艺术精神的传承和体验,而只重视书法在展厅造成的视觉冲击力,重视书法交易市场的兴旺等不足以代表我们国家书法整体水准的外在因素,已不是书法代际持续传承的表现。③

较之其他类型的文化遗产,非遗的真实、活态发展更依赖于世代相传它的地方生态环境、社会历史、日常生活社会结构。如我国作为传统农业大国,幅员辽阔,有着众多的生态农业生产方式,如桑基鱼塘、梯田种植、坎儿井、农林复合系统等。如稻鱼共生系统,广泛分布于中国南方苗族、侗族及其他水稻产田区。稻谷为鱼类提供遮阳空间和有机物质,鱼类又起到耘田除草、为水提供氧气、减少病虫害、增肥的作用,达到"增粮、增鱼、增肥、增水、节地、节肥、节成本"等多个效果,形成一个相互促进的绿色生态种养系统。在2003年公约之前,已是联合国粮农组织、联合国发展计划署、全球环境基金、CBD、1972年公约多个环境生态、文化遗产保护组织关注的农业文化遗产,在这些国际组织的推动下,我国把浙江省青田县的稻鱼共生系统作为试点进行保护。

我们可以把稻田养鱼这种传统农业生态知识以"成果"形式保护和保留在各类收藏机构中。但若要使稻田养鱼持续活态地传承,并与不同时代的生态环境结合起

---

① 黄贞燕. 日韩无形的文化财保护制度. 宜兰:国立台湾传统艺术总处筹备处,2008:52.
② 宋俊华. 非物质文化遗产保护中的权力. 中国非物质文化遗产(第11辑). 广州:中山大学出版社,2006:243.
③ 王岳川. 中国书法要申遗. 中国书画,2007(10):80.

来，只有当地民众愿意继续沿用这种传统生计方式，才能实现这类非遗的就地保护。欲以移植博物馆、研究机构甚至其他农田等"异地保护"方式达到目的，都是不可能的。原因在于：博物馆、研究机构与大自然相对隔离，把面对大自然时会发生的各种可能性就此隔断，处理这些突发情况的人的应变能力随之消失，这类农业生产知识的"活态性"也随之不存。保存在博物馆、研究机构的稻鱼共生农田，可能将更像一个鱼池；而移植于其他农田，其微生态环境已经发生变化，是否适合稻鱼共生系统？如果适合，就需要更为理性地思考为什么该地没有这种生产方式。

Richard Kurin 指出，非遗不能保存在国家档案和博物馆中，它只能存在于其实践者所在的社区，如果非遗传统在社区中仍具活力（vital）、可持续的（sustainable），非遗就获得了保护，相反，如果非遗仅存于记录性媒体、专著论文、博物馆纪念性物品中，非遗保护是失败的，因为非遗不可能是固定静态的文化形式。相应地，地方社会对非遗保护的责任和措施都会有所变化。①

非遗只有在社区民众世代认同、持续实践的基础上才有意义，也须有社区民众的自觉、呵护才会传承下去，如果非遗所在群体不再认同它们，不再传承，保护就是镜花水月，就算是保护了，其意义又是什么？洛德斯·阿里斯佩就曾有这样的疑问，非遗被记录、分类、归档、展示后，接下来是什么？在这样的思路之下，她认同了当时 UNESCO 总干事和一些成员国所表达的观点：把传统文化放入博物馆是不够的。② 她认为，没有对创造、传承非遗的社区等传承群体的合法政治承认，就没有社区的繁荣，也就无法保护非遗。在参加 2002 年 9 月 16～17 日召开的第三次国际文化部长圆桌会议"非物质文化遗产——文化多样性的反映"会议时，她表达了这一观点③。

所以，综观 2003 年公约文本以及业务执行指南，能够肯定的就是通过非遗保护调整现行社会政策规范、价值观，鼓励专家和非遗社区、群体建立互补型合作关系。以非遗保护为契机，提高拥有丰富非遗但却在当代社会被边缘化，处于弱势地位的社群的生存能力和应有权利，推动不同文化间的平等对话。2003 年公约缔约国通过实施一系列的能力建设和培训，增强社区民众的文化遗产保护意识，促进非遗在社区的世代传承，彰显文化平等、文化尊重和多样性意识。这也是 2003 年公约不断努力的终极目标所在。

---

① Richard Kurin. Safeguarding Intangible Cultural Heritage: Key Factors in Implementing the 2003 Convention. International Journal of Intangible Heritage, 2007 (2): 12.

② Lourdes Arizpe. The Cultural Politics of Intangible Cultural Heritage // Janet Blake. Safeguarding Intangible Cultural Heritage: Challenges and Approaches (A Collection of Essays). Builth Wells: Institute of Art and Law, 2007: 35.

③ 2002 年 9 月在 UNESCO 召开的第三次国际文化部长圆桌会议上洛德斯·阿里斯佩对非遗的分析。

二、人权视野下的非物质文化遗产保护

人权是指人为生存和发展所应享有的权利，这种权利实现的前提是确保平等和自由。作为一项文化实践，非遗保护中尊重非遗传承者相关权益是非遗传承者文化权的体现。2003年公约中涉及三份人权国际文件：《世界人权宣言》（1948年）、《公民权利和政治权利国际公约》（1966年a）和《经济、社会、文化权利国际公约》（1966年b），这些文件主要涉及五项文化权利：①受教育的权利；②参与文化生活的权利；③享受科学发展及其相关成果的权利；④对其本人任何科学、文学或艺术作品所产生的精神上和物质上的利益，享受被保护之权利；⑤从事科学研究和创意活动的自由。[①] "在我国，在文化发展战略视野下，保护非遗将促进文化平等权、文化认同权、文化经济权益等等文化权利的实现。"[②]

刘永明在总结与文化权有关的各类国际文件的基础上，认为文化权是文化多样性的有力保障，有利于促进面向所有人的文化多样性的实现，指出权利原则和发展原则是非遗保护的基本原则，"权利原则指的是非物质文化遗产的保护必须遵循维护人权和发展公民文化权利的原则；发展原则指的是非物质文化遗产保护必须遵循维护世界和平、促进世界经济社会和文化发展的原则。"[③] 这既是非遗成功传承的关键所在，也有利于我国新农村和城市公民社会构建和文化性格的形塑，并且促成政府现代公共行政理念和职能的转变。当下非遗发展与被主流社会"边缘化"的文化群体联系密切，在现代化进程中，非遗所在社区成为国家追求现代化沉重代价的承受者，非遗也逐渐为当地民众所不认同，主动放弃非遗的传承。非遗保护作为一项文化实践项目，涉及文化多样性和社会可持续发展，上述情况的改善，需要从社区、群体、个人的文化权利角度出发，注意到以下方面。

（一）文化遗产保护中对民众应有权利的尊重

在我国，出于各种原因，基于文化权利的民众自下而上的表达并不容易实现。

常见的现象就是不同团体在文化遗产保护或文化遗产开发中对民众应有文化权利的忽略和遗漏。

在各级政府牵头申报非遗的过程中，存在强势政府忽略非遗传承者相关权益的问题。江西省萍乡市湘东区在2005年左右申报本地傩面具为国家级非遗名录时，使用了傩面具制作传承者的相关资料，却对其没有任何文化权利上的尊重和与之进行经济

---

① UNESCO. 世界报告：着力文化多样性与文化间对话. 巴黎：UNESCO，2010：227-228.
② 王文章. 非物质文化遗产概论. 北京：文化艺术出版社，2006：143.
③ 刘永明. 权利与发展：非物质文化遗产保护的原则（上）. 西南民族大学学报，2006（1）：191.

利益上的协调。① 直到2011年，赖明德才被认定为江西省非遗代表性传承人。

2008年5·12汶川地震后，保护羌族文化的重要性成为共识，政府和研究者都认为重建要注意文化保护，但在羌族地区民居重建过程中是相关部门统一规划民居外观，虽然这是出于保护的需要，但并没有征求羌民意见，村民失去了自由处理民居的权利。②

而在文化遗产开发过程中，许多历史名城、世界遗产地被政府规划为对外开放的旅游区后，相关研究会批评以下两种现象：一是政府强行"驱逐"本地民众离开旅游区的现象；二是民众自发搬离、放弃在旅游区的日常居住，置换为外来者承租入驻旅游区而导致的"空壳化"现象。因为这两种现象都会导致文化遗产地难以延续原有的地方文化内涵和表现意蕴。而我们都知道，任何人的日常生活都不是类似戏剧的公开表演，因此也不能接受不断有外来陌生人好奇窥探生活隐私的"凝视"。这也是人类何以在真实的社会中划分出生活区、商业区、办公区等功能区，正如明星的影视表演可以任由人欣赏，但是自己的真实生活却不愿意曝光在陌生人前是一个道理。民众有权利决定自己生活对外公开的程度和对生活"真实性"的表达，面对络绎不绝的游客，他们也有这样的能力来确定自身的文化构成中哪些可以与外界共同分享、交换，哪些要保留。

当我们反思上述现象时，可以发现，展开保护与个人、村落直至整体城镇有关的文化遗产时，各种规划都有意或无意地忽略了民众日常生活和对文化遗产的感受和认知，涉及民众经济利益、私人财产权、生活隐私等权利。如果文化遗产保护一味遵循此类"民众理解、支持、牺牲"的"强迫"逻辑，而不与文化遗产相关利益者展开利益协商和文化共享，只会出现更多不利保护的现实矛盾。在保护文化遗产和发展文化遗产产业过程中，掌握主导权的相关团体不是要否定民众的权利，即使是无心的，相反，在前期调查和策划程序中不仅不应遗漏他们的感受和合法权益，还要在后续的文化遗产管理过程中与民众充分地沟通，考虑他们的反应，提供适时的指导和协助，尽力寻求平衡的最佳方案。

（二）非物质文化遗产传承与民众生存发展权

当下非遗传承群体被日益边缘化，也是自身主动性丧失的过程，存在于特定群体中的文化自然也就消亡了。在展开文化遗产保护时，民众与文化遗产密切相关的生存权利就成为一个值得关注的重要问题。《公民权利和政治权利国际公约》指出人们有权保护自己的生活方式，保留自己独特的语言、风俗和文化。2003年公约就是伴随

---

① 廖世杰. 萍乡傩面具成功申遗引"户主"之争. http://jiangxi.jxnews.com.cn/system/2009/03/17/011049530.shtml, 2012-01-30.

② 杨正文. 警惕！别让文化权在文化遗产保护中丧失. 中国民族报, 2010-07-30 (9).

着国际社会中弱势群体、少数民族为争取自身文化传承合法化的社会进程而产生的。

把非遗从民俗移入更为广泛的社会视野中时可以发现，非遗对构建地方发展策略的重要性。破坏了地方社会的生活方式和文化体系，外部文化的植入和新的干预往往也是失败的。

一个案例就是与自然气候、土壤、农作物、植物知识密切相关的刀耕火种、农地轮歇、混种的传统农业知识，如果与非遗联系起来，它们属于"关于自然和宇宙的知识"。长期以来它们为我国各地农民所掌握并根据具体情况具体运用，但这些地方知识经常被"刻板化"为产生浓烟污染环境、导致水土流失、产出效率低的落后生产方式。在这种强势话语下，农民对这种传统农耕方式蕴涵的知识价值毫无发言权，完全丧失了自己如何处理耕地的控制权，就是有，又怎么表达才能为人们所接受和认同？

云南独龙族地区农业生产方式①在国家农业政策倾斜和大量资金投入的前提下，放弃刀耕火种、轮歇种地和野生植物采集的方式，实施精耕细作，引入水稻耕种、大棚、地膜技术、农药，但其失败结果尤其是生物多样性的降低恰恰证明了前者才是人类可持续发展的保证。更容易出现的情况是，大部分农民并没有受益，相反，需要不断购入化肥、种子、地膜才能维持农业产量的生产模式，成为农民沉重的成本负担，富的只是这些农业材料的供应销售商。在迅速引入现代农业技术导致生物多样性、生态环境遭到破坏的同时，又突然实施退耕还林的自然生态保护国家策略。独龙族又因此被禁止在火烧地上种植作物、森林打猎、采集等活动，使农民被迫从世居地剥离，丧失了土地使用权，也丧失了对自身文化的价值认知基础，带来的文化和心理上的煎熬是我们无从体会的。

何以出于良好意愿的国家政策，落实后导致的却是无可逆转的负面效果，而原本世代积累的人与自然和谐相处的成功经验在当代社会中没有发挥任何有效的作用。对这种状况必须予以重视和反省，检讨基层民众熟悉的地方文化知识何以在政策制定过程中缺失，这些非遗传承者为何在发展政策上没有发出应有的"声音"，成为政策负面效果的承担者。由国家主导的非遗保护，需要在制度层面精心考虑、设计出支持上述传统生活模式和现代社会发展框架整合的政策，而不是在引起传统文化崩溃的同时进一步边缘、忽略非遗拥有者的应有权利。

随着以市场交换为基础的社会机制的建立，地方民众为了生存，对利益的渴求使保护生态资源的传统对策机制失效，对地方名贵药材资源的破坏性开采，导致生态压

---

① 独龙族案例详细内容参见薛达元. 民族地区保护与持续利用生物多样性的传统技术. 北京：中国环境科学出版社，2009：97-111。

力不断加大。原有非遗生计模式下的人与自然的良性生态循环悄然消失。按资源总量不断下降的趋势，地方民众收入来源很快会不复存在，或者即使出现了生计上的替代模式也不是真正意义上的可持续发展。如傣族部分地区展开的民俗旅游产生的经济效应，自然激起非旅游区对经济收入的渴望。这些非旅游区毁掉大量的热带森林，改种经济作物——橡胶树，传统地方知识在这个过程中不断丢失。农民收入系之单一作物，面临胶价不稳定、土地买卖、民族关系恶化等社会风险，而生态环境也因热带雨林的消失正在逐渐变化，生态风险系数增加。在地方生态进入恶性循环后，地方民众将是这些负面效应的最后承担者和付出代价最大的群体，甚至会波及更大的社会范围，产生一系列的连锁反应。①

更多的，许多非遗如传统音乐、美术在当代被重新开发，手工艺品制造、民俗旅游亦成为文化产业的创新之源，在满足人们文化消费的同时实现了地方财富的增长。但这只是非遗的一面，利用非遗在内的文化遗产进行的产业开发，尤其是由不熟悉、不热爱地方的外来者主导的开发，在强调经济增长的同时，隐藏了对"谁主导，谁从中获益"这一重要问题的评价。在缺少社区民众参与的不平等权利和利益分配格局中，带来的环境污染、生态失衡、地方物价上涨等负面后果几乎全由地方社区民众承担，在这种情况下，非遗传承又能是什么情形？

结合上述状况和本文反复提到的非遗对生态保护、粮食安全、健康生活的重要性，换个角度思考，在非遗和非遗所依赖的人之间，究竟是谁在保护谁？

2003年公约把非遗和社会可持续发展联系起来，意味着许多非遗对人们生活乃至生存本身的重要性，关系到社区、群体以及个人的生存权和发展权。对非遗的去留选择，如何保护，他们本就有着天然正当的话语权，他们的沉默不代表主导者可以理所当然地忽视。那些在地方社会传承的非遗，也已凝结了民众认同的利益和伦理取向。因此，审视非遗在内的传统文化表现形式，哪种才是好的，永远都不能取决于在他者社会中取得的效果为证明，而是应当建立在地方生态和历史基础之上的文化模式上来予以评价，评价话语权主体和代言者都应当与创造、传承的社区保持一致。或许这么做，在分散、具体的地方社会追求发展才不致被"歪曲"或变成对他们的"压迫"。

（三）社区民众拥有非物质文化遗产价值的评价权

从上文可以看出，把非遗与人的文化权、生存权联系起来审视时，带来的问题就是，非遗价值与谁发生联系，谁的观念解释应占主导地位？将产生哪些影响？

宋俊华从非遗保护视角讨论戏曲时指出："我们已有的关于戏曲文化遗产价值的

---

① 傣族案例详细内容参见薛达元. 民族地区保护与持续利用生物多样性的传统技术. 北京：中国环境科学出版社，2009：58-66.

研究过多地从国家、民族或旁观者的视角切入，很少从戏曲拥有者和传承者视角去认识，这显然不符合非物质文化遗产的价值理念。……只有在保证文化遗产所有者价值实现的前提下，才会考虑对其他人的价值问题。"① 刘晓春则指出："……文化遗产的持有者从被动的被凝视转变为积极主动的、具有文化自觉意识的文化主体；从人类学视野来看，文化遗产的持有者不再是文化他者，而是拥有文化自尊的文化主体，具有强烈的文化自我保护意识。"② 两位学者从不同角度清楚地阐述出相同的观点，遭到压抑或忽略的社区民众作为文化遗产的持有者，才是非遗价值的评价主体。

具体到 2003 年公约，虽然该公约并不保护所有符合非遗概念的文化表现形式，但 2003 年公约中明确指出文化遗产的界定者首先是"被各社区、群体，有时是个人……视为其文化遗产组成部分的……"，非遗这一界定意味着文化遗产持有人（群体或个人）的自我评价和确认，是各种"社会实践、观念表述、表现形式、知识、技能以及相关工具、实物、手工艺品和文化场所"能否确认为非遗的前提。界定的保护第一个环节就是确认（identification），第 11 条中关于各缔约国非遗清单的确认则明确地标明要求有社区和群体的参与。

2003 年公约的这些内容都传达出非遗保护是以不同地区的社区民众认知系统为基础的，通过这一国际法正式承认地方社会民众拥有以自己文化观念诠释非遗的权利，这样对非遗的评价就有了与其传承者一致的主观评价价值系统。UNESCO 总干事伊琳娜·博科娃指出，2003 年公约"承认应同等尊重各种形式的活的文化遗产以及各社区在定义和承认该文化遗产各组成部分价值上的'主观'作用"③。在国际公约的框架下，以文化平等和社会公正原则为基础，非遗传承群体以自己的文化观念参与对非遗的评价，行使自己的相关文化权利。这一保护理念，使 2003 年公约并不仅仅作为有别于 1972 年公约中物质文化遗产保护而出现，更是文化遗产保护史上观念转变的标志性文件。

三、知识产权视野下的非物质文化遗产持有者权利

知识产权的设计理念在于激励创新，通过法律规定权利人对自己的智力成果享有私有权，并以经济利益鼓励创新者。知识产权为当代各类带来经济利益的创新产品的研发者、经营者及各种投资团体提供了合理获益的期望。知识产权保护主要有著作

---

① 宋俊华. 非物质文化遗产与戏曲研究的新路向. 文艺研究，2007（2）：100–102.
② 刘晓春. 非物质文化遗产的地方性与公共性. 广西民族大学学报，2008（3）：79.
③ 详见伊琳娜·博科娃为 UNESCO《基本文件：2003〈保护非物质文化遗产公约〉（2010 版本）》所撰之序。

权、商标权、外观设计权、专利权、反不正当竞争、数字技术存储特殊权等。从知识产权视野审视非遗保护需要很强的法学专业知识，也涉及很多方面，笔者仅从以下两个方面展开初步讨论。

（一）社区作为非物质文化遗产持有者的权益保护

非遗保护话题离不开现代化、全球化和商业化背景，源自工业文明下的知识产权制度也随着全球化过程在世界范围内传播开来。致力于从知识产权角度对非遗保护展开研究的世界知识产权组织（WIPO）以及 CBD，较早认识到传统民间文化表达形式、传统知识、遗传资源知识的传承及保有主体的一致性，在法律层面注重把二者结合起来进行保护。这些国际组织都尝试建立知识产权的特别法形式，保护非遗传承者及所在社区、群体享有的事先知情权，利益分享、信息披露等权益。

许多国家运用知识产权展开传统民间文化保护时，注重的是利用者的权益而非保有者的权益。2000 年 8 月 WIPO 在第 26 届全体大会上成立的"知识产权和传统知识、遗传资源及民间文艺政府间委员会"（WIPO Intergovernmental Committee on Intellectual Property and Genetic Resources, Traditional Knowledge and Folklore, 简称"IGC"），专门展开民间文化表现形式方面的保护研究，主要目的在于防止传统文化表现形式被商业群体、掩盖真实意图的无良研究机构、人员罔顾非遗传承者、群体的利益加以滥用、盗用。2007 年 12 月，IGC 委员会制定了《传统文化表达（民俗文化）保护修订案（目标和原则）》（The Protection of Traditional Cultural Expressions. Expressions of Folklore: Revised Objectives and Principles）。从这份修订案中可以看出对传统文化表现形式的土著（原住民）及地方民众权利的保护，承认他们才是非遗的传承主体、保管者和受益人，承认他们享有对非遗的控制权、信息披露及利用权，这些权利现常通过"事先知情权"、对外来群体的授权和利益分享中得以实现；从精神权利方面也提出防止歪曲、任意篡改、贬损等，以维护非遗原创群体应有的文化尊严。①

但在现实中，社区作为非遗的拥有者或持有者（holders）、保管者的相关权益的主张面临极大的困难。在我国，这方面的案例有以开发为名、由政府支持的公司窃取由传统文化资源产生的经济收益。如黄果树石头寨作为蜡染的故乡，自然风光秀美，村民擅长蜡染技艺，因游客造访和蜡染的畅销而生活富足。但自黄果树旅游开发总公司以公司+农户的模式进入石头寨开发旅游资源，2005 年征收门票后，石头寨游客大量减少，蜡染销售大幅下滑，社区生计明显受到影响，引发了村民和公司的矛盾。

贵州安顺屯堡地戏作为较早为外界熟悉的非遗，自 2001 年起，旅游公司开始对

---

① 李秀娜. 非物质文化遗产的知识产权保护. 北京：法律出版社，2010：112 - 113.

屯堡作旅游市场开发，旅游业由此获得了巨大发展。旅游公司在"政府＋公司＋旅行社＋农民协会"的模式中也获得了绝对主导地位。由于屯堡传统资源的市场收益方式主要是门票经济，而门票的管理权又由公司掌控，所谓联合开发和共同收益主张，实质上变成公司主导了所有利益分配，村民作为地戏的持有者，其表演收入在信息不对称和无监督机制的情况下，实际上变成资源权利的廉价转让。① 不知屯堡的村民明白怎么回事后，会作何感想，又会不会对自身的非遗有足够的传承动力？

隐藏在这些不同组合形式下的利益博弈，其中谁受益，博弈是否有利于非遗传承，都是需要得到仔细调查、深入研究的。

在国际层面，知识产权支持的是所有权的占有并转化为有形商品后的权利。由于非遗所在社区、群体相对的弱势地位和不熟悉知识产权游戏规则，其持有者权益也没有获得在知识产权方面占优势的发达国家的支持。以知识产权为基础的非遗持有者权利的实际执行并不顺利。各种商业、研究团体对传统文化表达形式和知识的巧取豪夺仍在持续，不发达地区的传统地方知识被发达国家中的某些机构、公司利用，通过知识产权对"基于传统"世代积累、传承的各种类型的"传统知识"或遗传资源完成了垄断性控制。典型事件②有印度香米专利事件、中国野生大豆专利事件，墨西哥玉米专利事件，以及各类药用植物（姜黄、楝、灵蔓、Hoodia Cactus）的专利案例，这种以技术研发、专利等知识产权形式把公共资源占为己有的做法，实际上侵害了地方社会的生计利益。

有研究者指出③，发达国家和发展中国家之间的非遗持有者权益博弈中，发展中国家想通过知识产权对抗上述行为，"以牙还牙"是一种误导性的想法。因为知识产权的私有属性并不按社区传统文化发展的逻辑进行，知识产权只会改变这种逻辑，但许多传统文化和传统知识是不能任意买卖。这样，运用知识产权不仅不能达到人们所想象的保护目标。相反，传统知识持有人在遵从知识产权的过程中会趋于不断开发非遗中有商业价值的部分，也因竞争可能与本社区的民众发生冲突，这样会导致蕴育非遗的整体社区外在文化氛围的持续衰退，最终破坏的将是人类的可持续发展。

（二）非物质文化遗产集体性与个人衍生作品的权利纷争

我国在启动非遗保护前，存在于知识产权领域的非遗集体性特征和个人传承、创

---

① 黄果树石头寨和安顺屯堡地戏案例材料来源：李发耀. 论非物质文化遗产持有人权利保护的内容及其形式——当前立法焦点分析. 贵州师范大学学报，2009（1）：44。
② 相关案例详情参见"国际遗传资源与传统知识的典型专利案例"，收入薛达元，崔国斌，蔡蕾，张丽荣. 遗传资源、传统知识与知识产权. 北京：中国环境科学出版社，2009：108-120。
③ 这一观点参见专栏稿件《社区或者商品：传统知识的未来》，详见薛达元，崔国斌，蔡蕾，张丽荣. 遗传资源、传统知识与知识产权. 北京：中国环境科学出版社，2009：108-120。

新之间的矛盾已经不断出现。无法确定来源的非遗集体性特征成为不同个体的借鉴"母题",造成非遗"母题"和"衍生作品"区分难度,涉及传承者权益时,产生了非遗集体持有者和个体利用者之间的司法纠纷。

法学研究者管育鹰曾列举两个案例:白秀娥剪纸案、赵梦林京剧脸谱案。案件发生缘由是有关团体在未经作品本人授权同意的情况下加以使用,其理由就是剪纸、京剧脸谱的民间集体性特征。在民间音乐方面,产生的版权纠纷并不亚于上述非遗类型,如王洛宾整理了大量的西部民歌,那王洛宾是否可以垄断和享有这些民歌的版权收益。相关案例还有高邮地区民歌《数鸭蛋》、云南民歌《小河淌水》著作权案,不同主体主张版权、著作权、精神权利时,都存在非遗集体持有者和个体利用者之间难以区分的困难。类似案例在非遗保护展开后仍然出现,由此衍生开来,大量民间文学作品的出版,涉及整理、汇编、改编等著作权和版权归属问题,主体利益则涉及民间文艺保有人、资料整理者、出版单位等,权益分享的厘清将十分困难。①

随着社会的发展,非遗作为集体成果,开始呈现出不能以任何形式为个人据为己有的社会趋势。这正是《乌苏里船歌》著作权案的判决倾向所在,这一案例体现的仍是非遗的集体性和衍生品的"个体性"之间的矛盾,反映到主体权利上则是赫哲族作为非遗拥有者(保有人,holders)的集体权和郭颂作为创作者的个人权利之间的矛盾。根据案件判决结果,要求此歌"标明出处"维护了赫哲族作为非遗集体保有者的精神权利。

如果照此推论下去,这种对民间或传统文化表现形式展开的追溯性保护,可能妨碍到的是人们的生活。不难发现,当代许多作曲家都承认他们总是借鉴民间音乐曲调来创作歌曲,如果都被判定侵犯了非遗集体持有者的所有权和精神权,那么人们又将如何继承和创新传统文化呢?

薛艺兵讨论民间音乐时指出:"民间音乐的所有权不在于谁创作,而在于谁掌握。换句话说,只要谁学会了演唱或演奏一首既成的传统音乐作品,这首作品就归谁所有,任何人都有权利学习它、演奏它和拥有它……"② 由此可见,传统社会,许多传统艺术表现形式的创作来源并不受重视,而是凭借个人对非遗的掌握能力在竞争中决定收益。我们也可以看到,传承者这种掌握能力的获得,除血缘传承外,非遗习得者并不是从上一代那里无偿获得的,而是以各种方式对传授者予以实质性补偿的。

在非遗的防御性保护方面,《实施〈保护非物质文化遗产公约〉业务指南》在第

---

① 管育鹰. 知识产权视野中的民间文艺保护. 北京:法律出版社,2006:83-101.
② 薛艺兵. 神圣的娱乐:中国民间祭祀仪式及其音乐的人类学研究. 北京:宗教文化出版社,2003:491-492.

102段（d）（e）、第104段、第116段、第117段给出了指南建议。① 一项非遗的持续传承、更新，还有很多我们尚无法探知清楚的社会环节。在当代以契约法律调节社会关系的陌生人社会，非遗的核心传承群体如果不能获得应有的文化尊重和公平的政治、经济利益，足以瓦解他们继续传承非遗的任何一个意愿。如何调节当下非遗创新与集体之间的利益关系是现代立法一直关心的问题，在这方面，当代社会发生了哪些变化，问题的断裂点和衔接点在哪里，矛盾的关键是什么，或许需要民俗学和法学的跨学科合作，在对非遗传统传承、创新和当代社会的创新机制都有深入了解的基础上思考上述问题。

第二节　《保护非物质文化遗产公约》对"社区参与"的界定及相关问题的讨论

社区对非遗的保护和传承是如此重要，那么2003年公约下非遗保护面临的重要挑战就是：在非西方国家地方文化不断消失的现实情形下如何唤起、激发社区、民众对非遗的重新认同？如何使非遗实践作为社区完整日常生活的一部分而活态持续下去？解铃还须系铃人，仍须回到对非遗的主体关注上来，从文化态度、社会政策、机制运行思考非遗保护，与社区可持续发展联系起来，保护作为一项公共政策主要在非遗所在的社区群体中展开。非遗保护中核心角色非遗社区（communities）、群体（groups）、个人（individuals）的内涵外延的界定和如何参与、如何确保地方社区参与非遗保护政策的制定、执行过程成为关键话题。

---

① 102. 鼓励所有各方谨慎从事，确保提高认识行动：
（d）不助长盗用或滥用社区、群体或有关个人知识和技能；
（e）不导致可能危及有关非物质文化遗产的过分商业化或不可持续的旅游开发。
Ⅳ.1.2 地方和国家一级
104. 缔约国应特别通过适用知识产权、隐私权和其他适当形式的法律保护，努力确保在宣传其非物质文化遗产和从事商业活动时创造、传承这种遗产的社区、群体和个人的权利得到应有的保护。
与非物质遗产有关的商业活动
116. 某些形式的非物质文化遗产所能产生的商业活动和与非物质文化遗产有关的文化产品和服务贸易，可提高人们对有关遗产重要性的认识，并为其从业人员带来收益。它们有助于提高传承和管理相关遗产的社区的生活水平，推动地方经济发展，促进社会融合。然而，这些活动和贸易不应危及非物质文化遗产的生存能力，并且应采取一切必要措施，确保有关社区成为这些活动和贸易的主要受益者。应当特别重视这些活动可能会给非物质文化遗产的性质和生存能力，尤其是给各种仪式、社会实践或有关大自然和宇宙的知识领域的非物质文化遗产造成的影响。
117. 应特别注意避免商业滥用，应以可持续方式进行旅游管理，寻求商业方、公共管理和文化从业人员利益之间的适当平衡，确保商业使用不会歪曲有关社区的非物质文化遗产的本质和宗旨。

一、UNESCO《保护非物质文化遗产公约》背景下对"社区、群体和个人"术语的界定

(一) 社会学对"社区"的界定和讨论

"社区"的英文基本含义是：居住在某一地方、地区或国家，被视为一个整体的人类群体（the people living in one place, district, or country, considered a whole），社区被视为一个整体，包括所指地方、地区和国家范围内的人们及其形成的以该范围为界的社会区域，中文译法有"社区、社会、社群"等。该词的另一含义是：宗教信仰、种族、职业等方面相同的人构成的人类群体，或者有共同利益的集体（group of people of the same religion, race, occupation, or with shared interests），或者同住一个地方的种族、宗教和国籍相同的人们。因此，在指民族的时候更侧重已形成的特定社会、社区或社群，在种族、宗教、语言上相同的人们共同体（a group of people living together and united by shared interest, religion, nationality）。①

德国社会学家滕尼斯（Ferdinand Tönnies）把"社区"引入社会学概念体系中，中文翻译为"共同体"，英文则翻译为"community"，他认为"共同体是一种持久的和真正的共同生活，一种原始的或者天然状态的人的意志的完善的统一体"。社区与社会是有区别的，社区首先是在血缘关系的基础上产生的，然后是邻里和朋友关系，社区民众之间有亲密感和无可置疑的连带关系。相反，在社会中，人们是相互分离的，滕尼斯认为作为社区的家庭、氏族、村庄、朋友，只能从思想、精神上去把握，具体的城市、国家、工业、舆论，只是接近于社会。他对社区的阐述中强调"亲密感"和"连带"关系的特征，有别于社会这一术语中包含的人与人之间陌生关系的内涵，表达了他对传统乡土社会与现代城市社会两种不同的人际关系的理解。20 世纪 20 年代，美国社会学芝加哥学派把社区作为一种真实可见的有地理边界的社会实体作为对象展开研究。②

波普诺对"社区"这样界定："居住在某一特定地域中的一群人，他们的生活围绕着经常的互动模式而组织起来。这些模式包括工作、购物、娱乐等活动，以及教育、宗教、行政等设置（在一种与此不同然而又有关联的意义上，社区也用来指这样一些地方或群体，在其中人们感到团结一致，并通过日常共同的认同感强有力地联系在一起）。"③

---

① 廖敏文.《联合国土著民族权利宣言》研究. 博士论文. 中央民族大学. 2009: 15.
② 赵煜. 社区. 国外理论动态, 2006 (10): 60 – 61.
③ 波普诺. 社会学. 李强, 译. 北京: 中国人民大学出版社, 1999: 570.

在我国，社区这一术语在20世纪30年代被翻译过来，曾有"地方社会"的译名，后以"社区"称之。①费孝通先生曾说："以全盘社会结构的格式作为研究对象，这对象并不能是概然性的，必须是具体的社区，因为联系着各个社会制度的是人们的生活，人们的生活有时空的坐落，这就是社区……。"②

上述对社区定义的研究说明，社区作为社会机体的一个组成单位，其构成形态复杂而多样，在不同的社会语境中，有着不同的含义，如家族、村庄、城市、农村、国家社区、宗教社区。构成社区的要素至少包括地域、功能、意义、情感在内。社会学研究者认为对社区的理解可以从特征上去把握：地域性、公共联系纽带、持续的、亲密的人与人之间的各种社会互动（首属关系）、归属感、为社区成员公认的行为规范和秩序，意味着一种结构、意识和秩序，有着不同的成熟功能，即能够满足人们各方面需要。③

从社会学对社区界定及特征的讨论中可以看出，不同人的社会互动，离不开特定的社会空间，这些社会空间因人们的活动性质在规模、主旨、功能方面存在很大差异，很多时候是无法区分的，在文化传承和社会延续方面具有举足轻重的作用。相关非遗保护研究对社区的理解延续了社会学对社区内涵的基本把握，也是以非遗为关注重点来考虑社区内涵的。

（二）《保护非物质文化遗产公约》下关于社区、群体、个人定义的讨论

UNESCO组织专家在起草、讨论2003年公约的过程中，为与2003年公约所倡导的保护精神相一致，也在讨论文本内容中涉及的不同术语内涵，以符合法律层面上的要求。2002年6月10～12日，UNESCO召开"非遗术语准备专家会议"小型会议，对社区进行了初步界定：连续的、享有共同归属感的群体，这种归属感体现在认同感（identity）或共同行为（common behavior）、行动和地域（territory）中，个人可以属于多个社区。在此基础上，讨论了"文化社区"（cultural community）、"地方社区"（local community）的相关内涵。

2003年公约概念界定以社区为核心，依次提到社区、群体、个人，这表明三者的内涵是既有联系又有区别的。UNESCO专家在制定2003年公约的过程中，都灵会议给出的非遗界定中尚没有出现"各社区、群体、有时是个人"的表述，2003年公约第一稿中则出现了"社区和个人"的措词。起草2003年公约的专家之所以这样表述，用意在于突出非遗这一文化遗产类型与创造、发展、传承它的社区/群体的特定

---

① 费孝通. 二十年来之中国社区研究//费孝通文集：第五卷. 北京：群言出版社，1999：530-540.
② 费孝通. 乡土中国 生育制度. 北京：北京大学出版社，1998：92.
③ 李培林，李强，马戎. 社会学与中国社会. 北京：社会科学文献出版社，2008：134-137.

联系，并加上个人以涵盖特殊情况。这一表述是从以往各类文化遗产保护实践经验和教训中得出的，明确表明非遗保护过程中，各种保护实体如缔约国、各类政府间组织和非政府间组织、专业研究人员、各类研究机构、商业团体不是最为核心的角色，而是社区、群体甚至是个人①。

根据 UNESCO 第二次 2003 年公约政府间专家会议文件内容②，各国专家代表以"社区"（communities）为中心，对与社区有关的群体（groups）、个人（individuals）进行了讨论。有的国家提出这些术语的含义需要阐释和加以限定，如在社区之前加上"文化"（cultural）或者"地方"（local）的限制，在群体（groups）前加上"社会"（social）的限制。而使用个人（individuals）这一术语会产生这样一种误导，使得个人确认的某些文化形式成为非遗后，可能会转向知识产权性质的保护（intellectual property rights regime），不建议保留"个人"这一术语。就此，参与这次政府间专家会议的我国学者梁治平提到："一些非洲国家提出，在非洲的一些部落里，有时一种语言的生存或灭亡，只涉及一个人。因此，他们非常强烈地提出'个人'这个范畴。政府间专家会议采纳非洲国家建议的同时，加了限制词，即'有时'（in some cases）。"③ 有些国家、或者族群、或者部落，与非遗相关的传承者和保护者可能只是个人，并且可以被识别确认，在此前提下由个人确认的非遗，属于 2003 年公约非遗概念范畴。这一表述尽可能地照顾到了世界非遗不同的存在状态。在我国，类似的情况有鄂伦春族语、裕固族语、满语等，如能够口头讲满语的人屈指可数。④

这三个术语使用情况更为特别的地方在于，2003 年公约大部分条款，"社区、群体，有时是个人"通常是合在一起使用的。但涉及非遗保护时，在第 11 条（b）⑤ 和第 14 条（a）（ii）⑥ 的规定中则只有"社区、群体"而没有"个人"这一术语。由此我们可以发现，公约第 11 条（b）已经明确表明 2003 年公约框架内，仅由个人确

---

① Janet Blake. Commentary on the UNESCO 2003 Convention on the Safeguarding of the ICH. Leicester：Institute of Art and Law，2006：33，35.

② UNESCO 文件：CLT - 2003/CONF205/6。

③ 梁治平. 谁来保护非物质文化遗产——一次参与国际公约制定的经验. http：//www.chinesefolklore.org.cn/web/index.php?Page = 4&NewsID = 4401，2012 - 01 - 29.

④ 王萌. 我国满语遗产缺乏破译者 全国能译满语者不足 50. http：//news.sina.com.cn/c/2005 - 09 - 28/16467890588.shtml，2012 - 01 - 30.

李杨. 满语：丢失的历史密码. 羊城晚报，2012 - 01 - 07（B6）.

⑤ 第 11 条（b）在第 2 条第（c）项提及的保护措施内，由各社区、群体和有关非政府组织参与，确认和确定其领土上的各种非物质文化遗产.

⑥ 第 14 条：教育、宣传和能力培养 各缔约国应竭力采取种种必要的手段，以便：（ii）有关社区和群体的具体的教育和培训计划.

认的非遗不会获得保护措施，保护过程中实施的教育和培训计划也不针对个人。这表明公约所规定的非遗保护措施注重的是非遗的社区集体特征和共享，而不是个体，这一做法是避免被个人独占或因商业被垄断的传统文化表现形式成为非遗保护的对象，若是这样，并不符合非遗保护宗旨。

在这三个术语之后，紧接着是"视为（recognize）文化遗产组成部分……。"2002年6月"非遗术语准备专家会议"上，Susan Wright提出一个问题：谁有权力界定非遗？也就是如何认识文化守门员（cultural gatekeepers）？Antonio Arantes坚持非遗首先是人们的生活，而不仅仅是被登记的文化，因此应该由社区来决定哪些文化遗产应该受到保护和如何发展它。① 经过讨论，这成为起草公约专家的共识，并体现在非遗概念具体界定中。

这样的表述在政府间专家会议上不可避免地引起讨论，有的国家认为这意味着忽略了"国家"这一实体在非遗保护中的作用。但保留这一表述目的在于清楚指出非遗保护首先是以社区、群体甚至是个人对非遗的自我确认为基础的。这一考虑结合了人权角度，作为一份国际法律文件，2003年公约受三份国际人权文书②的约束，如将其与《公民权利和政治权利国际公约》第27条③联系起来时，则要关照、尊重与非遗有关的弱势社会群体，保护非遗的同时就是在维护他们应有的文化权利和文化尊严，包括"个人"这样极为罕见的情况，使主流团体如政府等不能出于其他目的，在忽略这些群体和个人的情况下自行确认文化遗产。

再者，这一表述还适用于那些几乎受到他者冷落的非遗，如果从文化权利角度出发，并不能因为受众人数少而不应获得保护，如我国的濒危小戏。因而，这一表述推动各国非遗保护注意到任何情况下的传承主体的生存与发展。

为了更好地履行2003年公约，2006年3月13～15日，日本东京的UNESCO亚太文化中心组织（ACCU）召开了以"社区参与非遗保护：迈向2003年公约的执行"为主题的专家会议，讨论社区（communities）、群体（groups）、个人（individuals）术语内涵，参会专家讨论了"谁是非遗真正的实践者（practitioners）"、"谁是推动但不直接参与非遗保护的人"、"哪些人是非遗的相关利益者（stakeholders）"等问题。

---

① Lourdes Arizpe. The Cultural Politics of Intangible Cultural Heritage. Janet Blake. Safeguarding Intangible Cultural Heritage: Challenges and Approaches (A Collection of Essays). Builth Wells: Institute of Art and Law, 2007: 39.

② 《世界人权宣言》（1948）、《经济、社会及文化权利国际公约》（1966）、《公民权利和政治权利国际公约》（1966）。

③ 《公民权利和政治权利国际公约》第27条规定：在那些存在着人种的、宗教的或语言的少数人的国家中，不得否认这种少数人同他们的集团中的其他成员共同享有自己的文化、信奉和实行自己的宗教或使用自己的语言的权利。

这反映出 UNESCO 不愿让 2003 年公约执行过程当中各种研究、实践中使用的术语内涵指向模糊。

Diana Baird N'Diaye 简要总结了非遗保护中社区包含的要素：共享历史、经验、知识、实践、价值观及美学的一群人。群体是社区的一个分支（subset），包含诸多非遗的传承者（bearers）或保管者（custodians）、学徒（apprentices）等，而个人则是指在非遗方面拥有独特技艺或特有知识的人。她指出，2003 年公约使用"社区、群体和个人"术语是依据以下内容指导的预期成果为基础的①：

◆文化群体和个人继续实践、培养和传承体现他们文化认同的传统知识、技艺和有生命力的文化表达，这些实践不能侵害到人权；

◆以地缘、性别、职业、时代、信仰等其他因素为基础的社区的多样性被认识和记录；

◆在国家内外，非遗作为社区荣誉和自我尊严的来源得到维持、尊重并意识到其价值；

◆国家政府在自己领土范围内，积极创造可持续计划以培育非遗的活力和持续性；

◆把对非遗的尊重、欣赏和教育作为社区、群体内外年青一代教育资源的一部分。

参与 2006 年 UNESCO/ACCU 专家会议的专家对社区、群体、个人做出了弹性定义：

社区（communities）是那些从根植于非遗传承实践的共同（共享）历史联系中产生认同感或持续感的人们组成的社会关系网络（networks of people）。②

群体（groups）是在社区内或跨社区共享技艺、经验、特殊知识的人们，在当下和以后的非遗实践、再创造或传承方面扮演特定角色，比如文化保管者、实践者或传承者（学徒）。③

---

① Diana Baird N'Diaye. Community in the Context of UNESCO's Convention on Intangible Cultural Heritage. http://www.accu.or.jp/ich/en/pdf/c2006Expert_NDIAYE.pdf.
② 英文原文：Communities are networks of people whose sense of identity or connectedness emerges from a shared historical relationship that is rooted in the practice and transmission of, or engagement with, their ICH。
③ 英文原文：Groups comprise people within or across communities who share characteristics such as skills, experience and special knowledge, and thus perform specific roles in the present and future practice, re-creation and /or transmission of their ICH as, for example, cultural custodians, practitioners or apprentices.

个人（individuals）是在社区内或跨社区拥有独特技艺、知识、经验或其他特质，在当下和以后的非遗实践、再创造或传承方面扮演特定角色，比如文化保管者、实践者和传承者（学徒）（视情况而言）。①

社区的形成有一个过程，这一过程融入了成员的互动和参与，以及由此建立起来的一些他们共同认可的规范、文化等。我们每个人都有这样的感性经验，社区是一个集合概念，在社会民俗外观、感觉甚至文化气味上都有许多不同于另一社区的具体组成因素，有着与其他社区不同的价值观和生活方式，属于社区的成员个体无论人生经历如何，都无可选择地或多或少地保留有这些文化特性。社区较之群体，有更多可以区分的特征，如地缘环境、民俗文化特征、社会阶层等。非遗作为社区、群体甚至个人长期创造的智慧结晶，非遗有助于区分社区成员，以此界定某些人属不属于社区。社区民众也在共同分享的历史、文化基础之上形成认同感，个人和群体能够分辨社区内外的社会联系，自由确认自己希望归属的社区，形成对社区的认同感和凝聚力。

"群体"这一术语更接近于将热爱非遗、传承和保护非遗的人聚合起来的各类正式或非正式组织团体，群体因非遗有共同分享的文化趣味，形成对彼此的认同感。如当代喜欢、认同昆曲的群体成员背景构成非常多样化，并不以地域界限、阶层、首属社区来区分，他们视昆曲为文化遗产，是真正热爱并极力推动昆曲传承下去的社会群体。

对个人的界定接近于我们所说的掌握某个非遗，在非遗世代传承过程中发挥关键性作用的传承人。

我国学者周星结合我国国情对"社区"内涵做出了阐释。他指出，日语中的"地域社会"可以翻译成汉语的"地方社会"或"乡土社会"及英语的"local community"，也即2003年公约中提及的"社区"，上述术语是可以互换的。他认为"地域社会"主要是指基于地缘关系形成的集团、结构和各种社会关系的总和，是一个地域内居民生活的场所（或空间），居民们在其中生产、劳作、消费、娱乐，同时享有教育、医疗、健身和保安之类的社区服务，人们在其中相互交流、相互帮助，共同组织和参与本地特有的节祭和艺能展演活动等。

根据我国情况，周星认为，可以用"地域社会"来代替"社区"，用来特指超越村落共同体等乡土熟人基层社区的较大面积的"地方"，把它界定为介于国家的基层区划分的"县域"和村落之间的"地方"，其范围大体上可以经"通婚圈"、"祭祀

---

① 英文原文：Individuals are those within or across communities who have distinct skills, knowledge, experience or other characteristics, and thus perform specific roles in the present and future practice, re-creation and/or transmission of their ICH as, for example, cultural custodians, practitioners and, where appropriate, apprentices。

圈"、"集贸市场圈"的人类学范畴来限定。① 虽然这三个圈往往不能够完全重合，但却可以反映出一个"地方"的封闭性及流动性，它们大体框定的"地方"也就相当于一个"地域社会"。显而易见，正是在这样的"地域社会"里，生发、容纳和承载着绝大多数农耕生活时代的传统文化形态。因此，可以说"地域社会"是文化遗产的传承母体。著者对"地域社会"的阐释注重非遗赖以存在的社会生态，既注意到我国语境下以地理空间、民族、信仰因素等为依据划分出的不同社区主要特征，同时也兼顾了不同社区间的文化交流。这正是我国社会"多元一体"的文化发展现状决定的。当涉及具体的文化遗产保护时，对"地域社会"的重视就转为讨论地方公共团体或民间团体对文化遗产保护事务积极参与这一议题了。

二、UNESCO《保护非物质文化遗产公约》背景下社区参与非遗保护的讨论

倡导自下而上的社区民众参与非遗保护，确保非遗持续发展的活力和代际传承，是2003年公约的主要原则之一。显然，如果仅仅是停留在口头上，无论是"主动参与"（participation）非遗传承或是"引导参与"（involvement）保护管理事务，都只是纸上谈兵。不过公约文本对"社区参与"也没有做出详细界定，与社区、群体、个人等术语一样，只是提供了一个框架性的指导。2002年6月非遗术语小型专家会议上，针对社区在非遗保护中扮演的是消极还是积极角色，会议专家在对这些问题的讨论中，逐渐形成这一共识：那就是应确保社区参与到非遗保护过程中来。② 换言之，UNESCO专家肯定保护过程中需要体现对非遗传承者的尊重，使传统文化和民俗的传承群体在确认、记录、传承、传播、振兴等具体保护环节中发挥应有的作用，成为保护工作的主要参与者之一。

2006年《保护非物质文化遗产公约》生效后，进入保护非遗政府间委员会会议阶段后，委员们赞同为确保非遗生命力和持续性，非遗传承者和社区实践者应参与到保护行动的每一个步骤当中来。在政策制定、评估到非遗保护措施的具体实施过程中，他们都应扮演重要角色。但最大困难在于如何发展出执行这个原则的具体操作方法，来履行2003年公约中社区参与非遗保护的相关规定。这成为保护非遗政府间委员会起草《2003年公约业务指南》时一般性磋商过程中最难的议题，对社区、群体（甚至个人）在非遗保护过程中的角色如何定位成为比较棘手的问题。

---

① 周星. 文化遗产与"地域社会". 河南社会科学，2011（2）：38.
② Lourdes Arizpe. The Cultural Politics of Intangible Cultural Heritage // Janet Blake. Safeguarding Intangible Cultural Heritage: Challenges and Approaches（A Collection of Essays）. Builth Wells: Institute of Art and Law, 2007: 39.

爱川纪子指出①，在2006年11月第一届保护非遗政府间委员会会议上，这个议题出现在NGOs作为保护非遗政府间委员会的咨询组织认证问题的讨论中，咨询组织要参与非遗名录的提名和评估工作，并监督国际资助方面的工作。UNESCO秘书处建议设立一个平行的咨询实体，包括正式承认的NGOs的代表（集合了专家和调查机构）和一定人数的在非遗领域被广泛认可的具有能力的个人。为了达到社区参与咨询的目的，UNESCO秘书处提供了两个选择：一是由实践者和传统传承者构成，成为综合咨询实体（umbrella advisory body）的附属部分；二是成立包含社区轮值代表在内的咨询实体。保护非遗政府间委员会没有接受UNESCO秘书处关于综合咨询实体的建议。

委员会成员并不愿跟着由咨询机构②垄断了咨询功能的1972年公约运作模式。保护非遗政府间委员会强调要维持咨询实体的多元性（plurality），并和保护非遗政府间委员会保持灵活联系。亚洲国家印度注意到了NGOs在全球各种领域中的重要性，拉美国家如玻利维亚、秘鲁、墨西哥和巴西赞同咨询机制中土著民众和社区应该发表意见，非洲国家阿尔及利亚和塞内加尔注意到发展中国家的专业中心和调查机构并不是以NGOs形式存在的，因此，他们希望除了NGOs、实践者和社区外，懂得相关技术、知识的专家和研究中心也应该享有咨询资格。

第一次保护非遗政府间委员会会议就咨询组织的认证没有达成一致意见，决定邀请缔约国就非遗实践者的代表资格标准和认证标准提交书面意见。进一步地，保护非遗政府间委员会要求总干事在2007年9月东京召开的第二次保护非遗政府间委员会会议上提交一份关于非遗实践者、NGOs、在非遗领域有胜任能力的专家和专业中心的认证标准的建议书，交上来的缔约国的书面意见各种各样。

2007年5月在我国成都召开的保护非遗政府间委员会特别会议上，UNESCO秘书处没有遵照在阿尔及尔召开的第一次非遗政府间委员会的要求，而是提交了一份专指2003年公约第9条关于NGOs的严格法律解释。许多非遗缔约国遗憾地看到除了NGOs外，没有提及实践者、专家和研究中心。在讨论中，出现了第9条与第8条

---

① Noriko Aikawa-Faure. From the Proclamation of Masterpieces to *the Convention for the Safeguarding of Intangible Cultural Heritage*// Laurajane Smith, Natsuko Akagawa. Intangible Heritage. New York and London：Routledge, 2009：37-40.

② 1972年公约世界遗产委员下的咨询机构：国际文物保护与修复中心（ICCROM）、国际古迹遗址理事会（ICOMOS）、世界自然保护联盟（IUCN）。

(4)款①的混淆。最后，保护非遗政府间委员会通过认证 NGOs 咨询资格的标准和方法，要求 UNESCO 秘书处在 2007 年 9 月的东京会议上，提交一份关于特指社区代表、实践者、专家、专业中心和科研机构的文件。

2007 年 9 月，在东京召开的第二届保护非遗政府间委员会会议上，根据成都特别会议后缔约国的书面意见，UNESCO 秘书处提交了关于社区参与非遗保护的建议稿。但是保护非遗政府间委员会认为这份建议没有充分注意到委员会对此议题的重视程度，无法就社区以及代表、专家、专业中心、科研机构的参与非遗执行的话题进行深度讨论。一些成员国注意到社区实践者、土著群体和专家、科研机构这两类群体的不同，拉美国家和爱沙尼亚强调前者、非洲国家和罗马尼亚强调后者的参与是非遗保护不可缺少的。在这种情况下，秘鲁、罗马尼亚、日本建议社区、实践者和专家、科研中心应该分开处理。但是，保护非遗政府间委员会不赞同将二者分开，强调所有群体应尽可能参与到 2003 年公约执行过程中来。从 2008 年通过的《2003 年公约业务指南》的相关规定内容来看，体现了保护非遗政府间委员会这一观点。

保护非遗政府间委员会考虑到 UNESCO 秘书处提交的建议书没有遵循阿尔及尔和成都会议的要求，决定成立一个工作组，由保护非遗政府间委员会主席指定日本作为工作组领导。工作小组会在下次保护非遗政府间委员会会议之前，给各缔约国派发问卷，设立一个附属机构和组织一次会议。法国将组织专家会议对社区参与非遗保护议题做出进一步反馈，保护非遗政府间委员会要求秘书处征求缔约国关于社区、实践者、专家、科研中心参与非遗执行方式方面的意见。

后来在缔约国意见的基础上，由成立的保护非遗政府间委员会的下属机构，准备下次保护非遗政府间委员会会议的议题文件。保护非遗政府间委员会选出以下六组：比利时（西欧和北美）、罗马尼亚（中东欧）、秘鲁（加勒比和拉美地区）、日本（亚太地区）、塞内加尔（撒哈拉非洲）、阿尔及利亚（阿拉伯地区）等为首的小组构成的下属机构。UNESCO 秘书处收集了来自缔约国和附属机构所开会议②提出的意见，附属机构召开的第三次会议中指出专家和调查机构对社区和实践带来的弊端（detriment）。三次会议的结果提交给 2008 年 2 月在保加利亚首都索非亚召开的保护

---

① 第 8 条（4）款：委员会可邀请在非物质文化遗产各领域确有专长的任何公营或私营机构以及任何自然人参加会议，就任何具体的问题向其请教。
第 9 条：咨询组织的认证
（1）委员会应建议大会认证在非物质文化遗产领域确有专长的非政府组织具有向委员会提供咨询意见的能力。
（2）委员会还应向大会就此认证的标准和方式提出建议。
② 2007 年 12 月，巴黎；2007 年 12 月，布加勒斯特（罗马尼亚首都）；2008 年 1 月，法国 Vitré。

非遗政府间委员会特别会议上，这次会议开始起草执行2003年公约各个条款的业务指南，2008年6月召开的2003年公约缔约国大会批准公共和私人组织、个人和实践者、专家可以参与咨询服务。但是，一个不平衡也出现了，根据2003年公约第9条，NGOs的咨询资格需要认证，而其他实体却不需要。

爱川纪子结合上述2003年公约执行过程中的各国商讨内容，认为社区参与非遗保护过程这一原则是非常难以执行的。她指出，在UNESCO 2003年公约准备过程中召开的所有政府间和非政府间会议中（超过10次），只有华盛顿会议和1998年"杰出代表作"相关会议有社区代表、实践者的出席和参与。1999年的华盛顿会议，36名参会者中有7名来自社区和非遗传承者的代表。1998年启动的"杰出代表作"评选，遵照"杰出代表作"评选规则，国际评审委员会18位成员中，有3位是非遗实践者（来自乌兹别克、玻利维亚、格鲁吉亚的传统音乐歌手）。2006—2008年间举行的三次保护非遗政府间委员会会议中，尽管社区和实践者角色的重要性被大力强调，但是，没有哪次会议见证了来自社区、实践群体、草根NGOs的代表以观察者身份出席会议。这也充分说明政府间组织动员草根民众参与非遗保护是多么难。

2006年3月UNESCO-ACCU召开的"社区参与"主题专家会议上，认为在国家和国际层面上，自上而下和自下而上相结合的非遗保护方式是不可或缺的。根据公约精神，就社区、群体（某些情况下，包含个人）参与非遗国家级名录制作，与会专家认为应该有以下做法（procedures）：

◆恰当确认社区、群体及其代表；
◆确保只有社区、群体认识到的非遗进入国家清单或列入名录；
◆确保进入国家清单中的非遗得到了社区和群体的准许；
◆当有非社区成员参与时，要确保社区的事先知情权；
◆尊重获得非遗的习惯做法；
◆申报进入UNESCO 2003年公约下的非遗名录时，确保社区、群体的事先知情同意权（the free, prior and informed consent of communities and groups）。

可以看出，这些做法仍极具概括性，是需要在非遗相关利益者之间展开协调才能达成的。但是如何展开协调，在这个过程中对非遗社区会产生哪些影响，在不同利益者之间会形成哪些共识，需要在贯彻这些做法时结合各个案例展开仔细观察和研究。

2008年6月16～19日，2003年公约缔约国大会第二届常会通过《2003年公约业务指南》，并在2010年6月年第三届缔约国大会上进行了修正，从以下方面就社区、群体以及个人参与非遗保护工作做出了规定：

第一，在名录申报方面，在列入UNESCO《急需保护的非物质文化遗产名录》、

《人类非物质文化遗产代表作名录》、《最能体现〈保护非物质文化遗产公约〉原则和目标的计划、项目和活动》这三个项目的遴选标准中，均列出了"在社区、群体或适当时有关个人尽可能最广泛的参与下，在其自由事先知情同意下，……"①并且向 UNESCO 提交申报进入非遗名录的过程中，指出"申报缔约国应动员社区、群体以及适当时有关个人参与申报文件编写工作"②。

第二，在社区参与的机制、实施原则方面，把社区、群体及个人、专家、专门知识中心和研究所参与非遗保护合在一起做出规定。倡导传承非遗的社区、群体、个人与拥有学术专业知识的专家合作，使用"鼓励"的术语提倡缔约国就此建立咨询机制或协调机制。以促进社区、群体、专家、研究中心参与非遗确认、名录拟订、计划执行、向 UNESCO 申报名录等非遗保护行动。要求缔约国采取必要措施向社区、群体、个人宣传非遗及 2003 年公约的重要性和价值，使非遗传承者从 2003 年公约中受益，并加强社区、群体、个人的能力建设。

在关于"提高人们对非物质文化遗产的认识"执行指南中，指出非遗保护中必须基于尊重社区、群体及个人的事先知情权、享用非遗的习俗做法，在外来者、地方、国家、国际各层面展开非遗保护，也在利用非遗时如何处理好与社区的关系，确保非遗所在社区利益、受到尊重等方面作出了相应规定。③

第三，在申请国际资助和缔约国报告方面，指出"社区、群体和/或相关个人均参与拟订申请，并尽可能广泛地参与实施拟议活动及其评估和后续工作"④，缔约国向保护非遗政府间委员会提交的 2003 年公约执行报告内容中，对列入 UNESCO 非遗名录的保护工作要求包括⑤：

（1）履约报告的撰写："缔约国应该努力确保社区、群体及适当时有关个人尽可能参与此等报告的起草过程"；

（2）非遗保护具体实施："社区、群体及个人对文化遗产保护工作的参与以及他们对进一步保护文化遗产的承诺"；

---

① 参见《执行〈保护非物质文化遗产公约〉的业务指南》
I.1 列入《急需保护的非物质文化遗产名录》标准 U.4；
I.2 列入《人类非物质文化遗产代表作名录》标准 R.4；
I.3 列入《最能体现〈保护非物质文化遗产公约〉原则和目标的计划、项目和活动》遴选标准 7：P.5，7。
② 参见《执行〈保护非物质文化遗产公约〉的业务指南》第 23 段
③ 参见《执行〈保护非物质文化遗产公约〉的业务指南》第 79~89 段、100~101 段、103~123 段。
④ 参见《执行〈保护非物质文化遗产公约〉的业务指南》第 12 段 A.1。
⑤ 参见《执行〈保护非物质文化遗产公约〉的业务指南》第 97 段（h）。

(3) 非遗保护机构组成:"与文化遗产及其保护有关的社区或群体的组织"。①

(4) 2003 年公约咨询组织的认证资格中标明:"与社区、群体和非遗领域的从业人员合作的经验说明"。

作为刚刚起步的 2003 年公约及其业务指南,自下而上的社区参与非遗保护机制仍在探索之中,有些国家并没有意识到 2003 年公约对社区参与保护的强调。这在 UNESCO 1998 年启动的"非遗杰出代表作"评选过程中,部分国家提交的申报文件中已有所体现。Anthony Seeger 作为国际传统音乐学会(ICTM)的秘书长,曾参与 UNESCO 2001—2005 年"非遗杰出代表作"申报文件的评审。他指出②,社区参与非遗保护是 2003 年公约最重要的政策创新,但是 2001 年至 2005 年"非遗杰出代表作"的申报文件在这方面提供了蹩脚的证明。如民间舞蹈、音乐的真正非遗传承者被忽略,换成了专业人士指导下的专业表演团体,而有的申报文件关于非遗社区"事先同意权"一项则是完全缺失的。

Anthony Seeger 更直言不讳地指出,非遗保护中涉及实际利益的资金分配,大部分资金流向了官僚和专业学者,却很少提供给非遗传承者,比如召开由官员、学者和非遗传承者共同参加的会议,学者和官员按日计算津贴,但是草根民间艺术家等非遗传承者没有任何酬劳。著者指出自己并不是赞同草根艺术家应该收取费用,但是在行动方案中各方在社会和经济上的不平等总是不断出现。

2003 年公约下具体实践说明,视社区民众是非遗保护的主动者而不仅是"受保护"的传承者和传承群体,而这一原则也正是非遗保护实践最难执行的。如何设计、发展社区参与非遗保护管理协作机制,还有许多问题需要深入思考和解决:

(1) 2003 年公约这一原则执行过程中如何处理集体权利和个人权利的关系,Janet Blake 认为二者是有矛盾的。③

(2) 谁能代表社区、群体参与到非遗保护管理及决策过程中来?又如何选出社区民众承认的代表?各国当下社会发展阶段是否具有条件展开这一行动?

(3) 从非遗保护管理角度出发,如何确定社区民众"参与"的确切含义和参与

---

① 参见《执行〈保护非物质文化遗产公约〉的业务指南》第 157 段 (e)、第 158 段 (b)、第 160 段、第 162 段 (d)、第 163 段 (b)。

② Anthony Seeger. Lessons learned from the ICTM (NGO) evaluation of nominations for the UNESCO *Masterpieces of the Oral and Intangible Heritage of Humanity* (2001 - 2005) // Laurajane Smith, Natsuko Akagawa. Intangible Heritage. New York and London: Routledge, 2009: 112 - 128.

③ Janet Blake. UNESCO's 2003 *Convention on Intangible Cultural Heritage*: the implications of Community involvement in "safeguarding" // Laurajane Smith, Natsuko Akagawa. Intangible Heritage. New York and London: Routledge, 2009: 53 - 55.

方式?什么样的现实状态才是真正参与了非遗保护?各国当下社会发展阶段是否具有条件展开这一行动?

(4)在非遗调查和各级名录建立过程中,社区的事先知情权意味着什么,哪些方式能够确保事先知情权?应如何体现对社区适当的理解和尊重?

(5)如何确认非遗保护管理过程中不同利益相关者,如何平衡这些关系?在维持保护工作效率的同时,非遗保护中国家自上而下和社区自下而上的咨询或协调机制如何建立?

(6)非遗保护过程中实行哪些政策、措施和方式才能够切实有助于提高社区、群体和个人的能力素养?

(7)地方社区在外来因素不断介入的情况下,非遗保护还没有与地方民众认知衔接起来,主要以外来者主导为主,这对非遗保护造成哪些影响?如黄贞燕指出的:"当非遗传承者与相关社群,与外部人士,特别是保护行政工作者与相关领域的学者专家,对承续的方式与意义等看法不同时,该如何处理?作为行政保护的对象,应该如何考虑非遗的发展权问题呢?"[1]

这也意味着有必要转换学术研究思路,菅丰在讨论民俗与保护政策实践的关系时,认为既然当代对民俗、传统文化的构建是不可避免的,那就不如使其往好的方面构建。按着这一思路,他指出学者不应仅只关注民俗本身,或者罔顾地方民众利益而支持文化开发,或以隔靴搔痒的方式批判文化保护政策,而是应在足够尊重民众文化价值观、生活感受的基础上,参与到文化保护政策实践中来。面对实际不容易解决的问题[2],民俗学者应在田野调查基础上,凭借对地方社会的深入了解,理解地方民众对于地方文化的想法和价值观,把他们的想法和价值观向地方内外的社会进行广泛的传播[3]。

由上述问题我们可以看出,如何在非遗保护中贯彻社区参与这一原则,对非遗保护实践是一个巨大的挑战,也意味着现有社会秩序体系下主流团体必须考虑地方草根民众在非遗保护管理体制中的角色和地位,结合各国国情如何顺利展开,成为非遗理论研究的一个难题和焦点。

---

[1] 黄贞燕. 日韩无形的文化财保护制度. 宜兰:国立台湾传统艺术总处筹备处,2008:46.

[2] 著者列出的问题有"地方居民或者民众究竟是谁"是关乎"文化的所有"的问题,"地方居民或者民众是否都具有相同的观点"是关乎"人们的价值多样性"的问题,"地方居民或者民众之中到底谁拥有发言权"是关乎"地方居民或者民众的代表性"的问题,"民俗学者的参与会带来地方文化的变化"是关乎"不可避免的民俗的变容"的问题等等之类,在实践面前不可能简单地加以解决的课题堆积如山。

[3] (日)菅丰. 日本现代民俗学的"第三条路"——文化保护政策、民俗学主义及公共民俗学. 陈志勤,译. 民俗研究,2011(2):52-71.

第三节 非物质文化遗产保护中的社区参与原则

地方民众作为保护力量参与到非遗保护过程中,也是与非遗保护其他相关利益者展开相互协调和制衡的过程,这个过程中哪些行为有利于非遗保护,怎样建立一个有利于这些行为展开的协调机制,并不是速成的,结合前人对非遗保护国外案例的介绍、分析,笔者认为需要从以下原则着手。

一、社区参与非物质文化遗产保护始于尊重

孙玄龄谈及日本歌舞伎时说道:"那种美感并不受现代人的喜爱,但由于是传统,这就是理由,所以要保持下来。"① 寥寥数语,呈现给我们的是西化过程中日本尊重文化传统的价值观。在日本民间,如说唱音乐,木偶文乐,诗吟调,三昧线、筝、尺八(一种乐器)等传统艺术,许多国宝级的艺术家面向公众设有私人教设,学员并不专业,以兴趣爱好为目的,长期坚持,学习、表演等费用均是民间个人、团体筹集,自发组织相关活动。除此之外,在日本很多学校中设有学生自己组成的古典艺术的俱乐部,如茶道部、邦乐部、能乐部、舞蹈部等。不同传统艺术的学习费用不一,如能乐、长呗的学习费用很高,对传统艺术的学习,成为修养和身份的表现。上述做法,成为日本民间保存、继承传统的重要环节。② 更值得注意的是,日本对本国文化传统并不提倡改革,本国与外来文化泾渭分明,被认为是日本的古典舞蹈,绝看不到现代和西洋舞蹈的痕迹;反之,学习西洋音乐,就去西欧。③

日本以明治维新为标志,早于我国 100 年开始了现代国家的建设。在不断注重全民教育的基础上,日本国民文化素质和文化修养不断提高,这成为保存传统最好的方式,使人们在珍惜和消费传统文化上形成相对的平衡。在这个过程中,尊重传统的整体社会氛围并不是朝夕之间形成的。

日本自"明治维新"后,对民族文化在肯定和否定之间一直摇摆不定,表现之一就是在学者间掀起了"和洋之争"④。受"二战"战败影响,"二战"后日本国内对于民族传统文化出现了"否定"态度,产生了一系列的讨论和社会事件。孙玄龄

---

① 孙玄龄. 声响年华,北京:中华书局,2009:328.
② 参见孙玄龄. 声响年华. 北京:中华书局,2009:326-328。
③ 参见孙玄龄. 声响年华. 北京:中华书局,2009:328。
④ 参见叶渭渠主编. 日本文明. 北京:中国社会科学出版社,1999。

以"二战"结束后日本邦乐能否成为正规教育课程作为案例①进行了说明。在日本，就邦乐能否保留在正规教育课程中的问题，分成了支持和反对两个派别：

一派是以时任东京音乐学校校长的小宫丰隆为代表的反对派，列举邦乐的社会属性（封建时代的产物，落后于时代发展）、学术研究薄弱（没有理论体系、历史方面的研究）、对人格的培养（不能表现感情）、学成者的工作前途（很难找到工作）等理由反对在学校中设置与邦乐有关的学科。

另一派是赞成保留的，以东京音乐学校图书馆馆长吉川英史为代表，他们与前者展开针锋相对的争论，从西方音乐发展史入手，指出二者的区别，坚决反对从正规教育中取缔邦乐科的决定。东京音乐学校邦乐科全体教师为了捍卫邦乐在正规教育中的一席之位，集体辞职。但在整体"西洋至上，邦乐劣等"舆论一边倒的氛围中，这一举动没能改变东京音乐学校不设邦乐科的决定。为此，邦乐的捍卫者通过当时的驻日美军司令部下属民间情报教育局（CIE）向日本相关文化部门施加影响，推翻上述决定，使得邦乐科成为正规教育课程。

在当时社会时局下，就邦乐在正规教育体制中的去留争议过程中，双方均为坚持自己的理念付出了牺牲个人前途的代价，小宫丰隆不满邦乐作为教育课程的决定而主动辞去了校长一职，吉川英史则遭到了校方的劝退。究竟哪一方的观点才是对的，这样做值不值，答案在半个世纪后才见分晓。孙玄龄指出："时间已经过去了50多年，邦乐科已在东京艺术大学茁壮成长、硕果累累，活跃在日本各地宣传和教授日本传统音乐的，大都是那里的毕业生。"

这一案例，可以让我们更深刻地体会到傅谨讨论戏剧命运时所表达的"文化是人为的，传统并不会自动延续"②的观点，尤其是出现不利于非遗传承的客观事实、社会舆论等状况时，坚持对传统的尊重和坚守才更显可贵，这也是2003年公约面对全球化进程推动非遗保护的可贵之处。

在这个案例中孙玄龄尚没有涉及包括邦乐在内的日本文化观念与价值标准取向的讨论，但是从日本1950年出台的《文化财保护法》已经可以判断出日本并没有在全盘西化的过程中抛弃西化之前的传统文化。在日本，对传统文化去留持不同见解的各方力量经历了争论、妥协、反思等一系列过程后，尊重传统的理念成为社会共识并用于行动指导。③ 日本《文化财保护法》历经半个世纪，成就有目共睹，有关非遗的保

---

① 孙玄龄. 日本东京艺术大学邦乐科的设置——日本近代音乐史上的一件大事. 黄钟（中国·武汉音乐学院学报），2008（1）：35–38.
② 傅谨. 二十世纪中国戏剧导论. 北京：中国社会科学出版社，2008：55.
③ 这一观点康保成老师有详细阐述，参见康保成. 日本的文化遗产保护体制、保护意识及文化遗产学学科化问题. 文化遗产，2011（2）：6–13。

护思路已经对韩国、中国台湾、UNESCO产生了积极影响。

类似的,韩国面对社会的迅速变化,并不强行对青年进行灌输,而是通过普及教育培养青年一代的传统文化意识,设有国乐院、国乐高中、高等教育中设有国乐系,也成立有国立传统文化大学。[①]

种瓜得瓜,种豆得豆。在我国,自近代开始,伴随国家时运不济,对于民族文化的传承,在不同团体不同文化态度的相互博弈中,没有形成尊重、坚守传承传统和民间文化的思想、时代氛围。对传统文化的尊重也没有从制度、政策、行动等层面得到正常的保证,尊重传统长期以来都不是社会的正常价值观,导致传统文化在当代濒危,不断消失。当代人们对包括非遗在内的传统文化的消失只能感到痛惜或陌生,利用传统文化进行创新也不理想。这或许正如有的学者指出的:知识的丢失意味着未来一代知识的贫乏[②]。

二、社区参与非物质文化遗产保护的"赋权"原则

非遗保护中,只有民众真正自发传承非遗,关注与非遗有关的保护理念、政策,了解非遗保护目标和远景,才会为制定规划政策发挥其智慧,将威胁非遗传承的消极变化控制在可承受的范围内,确保非遗赖以传承的核心要素,使非遗在国家保护介入下,其传承和变化依然能够被他们接受、理解和认同,争取他们最大的支持。这样,外来力量对非遗的盗用、不利于传承的各种负面实践降到最小值的可能性才会出现。

在这方面可以考虑"赋权"原则,这一术语来自英语 empowerment,意为通过让工作者更多地参与控制他们工作的决策权和增加对工作成果的责任,增加工作者参与合作的程度。类似的,通过赋权,让最熟悉、了解非遗的社区成员在非遗保护中拥有一定的权利和承担一定的义务,在公共文化事务中表达自己的意愿,支配与权利对应的社会资源。这需要专家和各级领导的信任和协助、支持,也增加了在非遗保护中形成具有实效的协调和合作机制的可能性。

日本50多年来文化遗产立法保护经验证明,非遗保护正是在民众积极参与下取得成效的。明治维新后日本在政体上保持了连续性、稳定性,文化遗产中所蕴涵的传统精神在现实生活中得到了较好的延续。传统风俗与现代日常生活的互相包容是日本一个比较明显的特点,如和服仍是日本青年参加成人仪式、毕业典礼等重大人生活动的正式服装。日本20世纪六七十年代曾有过涉及文化遗产保护的"一村一品"运动

---

① 学校网址:http://nucheng.nuch.ac.kr/nuch.html?NUCH=I0304。
② Edith Brown Weiss. In Fairness to Future Generations, International Law, Common Patrimony and Intergenerational Equity. Tokyo:UN University, 1989:262.

和"造街运动",这些运动在有的研究者看来仍有诸多不足,但此类运动,在提高民众文化遗产意识、参与文化遗产保护方面起到了积极作用。

在日本,有不少民间保护团体,有的团体在全国都有一定的影响。如城镇运动的"御三家"(奈良县橿远市、琦玉县川越市、名古屋市),"全国历史的风土保存联盟"、"全国历史城镇保护联盟"等保护团体,组织的活动多种多样,参与人员有居民、政府官员、研究者、教师、学生、家庭主妇,这些成员表达意见、展开交流,影响着国家层面的文化遗产保护工作。由于日本民众对文化遗产的关心达到了很高的程度,使某一历史、学术价值并不突出的文化遗产也因普通民众的自觉行动而得到保护,这样的案例并不在少数。①

更重要的是,依据法律,日本非遗保护中,政府在指定国家重要无形文化财时即要求有相应的保护团体,组织名称最常见的即是"××保存会"。国指定重要无形民俗文化财中的民俗艺能类,几乎都有保存会组织,风俗习惯类的无形民俗文化财保护团体,也以社区之名或社区内居民自组的自治会之名公布,因保护对象不同,保存会的组织形态也非常多样化。

国家重要无形文化财保存会会员会被政府认定为保持者,由于涉及财政资助和行政监督,保存会的成员资格也有相应规定。如歌舞伎保存会中的成员,会员资格必须有20年演出经验而且技艺优秀,经保存会的理事提名,政府咨询顾问会并经总会议决后,才能成为正式的会员。会员的选定资格,以及新入会员等事项必须向文部科学大臣报告。报告后由文部科学大臣正式颁布认定说明书,新入会会员正式成为保持者。②

再如京都"祇园祭"保存会,参与者均为本地住户,参与活动是义务和自愿性质,举行活动的相关经费主要来自社区捐赠。保存会负责定时举行祇园祭大型巡游及有关的各种活动,各种表演节目、纪念品售卖、交通维持、文化宣传等活动是保存会的主要任务,必要时与政府各机构进行协调沟通。保存会对人员组织变动、活动举行有着极强的自主管理和决定权,国家几乎不过问,只是有时派专人进行考察,提出建议。③

以保护、传承和宣传日本民谣为宗旨的日本民谣协会,在各种赞助下,研究和出版民谣书籍;组织民谣指导者资格认定的考试;举行民谣讲习会,出售相关道具及在

---

① 宋振春. 日本文化遗产旅游发展的制度因素分析. 北京:经济管理出版社,2009:44-48.
② 黄贞燕. 日韩无形的文化财保护制度. 宜兰:国立台湾传统艺术总处筹备处,2008:182.
③ 陈宗花. 在日常生活中保护非物质文化遗产——以日本无形民俗文化财"祇园祭"为例. 南京艺术学院学报,2011(1):23-26.

青少年群体中展开传承工作,每年都有详细的活动安排。① 更多的诸如和歌山县纪大岛的"须江狮子(舞)保存会"、岐阜县郡上市的"狮子舞保存会"、大阪市淀川区神津神社的"狮子舞保存会"、爱知县奥三河"花祭保存会"、爱知县田原市的"田原风筝保存会"、熊本县的"高森田乐保存会"② 等文化遗产保护组织存在于日本社会系统的各个层次,展开文化遗产保护方面的活动。

长年下来,这些不同层次的保存会已成为推动日本非遗保护的核心组织,宣传手法日渐多样化,有的具有发展为 NPO(特定非营利活动)性质的趋势。同时还有民间力量创建的博物馆,这些博物馆通常不会有价值连城的展品,但在促进地方文化传播方面起着重要作用,是当代文化遗产保护的重要力量。

由上述日本的保护经验可以看出:地方社区参与文化遗产保护已经成为社会常态行为,这是日本致力于提高国民文化遗产意识和保护能力基础之上悉心经营的结果。民间团体作为保护的重要力量,参与到国家主导的文化遗产保护中来,熟悉当代社会与文化遗产有关的各种保护理念和方法,为文化遗产的持续存在及日常化发挥了重要作用,这种参与文化遗产保护事务,是地方社会文化意识自觉的表现。

类似的情况在韩国也存在,如韩国宗庙的传承和保护,每年 5 月的第一个星期日,韩国宗庙祭典在首都首尔供奉李氏王朝历代先王的祖庙前进行,这一活动由全州李氏宗亲会组织、朝鲜国王嫡裔子孙主祭,完全按照朝鲜时代的礼仪、程序、冠服、乐舞、仪仗进行祭祀。官员和普通民众仅以民间人士参与和观礼。③

在我国,文化遗产保护管理体制中纳入地方社区参与原则在台湾地区已有所尝试。林美容描述了台湾无形文化资产保存计划实施过程中,台湾行政文化建设委员会(台湾简称"文建会")在 1994 年 10 月提出"社区总体营造"的概念和政策计划。这一计划根据社区的特色,分别从单一的不同角度切入,再带动其他相关项目,逐渐整合成一个营造计划,如各种民俗活动的开发、古迹及建筑特色的建立、街道景观的整理、地方产业的文化包装、特种演艺活动的提倡、地方文史人物主题展示馆的建立、空间和景观的美化等。这种总体营造工作,一定要从本身做起,而且必须是自发性的、自主性的,强调的是一种由下而上、社区自主、居民参与的制度,启发居民保存固有文化资产的动机,体会文化资产保存重要性。经过多年的推动,在许多社区志士与专业人士的努力下,社区总体营造的理念普遍深入各地,广获各界回响。④

---

① 孙玄龄. 声响年华. 北京:中华书局,2009:331-334.
② 周星. 文化遗产与"地域社会". 河南社会科学,2011(2):39.
③ 刘毅. 韩国历史文化遗产保护的观察与启示. 文化遗产保护科技发展国际研讨会论文集. 北京:科学出版社,2007.
④ 林美容,谢佳玲. 台湾无形文化资产的保存现况. 台湾史料研究,2005(25):152.

三、避免社区参与非物质文化遗产保护的形式主义

"参与"这一术语频繁见于各种社会发展项目中,这些项目都注重自下而上的赋权,鼓励民众表达自己的需求和想法,以了解地方社区的真实愿望,这一伦理目标使"社区参与"在各种发展项目中受到青睐和支持。从学术角度讲,"参与"的内涵在不同具体社会实践中应有各自的具体定义,理论阐释中的"参与"都注重不同利益者介入有关事务决策过程,转变认识和提高自身能力,让地方民众能够自己承担起应有的责任,利用和控制资源,避免参与成为形式过场。为了有效实现非遗保护效果,参与理论解释也应与具体实践结合起来,"社区参与"这一原则必须以地方社会结构、深层文化为前提,观察隐藏在社区民众中的支配性价值和社会体系结构的运作过程,清楚地方关系中能够动员民众的地方权威人物,控制、支配地方资源的不同团体,民众的生活方式和生存策略等因素,对非遗的真正看法。在审视这些结构性要素时,有时外在他者会认为某些地方社会结构是不公平的,容易得出脱离地方社会实际的观点。在思考外来力量和社区各自的角色定位时下面这一案例给笔者提供了某些启发。

美国是一个高度现代化的休闲社会,人们已有较多时间展开自己热爱的各类文化活动。在 2011 年 11 月 6～7 日中山大学非物质文化遗产中心召开的"首届中美非物质文化遗产论坛:政策比较"会议上,美国民俗研究者查理·希曼(Charlie Seemann)介绍了美国一年一度、至今已连续举行 28 年的全美牛仔诗歌会。在介绍牛仔诗歌会本身的成立原因、评审形式、参与者选取标准、牛仔手工艺展览和手工艺传授等组织方式的基础上,重点阐述了美国西部民俗研究机构如何协助真正的社区成员自主组织诗歌会,进而使诗歌会获得当地社区成员认同的过程。

这一案例给我们的启示意义:第一,作为一种在社区民众当中浸淫已久的文化形式,社区成员对诗歌会已经有了自己的观点主张和强烈的认同感。"每当地方文化和牧区生活之外的人企图介入这一文化的再现时,作为圈内人的牛仔和牧场工人便常常心有不悦,并燃起对牧区牛仔文化的强烈保护欲。"这种有着外来力量介入,但坚持文化形式由社区民众自己参与主导的现象,本身就是社区民众文化意识和能力的体现。

第二,诗歌会中评审诗歌小组的机制,小组成员每年更换,在以参与者提交的诗歌作品水准作为主要评判标准的基础上,评审小组成员的个人背景影响着诗歌会参与者的选择,导致每年具体的选取重点都有所不同。由此可以看出,这种评审机制既保证了评审成员主观能力的发挥,又不至于使某一人的观点始终占据支配地位。

第三,美国民俗研究者强调学者与社区在牛仔诗歌会中扮演的角色是不一样的。

民俗学者的调查，是把原本分散的、被大众文化淹没的草根力量重新聚集到一起，让他们重新表达自己的生活。

由此看出，民俗研究者并没有试图主导这一活动，主要充当了协助和鼓励者的角色。所以，面对一个自下而上形成的地方社会，应考虑外来保护力量是选择嵌入地方社会还是需要相对"定型"的地方社会结构做出调整和改变，以与地方意愿协调起来。同时还必须考虑如何展开相互沟通才恰当，对产生的后果还要有足够的预测，充分意识到我们反复提到的非遗传承群体在内的社区民众不同的主观能动性和文化背景。不能机械运用理念层面所注重的"人人参与"，因不适合地方社会，反招致地方社会的反感，变成走过场，成为对外来者表象上的"配合"和"参与"。因此这一原则从观念走向实行，过程漫长且出现令人沮丧的情形是不可避免的，在这一不能求速成的伟业上，当代那些真正为非遗传承而努力的群体应该获得应有的尊重和支持，尤其是政府的支持。笔者相信，在大量咨询与非遗相关的传承群体、精通非遗群体的基础上展开的非遗保护工作，取得的成功将带来积极的改变。

四、提高社区自我成长的能力

赋权还有提高能力的意思，"包括有能力表达文化身份的丰富性和完整性，有能力表达自己的需要和欲望……在所有层次上开展社会交流。也意味着给予弱势群体和社会边缘人群以基本的物质生活条件和表达意见的渠道。"[①] 2003年公约第14条做出了相关规定，并在《2003年公约业务指南》中进一步具体化，提出了提高民众非遗意识和保护能力、素质的各种支持方案。

非遗保护离不开社区民众参与，如何在符合社区利益者需要、愿望的基础上展开保护，需要设计和执行不同的方案。这些方案中，推动民众文化遗产意识的相关计划和培训是必不可少的。比如城市博物馆展览和乡村集市文化展览，网络平台上的各种互动，利用乡村社区民众认可的公共活动平台展开的各种实践计划。

我们不能着魔于"普通民众"具有难以置信的创造性与智慧，这和鄙视"民众"粗俗一样都过于武断。从客观现实出发，现实中非遗有着极高的文化遗产价值，但却不为广大民众所认同，其具体情形需要得到更为细致深入的观察。在非遗保护中，如果专业学者认为某个传统文化表现形式具有重要的文化遗产价值，值得保护，应该致力于把这种重要性传达给民众，引导民众认识文化遗产的重要性，把认识、理解非遗的方法传授给社区民众，促进民众各种能力素质的提高，增进与他们的文化共享，这

---

① UNESCO，世界文化与发展委员会（WCCD）．文化多样性与人类全面发展——世界文化与发展委员会会报告．张玉国，译．广州：广东人民出版社，2006：49.

是非遗保护追求的目标,进而让他们自己去判断、去感受,激发对非遗重新思考的能力和参与保护的能力。

第四节　我国非物质文化遗产保护中的社区参与问题

通过上文可以看到,社区参与非遗保护作为一种自下而上的保护理念,其核心理论基础是社区民众对传承非遗的重要贡献和所扮演的重要角色。2003年公约致力于推动各国在主权范围内,使社区能够获得社会公共事务上的参与感,促进保护目标的实现。

我国在有非遗之前,早有精英学者呼吁政府在民族民间文化保护方面有所作为,保护是一项系统的文化工程,离不开承担公共文化责任的政府各部门,政府作为先头力量,为推进非遗保护做了大量工作,形成研究、申报、宣传热潮。政府在非遗保护中的重要性已是共识。[①] 非遗保护工作原则是"政府主导、社会参与,明确职责,形成合力;长远规划,分步实施,点面结合,讲求实效"。在我国各地发展程度不一的国情下,目前以政府为主导的非遗保护是需坚持的工作原则之一。但在此基础上,社区与政府是可以建立良好的协调机制,这比政府独立承担所有保护工作的效果会好得多,为此需要政府和社区民众对自身的角色和功能做出相应的调整。

2010年8月下旬,我国人大《非物质文化遗产法》(草案)开始面向社会公示,2011年6月1日正式实施,被视为以国家法律的形式给予民众创作、民众所有、民众传承的非遗一种高度评价和崇高地位。法规第9条、第20条、第36条有相关规定[②]表明了国家鼓励民众参与非遗保护工作的态度。

全国政协副主席、文化部长孙家正先生曾强调,文化遗产保护要注重发挥人民群众的主体地位。推动文化遗产保护成果最大限度地惠及全体人民,丰富人民群众精神文化生活,是实现文化遗产价值的现实需要,也是保护发展文化遗产的根本目的。文化遗产保护要促进地方经济社会和谐发展,要由原来的被动保护变成当地政府和人民

---

① 非遗保护中的"政府主导"议题详细论述见康保成. 中国非物质文化遗产保护发展报告(2011). 北京:社会科学文献出版社,2011:22-27.
② 《中华人民共和国非物质文化遗产法》
第9条:国家鼓励和支持公民、法人和其他组织参与非物质文化遗产保护工作。
第20条:公民、法人和其他组织认为某项非物质文化遗产体现中华民族优秀传统文化,具有重大历史、文学、艺术、科学价值的,可以向省、自治区、直辖市人民政府或者国务院文化主管部门提出列入国家级非物质文化遗产代表性项目名录的建议。
第36条:国家鼓励和支持公民、法人和其他组织依法设立非物质文化遗产展示场所和传承场所,展示和传承非物质文化遗产代表性项目。

的自觉行为。① 这段话强调文化遗产保护要惠及全体人民，进一步地，就是要考虑非遗保护如何为地方民众服务，如何使地方社区因之而更具文化活力，使人们的文化认同和意愿协调起来。在保护非遗的过程中，"惟有那些产生于本土的、由文化主体自己摸索出来的经验，在解决地方文化传承与再生的矛盾问题时才最有实效性"②。在明确基层社区和草根民众才是非遗传承关键力量的前提下，社区参与非遗保护这一原则，在实践中是否具有可行性和如何实施还需要紧密结合我国语境来理解和探讨。

一、非物质文化遗产主体的自发传承

非遗在社区民众自发的参与和继承下，才能扎根于当代社会。这种"参与"很少发生在非遗保护政策层面，从非遗现有发展状况的相关研究来看，由传承者及群体所主导的非遗传承状况并不太差，但这正是在适应不同社区发展结构、尊重自我文化的最好的社区参与表现，可以通过以下方面看出来：

（1）传统根基较为深厚的非遗，传承者仍能以其作为谋生的技艺能力，并为此审时度势，探索自己传承的非遗的生存之道，力争包括国家在内的各种社会资源的支持。这在表演类非遗团体中较为常见，从近年来传统文艺表演者及热爱传统表演的各界文化人士、商业团体、研究机构为此类非遗的传承及在当代社会的发展进行过的各种努力中可管窥一斑。戏曲、相声等传统艺术经营团体正努力从僵化束缚机制中摆脱出来，积极面向市场竞争，在非遗与观众互动之间寻求发展出路，其中不乏成功者，如在山西各地区活跃着不少民营晋剧演出团体。

河北赵庄魔术表演者把非遗技艺作为生存必不可少的技能，注重继承祖辈技艺，传承方式仍为宗亲式的师徒制，表演团体也是家族式管理，根据不同的受众对表演进行调整，在表演中增加新的时尚内容和调整相应的价值规范。③ 而许多在民众中深有口碑的传统医药、传统手工艺、工艺美术的非遗类型，如与衣食住行、医药等行业有关的老字号、商业团体，仍以传统技艺为核心，但其经营方式已转型为现代建制的企业或个体作坊经营，借助现代管理手段和营销理念适应市场机制，注重培育非遗的受众市场。为了在激烈的市场竞争中立足，很多商业团体都意识到坚守传统技艺的重要性，自觉地对非遗进行整理、发掘、提炼和完善，如景德镇陶瓷业。

在非遗保护正式启动之前，许多地方政府联合其他社会团体已经开始致力于经营

---

① 潘跃. 保护文化遗产要注重发挥群众主体地位. 人民日报，2010-09-07（4）.
② 邱春林. 发现民间智慧：大理州民族扎染业考察纪实. 民族艺术，2008（2）：66.
③ 刘永涛. 非物质文化遗产开发保护的民间自觉——以马街书会和赵庄魔术为例. 文化遗产，2010（3）：73-77.

含有当下非遗的各类活动,如成为当代"新传统"的山东潍坊国际风筝节(自1984年开始举办)、四川自贡元宵灯会(自1964年开始举办)、广西南宁国际民歌节(自1993年开始举办),这些与非遗有关的现代活动的持续举办,产生的影响力说明了它们正在为地方民众逐渐认同。

由这些案例可以看到,当非遗以一脉相承的体系存在于民众中,并与传承者生活的某一环节紧密联系在一起时,面对激烈的市场竞争,聪明的传承人会主动思考市场与非遗传承的关系,探索生存之道。在这样的前提下,市场竞争激励着这些非遗,促进其意义和形式的再生产,较之其他形式,建立在个人自愿基础上的市场更能代表民众真正的需求,因此,良性的市场竞争为各个表演团体和技艺精湛的人提供了更多脱颖而出的机会,胜出者在市场竞争中获得较高收益,推动非遗传承的同时也提高了自身的生活品质。

(2)以民间精神信仰凝聚力为核心,由地方社会权威能人带领,组成社区组织或恢复历史上的传统组织,实行自我管理,由民众自行主张、协调与非遗有关的权益,使非遗存于民众生活中。如民俗学者高丙中参与观察研究的河北赵县范庄的龙牌会,打理农历二月二的龙牌信仰事务的社区组织是在本地民众中享有威望的男性。他们一直推动、影响着本地的龙牌信仰及庙会发展,根据情况发挥自我主动性,与学者默契配合,分别以庙宇和博物馆的不同称呼处理龙牌信仰及庙会在当代社会所遇到的困境。社区民众通过龙牌庙会这一文化空间,举行唱戏、歌舞表演、秧歌、鼓乐表演、棋类、书法比赛等活动,为非遗提供了一个来自传统却又现代的展示空间,潜移默化地提升着乡村社会的文化氛围。①

(3)自娱自乐型的草根组织,这主要限于易于展开、运营成本小的民间音乐、传统戏曲、书法、手工艺类等非遗。这些自娱自乐的非正式团体规模不一,在我国各类城市、农村中非常普遍。大众出于对某种非遗的喜欢和热爱,自筹资金自找地方组成非常灵活的非正式团体,在固定时间自发展开与非遗有关的活动,如我们所知的太极拳活动团体、昆曲曲社等,自发特点十分明显。

2004年笔者调查祁太秧歌时,曾多次参与定期在山西祁县县城一个商铺内举行的秧歌活动(一周两次),店主在此以卖各类瓦缸为收入来源,瓦缸主要摆在店铺外,店内就成了秧歌表演场地。店主长期痴迷于祁太秧歌,有一定的文化水平,他自费购买表演设备,整理表演剧目,供喜欢的人翻看、表演、切磋,来这儿练习各种乐器、演唱的乡民比比皆是,观看的人自带凳椅,随意而坐,有几分杂乱。方便时会

---

① 高丙中,孙昊牧. 龙牌会:从"迷信"到"非物质文化遗产"的乡村文化奇迹. 今日民航,2010(2):43-49.

请祁太秧歌名角来闹票，会引来成百上千的民众观看，几近于一个小型演唱会，这个非正式团体的活动一直持续到店主去世。对于这类由个人自费发起的文化活动，县级主管部门为其免去店铺租金以表示支持。

另一个祁太秧歌非正式团体是祁县丰泽村的"夕阳红文化活动中心"，活动中心场地由村委会专门划批而建，购置设备，无偿用于村民展开唱戏、秧歌、流行音乐、舞会娱乐等活动，以一周为循环时间，晋剧、祁太秧歌、流行音乐在不同时间展开活动。除却村委会免费提供的地基、设备外，所有活动由村民自行管理，只要爱好，任何人均可参与，无需任何费用，为周围村庄喜欢晋剧、秧歌的人们就乐器演奏和表演相互交流、提高提供了机会。活动中心制定有明确的活动规则，由会计统筹经费开支，艺术总监则由本村热爱戏曲并具有沟通、组织能力的人士担任，处理相关事宜和人际关系，负责活动中心的运作、规划活动。现任艺术总监权士贵非常热心活动中心的工作，因为他既懂戏曲，也有组织协调能力，很好地承担了这一角色，目前活动中心运作所需经费主要由他和其他热心村民向各个企业募集而来，其能力为村民所认可。上述所有活动，村民用"自己张罗"四个字概括。

活动中心每年会组织比较优秀的票友于重阳节、春节在本村公开演出祁太秧歌和晋剧剧目。十多年来，在吸引观众、票友演出、协调方面积累了很好的运作经验，不自觉地影响着祁太秧歌在年轻一代中的传承，该村出现了不同年龄段的祁太秧歌艺人绝不是巧合。可以观察到，比权士贵更年轻的人已经跟随他参与"张罗"活动中心的相关事务了，相信未来会有新人来接手活动中心的运作。

这是扎根于农村民间的非遗传承的真实状况。这些民间自发组织的非正式活动对非遗传承起到潜移默化的作用，尤其是对儿童。社会学关于社会化观点表明，处于依赖期的儿童的生活经历会影响其一生。从艺人和爱好者的经历可以看到，因童年深受影响，长大后极有可能对某一非遗发生兴趣，并加以钻研，成为未来非遗发展的人才基础。

类似上述的活动组织，山西祁县县委宣传部将之称为民办"文化大院"，视为民众参与文化活动的重要场所。该县政府宣传部统计的与非遗有关"文化大院"如表4-1:①

---

① 此为笔者以2009年8～9月的调查资料整理而成。同时参见李卫东，李山岗，张莺.祁县新农村文化建设的特点及启示.中北大学学报，2008（5）：10-11。

表4-1 山西祁县各乡镇文化大院（与非遗有关）

地 点	名 称	负责人	活动内容	场地形式	非遗类型
东观镇	东观村庆福文化大院		晋剧、祁太秧歌票友、社火民俗	农户院子	传统戏曲、民俗
乔家堡村	乔家堡文化中心		民间美术、社火		民俗、传统美术
贾令镇	东阳羽村维镜文化大院		祁太秧歌、晋剧票友	农户院子	传统戏曲
北左村	北左村民村晋剧票友文化大院		祁太秧歌、晋剧票友	农户院子	传统戏曲
西六支乡	西六支乡祁城村范青山吹奏班	范青山	八音会吹奏教习，挖掘整理传统曲目30余个	农户院子	民间音乐
昭馀镇	丰泽村夕阳红文化活动中心	权士贵	祁太秧歌、晋剧票友	村委提供的免费小剧场	传统戏曲
古县镇	温曲文化大院		祁太秧歌、传统武术心意拳		传统戏曲、竞技
原东村	王德林剪纸文化大院	王德林	剪纸	农户院子	传统美术
晓义村	晋剧票友文化大院	刘继拴	祁太秧歌、晋剧	农户院子	传统戏曲

（4）出于对地方文化有着明确保护要求的良好愿望和维护自身作为文化遗产持有者的权利，传统社会组织利用他们熟悉的包括生物多样性在内的传统知识和世代积累的地方管理经验，在本地文化保护中重新发挥重要作用。

如侗族的寨老理事会、鼓楼世系群等，苗族基层传统社区组织——榔团联盟。与此类似的组织还有苗族"议榔"，由苗族村寨民众自己选出具有较强协调能力的头人——"榔头"或"团首"，制定苗族人必须遵守执行的"榔规"，展开议事、解决纷争。同时头人也受到寨民监督，这些传统组织负责协调、组织苗族地区生产生活，抵制外来侵犯，尽到呵护世代生活的家园的责任。在现代社会，约定俗成的"榔规"

中的具体条约成为天然森林的守护神，如规定寨民只准捡干柴，不准砍生柴烧等内容。①

面对各种形式的开发，尤其是外来各种力量进入地方社区对各类文化遗产进行的产业开发，有的地方社会在专业学者的指导下，成立了主张地方文化权利的自我管理组织，并由政府在法律和财政方面对社区行动予以支持，增强社区能力。这是在基层社会中发展出的一种新的集体代表机构，在非遗方面履行经营、管理责任，主人是全体民众。贵州雷山县郎镇的苗族自然村寨——郎德村，1987年开始发展民族旅游，逐渐形成一套村委会基金管理与社区生计发展模式相协调的机制。20多年来，因"村管基金会"的成立与发展，该村民族文化得到保护的同时，较好地处理了利益分配问题。②与此类似的还有2005年8月云南省腾冲倒界头乡新庄村由村委会牵头组织成立了"传统资源共同管理委员会"，云南大学筹建的"云南民族文化生态村建设项目"在国内外产生了很大的影响，此类非遗保护实践正试图体现政府领导、专家指导、村民主导的开发思路与模式，其发展与博弈的经验和教训则值得总结。③

上述与非遗有关的各类活动，不同级别的政府都给予不同程度和形式的协助，和非遗社区民众既有博弈又形成某种内在的默契。这些案例在我国早已存在，这些自发传承非遗的活动如何适应时代变化，其发起动机、组织过程，如何与当下民众认知理念结合起来却又没有破坏非遗的真正文化内涵，是非遗保护中值得研究的案例，对于寻找非遗传承动力之源会提供重要的思考线索。我们也可以看出，在较为公平、稳定的社会体系中，非遗传承者基于地方生活经验，在协调和处理与外来者之间的关系上有着各自的应对策略，在自我主导、管理下实现了非遗传承的良性发展，本质上是民众社会文化能力的体现。同时，这些非遗传承的社区组织和运行模式存在着极大差异，正是不同地方社会结构互动多样性的体现。

二、非物质文化遗产保护中社区角色的缺失

从我国研究者现有成果中可以看到，正在进行的非遗保护社区民众的缺失主要有

---

① 案例详情参见薛达元. 民族地区传统文化与生物多样性保护. 北京：中国环境科学出版社，2009：169-170，188-191.

② 贵州社会科学院专家李发耀2006年4月考察所得资料，转引自王鹤云，高绍安. 中国非物质文化遗产保护法律机制研究. 北京：知识产权出版社，2009：386-387.

③ 庄孔韶，兰林友. 我国人类学研究的现状与前瞻. 中国人民大学学报，2009（3）：148-149.
具体案例还可参见黄继元. 乡村旅游开发与非物质文化遗产传承与保护研究——以云南省石林县大糯黑村为例. 云南社会科学，2010（3）：114-118。

以下表现。

(一) 非物质文化遗产保护中缺少民众参与的表现

1. 民俗官办

当下，各地的传统民俗节日、民间信仰仪式不断被纳入国家、省、市、县四级非遗名录，彰显着国家重视民间文化发展，但民间信俗中必不可少的祭祀仪式操演者成了各级官员，民间祭祀成为典型的官办仪式，最具体的表现是官员讲话、商界和文化人士介绍、名人剪彩等。在我国历史上，民间自发与官方承办的民俗活动从来不是截然分开的，是互相影响和推动的。民俗官办在于如何审视它与民众之间的关系，陈志勤以浙江大禹祭典为例，指出"大禹祭典"在非遗保护背景下得到再生和再创造，经历了由民间文化、地方文化到表征民族、国家的中华文化的升华过程。但由于缺乏一系列的保障、管理、监督措施，国家、地方与民间之间的互动失去平衡，大禹祭典由此变得与地方民众没有关系，民间、民众只是国家行政特别是地方政府的利用对象，却分享不到社会、经济方面的有关利益。①

2. 缺乏民众认同的非物质文化遗产创新和改变

非遗具有活态性，但不是随意变化的，只有基于地方历史和民众互动之下发生的变化才会受到民众认同，非遗也才有继续传承的基础。许多传统艺术被列入各级非遗名录后，对传统艺术以某种新理念、手法进行创新、改变时，与熟悉、认同该非遗的地方民众的想法并不一致。有报道指出，深圳沙头角沙栏吓村吴氏家族特有的沙头角鱼灯舞，被改编成了各种版本的鱼灯舞，本为清一色的男子舞蹈却变成了女子舞蹈或者由男女共舞，传统的马步也不见踪影，祖先传下来的民俗被篡改了，这让吴氏村民不解甚至不满。②

如果确如报道所说，需要思考这样的变化方式对非遗产生了什么影响，主导这些非遗如此创新的是哪些人。在琐碎的日常生活中我们也可以听到不同的人对传统或民间文化表达形式成为非遗后所发生的变化的不同意见，其中不乏对"创新"、"开发"方式的不赞同，但是其观点、看法又被保护非遗的相关团体认为是不适应时代或者不适合非遗保护的，对非遗传承发展持有不同想法的各方似乎各自为政，健全的咨询和协调机制是缺失的。

3. 非物质文化遗产传承者的培养——传承方式的不当

非遗最重要的保护措施是认定非遗传承人，但实行何种传承机制才有利于培养传承人，仍困扰着非遗保护，传承机制设置的不恰当可能会对传承人的培养造成适

---

① 陈志勤. 非物质文化遗产的创造与民族国家认同——以大禹祭典为例. 文化遗产，2010 (2)：26-36.
② 杨梓. 理性思考：民俗类非遗项目本真性. 中国文化报，2011-09-19 (7).

得其反的效果。如在现行的教育体制中开设传承人培训班,一个案例就是贵州师范大学与贵州省黎平县合作,开设"侗族大歌"本科班,但新学期先期10天的文化课,由贵州师范大学的老师教授中外音乐史,接着向黎平县的歌师学了《蝉之歌》、《布谷催春》、《安寨》3首侗歌,这是一个学期全部的面授课程,其他时间则是自己在家看书学习。当然,接到表演等活动任务时,会把学员集中起来突击培训,学员3年后参加英语、数学、艺术科目在内的全国统一的艺术类国家成人高考,获得贵州师范大学颁发的学士学位证书。① 在利用县级政府财政支付大学学费的同时,侗族大歌会不会因此而传承得更好?需要详细的后续跟踪调查予以说明。

我国非遗保护中因非遗类别的不同,设立了各种形式的传承培养方式②和评奖机制鼓励非遗传承人,这些都是当代社会普遍采用的学习和激励方式,但在如何传承非遗这一问题上,有时话语权并不在那些真正熟悉非遗的传承人手中,非遗传承与社区民众之间的联系反而疏远。非遗实践中谁才是对非遗传承发挥决定性角色的人,又会产生哪些影响,对此非遗研究者必须从各个非遗具体的保护实践出发,予以认真的观察、调查和研究。

4. 非物质文化遗产保护与民众意愿、地方社会发展状况的冲突

云南省怒江傈僳族自治州兰坪白族普米族自治县河西乡的箐花村民族风俗保存较为完整。非遗保护视野中的普米族文化在分门别类地被整理、列入各级名录的同时,对外不断展开文化交流的普米族文化也不可避免地发生着变化,能够体现普米族文化的民居建筑技艺、服饰制作技艺、表演技艺、信仰祭祀仪式正为普米族年轻一代所放弃,这意味着年轻一代已经不认同地方文化。为了改变此种情形,该村在外来力量的支持下展开非遗保护,音乐人陈哲利用福特基金在2003年展开"土风计划",建立了村级文化馆,带领村中善舞者外出表演,促进该村非遗在年轻人中的传承。为了保护该村的生态资源及文化完整性,他反对该村修路,呼吁不要毁掉完整的原始森林,曾引起媒体注意。③ 到目前,或许是资助项目结束,失去了经费外援,或许是陈哲作为外来者对于该村发展的干预有不妥之处,为保护非遗由他帮助该村设立的村文化馆已关闭,相关传承者培养活动已经基本停滞。④

---

① 屈菡. 高校非遗专业:热潮之下需理性. 中国文化报,2010-09-15(1).
② 康保成. 中国非物质文化遗产保护发展报告(2011). 北京:社会科学文献出版社,2011:38-47.
③ 中央电视台第十频道《绿色空间》专题片《一个拒绝道路的村庄》(下),播出时间:2008年7月16日.
④ 朱凌飞,胡仕海. 文化认同与主体间性——文化人类学视野中的普米族非物质文化遗产. 学术探索,2009(3):60.

(二) 社区民众缺失非物质文化遗产保护的原因

从上文描述的各种表现可以看出，非遗名录的前期普查、申报工作并没有很好地与各地民众的事先知情权、参与权联系起来，对非遗进入行政保护程序中涉及的各方权利责任缺乏足够的前瞻性和充分的论证、政策设计。因缺少切实的协调参与机制，社区民众对于文化遗产的决策、实施影响微乎其微。在行政介入的非遗保护中，民众处于被引导的状态，没有相应的话语权，这导致当引导的核心力量离开非遗所在社区后，或者所拨经费用完后，相关的非遗活动也无法继续下去。在保护中，认为激发民众参与最好的办法是使其受益，但是如果没有民众内发的保护动力和权利责任分享，这种受益模式仍会呈现递减效应。

这样，纵使我们意识到非遗对民族和地方的重要性，及其所承载的文化多样性而展开保护，但由外部力量引导和推动时与民众权利、利益、文化观念等因素存在矛盾，民众真实想法和利益没有得到充分的表达而对非遗保护产生了消极影响。

针对上述问题，在前人研究的基础上，笔者认为原因有以下三个：

1. 人们尤其是具有决策权的相关权威对非遗传承者、持有者的态度和认识仍然不够，或者认为民众的观点充满了短视

社区民意在非遗保护规划过程并没有得到有效吸收，刘志军认为，这实质上是一种参与专制（tyranny of participation），即对管理效率的优先关注超越了对决策制定及达成合意的背景的关注。非遗保护中政策制定过程中吸收相关利益者尤其是草根民众参与时，参与者的言行总是被假定为只代表"个人的经验、偏好和选择"，而非代表了更为广泛的社会与文化意愿，导致这种参与沦为形式和摆设，最终的决策仍主要取决于管理者与社会权威的意见。① 而且还存在另一个原因，就是基层文化工作者和社区精英垄断非遗传承话语权，社区精英接受政府的各种奖励和荣誉的同时，也成为政府的代言人，这些凭借个人能力赢得民众认可的社区精英，与政府共同完成了对相关资源的合谋和垄断，成为政府的代理者，反过来强化其权威和利益，但却不着眼于与民众共享利益。这种状况很多时候导致民众对其不信任和逐渐与之疏远的过程。②

安德明指出，正在展开的非遗保护，不同的利益共同体对文化资源、话语权显而易见的操控，正在制造着新的官僚政治体系和学术话语霸权。传统文化及其承载者，则成了被客体化的，有待官僚机构和学术界评估、认可和命名的对象。民间文化艺术

---

① 刘志军. 非物质文化遗产保护中的大众参与——以主客位视角为中心的探讨. 文化艺术研究，2009 (2)：8.
② 刘志军. 后申报时期非物质文化遗产保护的忧与思. 思想战线，2011 (5)：62-66.

如何获得非遗的称号，非遗的传承者对此并没有政策层面上的发言权，由非遗保护导致的文化不平等，文化传播享用和行政体制二者之间争夺产生的矛盾正在造就不同层面的新的冲突。①

民俗学、人类学倾向于向权力讲实话，这些学者的研究表明，文化政策制定者、经济资本势力、与非遗传承者之间的关系并不是合作型的平等伙伴关系，而是"支配型"的，非遗传承群体在相关政策中没有话语权，其角色仍是被动的。虽然各方都意识到非遗保护要重视民众参与，但事实上仍是政府和专家的"客位"方式垄断了主导权。甚至即使决策者和民众都认识到了参与的实质性涵义，政府可能会出于动员民众导致消耗资源和精力、降低办事效率等原因而抵制吸纳民众参与非遗保护事务的做法。非遗保护中对"社区参与"这一消极回避的态度，也会使民众参与非遗保护的积极性受挫。

2. 相关社会机制、政策环节设计失衡，导致非遗传承被迫中断

现有法规、政策设计没有考虑到非遗传承及传承者的生计利益。纳入非遗类别的民族、传统医药在我国各地的遭遇是非常典型的，其传承者正面临一系列的生计和生存的问题。现行的医药资源、管理法规、专利知识产权法规，如《中药品种保护条例》（1993）、《新药保护和技术转让的规定》（1999）、《中医药条例》（2003）、《药品注册管理办法》（2007）等都没有设置有效防止传统医药知识丢失流失的措施规定，更没有为民族医药传承创立良好的价值观念体系和政策优先做法，这导致传统医药知识传承与当代社会运行体系没有实现充分的衔接。

目前其传承出现了以下诸多困难：熟悉这些知识的地方传承者经常被相关行政监督部门混淆为"骗子神医"；采用现代医学标准的医师执业资格限制着他们公开、合法行医；更得不到来自国家公共医疗资源的配套扶助；传统医药知识申请专利的耗时和高成本费用；目前实施的新型农村合作医疗制度仍没有适当地与传统医药知识相衔接，这一制度正在彻底断绝熟悉、保有传统医药知识的人的生计。

这些缘于社会政策机制运作的不公平都逐渐削弱了传统医药传承者的文化自信和在社区中的相对权威，这些状况自然使新成长起来的一代经过价值判断后转向西医，丧失对传统医药的传承动力，结果也就是负载于这些人经验技艺中的地方传统医药知识在整体上逐渐萎缩、消亡。

3. 民众参与保护的自觉意识和能力素养尚不足，这导致保护过程不同情况的出现

在笔者曾经调查的山西祁县乡村社区，许多非遗是他们熟悉的，但对之并没有自

---

① 安德民. 非物质文化遗产保护——民俗学的两难选择. 河南社会科学，2008（1）：18－19.

觉保护观念。对这些普通民众而言，那些民歌、祁太秧歌、民俗活动等非遗的存在或消失，究竟会产生什么后果，如果保护下来传承，又会有什么不同，这些问题并不是当地大多数人考虑的。非遗在乡村社会传承最主要的动力来自地方百姓内心的喜爱和日常生活需要，当地的祁太秧歌（婚丧仪式）和剪纸（民俗节庆，人生仪式中开锁、周岁、婚礼均需剪纸）就属于这种情况。

对于被指定为各级非遗的传承人而言，面对被纳入保护前后带来的实惠，其积极作用不言而喻，而他们中有的人在主动充分利用这一机会的同时，面对政治与知识精英的主导，在不断争取自身权益的同时早已学会熟练地附会，充当起各种展示场合"演员"的角色。

出现的另一种情况是，在民众信息资源、对外沟通能力与政府、知识精英不对称、不在同一个水准时，非遗传承者并不具备与其他团体平等对话的素质和能力，导致各方话语泾渭分明，互相听不懂和不理解。在这种情况下，结果往往是社区迁就外来者。2005 年 6 月，在专家云集的"贵州省生态博物馆群建成暨生态博物馆国际论坛"上，代表地方梭嘎的发言者是一位 16 岁少女，发言词充满着感激之情的官话和套话，谁都清楚这是一种"安排"。人类学者更清楚，在非遗传承方面有发言权的是比这位 16 岁少女经验丰富得多的地方长者，但是如果由"长者"发言，外来各方又是否能听懂？方李莉对此分析道：

> 那些寨佬、寨主，在寨子里有威望的人们，他们能自如地在寨子里主事，有能力指挥和组织寨子里的一切工作，那是因为他们在自己熟悉的文化系统中，……但当他们突然来到一个完全陌生的文化空间，面对一群不熟悉的人，不熟悉的文化系统，他们确实会无所适从……。在这样的心理状态下，他们怎么可能承担得起解释和传承自己文化的责任，并认为自己是寨子的主人及寨子里所有文化的拥有者。在彻底失语的状态下，他们根本不会看得起自己的文化，更不会去珍惜自己的文化，他们所希望做的一切就是如何挣脱传统文化的枷锁，如何去学习一门全新的文化。①

地方社会如何在对外交流沟通中不断提高自身能力的同时把非遗传承下去，需要结合我国各地方实际进行探索，许多地方的民众还不曾理解积极参与保护的重要性，意识不到自身是非遗拥有者和相关利益者，有的群体还缺乏雄心、勇气，依赖政府资助，遇到问题则推给政府，而不是通过提高自身能力来克服困难。

---

① 方李莉. 遗产：实践与经验. 昆明：云南教育出版社，2008：34.

综合上述原因,除却民众对非遗重要性认识不足的因素外,我国许多非遗濒危并不是因为社会客观变化而导致的不可逆转,更多是在对非遗的文化态度和价值观影响下,相关政策及其支配下的社会体系运行没有认识到地方文化的价值及社区民众意见的重要性,察觉不到涉及广泛社会生活领域的政策机制、价值观等对非遗及其传承人的忽略和排斥。

当下各级政府为彰显专业化而委托学术研究机构进行的非遗保护规划,必须以民众生活习惯、生活品质、地缘环境这些要素为前提。换句话说,专业研究者必须清楚知道人们如何生活、工作、思考以及与其生存的环境发生关联的各种细节,也需要对地方生活抱有真诚的感情,以他们的生活认知为最大依归。否则设计出的规划在实际生活中将如何发展、呈现何种面貌,专业研究者可能毫无感觉,诞生的将极有可能是诸如"传承基础上发展"此类"放诸四海而皆准"但却无助于解决实际问题的说法,产生局限性是必然的。

在非遗保护相关规划设计中,必须有开放、参与的互动机制,能够听取到地方民众真实意见的平台,熟悉地方非遗、善于运用民族志式的细致调查研究的各类专业学者或许是最好的转译者。在国家主导的非遗保护管理机制中,非遗所在的社区民众及传承者是否有必要参与相关决策已经不是问题,问题的关键是如何参与到管理过程当中来,建立什么样的协调机制才会有利于在非遗保护决策中发出自己的声音,社区民众需要提高哪些能力才能在非遗保护的相关决策和管理中拥有话语权,发挥影响力,政府的角色和功能又需要在哪些方面进行调整和提供哪些政策、法律层面的支持。

三、非物质文化遗产保护中政府角色的调整和社区参与管理机制的建立

(一)营造尊重非物质文化遗产的社会氛围是需政府长期支持的公共文化事业

从上文可以看出,非遗保护中,较为迫切的工作就是调整人们对非遗的价值观,改变对非遗的贬损态度,转变和提高年轻一代对非遗文化重要性的认识。从文化多样性的敏感度衡量,我国以往各层次教育采取了对民间地方文化不支持的文化态度,对非遗某些内容以"落后"、"先进"等文化标签进行反复灌输,这在今天看来是此等教育最为恶劣的表现。教育内容也远离村落、家庭的日常生活情景,几乎是两张皮,使受教育者在中小学基础教育阶段已被剥夺了自主思考的机会,其中被剥夺的还有认同自己所处社区世代传承的传统、民间文化表达形式的合理性。

虽然民俗学、人类学等早就指出嵌入社会情境的非正规教育,亦即各类民间文化具有教化功能,是重要的教育资源,但这些非正规教育资源却从没获得与正规

教育等同尊严的地位。2003年公约中承认来自家庭、祖辈、地方社会的"情境化"非正规教育对文化多样性的重要作用①，打破人们理解教育就是"学校"里进行的课堂教育，把与非遗传承有关的非正规教育方式作为提高非遗意识的重要途径。

尊重是应对排斥、不公平做法的开始，然后才有意识上包容、认同的发生，进而有非遗保护行动中尊重、接纳民众意见的可能性。这是传承民族文化不可少的环节，不一定有经济回报和可以马上见效。因此，提高大众对非遗的尊重意识是国家应承担起的公共文化使命，从政策机制和公共投入予以支持，逐步改变人们对包括非遗在内的文化传统的贬损态度。唯有整个社会对非遗保护形成基本共识，政府也才能较为顺利地组织起各个部门展开政策制定、检讨、保护方式等具体层面的深度操作。

目前在我国，教育部把京剧纳入义务教育的音乐课程教学中，这说明在正规教育中尊重非遗，引导人们提高非遗的保护认识已经无须质疑，需要质疑的是当前各级教育者是否真的有这种尊重意识？现实中实践这一原则面临诸多困难，针对当下普遍对传统文化的贬损思维惯性，重点需要政府作为协调者，促成跨部门合作，发展出合适的教育方法和创造让包括教师在内的学习者接触、体验非遗的机会，使尊重非遗的原则从教育思想到具体教学方法逐步深入并成熟起来，持之以恒，避免沦为只是一时的形式。

（二）基层政府人员非物质文化遗产保护工作态度的调整

当下对非遗贬损的态度正在逐渐发生转变，中央音乐学院作曲系主任郭文景在一次会议发言中道出了那些杰出的非遗传承者在社会话语体系中的边缘地位及原因，也指出了展开非遗保护后，产生的积极影响之一就是精英阶层开始对非遗传承者予以尊重，这表明现实中政治、经济、文化等领域的各类支配机制、力量正在向利于非遗传

---

① 2003年公约第14条a（3）；《执行〈保护非物质文化遗产公约〉的业务指南》第107段：承认以非正规形式传播非物质文化遗产内涵的知识和技能的价值。

承的方向调整。① 但是出现在精英阶层的调整并不意味着其他团体对非遗已有足够的尊重，比如承担非遗保护主要工作的基层政府文化部门，这一点从文化部门提供的书

---

① 中央音乐学院作曲系主任郭文景在 2011 北京现代音乐节中国美育论坛上的发言，由中国艺术报记者裴诺整理。http://www.ihchina.cn/inc/detail.jsp?info_ id = 3384，2011 - 12 - 01.
我（郭文景）和很多戏曲演员有过合作经历，无论是京剧还是别的曲种，无论是从事演奏还是演唱的艺术家，我都合作过。我的一个感受是，中国戏曲艺人的艺术是被我们低估了的。
为什么会出现这样的情况？大约一百年前，中国社会出现了严重危机，那时候中国人要挽救自己的社会和国家，人们希望中国达到的社会制度、社会结构以及挽救国家民族的理论都是西方来的，革命的理论以及社会的模式都是西化的，仿佛西方就代表了先进。所以在任何情况下，这些舶来品首先在道义上、道德上就占了上风。这是我们很大的思维误区。
这样一种局面，带来的结果就是对自身文化的低估。它也带来一个好处，西方的文化艺术进入中国时是长驱直入、没有阻碍的。我上个月参加一所高校的优秀博士论文评选，读到一篇论文，是余日阳博士写的《关于贝多芬在中国传播的考察》。最先用文字把贝多芬介绍到中国来的是李叔同和鲁迅，他们两个人根本就没有听过贝多芬的音乐，只是读到了一些文字介绍，就用毋庸置疑的口吻向国人介绍这是一个音乐的圣人。虽然没听过，但是已经不容置疑地告诉你，这是一个伟大的作曲家，他在西方已经得到了绝对的承认。贝多芬进入中国时几乎没有受到任何挑战。
现在回想起来，上世纪 70 年代初，我进入文艺界时是这样一个局面，一个中国传统艺人，比如他是说书的或者唱书的，唱戏的或者演奏某一种乐器的，即使他是大师，另有一个人是学洋范儿的，即使演奏西方音乐，作曲只是初级水平，在中国也会被奉为专家。而真正的民间艺人，因为不认识五线谱，就被认为是没有文化，不可能得到专家头衔。这是除了那些最有名的京剧大老板之外普遍存在的一种现象。
在怎么样对待民间艺人这个问题上，我有很多感触，比如我为了写一部和川剧有关的交响乐，要完全原汁原味地保留川剧的锣鼓、帮腔、唱词、唱腔等等，就到重庆找一个川剧老艺人。我觉得他真是一个大师级的人物，我应该很恭敬地向他学习，结果他比我还恭敬、谦卑，他说你来关心我们川剧，真是感激不尽。他心目中摆的位置就是我"关心他们"，其实我是走投无路，到他们这儿"偷东西"来了。
中国传统艺人和学院派的人进行碰撞时，一定是前者要"将就"后者，因为后者代表着进步，代表着先进。前者被认为是保守的，因为传统艺人连五线谱都不认识。这种思维方式就有问题。我干嘛要看五线谱，我有自己的谱。我小时候在家里拉小提琴，拉"巴赫"，家里的老保姆根本无法听，觉得很难听，现在看来，她觉得很难听，有充分的理由，我尊重她的观点。
我和各式各样的戏曲演员合作的过程中，最初就是要他们适应我的体系，而且是不惜成本的。比如歌剧里用一个京剧小生，我就给他美声唱法的唱腔，他又不会认谱，也不会看指挥，只能专人教他，先让乐队录下来，再去听，背下来，事实上这种做法，他自己最大的优势完全发挥不出来，最后还是学不会。而且中国传统那一套很扎实的方式有一个特点，就是依靠死记硬背，背下来之后，指挥全错了他都不会错。但是他自己最有特色、最光彩的东西得不到很大的发挥。我后来写一些东西时，就在想别的可能性，是否我应当去"将就"他们，让他们不需要管我，不需要看指挥，也不需要听乐队，想怎么唱就怎么唱。他们有理由认为，是你郭文景找我们的，你就得就"将就"我们。
2009 年我的作品去布鲁塞尔首演前，在广州交响乐团排练，余隆指挥，按照我设计的种种技巧，让乐队跟着走。有一天排练结束之后，川剧的非物质文化遗产传承人就自己决定，把有些地方的锣鼓点调整了一下，这就多出一拍。第二天和乐队一起排练时，那个传承人听起来就错了，因为我忘了提醒指挥。余隆很大牌，把指挥棒一放，说，怎么回事。我说对不起，这个地方加了一拍。他说，谁加的？我说是非物质文化遗产传承人加的。他一下就没脾气了，就记下来了。我觉得这种态度是好的，这样，传统艺人可以发挥得很精彩，学院派也会有一个新的思路。

面材料是看不出来的,虽然足以说明地方政府非遗保护工作有序而完整:

辽宁□□县二人转保护工作开展时间最早,持续时间最长。文化馆制定的保护计划明确有序,分为五部分:一、2005年,将原有保护成果分类整理、归档、陈列;二、2006年进行□□地区二人转史、志的发掘整理;二、2006—2007年建立×派二人转研究机构和×派二人转培训基地;四、2008年计划出版文学资料和音像资料;五、2009—2010年加强对新一代艺人的培训。

但从下文提供的材料中我们可以清晰地感觉到,非遗保护工作计划具体实施过程中基层文化主管部门人员对非遗保护的态度以及对非遗传承人尊重的缺失,给非遗传承带来的负面影响①:

请老艺人录制传统二人转唱段,保存最直接的影像资料,是一种重要形式。……现实的情况是:不是因为老艺人体力不支难以录制,而是因为当地文化部门以缺少资金为由中断录制。□□县二人转代表性传承人李××、金××曾抱怨过当地文化部门的失职:

□□县文化馆说:"你俩还想录点啥啊?"

李××说:"我把单子都拉出来了:头本《蓝桥》,二本《蓝桥》,《西厢》的'听琴'、'下书'、'观画',《双锁山》、《游宫》、《玉堂春》、《胡玉娘》……我准备录十多个戏,结果就录三、四个。录一个《西厢》的'听琴'、'下书'、头本《蓝桥》。后尾儿(后尾儿:后来)……。"

□□县文化馆长说:"录不录的吧,反正也没有钱了。"

李××说:"我们录一个戏他们(指文化馆)给我们五十块钱,我们俩跪倒爬起,那老大热天儿啊,累的。我说:这回我们不要钱了。"②

金××说:"不录了,要钱不要钱也不录了,太憋气。慢怠(意思:瞧不起)就是一种……就是对这事儿不重视。这个申遗成功了,都完成任务了,就你这个传承人,人家喊口号说:你这就是活化石啊,展览馆啊。实际你死不死、活不活和人家啥关系啊,人家照样当人家的官啊。啥叫事业心哪?现在你搞这个东西好像你挺重视的,你要是不搞这个玩艺儿跟你啥关系啊!"

虽然无法援引更多可信的材料来证明当下这种情况的"普遍性",但上述情况也

---

① 吕慧敏. 乡土社会中的东北二人转. 博士论文. 中山大学. 2011:300.
② 吕慧敏在论文中注云:李××就钱一事补充说,即使他们不要钱,文化馆也不给录了,因为录像带也需要钱。这样的理由让李××和已80岁的金××更加气愤。

一定不是当下省市县三级政府非遗保护工作中的特殊个案,非遗保护成效不是迅速增加的数字、各种展览、书面材料可以证明的。上述状况出现的更为深层的原因就是以往对民间文化的贬损态度仍没有调整为正常的"尊重",需要政府部门中负责非遗工作的人员理解非遗的文化重要性,调整非遗保护工作的专业态度。

(三) 非物质文化遗产保护中政府与社区协调机制的建立

刘晓春在关于客家村落的研究中指出:"民间思考、把握世界的方式并没有因为现代化运动的无所不至而丧失其生命力,民众反而以民间固有的方式回应现代化运动所产生的诸多问题。……民间以熟悉的思维逻辑、把握世界的理解方式将非地方性的历史事件包容进来,使其适应地方性的文化框架,进而将非地方性的历史事件的发生背景移置于地方性的场景之中……"① 这表明民众有着自己能动性的一面,这种能动性同样可以运用于非遗保护中,在考虑如何建立和发展非遗"协同管理"或"社区共管机制"的过程中,相关管理机构是否相信民众具有参与能力并予以不断培养是关键。

20 世纪 80 年代末,我国政府实施自然生态保护区政策,保护要取得成效,需要解决人与自然的矛盾,最初采用禁止的方法,强行将地方民众驱逐出保护区或禁止、限制其在保护区的活动,但收效甚微,政府与当地民众关系也随之恶化,后吸收社区参与的理念,让当地民众自觉参与到保护区的建设与管理的实际行动中来。贵州威宁湿地"草海模式"被认为是自下而上参与模式中国实践的典型,保护项目实施长达 10 年之久,通过吸引民众参与湿地保护管理事宜,在促进当地居民致富和湿地保护两方面比较成功。

在这个过程中,最初地方百姓并不相信他们可以对自然区的保护工作发表意见,项目人员为此在村民当中展开了深入的工作,情况逐渐发生变化。当地民众逐渐明白自己可以参与自然保护和社区发展的工作规划和决策,开始充分利用自己对本地环境的传统知识和经验,对有关保护项目的形成、规则的制定、人员的选择、活动的确定、资金的管理和监督发表自己的看法,以传统的立碑习俗制定村规村约,自己开发力所能及的、符合他们需要的致富项目,使他们从自然保护的消极抵触者转变成保护环境的主力,将自然保护与村寨发展联系起来,这个项目成功调动了本地人参与保护活动的积极性。②

---

① 刘晓春. 仪式与象征的秩序——一个客家村落的历史、权力与记忆. 北京:商务印书馆,2003:238 - 239.
② 管毓和. 草海的社区组织在自然保护区发展与保护中的作用//郑玉歆,郑易生主编. 自然文化遗产管理——中外理论与实践. 北京:社会科学文献出版社,2003:177 - 186.

从"草海模式"中，有研究者比较了自上而下的"受益者模式"和自下而上的"民众参与模式"的差异："民众参与模式就是将发展社会经济作为增强当地民众生存能力的手段和促进当地民众自行使用和管理资源的途径。当采用这种模式时，当地民众能参与决策的每个环节，包括从明确问题，到项目设计、实施、追踪和评估。'受益者模式'的目标局限于获得实质上的经济效益。这一模式由于相对简单、易于操作，产生的成果即经济效益便于测量和评估，因此比'参与者模式'更为普遍地得到使用。但这种参与是形式上的，某些决定与民众密切相关，项目作出的决定往往不能反映当地群众的真实意愿，在实施过程中很难得到当地群众的支持。"①

现有非遗保护研究，通常认为非遗保护有两个主体，一是传承主体，指掌握具有重大价值的民间文化技艺、技术，具有最高水准的个人或群体。二是保护主体，是国际组织、国家政府、非遗保护机构（专业研究机构、群众艺术馆、民间团体、公共文化机构）、社区与民众。② 有的研究者认为非遗保护主体构成主要是处于非遗传承圈之外，虽与传承无直接关系，但却对非遗传承起着重要推动作用的外部力量的政府职能部门、学界、商界、新闻媒体。③ 在对保护主体与传承主体界定时，对社区与民众重要性认识主要是从非遗传承角度讨论国家认定的非遗传承者享有何种待遇和履行哪些义务，并没有涉及参与非遗保护管理的相关内容，这一讨论角度是否暗藏着仍将非遗传承者视为保护中的"被动受益者"？

对许多基层政府而言，吸引并动员民众参与文化遗产保护管理已经日益迫切，因为越到基层，涉及具体事务就越多，出现的具体问题也不同，就越需要得到民众的支持，许多基层干部已经意识到自下而上建立"社区共管机制"的极度重要性。在我国一些生物资源丰富和自然生态遗存较为完整的地区，正面临生物资源总量持续下降、生态压力增加的发展困境。基层干部在思考社区民众利益和生态系统平衡关系问题时和干预过程中，他们以民众最熟悉的案例讲解生物多样性知识，在制定"乡民规约"过程中，结合社区民众积累的地方知识和传统管理经验，以及地方社会资本资源、权力支配格局、伦理意识等因素，让社区民众充分参与讨论，自主决定规约的具体内容和执行方式，尝试在政府工作和社区参与之间找到良好的协调方式，以达到政府工作目标。在这个过程中，社区力量的重要组成——信仰组织展开了属于自己范围内的协助工作，如藏传佛教中高僧活佛以佛语告诫人们不要破坏山林，举行封山仪

---

① 郑明杰，薛友梅. 草海项目和国外同类项目的比较. 贵州环保科技，2005（1）：35.
② 详细内容参见王文章主编. 非物质文化遗产概论. 北京：文化艺术出版社，2006：346-367.
③ 详细内容参见苑利，顾军. 非物质文化遗产学. 北京：高等教育出版社，2009：77-88.

式，划定封山区域为各类生物提供庇护所，在文化遗产保护方面发挥了自身作用。①

社区参与是以社区的社会结构、文化观念、需求为基础的，非遗保护需要在行政体制、法律体制、公共文化事务体制中设计民众参与制度，并能得到执行，这就必须为他们的参与提供各种制度化的便利，有机会和渠道"为自己说话"。这需要各级政府和专家作为组织者、协商者，与社区民众不断展开合作。

（四）社区分享非物质文化遗产保护管理的话语权

推动社区参与非遗保护管理，无可回避地涉及非遗传承话语权分享的问题，意识到非遗传承者的重要性并不意味着他们可以顺利分享话语权，社会政策体制对此并没有明显的体现，也没有从制度层面加以保障，而现实状况却不断显示出其必要性。

在非遗如何传承和发展方面，傅谨指出戏曲行业如何生存发展，话语权应该在戏曲艺术家手中，因为只有真正懂得这门艺术的人，才知道如何在不背离传统的前提下发展。② 白先勇筹划青春版《牡丹亭》时，坚持为沈丰英拜张继青为师举行隆重的仪式。③ 结合非遗保护，这一举动最积极的象征意义在于标示了对昆曲传承最有发言权的是表演圈内那些凭表演造诣被认可的真正权威——杰出的昆曲表演家，这种"权威"如同血缘一样，首先来自前人的一脉相传，而且只要条件合适，这种"权威"就可以向下一代传递，非遗保护中指定代表传承人与此殊途同归。逐渐地，在现下非遗保护中可以看到这样的现象，人们对非遗师承关系表现出越来越大的兴趣，年轻的昆曲演员纷纷拜师学艺，这正是对源自传统的"师承"崇拜的回归，也暗示着非遗传承话语权的转移。

但情况并不限于此，我国许多非遗的发展情况非常复杂。同一非遗传承群体都有着发展非遗的良好意愿，但却有着不同的观念主张，在这种情况下，是一方掌控非遗传承的话语权还是多方共谋预示了非遗的传承走向。

如前文提及的古琴，不同群体对古琴如何传承发展的观点还体现在对古琴考级制度的争议上，王咏对古琴的研究④中把琴人分为山林派和学院派。就古琴技艺水准，以吴门琴社为代表的山林派（即民间古琴界）和代表国家的学院派遵循的是两套不同的权威认可逻辑，前者保留了专用于"士"阶层的古琴独家综合考核体系，对古琴弹奏水准的评判主要依靠弹琴者对"士"阶层情绪的把握。学院派引入西方音乐体系中的考级制度，设立技法标准作为规范、通用的普遍量表，考级制度的重心放在

---

① 详参任职于白马雪山国家级自然保护区德钦管理局格玛江初. 白马雪山松茸资源的保护与利用//薛达元. 民族地区保护与持续利用生物多样性的传统技术. 北京：中国环境科学出版社，2009：138–144。
② 傅谨. 非物质文化遗产保护与戏剧发展. 四川戏剧，2010（4）：17–21.
③ 张继青访谈记录//周兵，蒋文博. 昆曲六百年. 北京：中国青年出版社，2009：175.
④ 王咏. 国家·民间·文化遗产——社会学视野中的吴地古琴变迁. 南京：江苏人民出版社，2009.

了学院培养体制下擅长的乐器技巧上,把古琴技巧的难度转化为可操作的等级体系,以此来衡量古琴弹奏者艺术水准的高低。

山林派认为古琴考级制度是重艺轻道的,不能体现琴人的真实能力,他们认为古琴是一种文化体系,技巧只是其中最微不足道的"匠技",因为一门器乐的技巧是可以练成的。甚至在某种程度上,少儿的技巧娴熟程度会超过一个有着深厚文化修养的成人,这在钢琴等西方乐器的考级中屡见不鲜。但古琴不是面向大众的乐器,如果民间琴界承认学院派设计的考级合法性,就是自动放弃了古琴超越乐器的"弦外之意",那么古琴也就仅仅成为一种技巧、娱耳的发声工具而已,这也在根本上动摇了"琴者,禁也"的文人古训,遮蔽了古琴"勤王克己"的"士"阶层特有文化属性。因此,山林派对古琴考级持消极态度。

但当下古琴考级中,考核的权力恰恰是掌握在国家正规教育体系中的专业院校或专业音乐机构人士手中,学院派拥有赋予古琴弹奏者官方荣誉的权力,也因此获得更多权威和声望,这种权威和声望的再生产还通过一次又一次的古琴考级循环得以实现。可见,学院派通过考级制度占了上风,照此下去,古琴将沿着学院派的方式发展。

2005年古琴成为UNESCO"人类口头和非物质遗产代表作"后,在各种关于古琴的社会话语中,不断出现"口传心授"、"传承"、"工尺谱"、古曲等话语。人们对琴人的谈论也表现出对民间琴家而不是学院派别的崇拜,王咏指出,这些都意味着古琴的话语权开始"部分"地让渡给了民间琴派,使民间琴派能够参与到国家层面的古琴保护管理中来,使自己的主张可以对古琴的传承发展产生影响。但我们也可以看出,当代古琴传承过程中民间琴派的参与是不稳定的,而是存在于古琴派别的博弈之中。

提倡社区参与非遗保护,就意味着社区民众及非遗传承者就非遗如何传承和保护有优先发言权,他们的意见有着优先被考虑的正当性。以政府为主导,拥有运用各类资源的公共管理机构,必须与非遗杰出传承者及其他相关群体展开有效的沟通,考虑他们对非遗传承的观点,而不是反过来。

这种机制如果不是简单口头表达的话,就必须考虑非遗保护管理机制中政府、专家、研究机构、社会民众参与到非遗保护管理中各自的角色定位是什么,建立鼓励社区参与非遗保护管理的措施,政府和专家应该提供哪些方面的支持?国家认定的非遗传承者、地方民众公认的权威人员、政府机构行政人员、专业学者或机构,这些对非遗有不同动机和目的的各个团体如何进行沟通,同时,在锁定重要相关利益者、团体的同时,清楚地明了哪些团体或个人不太可能自发地参与,涉及的利益又如何分配。在非遗历史持续性传承基础上,确保非遗生命力,看谁的意见表达有利于实现这个目标。

综上所述，非遗保护有一部分内容属于公共文化事业，要取得成效需要比较长的周期和各方力量的耐心经营，需要国家履行文化责任予以长期支持，也需要基层政府以专业态度尊重和对待非遗传承者。国家自上而下的非遗保护，离不开地方力量的强有力支持，如果不想引起地方社会过快的变化和混乱，保护就必须嵌入地方社会相对定型、平衡的治理结构和权力资源中去，在此基础上逐渐改变不利于非遗保护的社会结构因素。

但不难想象，实现上述目的的困难不仅在于有关方面的消极抵制，也因社区民众性格、想法、感觉及合作能力、组织能力而各不相同，更可能出现无益于非遗保护的地方社会私欲和权力结合形成的垄断。在非遗保护中，如何把社区民众动员起来，转变认识，避免社区间内讧、权力压迫等问题，思考社区民众参与非遗保护管理时需要具备的各种素养，如对外协商沟通能力、知识转换能力等，解决这些问题的步骤可能需要极长的时间并伴随着各种抵制、冲突和失败。有效的社区参与非遗保护机制，一定是以社区内发力量为前提，满足这一前提需要具备的社会要求有很多①，甚至参与机制本身就有自身的内在缺陷，但通过上文论述，我们可以肯定的一点就是，如果什么都不做，非遗保护将极有可能是"劳苦而功不高"，付出的代价会更大。

也正是基于上述困难，在强调社区参与非遗保护必要性的同时，尤其在我国各地社会发展程度不一的情况下，非遗保护必须坚持政府为主导的原则。政府的非遗政策在具体实践中并不能"一刀切"，需要有限度地参与、审查、监督，最大程度地发挥立法的权威和庄严性。这需要政府协调各部门力量，不断检讨反思相关决策行为，改善不利于非遗发展的体制性因素，让决策过程更加民主公开，建立更加有效、公众信任的监督机制。在此基础上，在保护相关政策、规划的所有阶段中推进社区参与原则的贯彻，逐步地，非遗保护从政府主导转变为政府引导②，在可以获得来自国家协助的同时，社区或群体有自我能力主导、决定非遗如何传承、发展。

---

① 我国新农村建设过程中取得的经验值得借鉴，比如山西永济市蒲州镇寨子村的经验说明，以农民自身为主体建设家园、实现发展时，需要一个农民信赖的、从农民自身生活着眼的地方能人。该村以郑冰为核心人物，组织民众成立社区组织，为地方民众利益而展开各种活动，经过15年左右的艰苦努力，这一村子各方面的社会面貌发生了很大的改变，其中涉及属于非遗的内容。

② 《文化部关于加强非物质文化遗产生产性保护的指导意见》（文非遗发〔2012〕4号）第四部分"关于建立完善非物质文化遗产生产性保护的工作机制"（一）中指出：坚持政府引导。坚持政府对非物质文化遗产生产性保护的价值引导、政策引导和舆论引导，组织开展非物质文化遗产生产性保护知识和成果宣传，利用现有的优惠政策和出台新的优惠政策扶持非物质文化遗产生产性保护，为非物质文化遗产生产性保护营造环境、创设条件和提供服务。

小　结

长期以来，我们虽然重视各类传统文化的研究，也不乏诸如此类的表述："……非遗是人民智慧的结晶"，但这一表述由于缺少真正关注仍在传承非遗的民众以及他们的生活、想法早已变成实实在在的"空话"。在当下的非遗保护中，对非遗的重新评价是要发现缄默的非遗传承者，激发他们自我传承的力量。昂山素姬说："只给穷人提供物质援助是不够的。在这个冷漠的社会，他们必须有能力改变他们对自身形象的看法——无依无靠、百无一用，无论是保护文化还是促进发展，增加穷人的能力都是关键，这意味着，在涉及文化与发展的问题上，要弄清究竟是谁有权使社会遵循他们的意志，……。"[①] 文化多样性是从文化发展的理想主义层面设立的目标，民众对非遗自发性的传承和在保护政策、制度层面的参与是非遗保护能够可持续发展的关键，2003年公约就非遗保护倡导的社区参与，说明文化遗产保护从思想和方法上都要有相应变化。

结合我国国情，当下的非遗保护坚持政府主导不是政府代办和政府独断，政府和专业组织作为引导者、协调者和促进者，应当认真考虑其促进作用的基点在哪里。对于社区参与非遗保护，政府工作人员必须赋以充分的信任，并且以真正尊重的心态学习和研究地方社会的传统文化，也只有将自己作为社区的一员来思考非遗保护问题，非遗保护工作才会有真正意义上的态度转变，这是非遗在当代社会的重要议题。

基于我国国情，自下而上的民众参与非遗保护管理在实践中如何展开尚无清晰的模式，也没有形成系统、深入的理论范式，许多问题在实践中还没有回答。物质文化遗产的社区参与保护为非遗保护提供了重要的启示，但由于保护对象有所区别，不能完全参照。所以，自下而上的社区民众如何参与非遗保护管理是非遗研究的重要命题，这一理论研究议题也沟通了非遗文化保护与应用的联系，也是非遗保护领域重要的研究范畴。对于社区参与这一原则，笔者并无大量亲身体验和实践参与的体会，缺乏自身观察的支撑，叙述不可避免地会空泛，期望以后在想象和现实之间找到结合点进一步深入研究。

---

① UNESCO，世界文化与发展委员会（WCCD）. 文化多样性与人类全面发展——世界文化与发展委员会报告. 张玉国，译. 广州：广东人民出版社，2006：49-50.

第五章 非物质文化遗产名录的建构和社会互动

理念依赖于行动而产生社会效应,非遗保护理念的实现依赖于保护措施的实施。2003年公约非遗定义中的"视为其文化遗产组成部分"的措辞中,"视为"(recognize)有着"正式承认"或"正式认可"的限制性含义,与非遗名录申报的"认定"(identification)环节衔接,即各国非遗清单和2003年公约框架下的名录体系的建立始于非遗的认定。换句话说,现实文化事象只有经过确认才能完成向非遗的转变,显性表现就是进入非遗名录中,这一过程与非遗名录的运作有着不可分离的关系。

2003年公约第12条对各缔约国的非遗清单做出了规定:"1. 为了使其领土上的非物质文化遗产得到确认以便加以保护,各缔约国应根据自己的国情拟订一份或数份关于这类遗产的清单,并应定期加以更新。2. 各缔约国在按第二十九条的规定定期向委员会提交报告时,应提供有关这些清单的情况。"第16条"人类非物质文化遗产名录"规定:"为了扩大非物质文化遗产的影响,提高对其重要意义的认识和从尊重文化多样性的角度促进对话,委员会应该根据有关缔约国的提名编辑、更新和公布人类非物质文化遗产代表作名录。"并且考虑到保护非遗的迫切性和发展中国家的特殊需要,在2003年公约第17条和第18条分别对"急需保护的非物质文化遗产名录"和"保护非物质文化遗产的计划、项目和活动"做出了规定。

1972年公约影响2003年公约的最大结果就是产生了非遗名录,文化遗产名录体系成为执行这两个公约最为重要的工具。2003年公约下名录体系包含三个项目。我们需要注意到,从文化遗产与人之间的关系审视那些进入文化遗产名录的古迹遗址、历史建筑和传统民间舞蹈、音乐、手工艺等这些文化事项时,是将之视为一种社会现象,其客观形态具有哪些属性特征已不重要[1],重要的是它们进入文化遗产名录后被

---

[1] 下文中主要把文化遗产名录视为社会现象来理解,因此关于文化遗产的分析将不区分物质和非物质的遗产类别,而是根据讨论需要采用有关材料,但尽可能地以非遗作为讨论案例。

不同社会团体重新建构，与它们有关的话语、功能发生转换的过程，重新嵌入不同社会结构中后，又产生哪些博弈和影响。进而我们可以看到，符合1972年公约或2003年公约概念界定下的文化事象未必能够进入文化遗产名录。

第一节 非物质文化遗产名录与价值评定

2008年UNESCO通过《执行〈保护非物质文化遗产公约〉的业务指南》；2010年经过修正后，正式给出了三个名录项目的评选标准：I.1 急需保护的非物质文化遗产名录列入标准（Urgent 1-6）；I.2 人类非物质文化遗产代表作名录的列入标准（Representative 1-5）；I.3 最能体现《公约》原则和目标的计划、项目和活动的遴选标准（Project 1-9）。[①] 非遗名录评选标准传递出三点重要的非遗价值观，首先是在非遗保护过程中对社区及其权利的最大尊重；其次是非遗作为人类创造力的见证；最后是非遗在促进文化对话和体现文化多样性方面的重要性。

但现实中一项文化表现形式即使满足2003年公约界定的概念范畴，甚至符合名录的评选标准，却未必能进入文化遗产名录。这与文化遗产名录的选择性特征有密切关系，而这种选择性特征又与不同社会团体所持的文化遗产价值判断有关联。

一、非物质文化遗产名录的选择性

文化不是一个静态的凝固体系，它是不断受到各种社会力量持续作用的动态过程，由不同时空中的人们选择、淘汰、重建的开放体系，文化遗产便是被当代社会各种力量用来选择、淘汰和发明传统文化的一个手段。1972年公约对文化遗产的理解已经扩展到"值得"传递给未来这一内涵上，拥有悠久历史已不是确认世界遗产的决定性因素，离当代并不遥远的悉尼歌剧院（2007）、巴西首都巴西利亚（1987）、波兰华沙历史中心（1980）都已进入《世界遗产名录》。阿什沃斯（Ashworth）认为文化遗产就是当代为着某种社会目的从过去历史中精心选出来的一部分历史产物。当下我们所认为的文化遗产并非都会受到社会的重视，社会只是按一定的价值原则有选择地保存历史文化遗产。[②]

因此，如同艾波林所说，文化遗产是人之观念下的社会产物。[③] 这意味着文化遗

---

① UNESCO. 2003《保护非物质文化遗产公约》基本文件（2010版）. Paris：UNESCO. 23-25.
② （英）戴伦·J 蒂莫西，斯蒂芬·W 博伊德. 遗产旅游. 程尽能，主译. 北京：旅游教育出版社，2007：2-3.
③ 葛兰·艾波林（Dr. Graeme Aplin）. 文化遗产：鉴定、保存和管理. 刘蓝玉，译. 台北：五观艺术管理有限公司，2005：70-72.

产不是不证自明的先验存在，而是与价值捆绑在一起的。保护这一干预行为介入传统文化表现形式的发展，始于文化遗产名录申报环节的价值筛选、审定，并重构了它们的社会意义，选择性是文化遗产实践的结构性特征和核心议题。

在这点上，文化遗产的制造与其名录制造并没有区别，UNESCO 2003 年公约没有采用包容性的"登记"（register）体系，而是采用了"人类非物质文化遗产代表作"名录体系，由缔约国提交申请，UNESCO 指定的评审委员会进行评审。名录评审虽排除了杰出性价值，以突出非遗对文化认同、文化多样性及国际社会和平发展的重要性，但仍以选择性作为非遗名录的结构性要素。

当前全世界文化遗产保护的通行做法都是以国家政府为核心层层展开，对各类文化表现形式以一定的价值标准进行评估、选择、登记造册，形成名录，运用国家力量、资源对其展开与保护有关的行为，改变其当下生存状态，影响其发展。这个选择过程有三个步骤①：

第一，确立保护制度和保护类型；

第二，在文化遗产的范围与类型之中，由各级行政机构登记，选出运用行政资源重点保护的对象；

第三，指定保护对象之后，必须切实执行相关的保护、管理与活用措施。

这不可避免地造成文化遗产的层级化。在这个层级化过程中，文化遗产如同一枚权威手中的印章，盖上不同级别的文化遗产"印章"，也意味着它们受到保护的级别、强度、支配的各种资源都不一样。进入不同级别名录的文化遗产，从数量上显示出由大到小的包含关系，但与各级文化遗产保护管理的实施强度成反比，国家级文化遗产的保护制度、管理措施以及实际效果的体现，影响着各级文化遗产的保护，起着示范的重要作用，成为文化遗产保护的风标。以我国当下非遗名录体系为例，如表 5 - 1 所示：

表 5 - 1

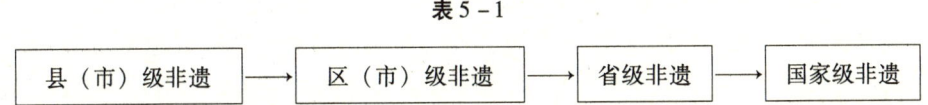

这一选择过程，也是文化遗产价值和意义经相关权威界定、批准后成为保护理由的合法化过程，改变着公众对文化遗产的印象。相对于历史和传统生活而言，被选出来的文化遗产是少数的，但受人瞩目。那些没有被评为文化遗产的传统文化实践，由

---

① 黄贞燕. 日韩无形的文化财保护制度. 宜兰：国立台湾传统艺术总处筹备处，2008：45.

于缺少权威价值评定这一选择过程，则可能籍籍无名地被历史湮没。

更重要的是，经过筛选进入非遗名录体系的传统文化表现形式，它的权属关系也在发生变化。其中需要思考的一个重要问题就是：谁有能力或权威确认哪些事物可以进入文化遗产名录？这关涉到文化遗产主导者的意愿和观点。在不同主体的操控下，进入文化遗产名录的传统文化表现形式，其本身及信息通常会透过某种权力机制被筛选、过滤，决定文化遗产中哪些信息、价值观念成为人们需要铭记或刻意忘记的，获得何种程度的保护或遗弃。

现下，不同社会团体经常将文化遗产用于解释自己的过去以及未来，重新划出所要认同的归属感和排斥的价值观。文化遗产有着历史连续性的一面，但又的确是当代人创造、发明出来的新的社会现象，并为一系列目的来管理它。因此，在文化遗产保护实践中，为谁而解释、管理、利用文化遗产，是一个复杂、持续的社会构建过程，价值评估是这一过程中联系不同社会主体的重要媒介和有用工具。

二、非物质文化遗产的价值体系

当提出这样一个简单问题"这个东西有什么价值"时，相信一定会引发广泛的回答，任何社会行为所具有的意义正当性，均缘于这个重要议题。文化遗产申报、保护的展开取决于人们对文化遗产价值的恰当理解和判断。

与所有价值一样，文化遗产价值随着时代而不断变化，并且经常互相重合和不可分离，不同文化遗产的价值也是不同的。对不同的文化遗产价值进行分类研究，是为了让我们更加清楚地了解文化遗产价值在保护中所扮演的角色。

在法规层面对文化遗产价值专门做出界定的是澳大利亚的《巴拉宪章》[①]，规定"文化意义"（cultural significance）指的是对过去、现在和将来世代的人具有美学、历史、科学、社会或者精神方面的价值。文化意义体现于地点自身，以及它的构件、环境、用途、联系、内涵、记录以及相关地点和相关实物之中。对不同个体或群体而言，地点可能有不同的价值（文化意义这一术语与"文化遗产价值"同义。文化意义可能会在地点的连续历史过程中发生改变。对文化意义的理解可能会因为一些新的信息而发生改变）[②]。在此基础上，《巴拉宪章》指出各种类型的文化遗产保护根植于

---

① 全名：国际古迹理事会澳大利亚委员会关于保护具有文化意义地点的宪章（Australian ICOMOS Charter for the Conservation of Place of Cultural Significance），1979 年通过实施，1999 年修订。

② 《巴拉宪章》第 2.1 条。

文化遗产自身的价值以及人们对产生于不同文化环境的文化遗产价值的理解能力。①

19世纪至20世纪之交现代西方艺术史奠基人之一、奥地利艺术史家阿洛伊斯·李格尔（Alois Riegl，1858—1905）的名篇《对文物的现代崇拜：其特点与起源》(The Modern Cult of Monuments: Its Character and Its Origin)②，被誉为20世纪文物保护思想的试金石。这一名篇中所阐述的文化遗产价值与文化遗产保护实践紧密结合，引入了与文物保护有关的一系列价值概念，形成一个文物保护的价值体系：文物价值、相对的艺术价值、纪念价值、艺术史价值、年代价值、历史价值、新物价值、使用价值、现今价值，解释了文化遗产保护中人们遇到的疑问。受李格尔文物价值理论体系的影响，欧洲自20世纪初开始的文物保护高度重视历史距离感，而且在实践领域中——李格尔反思的直接对象——保存的观念很大程度上取代了修复的观念。今天，我们通常宁可去保存带有其存在时代所有时间印记的往昔艺术作品，而不是去改善它们，使它们返老还童。③

同时，李格尔把文物分为两类，一类是人们有意识地为纪念某人物或事件而制作的纪念品，称之为"有意为之的文物"（intentional monuments）。这类文物数量不多，所有古代和中世纪的人们都只知道有意为之的文物，如与信仰、重大纪念事件有关的建筑和艺术。另一类是数量众多的艺术品和建筑，它们原本是为满足人们实际需要与理想而制作出来的，并不是有意识地将它们作为艺术与文化生活的历史见证留给后世。这类文物李格尔称之为"无意为之的文物"（unintentional monuments），他关注的主要是这一类文物，他指出，它们成为文物的原因在于当代人的理解。

沿着李格尔的思路，笔者认为，非遗也可以分为上述两类，有意为之的如各类信仰祭祀仪式及与之相关的舞蹈、音乐、戏剧、各类手工制作技艺，它们都曾被不同的团体特意保存，并期望留传后世。与此同时，更多非遗是无意为之的传统文化表达形式，它们没有要以纪念价值留传后世，而是各个时代人们出于实用、娱乐、谋生等各种目的形成和发展，在这个过程中累积起自身的内在价值。在某一时代，它们被视为

---

① 《巴拉宪章》第9条："对各种类型和各个历史时期的文化遗产的保护，根植于文化遗产自身的价值。我们对这些价值的理解能力，部分依赖于用于理解这些价值的信息源的可信性与真实性程度。对这些信息源的认识和理解，与文化遗产原初的和后续的特征有关，是评价文化遗产原真性所有内容的必要基础。"

第11条："有关文化遗产价值及相关信息源可信性的一切判断，在不同文化之间可能是不同的，甚至在同一文化内，也可能不同。因此，不可能依据固定标准进行价值和原真性的基本评判。相反地，为了尊重所有文化，则要求对文化遗产的特性必须在其所隶属的文化环境中加以思考和评判。"

② 亨利·泽勒尔，阿洛伊斯·李格尔. 对文物的现代崇拜：其特点与起源//陈平. 李格尔与艺术科学. 杭州：中国美术学院出版社，2002：315-352.

③ 亨利·泽勒尔，阿洛伊斯·李格尔. 艺术、价值与历史决定论//陈平. 李格尔与艺术科学. 杭州：中国美术学院出版社，2002：392.

值得保护的对象在于当时的人们以何种观念审视它们。

在我国,现有非遗研究对非遗价值有很多阐释①,回答了成为非遗的传统文化表达形式要有"哪些价值"。但由人赋予的文化遗产价值是可以被建立和改变的,所以对文化遗产的评定不仅在于确定其价值究竟应该有哪些,还需要探讨非遗的"价值从哪里来"。换句话说,我们把传统文化表达形式认定为文化遗产时,实质上不可避免地要考虑它们是由稳定的、普遍的内在价值,还是由特定社会语境中不同主体互动而构建出来的价值决定。不能否认,任何被视为文化遗产的传统文化表达形式在长期的发展过程中都形成了自身内在价值,宋俊华老师曾将此归纳为"内价值"②。

而同一非遗因主体的不同,导致其价值基点也不相同。笔者认为,从文化遗产价值来源判断,非遗价值可以分为以下三大类:

(1) 非遗的内在价值(成为文化遗产前已有的价值),也可称为"本征价值"。这是非遗自身在发展过程中蕴积而成的历史、文化价值及对当代社会的重要意义,具有代表性和独特性,是不需要后人利用就存在的价值,对这些价值的评估必须以专业研究为基础,这是文化遗产保护中必须坚持的原则,由此衍生出历史、美学、教育等价值。

(2) 与我们的情感、记忆有关的主观价值,即对非遗的主观诠释。不同的社会主体对文化遗产的价值观是不同的,当代人赋予文化遗产的主观价值有纪念性、传说、情感、精神、宗教、象征的、政治的、民族的、爱国主义等社会价值,对于非遗保护有着很强的影响,是现代教育的重要内容。

(3) 非遗的功能性价值,即成为文化遗产后衍生出来的价值。

A. 经济价值:是对非遗进行保护后衍生的价值,未经系统保护的非遗,其经济价值并不具备必然性。

B. 政治价值:非遗保护是一个政治议题,若要在当代受到保护,必须与现代重要政治团体的意图相符合,这是一个必须正视的现实。

在当代,文化遗产与"保护"这个字眼紧密地联系在一起。也就是说,但凡自然和文化现象归入"文化遗产"范畴,保护就与它发生联系,传统文化表现形式经过选择进入文化遗产名录后,它的存在语境已经发生变化,成为公共文化的组成部分,与"保护"挂钩,确保它们所具有的价值不会受到破坏。那么价值观念如何影

---

① 详见:王文章. 非物质文化遗产概论. 北京:文化艺术出版社, 2006:76-132.
  苑利,顾军. 非物质文化遗产学. 北京:高等教育出版社, 2009:36-48.
  顾江. 文化遗产经济学. 南京:南京大学出版社, 2009:133-161.
② 宋俊华. 非物质文化遗产与戏曲研究的新路向. 文艺研究, 2007 (2):101-102.

响着保护实践?

三、文化遗产价值对保护实践的影响

(一) 非物质文化遗产本身价值的判断

当代人如何评估不同传统文化表现形式的内在价值,影响到传统文化表达形式能否进入非遗名录。

我国关于风水、麻将、饮食是否可以纳入文化遗产范畴的各种争论便是一例,这三个文化表现形式是很多研究者认为没有保护价值,却因媒体报道引起大众注意的案例。

在 2010 年 6 月 2 日第五个"文化遗产日"的国务院新闻办公室发布会上,关于风水是否可以成为非遗的官方回答是:"正在专家的进一步研究之中,……不能盲目或草率地下结论。"①

2007 年,我国世界民族文化交流促进会的"麻将文化交流中心"对麻将的第一次非遗申报被文化部拒绝。在我们争议之际,据有关资料,麻将在日本被视为一门文化,并有专门的博物馆对其展开系统搜集和整理,并有意申报 UNESCO 非遗代表作。②

"民以食为天",饮食贯穿于每一社会个体的生活中,是再平凡不过也可有无数讲究的生活方式。许多饮食是传统手工技艺操作下完成的成果即产品,属 2003 年公约涵盖的非遗类型。当各类传统饮食制作技艺申报文化遗产名录时,面临的挑战就是人们对饮食内在价值的判断。2010 年,法国美食大餐、克罗地亚北部的姜饼制作技艺、地中海饮食、传统的墨西哥美食同时进入 UNESCO "人类非物质文化遗产代表作"。2013 年 10 月 22 日,日本文化厅宣布,UNESCO 的辅助机构已经通过了将日本料理(和食)列入非物质文化遗产名录的前期审查③。日本将"和食"定义为一种"尊重自然,通过用餐增进家庭及集团联系的社会性习俗"④。这些案例促使人们从文

---

① 时任文化部副部长王文章语,王文章. 文化遗产日主题"非遗保护,人人参与". http://culture.people.com.cn/GB/87423/11760206.html,2010 - 07 - 09.

② 俞国伟. 麻将该不该"申遗"?. 长江日报,2008 - 11 - 24 (11).
中日两国学者共同探讨麻将文化在非物质文化遗产中的价值问题——马惠娣访日汇报. http://www.chinese-leisure.org/20060309/jp/06051103.html,2011 - 04 - 05.
王锦思. 日本麻将申遗 我们为何不满. http://www.ihchina.cn/inc/detail.jsp?info_id = 1456,2011 - 12 - 05.

③ 张丽娅. 日本料理申请"非物质文化遗产"通过前期审查 [N/OL] [2013 - 01 - 23]. http://japan.people.com.cn/n/2013/1023/c35465 - 23300324.html.

④ 严圣禾. 日本料理将申报非物质文化遗产. 光明日报,2012 - 02 - 08 (8).

化遗产角度思考饭菜本身的价值何在，与人类文化多样性的关系是什么。传统饮食自身值得我们珍惜的文化价值有哪些。①

与之相比，幅员辽阔的我国，不同地区差异极大的多元生活方式造就了饮食风格的迥然不同，传统饮食类的文化遗产申报量是超乎人们想象的，我国非遗名录如同"美食大全"、"小吃大全"的比喻随之产生。那么我国饮食本身是否应该收入国家级非遗名录中，其文化遗产价值如何界定，哪些饮食更具代表性地见证了文化多样性，这在我国不同社会群体中有着不同的判断和争议。

目前许多商家、政府等社会团体不断推动传统饮食技艺的文化遗产申报，但也有相关团体并不认同饮食类的申报。这需要就饮食本身的文化遗产价值展开深入的学术讨论和认定，否则，我国饮食与非遗之间的关系将是模糊的，我们绝对没有必要跟风外国，而是一定要从我国自身国情出发考虑饮食自身的文化遗产价值。

许多传统文化表现形式的学术研究成果非常丰富，为其进入非遗名录提供了不言自明的合理性。反之，我国在风水、麻将、饮食方面严肃的专业学术研究成果比较薄弱，这直接影响了社会对它们本身价值的认识。这表明，传统文化表现形式能否进入文化遗产名录进而受到保护，首先源自人们对其自身价值的判断。

（二）非物质文化遗产本身之外的主观价值的判断

在具体的非遗保护中，当代社会不同团体赋予传统文化表现形式自身没有的价值，亦即当代人对非遗的主观诠释，也会影响到非遗保护方向和结果。必须看到，传统文化表达形式本身价值并不足以让其自动成为文化遗产。Dawson Munjeri 指出，一个国家、地区的人们赋予传统文化以何种价值，将决定哪些文化表达形式属于文化遗产，如何保护。文化遗产价值的核心在于：我们如何理解文化遗产，是什么造就了文化遗产，它属于谁。②

如昆曲③，确保昆曲自身文化遗产价值的关键在于昆曲表演的高水准传承，但如果没有当代各个团体尤其是政治权威赋予民族文化认同、地方意义等昆曲自身没有的文化遗产象征价值，对昆曲的保护是难以运作起来的，无法使公共资源配置向其倾斜。昆曲正是由授予"人类口头和非物质遗产代表作"权威力量由外向内地改变了它在公众中的刻板印象，重新建构了公众对昆曲的价值认知。正如李格尔所言："当整个民族开始将早几代人的成就视为他们自己成就的重要部分时，对这类文物的兴趣

---

① 宋佳烜. 法国大餐靠什么荣登非遗名录. 中国文化报，2010 - 11 - 25（3）.
② Dawson Munjeri. The Unknown Dimension：An Issue of Values. http://www.icomos.org/victoriafalls2003/papers/3%20 - %20Allocution%20Munjeri.pdf，2011 - 02 - 25.
③ 钱永平. 遗产化境域中的昆曲保护研究. 文化遗产，2011（2）：26 - 35.

便复活了。过去的东西获得了现今的价值。"① 这时，非遗所对应的现实对象正在发生哪些变化并不重要，重要的是人们的价值观念发生了改变。

更深地看，当下我们认为值得保护的文化遗产对过去和未来而言或许并不重要，它只是依据我们的价值观选出来的，与当下的文化认知发生着重要关系，这些主观价值决定了文化遗产在当代获得何种程度的保护或是忽略、破坏。而非遗能否随着时间的流逝仍然受到保护，取决于不同时代拥有社会权威的行动者赋予、认可的文化遗产价值的重要性在未来是否继续有效，取决于未来谁在其中操控文化遗产保护的话语权。这些权威群体中，文化遗产保护研究群体或许将是最重要的影响力量，他们所展开的研究、评论在不断挑战已有观念、观点的同时，将会影响文化遗产保护的实际走向甚至结果。

我们今天常常疑惑的一个问题就是为什么要保护今人不感兴趣的传统文化表达形式？那些以今人眼光看起来无趣、无实用功能或粗陋的文化事象，其保存的价值和意义何在？很多人都有这样的推理：淘汰当代人不喜欢的传统文化，当代文化似乎就会有更好的发展，如那些地方小戏。戏曲后继无人固然断绝了活态传承的现实可能性，但从文化遗产保护的角度切入，这一观点表明，人们审视传统文化表现形式时，首先取决于当下社会语境中形成的价值判断，而不是传统文化表现形式自身的内在价值。对此，我们是否不置可否？

日益民主化的社会道出一个事实，文化价值是多元化的。这意味着我们不能以单一价值观审视文化事物，忽略文化形式的本身价值。尤其值得警惕的是，只从当下价值观做出的单一判断更容易成为文化丢失的直接原因。曾几何时，在我国较为偏激、极端意识形态的语境下，与政治主宰结合的人的主观价值成为破坏具有历史价值和深厚美学的文化遗产的直接原因。拆北京城墙，禁演不符合当时意识形态的大量戏曲剧目，拆、禁的是传统，也有了对传统极为陌生的笔者这一代人。

这在具体的非遗保护中应如何调整？李格尔阐述文物的历史价值和艺术价值时，认为艺术价值中有一类主要指当今人们的审美价值，这种审美价值因人而异。这种艺术价值只是一种主观的价值，是由现代观者所发明，并完全依赖于现代观者变化的偏爱，因此大多数人更容易理解和亲近距离当下较近的文物而不是年代更为久远的某些作品。

但文物自身还包含某一历史时期的艺术价值，表明它在历史发展之链上所占据的特定位置，这是需要专业学者来解读的价值。这很可能与今人所持有的艺术价值观完

---

① 阿洛伊斯·李格尔. 对文物的现代崇拜：其特点与起源//陈平. 李格尔与艺术科学. 杭州：中国美术学院出版社，2002：322.

全不一样，甚至是当代人讨厌的。涉及文物保护，如何处理这种冲突，引出了文物保护中的价值取向问题，这是至关重要的。它关系到人们对文物的态度及具体处理方法，关系到文物的命运。

对此，李格尔给出的回答是展开文物保护时，当代的欣赏趣味必须从文物本身的观念中排除出去。文物保护并不是为了寻求过去有哪些事物可迎合我们当下趣味的艺术价值，专业人员一旦进入文物保护工作领域，他就必须放弃自己的主观审美好恶，而是要从文物本身的历史价值去理解它，阐释它。

笔者认为，李格尔对文物保护人员提出的要求于非遗保护实践和研究同样适用，这一专业精神，是我们面对非遗保护的一个伦理前提。以昆曲为例，清末昆曲随着以"雅"趣味为主的士人阶层的没落，与当时的大众审美趣味相异，传承到当代，更是如此。但若按照李格尔的观点，对昆曲展开专门的保护行动，绝不是为了迎合我们的审美趣味去"创新"、改变、破坏体现昆曲与其他剧种相区分的独特美学、历史等文化遗产价值的表演艺术形态。

反之，它是需要公众投入精力去理解、去体悟的古典艺术。因此，昆曲保护是要通过确保那些融于传统剧目中的成熟表演形态来确保其内在的文化遗产价值，它绝不以迎合当代趣味为旨归。反而在此前提下，保护工作的另一重点就在于动用各方资源鼓励公众去体验昆曲表演艺术的古典美。

（三）确认非物质文化遗产的不同主体

综上所述，任何一种文化遗产唯有在外界赋予的价值与其本身内在价值之间取得平衡，保护效果才会实现最优化。任何一项传统文化表现形式转变为非遗，是传承主体价值观和其他外来主体价值折中的结果，传承主体价值观某种程度上代表了非遗本体价值。

罗薇指出，建立在尊重非遗持有人意愿前提下的保护是一项系统工程，要达到保护效果，还需要依靠其他社会公共资源予以支持，如政策保障、资金筹集、学术支持和媒体宣传等等。所以，非遗的公共评价是其持有人自我确认目标的实现形式。完成非遗确认的主体有两个：一是文化遗产持有人的自我确认，二是社会的公认。只有在这两个层面达成一致，在2003年公约框架下展开的非遗保护才具有实效和现实意义，那么如何使非遗达到文化遗产持有人的自我确认和公认的一致性？建立以申报评审制为基础的非遗名录体系就成了必由之路。①

这指出了客观存在的文化表现形式能否进入非遗名录的两个关键价值群体，首先

---

① 罗薇. 名录申报与非物质文化遗产保护——以"人类非物质文化遗产代表作名录"为例. 民族艺术，2010（2）：15.

是文化遗产持有人即社区群体,在其"自由事先知情权"前提下参与申报文化遗产名录,突出了非遗持有者在申报、保护过程中应享有的权利;其次是"社会公认",这通常是以学术专业为基础的文化遗产评估,专家扮演了"守门员"的角色,他们与文化遗产持有者共同筛选、决定哪些传统文化表现形式可以进入非遗名录。

从不同价值的承载者出发,非遗保护不能为单一价值所支配而忽略其他价值,也即忽略不同社会主体对非遗的影响力。为了确保文化遗产自身价值而忽略其他价值,也不能有效吸收大众的参与,发挥文化遗产作为公共文化事业所特有的功能。更多的,目前受到批评最多的是对非遗的不当开发,因为这使得非遗的功能性价值尤其是经济价值在保护中居支配地位。传统文化表达形式一旦成为非遗,各级政府均鼓励其商业化,以进入市场交易平台转为公众的文化消费。但对此产生的影响和问题缺乏足够的预测和考虑,对非遗自身的文化遗产价值构成了威胁。这更说明,面对市场体系下的非遗保护实践,我们还没有厘清非遗的文化价值与经济价值之间的关系。

综上所述,价值评估作为非遗保护的开始环节,其重要性在1972年公约保护实践中得到证明。1972年公约的成就之一就在于通过《世界遗产名录》的评选及博弈,把"突出的普遍价值"体现在大众可感知的世界各国自然景观、文化景观、历史城区、古建筑等实体上。40年来,各国、专家和UNESCO等对这一价值观不断进行调整,成功地使物质文化遗产保护与人类社会整体有了丰富的互动,甚至改变了对历史漠不关心的部分群体,培育了大众的文化遗产保护意识,影响正日益扩大。

在2003年公约框架下,非遗保护实践成熟的标志之一,就是建立起以价值为导向的保护政策,灵活回应不断发展的社会现实。与非遗有关的学术理念也将在这一环节上转化为价值观,并通过一次次的名录申报、评选、公布等环节在大众中不断传播开来。那些经得起时间考验的非遗价值观,将成为社会共识,更是产生新的文化遗产价值观必不可少的基础。在这个意义上,非遗价值评估过程就是文化遗产学术理念渗透到社会运行机制中,向大众普及的过程。结合当前我国的社会现实,这一环节还承担着更为艰巨的任务,扭转大众对非遗的文化偏见,重建当代社会珍爱、尊重传统文化的价值观念,以此支撑起非遗良性传承、再创造的社会生态空间。

因此,价值评估不是生搬硬套,更不是流于形式,相反,它是文化整合的重要工具,这一环节所确立的价值观是后续保护实践致力维护的目标。如果我们支持文化遗产保护,就需要在非遗的价值评估上为保护奠定理论根基,识别传统文化表达形式作为文化遗产进入名录的各种正当性价值,这些价值又与哪些团体相关,如何将不同团体所持的价值观整合到文化遗产保护中,这些问题必须在文化遗产价值评估这一环节中得到切实、透彻的研究。

第二节 非物质文化遗产名录建构与国家、民族、族群认同

许多研究者把文化遗产视为社会现象展开了分析,最为常用的理论模式是建构主义,"建构"这一术语主要指我们所理解的世界"客观"知识,实际源于我们自身看待世界的方式。正如爱因斯坦所说:"我们的理论决定了我们能够观察到什么。"不同的人从不同的视角看待同一事件或现象时,会产生不同的结论,我国学者运用"转换"、"传统的发明"、"发明的发明"、"想象"、"社会记忆"等作为关键词的文化建构理论展开了非遗研究。从这一视角出发可以看到,文化遗产同样是社会转型背景下的政治和文化产物。文化遗产名录是当代人对客观存在的文化事象重新赋予意义、发生影响并实施保护的结果。文化遗产名录也因此成为不同团体呈现、表述、博弈各自理念的一个新的平台,体现了当下对历史文化的观念态度、情感记忆和行动方式。

一、非物质文化遗产的民族、地方象征性价值——以昆曲为例

下文将以昆曲为例说明。选取昆曲作为案例的原因在于:它是我国第一个进入UNESCO"人类口头和非物质遗产代表作"的表演艺术,在艺术、文学等方面的成就极高,被誉为"百戏之祖",是中国戏曲史上最重要的剧种。但它也是一种式微已久的小众艺术,其频繁进入大众视野与其成为非遗代表作有密切关系。透过昆曲这一案例本文要讨论的是,当代社会把各类传统、民间文化事象纳入非遗范畴后发生了什么。

具体到昆曲,它进入非遗名录后,我们需要思考,其作为表演艺术的本质特征就变了吗,或者真正喜欢昆曲的人欣赏昆曲时,就不再把它当作与自身心灵共鸣的艺术了吗?显然不是,问题不在于作为表演艺术的昆曲,而是发明、建构昆曲保护和响应昆曲保护的主体及其所处的社会结构、社会情境变了,需要探讨这个变化的过程,发现有利于保护文化遗产的因素和实际经验,这也是我们理解文化遗产的关键所在。

(一)进入非物质文化遗产名录前的昆曲发展状况

从戏剧史的研究中我们知道,明代流行于吴中民间的昆山腔被以魏良辅为首的歌唱群体加工提炼后,在社会上逐渐产生影响。16 世纪 60 年代随着梁辰鱼的《浣纱记》从歌唱走向了戏曲表演,此后获得了迅猛发展,在民间广场和官宦府第的厅堂中进行演出。昆曲在演员与具有文化修养的官僚、文士、曲友的长期互动中,变得更为精致细腻,并进入明清宫廷专为帝王演出,成为皇家各种庆典的主要演出剧种,以皇家贵胄为代表的上层社会表示出独尊昆曲的态度。随着清末社会动荡多变,推动昆

曲发展的文人仕子不断没落、老化、逝世，昆曲与其他剧种在比拼如何以自身表演吸引民众的过程中走向了衰败，不再是剧坛霸主，以其风雅退居文人名绅的文化活动中。

陆萼庭先生列出三点原因说明昆曲作为一个独特剧种，无论它是否被指定为今天的非遗，它都当之无愧地是我国极其重要的文化遗产。① 正因为众多具有文化眼光的学者名绅意识到昆曲在文化上的重要性，几百年来昆曲盛衰消长，命悬一线时却总能绝处逢生，始终保留了一丝传承血脉。1921年由商贾名绅（张紫东、贝晋眉、徐镜清、穆藕初等）资助创办的"苏州昆剧传习所"，培养昆曲表演人才，使昆曲以"昆曲"之面貌延续至1949年以后。但昆曲的民间演出状况不佳，演员谋生困难，对这一状况的改善成为1956年有关人士改编昆曲《十五贯》的最初动机，成为昆曲发展史上的又一标志事件。1954年后，在国家的支持下，以俞振飞先生为代表的著名昆曲艺人培养出新中国昆曲骨干力量，从事昆曲的表演和传承。1978年"文革"结束后，文化部实施昆曲振兴计划，成立昆曲剧团，继续培养昆曲艺术人才。

但昆曲长期以来在我国内地的表演并不乐观，在观众、演出、人才培养方面有诸多困难，由于缺少观众，它面临"台上演员比台下观众多"的尴尬。1999年6月，附属文化部的"振兴昆剧指导委员会"举行会议，各位研究专家、文化官员第八次提议举办全国昆曲艺术节，希望改变这个窘境，但是没有地方政府愿意出资接手承办。因为平时的昆曲专场演出都没有人看，更何况专门为昆曲举行的文化节？一直到2000年，文化部才在苏州举办了第一届昆曲艺术节。在这样的耽搁中，昆曲演出剧目从传字辈艺人的700出下滑至目前少于100出的数量，演出呈萎缩趋势，演员为了谋生，冒着荒废演技的危险另谋他路，如在摄影楼为别人化妆。北京昆剧团和上海昆剧团先后面临与其他戏剧团"合并"的文化指令。②

上述状况导致昆曲传承人才的培养难上加难，曾担任上海昆剧团团长的蔡正仁在一个学术访谈中谈及昆曲前途的问题时表达了他的隐忧：教学师资、学生来源、投入经费、学生"归口"（工作去向），他"觉得绝对不应该让这样的剧种衰亡，应该要发扬；但是又觉得要做的事情太多，有点力不从心"③。他意识到了昆曲面临的危机和传承的关键，但并没有十足的信心来解决，却有诸多无奈。1999年，"上海戏曲学校招收25人，但报名的只有50余人，录取比例是2∶1，2004年这批学生毕业，分

---

① 陆萼庭. 昆剧演出史稿（修订本）. 上海：上海教育出版社，2006：1.
② 杨守松. 昆曲之路. 北京：人民文学出版社，2009.
③ 蔡正仁访谈，访问者：洪惟助，时间：1992年2月12日，选自洪惟助主编. 昆曲演艺家、曲家及学者访问录. 台北：国家出版社，2002：188。

入上海昆剧团,后因艺术水平达不到要求,一半已改行,留下的大部分也只是跑跑龙套。"① 这种状况一直到2001年,昆曲被UNESCO宣布为"人类口头和非物质遗产代表作"才发生改变。

回顾历史,昆曲总能吸引有关人士不遗余力地保护它,原因在于它极高的艺术魅力。因此,从历史、文化、艺术等角度,将昆曲视为中国艺术宝库里极其重要的文化遗产,作为值得后世欣赏、研究的文化经典,早已是共识,也是它成为"人类口头和非物质遗产代表作"的重要标准。但是,从它受冷遇到引起公众关注这一过程来看,昆曲自身所具有的文化遗产历史价值并不能给出足够的解释,其决定性因素在于昆曲成为非遗代表作的过程中被我们赋予、改写其本身之外的文化遗产价值和意义。

UNESCO是世界最大的政府间组织之一,由它制定的一系列文件通常都具有权威性,包括《保护非物质文化遗产公约》。一国的非物质文化被UNESCO认定为文化遗产,意味着提升了非遗所在国的国际声誉。2001年,中国艺术研究院在准备申报材料时,选定昆曲、古琴、蒙古长调、剪纸、川剧五个项目,经过讨论,专家确定首选昆曲,其余四项作为备选项目提交给UNESCO。昆曲在UNESCO评审会上以全票通过。昆曲首先经过我国相关部门论证、审批、申请并进入UNESCO这个世界最大的文化交流平台上,再经过UNESCO有关机构的评审、命名等一系列程序,从传统文化中被选择出来,进入"人类口头和非物质遗产代表作"名录。进入非遗名录的昆曲开始携带文化遗产所拥有的各种文化资本,具有了较之其他文化形式的优越性和正当性,使社会资源向其倾斜,这种新形成的差异化结构背后潜藏的资本优势引得其他剧种相关利益者在"申遗"之路上前赴后继。

(二) 昆曲象征性文化资本的确立

首先,昆曲申遗的成功使其成为政治主体用以凝聚民族认同的象征性资本。就象征而言,它是一个特定社会主观约定的结果,象征意义与载体之间可以没有相似性或直接联系。黑格尔指出,象征是用外界存在的某种具体事物,当做标记或符号,去表现某种具有不同抽象程度的思想内容。象征首先是一种符号,要使人们通过它意识到它所要暗示的背后隐藏的那种普遍性的意义,而不是它本身外在的那个具体的个别事物。② 这方面的例子莫过于象征和平的衔着橄榄枝的鸽子,但和平与鸽子之间客观上没有丝毫直接联系。

"文化资本是布迪厄(Pierre Bourdieu)'实践社会学'的关键词。在他看来,文化资本既是人们进入'社会场域'时所采取的特有的资本形式,也是参与社会权力

---

① 梁谷音. 保护文化遗产之我见. 戏曲研究, 2009 (2): 166.
② 转引自高宣扬. 当代社会理论. 北京: 中国人民大学出版社, 2005: 366.

竞争必备的'入场券'和符号。"① 对于正在经济上崛起的中国，文化的重要性日益凸显，"没有文化的凝聚力，文化身份认同就将出现问题。在经济起飞之后，全盘西化之中还有什么东西能够代表东方文化？如果我们没有意识到本土文化的重要性，那么崛起速度越快，文化则越弱。"②

UNESCO 倡导的非遗保护适时出现了，成为非遗代表作的昆曲被迅速以不同的方式表述为民族文化的象征。"按布迪厄的说法，被认可（recognition）或被重视是一种象征资本（symbolic capital），是一种以某些合理的要求表现出来，从而不易为人所察觉的权力，寻求的是来自他人的欣赏、尊重、敬意，以及提供其他服务等等。"③ 这多少有点悖论，自己创造的文化要经他者的肯定才能引起自身对它们的重新关注。100 多年前，日本看到西方对浮世绘有着浓厚的兴趣时，才意识到要珍视自己的传统文化并用来加强国民认同。我国在 UNESCO 的推动下，将非遗与增强民族认同感、归属感、建构和谐社会的目标联系起来，成为国家文化建设的理念，这种转变有效地把文化认同感与政治认同感整合在一起。

某种事物拥有象征价值，离不开背后的社会体系，尤其是权威的运作。可以看到，昆曲在被"发明"为民族文化象征的过程中，为政治权威或有政治声望的人物所肯定是重要环节，这种艺术背后的社会等级秩序提升着昆曲的当代地位。2004 年，以国家政协副主席王选为首的政协常委提交了《关于加大昆曲抢救和保护力度的几点建议》，并得到了国家领导人的批示。2005 年元旦，苏州昆曲演员在中国人民政协会议全国委员举行的新年茶话会上表演青春版《牡丹亭》一折《惊梦》，胡锦涛主席接见昆曲演员。随后，中央财政部决定在 2005—2009 年 5 年内，每年拨出专款 1000 万元给文化部，用以抢救昆曲。

紧跟中央动向，上海昆剧团和北京昆剧团先后取消合并的"体制改革"，北京市政府把对北京昆剧团的扶持经费纳入财政。2007 年苏州昆剧院随国家领导人温家宝总理出访日本，在东京国立剧场表演昆曲《牡丹亭·惊梦》，是温家宝总理开启"融冰之旅"的重要内容之一。这与日本政府文部省规定官员要用本国的无形文化财——能剧、歌舞伎、狂言等传统艺术招待外宾有异曲同工之处。当代文化遗产语境中的昆曲，作为社交手段之一，俨然成为处理国与国之间关系的外交策略。政治权力的运作使昆曲作为文化遗产的社会意义进一步延伸，有学者指出文化遗产在民族—国

---

① 彭兆荣. 遗产：反思与阐释. 昆明：云南教育出版社，2008：14.
② 王岳川. 中国文化软实力与文化安全. 光明日报，2010-07-29（10）.
③ 转引自范可."申遗"：传统与地方的全球化再现. 广西民族大学学报，2008（5）：49-50.

家的名义之下已经具有了非同寻常政治共同体的符号涵义，展现了巨大的文化想象空间。①

当代昆曲在获得国家领导人肯定的同时，也获得了具有大众影响力的人物的肯定与欣赏，他们对昆曲进行了不同方式的关注和推广。一件文化产品若获得某些人物、权威机构的认可，尤其是为大众所熟悉、认可的"偶像"类人物的承认、推广，就会迅速地在大众中传播开来。白先勇和青春版《牡丹亭》，谭盾和世博会实景园林版《牡丹亭》，王力宏在流行歌曲《在梅边》中"拼贴"昆曲演员张军的唱腔，并邀请张军在他的现场音乐会上表演，于丹著书《于丹•游园惊梦：昆曲艺术审美之旅》（2007），公众人物（如杨振宁、郎朗、鞠萍、刘欢）出现在与昆曲有关的媒体新闻中。这些政治精英和知名度很高的社会各界人士的积极参与，极大地加快了大众对昆曲的熟悉过程。

历史上官宦富绅拿昆曲应酬宾客是常事，而且，明清时期的昆曲由于获得社会上层势力如皇帝、王公大臣的喜爱，随之变得"神圣"、"高贵"起来。帝王的爱好完全可以成为政治风向标，面对花部对昆曲霸主地位的挑战，清朝政府采取了禁演花部的行为。1956年，看似偶然却又必然的因素②使昆曲《十五贯》符合了当时的意识形态而被国家高层大加肯定。昆曲在今天正经历着与过去相似的境遇，重获政治高层的重视。从相似的历史事件、不同的时代中解读影响昆曲发展的不同文化、经济、政治等外在因素，也许是戏剧史研究的有趣话题。在当代，文化遗产把时代要求、保护者的呼声、政治主体的文化态度整合在一起，将昆曲塑造成中国文化的象征，让昆曲再次告别了昔日的冷遇。

其次，昆曲作为地方文化象征标志的重新确立。社会从生产型转为消费型的过程中，也迎来一个标榜个性和独特性的时代。各个地方孜孜以求的是以何形象"出位"并获得他者的认可，以赢得更多的发展机遇。通过把源自地方的传统文化表达形式申报为非遗，呼应 UNESCO 的非遗保护，以文化展示地方形象，促进地方经济增长，不啻为好办法，这也不是2003年公约的意外收获。

昆曲发源地苏州是一个早就闻名于世的历史文化名城，继1997年苏州园林进入《世界遗产名录》后，2001年昆曲又成为 UNESCO 非遗代表作，无形中提升了苏州在人们心中的旅游价值，加深了游客对苏州的印象和文化体验。这种效果是其他宣传

---

① 彭兆荣. 遗产：反思与阐释. 昆明：云南教育出版社，2008：36.
② 偶然因素：1955年浙江省宣传部副部长黄源偶然看到了昆曲《十五贯》；必然因素：昆曲《十五贯》的情节内容就是一个公案悬疑故事，必然带有反主观主义的思想因素，从这个层面看，正是昆曲表演剧目的深厚积淀，使昆曲在当时获得了一次重要的发展机遇。

方式不可比拟的，昆曲成为苏州拓展国际旅游、展示地方形象的最佳名片，打造昆曲之乡，成为苏州市将昆曲保护纳入政府文化事业的重要动机之一。

2001年后，苏州市在昆曲方面的作为明显积极起来，抢救传统剧目，资助苏州昆剧院、昆剧传习所，成立昆曲研究中心、昆曲博物馆等机构；把苏州昆曲学校作为昆曲"幼苗"培养基地；出资修建昆曲沁兰厅，修复昆曲博物馆古戏台；以中国昆剧艺术节和苏州虎丘曲会为昆剧艺术保护展示舞台，建设"昆曲之乡"（苏州昆山市），打造园林、古镇相结合的昆曲演出点。① 作为国家级政策的《文化部国家昆曲艺术抢救、保护和扶持工程实施方案》在昆曲抢救、保护的第一个五年计划（2005—2009）中制定的目标是：到2009年，以地处长三角的上海昆剧团、江苏省苏州昆剧院和浙江昆剧团为龙头，建立昆曲艺术生态保护区，使其成为昆曲剧目创作中心、昆曲艺术传承保护中心、昆曲艺术交流普及中心、昆曲资料收集整理与研究中心。"历史是过去的事件，被广泛地用来填满许多主要的现代功能，其中之一便是形塑社会文化上的地域认同，以便支持特殊的政治结构。"②

再次，学术研究从来都是传播、扩散文化观念的重要力量，保护昆曲一直以来是学术研究团体的共同心声。昆曲成为UNESCO非遗代表作后，昆曲如何良性传承下去已是置于国际社会视野下的政府公共文化责任。学术研究有助于昆曲保护的专业性、客观性，学术团体就成为再也不能忽略的保护力量。全国陆续召开了各类昆曲研讨会，昆曲论著的发表、出版明显增多。2004年9月，文化部在中国艺术研究院启动编纂《昆曲艺术大典》项目，国家财政部资助300多万元，动员了大陆、台湾百余名知名专家，这部大典与以往昆曲辞典不同，它包含了文字文献、音像资料、图片资料等多种成果形式，是一部"原典集成与百科式的昆剧文献大成"。

即使不在昆曲表演中心地域的香港，也对昆曲这一古典艺术向市民展开了积极的推广工作。香港政府研究基金向香港城市大学资助"二十世纪昆曲传习与中国文化传承"项目，主持人郑培凯不断邀请昆曲大家赴港表演，展开研讨会，录制影像，向大学生持之以恒地展开昆曲欣赏的艺术教育。由于香港更加面向世界，通过网络等信息共享平台，"二十世纪昆曲传习与中国文化传承"项目正不断把昆曲的艺术魅力传递到世界各地。

综上所述，借着文化遗产所指向的保护目标，除UNESCO、中央、地方政府出台的保护举措外，表演团体、学术团体、舆论媒体、民间组织围绕昆曲展开的活动较之

---

① 中国文物信息网. http://www.sach.gov.cn/tabid/301/InfoID/4424/Default.aspx, 2010-12-01.
② ASHWORTHM G J & LARKHAM P J. Building a New Heritage: Tourism, Culture and Identity in the New Europe. London: Routledge, 1994: 13.

以往更为活跃。各大昆曲剧团在国内外有了更多表演机会。媒体对大众的反复宣传，扩散着昆曲的民族文化的象征性，利用堪比英国戏剧的比喻促进国人对昆曲文化态度的转变。很多人虽从没听过昆曲，但知道昆曲是非遗，为进一步的昆曲保护奠定了大众基础。

昆曲进入文化遗产名录后带来自身价值的转变，不再处于社会文化结构中的边缘地位，也催升了昆曲经济资本的升值，引来商业资本的赞助，昆曲获得了必不可少的资金支援。珠宝商、世界饮料巨头与昆曲相联系（珠宝公司对江苏昆剧院的资助，可口可乐对北京大学昆曲选修课的赞助），作为文化遗产的昆曲为其涂上了一层中国传统文化的色调，以文化遗产作为中介，确立了昆曲的商业资本与文化资本地位，二者在互相缠绕中各取所需，成就对方，产生的具体影响还没有确切资料说明。不过这些举措的持续展开，已以我们难以察觉的方式改变着公众对传统文化的定势思维，其影响并不是一年两年可以感受到的，也需要较长的周期，影响公众的周期将会更长。

这一系列来自社会各方与昆曲的互动，与 2000 年第一届昆曲节的举办之艰难形成了鲜明对比，由此也可以明显看出，文化遗产作为象征文化资本产生的权力效应实在惊人。

毋庸置疑，无论昆曲在中国文学、艺术发展史上是多么经典，对它的保护却是凭着各类权威为代表所认可、赋予的当代社会宏大价值运作起来的，这些社会价值也成为文化遗产保护中最为关注的部分。反之，在很长的时期内，昆曲被视为"守旧"的标志而遭到贬损，直到 21 世纪初，我们对它都是那么陌生、没有兴趣，更不愿意去了解、欣赏它。Laurajane Smith 指出："如果文化遗产是非物质的，那所有文化遗产都是由我们赋予物质形态和非物质形态的文化意义和价值来表述的，最终我们保存的是与文化遗产有关的文化社会价值的表述。对我们而言，无论文化遗产是文物，还是非物质事件或表演，它们成为文化遗产的时刻正是文化、社会和政治价值及意义被认识到、审议、接受、拒绝、再创作或协调妥协的时刻。"[①]

UNESCO 将昆曲缔造成文化遗产是成功的，也让追随它的国家权力、学术研究、昆曲表演、商业经营等不同主体带着各自的目的从中看到非遗传达出的多层意义，对昆曲的传承也产生了不同的影响。这正是昆曲表演家蔡正仁在提及昆曲前途时，"觉得要做的事情太多，有点力不从心"背后所包含的意思，他的主观意愿遭遇到不相称的社会现实氛围而难以转化成行动。如果说传统是在特定时空中代代传递而又持续更新的文化模式，那么昆曲仅凭自身的艺术表演已经很难在传统中实现有活力的传

---

① Laurajane Smith, Emma Waterton. "The envy of the world?": intangible heritage in England // Laurajane Smith, Natsuko Akagawa. Intangible Heritage. New York and London: Routledge, 2009: 300.

承,更不要说占据日常文化生活的主流。

事实上任何一种艺术都不可能永久占据着人们的精神世界。在这种情况下,昆曲若要生存下去,出路在于要么改变自身,要么改变外在社会语境。对于如昆曲这些具有高度美学和历史价值的非遗,改变的当然是后者,这种改变就是通过"遗产化",遵循和利用当代社会规则,为其传承和发展制造新的意义,改变它的存在语境,通过不同社会力量的操作与展演,将昆曲与当代公众之间的关系重新连接起来,使公众在文化遗产语境下重新理解它,最终使昆曲获得了新的存在基础,将自身从过去变成真实存在的"当下"。

二、非物质文化遗产保护对民族凝聚力的重要性

上文以昆曲为例从文化建构的角度分析了传统、民间文化表达形式进入文化遗产名录后被塑造为民族象征后所发生的改变。反过来,需要具体分析国家将这些文化表现形式通过文化遗产塑造为民族象征的明确用意所在。对文化政治意义颇感兴趣的后现代主义者认为:"所有的文本和文化事物都应从它们如何被社会性地生产出来这一角度去理解,也就是从在什么历史时期被生产、具有什么样的政治意义这一角度去理解。"①

从文化生产的政治角度结合"传统的发明"的理论范式,研究者看到了非西方国家把本国民众创造的传统文化实践登入文化遗产名录中,既是为了保证传统文化的继续延续,更是国家权威在建构现代民族国家过程中刻意制作的政治象征符号,藉以整合社会、文化凝聚力,有意引导文化遗产成为当代民众崇拜的精神产物。同时强调文化遗产的民族认同、象征等外在因素,甚至将其作为全球化进程中本国与西方文化抗衡的利器之一。这在我国也不例外,这些观点明确地体现在国务院办公厅《关于加强我国非物质文化遗产保护工作的意见》中:"……非物质文化遗产……是连接民族情感的纽带和维系国家统一的基础,……是维护我国文化身份和文化主权的基本依据,……"。

(一)输出文化形象

受 2003 年公约的影响和推动,2005 年国务院发出文件②,建立起非遗四级名录,开始了对民族民间文化科学、合理、积极有序的保护。2006 年 5 月,来自各领域的专家列出了一个通过官方宣布的国家级非遗名录,非遗在现代国家建设过程中开始扮

---

① (美)约翰·R 霍尔,玛丽·乔·尼兹. 文化:社会学的视野. 周晓虹,徐彬,译. 北京:商务印书馆,2004:217.
② 即《国务院办公厅关于加强我国非物质文化遗产保护工作的意见》。

演重要角色。地方社区通过多种形式发现、培育非遗，各类传统文化以非遗申报为契机，开始了汇入民族文化共同体的进程，并通过经济、政治和文化交流体系向全球传播。近年我国在国外举行的各种类似于"中国文化年"的活动中，非遗已经必不可缺。"申遗"近年也成为我国重要的国家行为和外交策略，充分把握此次机会的我国已经成为 UNESCO "人类非物质文化遗产代表作"数量最多的国家（见表 5-2）。

表 5-2　2001—2011 年中国入选 UNESCO "人类非物质文化遗产代表作"项目和
"急需保护的非物质文化遗产"项目

序号	名　称	入选时间	地　区
1	昆曲	2001	全国
2	古琴艺术	2003	
3	中国篆刻	2009	
4	中国雕版印刷技艺	2009	
5	中国书法	2009	
6	中国剪纸	2009	
7	中国传统木结构营造技艺	2009	
8	中国编梁木拱桥营造技艺	2009	
9	端午节	2009	
10	中医针灸	2010	
11	中国皮影戏	2011	
12	维吾尔木卡姆艺术	2005	新疆地区
13	麦西热甫（又译"麦西来甫"）	2010	新疆地区
14	玛纳斯	2009	新疆地区柯尔克孜族聚居区
15	蒙古族长调民歌	2005	内蒙古自治区
16	呼麦	2009	内蒙古自治区
17	藏戏	2009	西藏自治区
18	格萨（斯）尔	2009	青藏高原
19	热贡艺术	2009	青海省黄南地区
20	花儿	2009	甘肃、宁夏、青海等西北省区

续上表

序号	名　称	入选时间	地　区
21	妈祖信俗	2009	福建莆田
22	南音	2009	福建泉州
23	中国水密隔舱福船制造技艺	2010	福建
24	中国朝鲜族农乐舞	2009	流行于吉林、黑龙江、辽宁等省的朝鲜族民众聚居区
25	黎族传统纺染织绣技艺	2009	海南黎族
26	粤剧	2009	粤港澳地区
27	侗族大歌	2009	贵州侗族聚居区
28	龙泉青瓷传统烧制技艺	2009	浙江龙泉
29	西安鼓乐	2009	陕西西安
30	中国传统桑蚕丝织技艺	2009	浙江、江苏、四川等地
31	宣纸传统制作技艺	2009	安徽泾县
32	南京云锦织造技艺	2009	江苏南京
33	中国活字印刷术	2010	浙江瑞安
34	京剧	2010	主要流行北京、上海、天津地区

由此表我们可以看出，我国进入 UNESCO 非遗名录中的非遗项目安排呈现出这样的特点：第一，从省级行政区分布来看，福建、新疆已有 3 项，西藏、内蒙古自治区已经各有 2 项，覆盖江苏、浙江的代表作也有 2 项，海南、粤港澳地区、东北地区等各有 1 项。某种程度上，有着维护边疆安定、国家主权统一的深层考虑。第二，在UNESCO 2003 年公约涵盖的类型下，申报的非遗类型尽可能地覆盖全国各个省份，以作为我国历史文明的见证，既展示独特的民族特征，也彰显中华民族文化的多样性特征。第三，UNESCO 非遗两个名录当中已经包含藏族、维吾尔族、蒙古族、黎族、羌族、朝鲜族、柯尔克孜族、回族、侗族、赫哲族的 14 项非遗，占总数的三分之一强，生动体现了我国多元一体的中华民族格局。

尤其值得注意的，我国进入 UNESCO 非遗名录的非遗项目在向世界表现我国多元一体的中华民族形象的同时，也是在表达我们自己的文化观。中西方国家对"民族"和"国家"的关系的理解存在极大差异。"民族"一词是泊来品，近代的民族概念，最主要是"nation"，到十七八世纪的时候，法国人开始用"nation"称呼全体法国人。在法国人的用法中，法兰西国家就等于法兰西民族，所以，这个词到底说的是国家还是民族，在法国人的观念中是没有分辨的必要的。18世纪末，该词流传向东欧，日本明治维新后传到日本。在我国最先使用"民族"这个词的人是梁启超，1898年，梁启超从日文中把该词翻译到中国，译为"民族"，见之于他1899年写的《东籍月旦》①，此后，使用该词的人才渐渐多起来。

因为西欧很多国家是单一民族所构成的，也就是说，"nation"这个词带有很强的政治性，既可以指国家，也可以指民族。以欧洲为代表的西方国家以自身的历史发展过程为出发点，一直认为"一个民族成立一个国家"，并给其打上政治标签，作为衡量一个国家是否民主、是否存在人权问题的衡量标准，从而为其干涉别国内政、谋求本国利益最大化找到了充足的理由。西方批评我国的所谓"西藏问题"就是"一个民族成立一个国家"观点的集中表现。这种认识与中国的社会历史发展过程格格不入。纵观中国历史，与西方国家不同的是，中国长期以来就是一个多民族国家，很多民族都曾经建立统一的王朝，成为中国历史发展过程中的重要一环，这个王朝的统治阶层也不是单一的某一个民族，而是多民族联合统治。从这个意义上讲，中国不存在西方所说的"一个民族成立一个国家"的历史基础，而且中国各民族"大杂居、小聚居"的分布格局也使这种说法只能停留在口头上，根本没有操作性可言。

与西方提出的"一个民族成立一个国家"观点相比，费孝通先生提出的中华民族多元一体学说才是对我国多民族格局的准确阐释。汉族不能代表中国，各少数民族也不能代表中国，只有中华民族才能代表中国。要坚持这一我国独有的民族文化观念，面向世界的UNESCO的非遗项目就必须有很强的代表性，能够足以代表中华民族。众所周知，中国有56个民族，按照费孝通的说法，56个民族是多元，中华民族是一体，要体现中国的这一民族特点，首先要从数量上得到体现，加上其他一些因素，中国拥有UNESCO非遗名录项目数量最多的国家是势在必然和情理之中了。

（二）凝聚国民文化认同感

在我国国家层面，通过文化遗产名录，国家正在把传统文化表现形式中所携带的"民族情感记忆"从沉默的历史中翻出来，以文化遗产之名义对它们进行"经营"，寻求我国在过去、现在和未来的连续中制造"中华民族优秀文化传统"的宏大叙事，在这个宏大叙事空间中使不同群体都能找到一定的历史"主体"位置，形成"我们是谁？"、"哪些人不是？"的民族归属感。由此，也就能理解在我国文化遗产保护中，以普查为基础，正在将"文化遗产"的范围不断扩大，这意味着整合到国家视野下

---

① 梁启超. 东籍月旦//下河边半五郎. 饮冰室文集类编奥附. 东京：帝国印刷株式会社，1904：760 - 780.

的对象范畴也越来越大,文化遗产保护的展开通常都有国家及权力的明确在场,国家实施非遗保护最为根本的用意即在"形成公民的民族身份,通过诉诸本民族的具有凝聚力与认同感的非物质文化遗产,以此激发全体民众的民族—国家情感"。①

这种与文化遗产有关的国家、民族情感其实就是文化遗产意识逐渐深入人心的具体表现,利用视觉可感的文化遗产增进文化认同,已经不是简单的头脑中的构思,而是具有真实感化力量和强烈的现实影响力。这也是因当下高速流动、资讯科技形成新一轮竞争的社会态势而出现的,可能是这个原因,用于分析民俗、传统文化变迁的国家—民间二者互动的研究视角,也已成为文化遗产研究的一个普遍分析范式。

进一步地,那些进入文化遗产名录的传统文化表现形式,不仅社会属性发生了变化,而且对人们的日常生活也产生了潜移默化的影响。清明节进入国家级非遗名录后,也成为国家法定的公假日。清明节假期,各地都会出现大规模返乡祭祖活动,使清明节这一传统民俗在人们不知不觉的言行中被象征性地再创造。每一代人在其生命历程中获得的清明节的体验是不一样的,进而对清明节的阐释也将在不经意中发生变化,由民众应时而变的行为给民俗赋予新的理解和意义。清明节也将在周而复始中历久弥新,在代际间照常传递着过去和现在的知识。刘晓春认为:"我国近年把与阴历有关的传统节日设为国家公共假日,是民族文化认同在时间文化制度上的一种反映,发挥了积极的影响。保护阴历制度对于保障文化延续是一个开始。"②

因此,在我国,从文化遗产名录申报开始的保护实践的特殊性就在于为重塑民众的传统记忆提供了"合法性"、"正当性"的机遇,也是国家主动培育国民文化认同感的表现。这样,人们无须再像以前,当清明这样的传统文化与国家公共管理发生冲突时,被逼得采取迂回策略,或者放弃前者,导致对传统的日益淡漠。与清明节相关的"文化遗产"这个现代符号也将逐渐融入地方民众极为零散的日常生活当中,如果深入这个层面去观察,我们所能感受到的不是研究者常用的文化遗产表述用语,而是根据他们的理解并用他们熟悉的语言表达出来的文化遗产意识。随着文化遗产成为民众日常生活层次上的经验与记忆,进而重组社会生活,民众文化遗产保护意识也会渐渐培育起来,对我国优秀传统文化的传承发生积极的影响。

第三节 文化遗产名录申报过程中的各方博弈

从 2003 年公约产生过程已经可以看出,它是各国在 UNESCO 这个平台互相协调

---

① 刘晓春. 非物质文化遗产的地方性与公共性. 广西民族大学学报, 2008(3): 79.
② 刘晓春. 中日韩非物质文化遗产保护比较暨第三届中国高校文化遗产学学科建设学术研讨会会议发言,发言时间:2011 年 8 月 3 日上午,地点:广州白云山。

和妥协的产物。如果不符合本国政府的立场和理念,则不寻求加入公约。文化遗产已成为影响社会发展的重要力量,这意味着我们不仅要研究非遗本体的发展状况,还要研究存在于与文化遗产有关的社会共同行动的庞大网络中的博弈。当代文化遗产研究的一个重点就是关注文化遗产与当代社会各种力量的关系,以及围绕文化遗产展开的各方共谋、合作、斗争、排斥过程。这表明,文化遗产与保护相关,但是保护却不是轻而易举能够实现的,也使文化遗产名录的申报有了人为主观性和策略性。

一、不同国家历史记忆冲突下的文化遗产申报

文化遗产作为集体记忆的一种社会机制,依赖于社会环境和人的记忆选择,存储和解释着过去,人们体验文化遗产的同时,也是从文化遗产中汲取对过去的记忆。不同社会力量对文化遗产的历史、记忆是截然不同的,文化遗产可以把不同阶段不同团体所拥有的文化和历史记忆体现出来,并向公众扩散开来。

1972 年公约的通过,标志着文化遗产保护成为一个国际议题,但其价值基点和保护经验均受欧美国家文化模式的强烈影响。欧洲人把游历名胜古迹与个人成长联系起来,相当于我们所说的游历对开拓人的视野具有积极作用,因此《世界遗产名录》中很多是那些充分反映历史文化辉煌成就的建筑、城市以及如诗如画的自然景点等。入选《世界遗产名录》数量最多的国家意大利,其类型基本是别墅、城堡、宫殿、教堂、历史文化中心、绘画作品以及自然景观等,刻画的是人们对祖先文明辉煌成就的记忆印象。但随着世界遗产保护的深入,逐渐地,许多表现负面历史的文化遗产进入了《世界遗产名录》。如 1979 年由波兰以象征反抗法西斯胜利的精神向世界遗产委员会申报奥斯维辛集中营,但对犹太人而言,奥斯维辛集中营是一个纳粹暴行大屠杀的噩梦所在地,是人类大屠杀的恐怖象征。

如果奥斯维辛集中营入选《世界遗产名录》引发的争议还主要是集中于文化遗产所代表的象征记忆方面的话,那么 1996 年日本广岛和平纪念公园的世界遗产申报[①]则引发了基于截然不同的历史记忆情感的相关政治团体的博弈。通过它我们可以看到,当下社会不同国家、阶层、团体通过文化遗产对历史和文化意义的刻意筛选、

---

① Harriet Deacon, Olwen Beazley. Safeguarding Intangible Heritage Values under the World Heritage Convention: Auschwitz, Hiroshima and Robben Island // Janet Blake. Safeguarding Intangible Cultural Heritage: Challenges and Approaches (A Collection of Essays). Builth Wells: Institute of Art and Law, 2007: 93 – 108.
UNESCO. World Heritage Center (1996) World Heritage Committee. Twentieth session. Merida, Mexico. 2 – 7 December 1996. WHC – 96/CONF. 201/21. 10 March 1997 // Annex V: Statements by China and the United States of America during the inscription of the Hiroshima Peace Memorial (Genbaku Dome). http://whc. unesco. org/archive/repco96x. htm.

描绘的动态重构过程，试图深刻记住或彻底遗忘哪些历史。

日本广岛和平纪念公园申报《世界遗产名录》时，遭到中美两国的强烈反对。美国政府认为它不适合申报为世界遗产，诸如此类的文化遗产曾在美国国家内部有过讨论，如第一颗原子弹爆炸的地方：核实验场（Trinity Site），美国认为将这类重要事件发生地作为文化遗产申报可能会引发政治上的争议。念及与日本的重要战略利益关系，美国对广岛和平纪念公园的文化遗产申报并没有公开表示反对，而是强调"二战"时日本在太平洋的侵略事实，认为日本的申报文件缺乏历史视野的审视，没有反映出广岛爆炸历史事件的整体语境。美国的这种态度被认为是美国总以自己的视角看待《世界遗产名录》的申报，当然这也与其在"二战"中的角色及国内政治有关系。1993年，华盛顿史密森博物馆围绕广岛爆炸历史的易诺拉盖战机（Enola Gay）① 举行展览，遭到美国"二战"老兵团体的阻挠，因为他们认为这是不爱国的表现和把美国推向了战争罪犯的一面，是一种修改历史的行为。若从这方面看，广岛和平纪念公园申报《世界遗产名录》有着挑战美国国内政治的一面。

我国作为日本发动侵略战争的受害国，与美国的考虑有所不同。我国主要是鉴于日本对侵华战争缺乏诚意的历史态度，认为日本广岛和平纪念公园的申报并不利于维护世界和平，反而是否认了"二战"中日本给亚洲人民带来的巨大痛苦和财富损失，强烈反对广岛和平纪念公园入选《世界遗产名录》。

最后，世界遗产委员会仍以单一OUV标准6让广岛和平纪念公园进入《世界遗产名录》，这在世界遗产申报、登录历史上是鲜有其例的②，评价为："广岛和平纪念公园是1945年8月6日第一颗原子弹爆炸后，这个地区惟一幸存的构筑物。在包括广岛市民在内的许多人的努力下，它在爆炸后立刻被原样保存了下来。它不仅是人类创造的最具破坏性的力量的充分有力的象征，更表达了人们对世界和平、彻底消灭核武器的急切渴望。"

针对广岛和平纪念公园的《世界遗产名录》申报所引发的不利影响，美国要求世界遗产委员会考虑战争类文化遗产进入《世界遗产名录》的恰当性。因为，如果与战争相关的遗址不断列入《世界遗产名录》，这显然将偏离1972年公约目的和UNESCO的工作宗旨。世界遗产委员会接纳了这种看法，为避免煽动强烈的民族主义情绪而与"普遍性价值"相悖，规定OUV标准6在《世界遗产名录》评审中只能在

---

① 执行原子弹投放的轰炸机。
② OUV标准6在1972年公约成立初期并没有附加限制条件，这导致大量项目以OUV标准6列入《世界遗产名录》，尤其是反映历史事件和著名人物的遗产地，如奥斯维辛集中营和爱迪生国家历史公园，被视为有民族主义政治的一面，与1972年公约精神并不相符，于是在1980年后，OUV标准6的单独使用在世界遗产评选中一直受到抑制。

特殊情况下才能单独使用。此后，负面历史、战争类的文化遗产的《世界遗产名录》申报受到限制。

广岛和平纪念公园，世界遗产委员会从文化遗产角度给出的阐释侧重点放在了核武器上，认为该文化遗产地作为核武器的巨大毁灭性的历史见证，见证了核武器带给平民的长久伤害，是后代不能忘却的记忆，从而警示和震慑着政治家。但日本国内这一文化遗产的主导者、管理者对广岛和平纪念公园作出了什么样的文化遗产信息阐释，如何保留、过滤、排斥甚至歪曲抹杀哪些历史事实我们不得而知。对于"二战"中遭受日本侵略的亚洲国家，又是如何理解广岛和平纪念公园作为和平的象征？

从我国公众发表的参观广岛和平纪念公园的体验札记中，我们零散地看到了作为普通游客的我国民众那种与广岛和平纪念公园中标示的文化遗产信息不同的记忆和复杂情感。文化遗产地资料馆解释"为什么决定将原子弹投放日本"时，答案只有"美国认为如果使用原子弹结束战争的话，不但可以避免战争后苏联影响力的扩大，还可以使巨额原子弹开发计划在国内合法化"①，这种"手电筒"式的说法只强调对日投放原子弹给别国带来的利益②。资料馆内关于南京大屠杀的历史也只有寥寥数语③。

日本通过广岛原子弹爆炸这个特殊历史事件来形成民族凝聚力、爱国情感，以原子弹"受害者"形象出现，并以和平为文化遗产理念树起超越国界的民族形象。但在其他国家的公众中却有着这样的印象：通过抹杀、净化自己的负面历史，对自己先行向其他国家发动侵略战争的历史背景讳莫如深，加以隐瞒，蓄意造成当代日本历史记忆的缺失。世界遗产被视为人类共同继承的文化遗产，其本意是传递给未来的全体人类。未来的人们对于文化遗产的了解，取决于今天的人们对文化遗产的加工和传递。那么，这个被视为人类共同继承的世界遗产地会把什么样的历史记忆保留下来并传递给未来？其主导者又将如何履行文化遗产地慰灵碑上刻着的承诺："安息吧，不会重复过去的错误了！"当各方无法共享文化遗产记忆时，和解之路并不存在。

从广岛和平纪念公园成为文化遗产的过程可以看出，广岛和平纪念公园是基于日本历史记忆做出的文化遗产信息阐释，与中国和美国的历史记忆截然不同。因此，有多少团体就会有多少种文化遗产的历史记忆，以致有的团体用文化遗产来粉饰自身曾经不光彩的一面。文化遗产记忆是一种"选择性的历史记忆"，"一方面通过对过去的记忆来建构当代的历史；另一方面，过去并没有被全部记忆和继承下来，而是丢失

---

① 太温，明华. 广岛原子弹爆炸资料馆观后记. 华人时刊，2007（11-12）：96.
② 在美国看来，这种观点忽略了当时太平洋战场局势以及日本拒不投降的战争态度。
③ 陈思竹. 让历史错误不再重复——2008年"广岛思考之旅"见闻. 天风，2008（19）：10.

了人们在特殊的语境中被认为不需要的部分。人们在遗产中选择了哪部分，舍弃了哪部分是有原则和策略的。也正因为过去有用，所以在选择记忆时需要特别谨慎"。①作为象征中介，是当代社会集体记忆外在符号的文化遗产，在历史和集体记忆之间，显然与后者的联系更为密切，使文化认同有着强烈的情感力量而不是抽象的说教构建。

二、国际文化实力竞争下的文化遗产申报

当前世界各国从经济、技术、军事竞争逐渐转向了更加隐匿的文化软实力竞争，争夺文化方面的领先权。我国当下文化创新和文化输出力度上的落后，面临着国际文化形象的塑造危机。随着我国成为世界经济实体的重要组成，人们日益认识到，文化各个层面的作为意味着潜移默化地向他者发送自己的形象。

2005年韩国江陵端午祭向UNESCO申遗成功成为我国媒体、网民热议的焦点。尽管学者从学术层面进行阐释，呼吁理性对待。但必须注意到，从国际文化竞争角度看，结合我国当代文化创新的不理想状况，这一事件激起的是国民强烈的文化失败主义情绪，更悲观点说，是文化自卑主义的强烈表现。经媒体炒作延伸至国民日常生活的这一文化事件，实质上对民族文化凝聚力已经产生损伤，这种心理上的文化失落并不是运用狭隘的民族主义观点加以批判就能产生反驳力的，它关及民族文化自信。因此，2009年的UNESCO非遗代表作评选，我国端午节进入UNESCO"人类非物质文化遗产代表作"，是目前为止，我国唯一一个进入UNESCO"人类非物质文化遗产代表作"的传统节日项目。

出于同样增强国民文化认同和凝聚力的国家战略，以及抢占文化竞争先机的考虑，周边国家向UNESCO申报的一些文化遗产项目被视为是从文化根源上"去中国化"的策略。2008年前后，我国媒体曾有关于韩医申遗的报道，认为韩国通过申报非遗争夺中医正宗地位。2010年中医针灸申遗的最重要的目的之一就是在全世界以针灸技艺为先导，确立我国中医治疗方面的世界主导地位，就申遗的可行性，在向UNESCO国际专家的阐释和相关活动方面进行了精心准备。② 2011年我国第三批国家级非遗名录将吉林省延边朝鲜族自治州的传统音乐"阿里郎"列入时，又引起韩国媒体报道及反响，引起韩国官方（文化体育观光部官员）的表态，指出中国延边地

---

① Mondale. C. Conserving a Problematic Past. Hufford. M. Conserving Culture: A New Discourse on Heritage. Urbana and Chicago: University of Illinois Press, 1994: 19. 转引自彭兆荣. 遗产：反思与阐释. 昆明：云南教育出版社，2008：76.

② 李婧. 解开中医复兴的密码. 文化月刊，2011（2）：50 – 59.

区属于韩国文化圈,表示韩国正在加紧进行"阿里郎"民谣的 UNESCO 人类非遗代表作的申报工作。① 源自汉字造型结构的文字书写艺术在我国称为"书法",在日本称为"书道",在韩国称为"书艺",但在面向世界的时候,中国书法被遮蔽在日韩后面,王岳川从"文化战争"角度阐述了书法申遗的必要性和紧迫性,他认为:"如果书法被韩国或日本抢先成功申遗,我们再去跟人家争谁是书法的原创国,这将使所有中国人蒙羞。"②

围绕进入文化遗产名录的文化事象形成的博弈,还体现在它们变成了尖锐民族冲突、军事对峙中的文化"苦肉计"。前南斯拉夫解体过程中象征民族和睦的世界遗产莫斯塔古桥被炸(1993)和重建(2003)过程是文化遗产政治研究中经常援引的案例之一。2011 年 6 月 20 日举行的 1972 年公约第 35 届世界遗产委员会会议,泰国成为 1972 年公约成立以来首例退出的缔约国,原因是泰国抵制 UNESCO 世界遗产大会审议由柬埔寨提出的考帕威寒山神庙③修缮和开发管理计划。因为文化遗产地却处于两国国土争端敏感地带,泰国认为 UNESCO 世界遗产大会不顾本国意见,只审议由柬埔寨提出的文化遗产保护计划,以 1972 年公约的国际影响力,对泰国国内政治的影响是不言而喻的。

作为政府间超大国际组织的 UNESCO,需要通过实施一系列的文化项目把各国的政治能量动员起来,服务于 UNESCO 关于文化的各项主张,体现 UNESCO 追求世界和平的目标。2003 年公约作为多国缔约的多边国际准则,也是一个带着政治策略的文化项目。从上文我国已经进入 UNESCO 非遗代表作的项目可以看出,文化遗产保护动员起各国的政治能量。其重要意义还在于 UNESCO 肯定某国文化遗产的同时,并意味着对这个国家政体的肯定,反之亦然。

而上述案例也说明,不同社会展开文化交流,共享彼此的非遗是没有问题的。但邻国之间曾经和正在发生的申遗之争,说明它们一旦上升为具有民族认同的象征标志的文化遗产,与文化实力联系起来,看似属于文化体系内的文化遗产,表层之下的属性已经有了与特定社会主体相关的"权力"内涵,并隐藏在国家的立法、调查、登记、授荣、保护规划等部署中。在运用各种社会资源完成传统文化表现形式的保护正当性和形成民众那种真切可感的民族身份归属感时,随之弱化的就是文化层面的共享性。

---

① 张哲. 韩官员称中国阿里郎是韩亚流文化,延边属韩国文化圈. http://world.huanqiu.com/roll/2011-06/1779589.html,2011-09-01. 注:这一传媒新闻是否可靠,受语言限制,无法证实。
② 王岳川. 书法文化精神. 北京:北京大学出版社,2008:260.
③ 2008 年由柬埔寨申报,列入《世界遗产名录》。

很多人认为,既然文化遗产是值得全人类珍惜的,申遗中狭隘的民族主义情绪不可取。但当媒体在有关非遗的报道中不断地传播民族自信、文化认同等话语发挥文化的整合功能,并得到大众的呼应时,文化遗产的"权力"效应就已经被形塑出来了,已经在不同社会群体间分配着"你的、我的"各自的文化遗产。在这种情况下,除非一方无所求,否则要么互相排斥,要么在竞争中追求互相妥协的共享。申遗当然不必你死我活,但是暗藏在申遗中的"醉翁之意"似乎也不可避免,势必带来负面的影响。面对这些新出现的问题,实在是需要聪明的人类运用各自的想象力、决断力和相互合作来展开文化遗产保护,需要相互尊重、宽容的心态而不是"别有用心",展开平等的文化交流,前文提到的"人类共同关注"的保护理念是值得我们深入思考和借鉴的。

三、利益权衡下的文化遗产申报

我国自 2005 年开始国家级非遗申报工作后,获得了各地方政府的积极响应。李岚详细分析了贵州德江县傩堂戏申报国家非遗名录的过程。① 贵州省德江县傩堂戏在省、地区政府的支持下,开始了国家级非遗名录的申报,与江西省产生了申遗之争,面临巨大压力。作为一个省级贫困县,经济发展滞后,也缺少自然旅游资源。但因傩的发现,国内外著名专家学者纷至沓来,不断有该县傩文化著作出版,学术研讨会的召开,也使傩法师和极具特色的面具得以到国内各大城市、国外表演和展览,这些都提升了贵州德江县的知名度。在不断提倡文化开发的大形势下,地方政府开始打造傩堂戏的民俗旅游文化品牌,进入国家级非遗名录是必不可少的环节。区级政府主张与江西省联合申报,但县级政府与区级政府申遗的出发点和动机有着重大差异。

对于县政府而言,申遗关系到国家拨款,以往用于提升德江县傩文化国际影响的学术研讨会和接待来来往往的各色人物,所有费用全部由这个每年吃进国家上亿补贴、戴着贫困县帽子的政府买单。在这种情况下,发展旅游吸引游客,增加县政府财政收入尤显迫切。因此,地方政府结合自身实际,在精心考虑申遗成本与利益的得失后,形成这样的认知思路:申遗 = 申请拨款;申遗成功 = 容易获得资金 = 展开文化开发 = 开展旅游观光产业 = 促进地方经济发展。出于独享国家拨款的考虑和对旅游开发的美好经济展望,德江县坚决抵制区政府提出的与江西省联合申报傩之非遗的倡议。2006 年,贵州德江县傩堂戏以戏剧类进入国家级非遗名录,江西省的傩舞和傩面具则分别以民间舞蹈和民间美术进入国家级非遗名录。

李岚对德江县傩堂戏的人类学研究指出,就傩本身而言,无论是地方官员,还是

---

① 李岚. 信仰的再创造——人类学视野中的傩. 昆明:云南人民出版社,2008:343 - 354.

民众，理解和接受傩戏是建立在对生活是否还有灾难、是否相信傩的禳灾能力及对禳灾仪式是否有支付能力的基础上的。这也决定了他们在考虑傩戏申遗时，既不会抗拒国家政策，但也绝不会只有保护傩的神圣信仰或"活化石"等文化意义的崇高动机，而是在新的社会结构语境下，以自己的能动性重新创造着傩戏。

这一案例带给我们的思考是，就申报文化遗产的理性利益算计而言，如果申遗成功，人们则认为自己的劳动是值得的，否则，其准备工作并不被人认可。文化遗产保护中人们都有这样一个共识，申遗只是开始，保护才是最重要的，但实际上总以申遗成功作为重要的里程碑，因之也出现"重申报，轻保护"的倾向。原因可能就在于包括申报环节在内的文化遗产一系列社会行动上，申报者在现有的文化遗产保护过程中只有认同相关保护理念、申报和保护的部分话语权，但结果的决定却在其他权威团体上，由这些权威团体以专业知识为基础，经过一系列的评审程序而完成的，以保证客观公正。

这样，作为文化遗产保护的推动者和各级文化遗产申报者之间形成一种"权力"关系，如同布尔迪厄所指出的："象征性权力是只有透过被承认的过程才能实行的一种权力。这种承认过程是借由人们看到和相信并视为理所当然的过程建立起来的。但更重要的，是透过权力执行者与服从者之间的关系所形成的一种象征性体系所建构出来的权力关系。"① 文化遗产"保护"行动也是在这种关系下才得以推动起来，日益产生影响。文化遗产申报现在被比喻为"申奥"，甚至被揶揄成"豪赌"，这一过程的确与我们对待体育奥运会的态度极为相似，2010 年关于丹霞申遗的新闻报道就采用了这个比喻："像申奥一样申遗"②。

要在这种"权力"关系体系下发出自己的声音，则需进行另一番努力，雄厚的学术研究实力是这种努力的决定性基础。文化遗产申报过程中，"理所当然"的决定性因素就是以专业知识为基础的文化遗产评估、考察、监督保护行为的高度可信性。毫无疑问，专业研究是确保文化遗产名录及一系列保护工作切实进行、取得实效的重要基础，没有专业人员对各类文化遗产的发现、整理和研究，没有专业人员的前瞻性眼光，并用一套专业语言系统地表达出来，根本谈不上对文化遗产的客观认识和合理的保护。这或许"片面"地突出了以专业学养为基础的各方精英权威在文化遗产保护过程中的重要作用，但对文化的保护传承并不意味着非专业、脱离文化遗产语境的民间社会没有保护主动性。

纵观与文化遗产申报相关的社会博弈，文化事象进入文化遗产名录的过程是置入

---

① 高宣扬. 当代社会理论. 北京：中国人民大学出版社，2005：333.
② 唐磊，万佳欢. "中国丹霞"申遗：一个死去活来的故事. 中国新闻周刊，2010 (36). 77-80.

社会不同行动者寻求自身利益的价值观念和行为实践的社会结构中的。说明文化遗产名录是不同力量的相互协调、冲突、限制行为下的产物，那些占据社会支配地位的价值观、态度、利益算计会影响到名录申报和文化遗产保护结果的失败或成功。因此，文化遗产保护所秉持的代际公平、历史意识、文化价值等人文精神与当下各种利益需求之间合作而又对抗的矛盾关系是当代人最为苦恼的问题，也推动人们寻找"双赢"的可行途径。英国出于文化遗产保护数额庞大的费用，已经做出暂停《世界遗产名录》申报的决定。①

这一切，使我们必须深入思考这一问题：我们拿文化遗产究竟想做什么？在我国国情环境下，推动文化遗产申报，亦即建立文化遗产名录这一新的社会现象背后的诸多驱动力又是什么？文化遗产最根本的理想应该是什么，又如何在与现实社会结构各种因素的制约和对抗中达到保护文化遗产所追求的理想？这些内容需要围绕非遗名录本身得到深入的研究。

第四节　我国非物质文化遗产名录建构中存在的问题

2003年公约第12条规定各缔约国根据各国国情拟订非遗清单，并定期加以更新，进入UNESCO三个名录的非遗项目的前提是已包含在缔约国非遗清单内，公约所指的非遗清单在我国以"国家级非遗名录"称呼。我国非遗名录作为非遗保护的重要工具，体现的是我们守护、传承民族文化的主观愿望。在这一根本目标下，名录需要定期更新，这种更新不是隔几年发现一些传统文化表现形式，然后申报的简单过程。倘若如此，在固定的标准之下，名录申报只会越来越少，这种倾向在第三批国家级非遗名录中已经显现出来了。

国家级名录作为一项文化实践活动，是依据我国国情建立起来的，它的发展应当与我国各阶段文化状况密切结合起来，起到积极推动大众意识到非遗保护重要性的良好作用。进一步地，尽可能促进不同文化表现形式活力的增强。从这些考虑出发，可以看到，进入国家级名录的各个非遗项目的评语内容，都有针对性地提出传承面临的困境，如传统工艺面临的原料和机器工艺问题，表演艺术面临的娱乐多元化问题，古典艺术面临的精神价值问题，在对这些问题进行充分、深入的前期咨询、专业讨论

---

① 英国在旅游界中一向以世界历史遗产众多而闻名。不过，今后你或许不会再发现新的冠名世界遗产的英国古迹了。英国宣布，由于所需费用巨大，英国将停止申请加入世界历史遗产名录的工作。其实，英国停止申遗的决定并非轻率之举，而是经历了激烈的讨论。专家撰写的报告显示：英国申请一个世界遗产项目，需要花费40万英镑，平均每年用于维护的花销也在15万英镑左右。另一方面，世界历史遗产地位给旅游业带来的收益被夸大了，因为只有很少一部分游客对此有兴趣。见余敏. 英国放弃申遗. 人民文摘，2009（4）：45.

后，应有保护理念的表述，以发挥名录应有的引导作用。

除此而外，在现阶段，我国非遗名录建构存在以下问题。

一、非物质文化遗产价值评估和文化态度的反思

由媒体披露的浙江东阳童子尿鸡蛋习俗，2008年被列入浙江东阳市级非遗名录中，不能接受它的人们听到后会有"反胃"的反应，将其视为"怪俗"，质疑其是否具有进入非遗名录的"资格"，即此习俗是否有文化遗产价值？在这一点没有得到较为清晰的解释和确认之前，已经列入市一级名录体系中，这只能说明当下非遗保护工作不负责任的工作态度，损伤的是非遗保护的价值度，也反映出非遗确认过程中文化遗产价值评估的严重失位。同时对研究者而言，首先面临的挑战就是以何种心态来讨论该习俗，才能进一步论证其是否具有文化遗产价值。

引用这一偏颇的案例，意不在拿捏和讽刺它的"陋"与"良"。而是要思考另外一个问题，决定传统文化表达进入文化遗产名录的评定价值是什么？根据2003年公约，非遗的价值评定是在非遗社区成员价值观的基础上结合外部评价展开的，但上述案例说明UNESCO这一看起来恰当而又民主的原则，在现实中正面临着执行的困难。以非遗传承主体的价值为基准，是否不需要来自其他主体尤其是专业团体的评价？反之，并不属于非遗传承群体的其他主体，在实践中应当如何面对、尊重传统文化传承者的价值观？上述二者就同一传统文化的价值评价存在分歧时，应当如何处理？我国目前对麻将、风水的评价毁誉参半，对浙江东阳童子尿鸡蛋习俗，从媒体报道倾向则可以看出，几乎是否定的评价。

由此事让人想到中医的命运。今天中医被"边缘化"正是上个世纪引入西方医学评价而质疑"中医"的合理性，忽略了它产生、发展的中国文化背景和认可中医的不同阶层的人。当时一边倒的否定评价，随着时间的推进，加深了国人对于中医的文化误解，进而从社会制度体系尤其是官方政策方面予以贬斥、禁锢。尽管2010年中医针灸技艺成为UNESCO非遗代表作，但由于各种原因，中医在当代社会呈"边缘化"趋势，从网络媒体的相关报道及大量的争议可以看到对中医是否具有"文化遗产价值"，在认知层面仍有很大分歧。当然，上述案例与中医就其客观存在性而言，不具可比性，但不同主体的文化评价态度、话语权力、沟通却暗藏着惊人的一致性。

进一步地，在提倡文化多样性的时代，我们如何培养自身对具有价值大小不一的文化的容忍和欣赏能力，如何面对那些与己不相容的事物，思考应该发展出何种策略才更恰当？展开非遗价值评估时必须考虑评定者的态度和立场。

二、非物质文化遗产濒危性特征识别不足

国家非遗名录分为十类,是以非遗表现形态为主要依据划分出来的,这是一种较为客观的分类法。然而,正如民俗学者批评的那样,这种类型认知支配下的非遗,使人们对与生活有千丝万缕联系的非遗的认识难免简单化,呈现出静态视角。当下忽略各个非遗在现实中的濒危程度就是突出一例,三批非遗名录申报、评审工作中丝毫没有改进,更谈不上对不同非遗的濒危程度加以量化,导致生存濒危的非遗与获得的实际保护存在失衡的一面,亦需要对抢救性保护做阶段性回顾反思。

如果国家级名录申报启动前的非遗普查工作做得细致、到位的话,是完全可以在现有非遗十大类型的基础上,再以濒危程度对名录展开分析。当然,需要从操作层面对各项非遗濒危原因进行量化:如从非遗形态破坏情况、受众范围、关键传承人和团体生存情况、外在依赖环境的消失情况等方面对不同非遗进行划定,为后续的保护重点提供参照。非遗名录是一个极为显性的参考工具,但由于具有示范作用的国家级名录申报将这一凸显保护迫切性和必要性的工作推到申报、评审之后,非遗濒危这一维度并没有在名录上有效地显现出来,也转移了人们的关注视角,使非遗濒危程度与置入现实中的保护政策相脱节,如经费、人力资源、传播策略等方面的偏失。在已产生三批国家名录的情况下,国家非遗保护政策的缺陷没有得到进一步修正,仍继续出现非遗传承班夭折、非遗传承人后继无人的状况①,但引发的关注度并不高。

UNESCO 2003 年公约恰恰是出于对文化多样性和社会可持续发展的考虑,充分认识到一个社会文化生态的良性发展,必须对那些难以在市场上独力生存的传统文化表现形式提供政策性资助,促进文化结构的多元化。为此从政治层面要求缔约国充分意识到并确认那些濒危非遗的文化重要性,名录尤其是濒危名录正是赋予相关传统文化表现形式以文化重要性认可的标志。在此前提下,要求缔约国承担起应有的公共文化责任,对濒危非遗加以抢救和保护,弥补和改善文化生态。

因此,从名录本身切入,通过不断修改评审操作细节,把非遗生存传承状况的多样性和复杂性在国家级名录上得以鲜明地呈现出来,才会使人们从更为清晰的角度思考对不同非遗的保护重点。也使后续保护中受到社会重视以及保护投入重点的绝不仅仅是那些在市场上吃得开的,或者是有雄厚经济实力和能力的团体申报下的非遗,充满博弈的国家级非遗名录建构的结果应是调节文化生态的失衡,而不是"穷困潦倒"斗不过"财大气粗"的市侩功利之争的结果。

---

① 姜峰. 陕西渭南 夭折的"非遗"传承班. 人民日报,2011-12-27(23).

三、非物质文化遗产名录评审与保护理念的脱节

目前我们对非遗名录的建构尚停留在对文化遗产类别的理解上。名录是一个分门别类认知体系下的产物，在确定类型的基础上，2005年我国《国家级非物质文化遗产代表作申报评定暂行办法》给出的非遗申报评定标准是从非遗文化意义重要性切入的，阐明进入国家级非遗名录的资格性条件。但根据类型和文化意义建立起来的申报、评定标准只能用来说明非遗本身，标准的背后是把"最古老"（如"活化石"的说法）、"最优秀"、"最有影响"等标准与非遗项目"代表性"联系起来，这种引导，使得具体的非遗申报被简化为各地政府追求本地非遗项目尽可能地申报为国家级名录。

而且，通过类型框架形成的非遗名录透露出的是"非遗有什么，有多少"的观念引导，在这种思维引导下，地方政府自然寻求尽可能把进入名录的非遗项目与地方名称联系起来，抢占先机。而且鉴于非遗名录的权威性，一经敲定发布，就难以从根本上颠覆，这更加助长了各地申遗之争。

进一步，由于非遗名录以"非遗有什么"为导向，没有注意到具体非遗具体保护方式的引导。针对保护原因日常过多的使用避实就虚的民族宏大叙事话语的表述，忽略了非遗真正吸引民众的魅力在哪里，导致各地政府完成非遗申报后，在实际行动中将保护片面地与地方利益、经济发展联系起来。我们说，通过非遗为地方谋取利益是没有问题的，但变成单一目的就是问题。非遗名录作为一项文化实践项目，在给予各类传统文化表现形式以官方承认时，更是我国文化遗产保护理念的具体显现。对名录的代表性特征运用非遗史、文化风格、地方文化圈、文化主题、社会群体、保护方式等不同角度展开分析，或许可以发现非遗名录代表性不足的一面。并且进一步思考，入选名录的项目是否回应了非遗是我国民众文化创造力的见证，与自然和谐相处，反映地方民众性格，是不同社会群体的文化交流融合等文化理念，以及体现出我国多层次、复杂和丰富的文化特征。

非遗名录的建构视角必须从"非遗有什么"向"为什么保护"或"如何保护"方面加以转变①，对这些问题展开立足于实际和充满人文关怀的深入思考，答案也绝不是单一的。在此基础上，非遗名录的建立才会与文化遗产研究成果联系起来，也才会与在具体生活中实施的保护措施密切联系起来。

---

① 文化部2012年2月2日下发的《文化部关于加强非物质文化遗产生产性保护的指导意见》（文非遗发〔2012〕4号）提出生产性保护适用对象是传统技艺、传统美术和传统医药药物炮制类非遗。

四、非物质文化遗产名录评审缺少事先调查和沟通协调机制

在我国，申报工作是由行政地域划分下的行政主体——各地政府承担的，直接对应保护工作的监督主体和执行主体。很明显，为了明确保护责任，我国非遗名录首先强调申报主体与行政主体的一致性，在此基础上，实现传承主体与申报项目的一致性。众所周知，这导致同一文化带、文化区下的非遗因行政、申报主体的不同而出现申遗之争，主要体现在以下方面：

第一，申报的非遗项目是否有足够的代表性，非遗名录政策执行过程中遵循谁先申报，谁享有国家资助的"注册在先"原则。先行申报者拥有与非遗有关的各方面的使用权，没有有效地与"知识产权"保护相区别，造成了利益、产权方面的许多纠纷案例，如苗族服饰制作技艺，申报主体是远离苗族聚居地区的云南保山市昌宁县，但却通过了评审。此后其他地区的申报只能作为扩展项目出现[①]，埋下了不利非遗保护的隐患。

第二，同一文化带上的同一非遗的不同省份之争。如长江流域的湖北和四川"船工号子"之争，山西、陕西、河南的牛郎织女传说发源地之争。

第三，同省非遗的不同市级之争，如广东省深圳、佛山两市对香云纱制作技艺的非遗之争[②]。

第四，同一非遗传承体系内，不同传承者的申报主体之争，如"泥人张"非遗申报主体是天津泥人张工作室，"泥人张"后世传承人认为遗漏了他们[③]。有的地方还出现了徒弟抢先师傅一步独自申报文化遗产，享受国家给予非遗传承者的相关利益[④]。

第五，国家级名录代表性传承人的认定与事先知情权。非遗项目代表性传承人名单是我国非遗名录的组成部分。在非遗项目传承人认定方面，最具眼球效应的事件就是2008年文化部公布的第二批国家级非物质文化遗产项目代表性传承人名录中有赵本山，但一年以后，2009年有人质疑赵本山是否具有成为国家级非遗代表性项目传承人的资格。作为公众人物，他给出的回应是："这些称号都是别人给的，我在挽救二人转之前也没想过会得到什么，只是觉得二人转给了我很多，我就像她的孩子一

---

① 杨正文. 警惕！别让文化权在文化遗产保护中丧失. 中国民族报，2010-07-30（09B）.
② 刘琴琴. 深圳佛山争夺"香云纱染整技艺"非遗申请. http://sznews.oeeee.com/a/20090619/741851.html，2012-02-03.
③ 许陈静. "泥人张"百年世家一门官司. 环球人物，2006（12）：70.
④ 孟醒石. 石家庄飞龙拳申遗徒弟抢先师傅不平，都说有秘籍. http://news.sina.com.cn/o/2011-08-26/091623055061.shtml，2011-09-01.

样，孩子看到父母处于危险当中不能袖手旁观。"① 如果这段表述符合事实的话，那么被认定的传承人"自由事先知情权"是如何落实的？又是如何传达代表性传承人对非遗的权利和义务的？忽略炒作因素，这一事件暴露出国家级名录建立过程中在申报、评审、确认环节上政府和专家机构能力的缺陷。

就这一事件，人们已经提出"赵本山是不是二人转传承人，到底谁说了算？"②的问题。除却其表述的观点，这表明，正在展开的非遗保护中，民众的文化遗产意识日益增强，也逐渐发出了自身的文化遗产观念。在民众文化遗产意识不断增长的情况下，如果仍不能就此类问题做出有充分解释力和说服力的观点，并在国家级非遗名录运作的过程中加以修正、完善，否则国家级非遗名录在民众中也就只是"挂上个'传承人'的牌子，又有啥用？"③的印象。

从上述非遗申报、评审的名录建立过程中出现的问题我们可以看出，我国非遗保护的第一步——非遗项目的确认，缺少根据已有调查和研究成果的"事前调查机制"④，而是以普查发现的成果作为依据，随后深入、翔实的调查报告和专著也不系统，跟踪调查还没有成为普遍性的认识。除中央层面外，地方在确认非遗环节还缺乏熟悉非遗评审原则，不受各方影响、诱导，具有公信力的非遗评估人员，导致非遗申报过程中产生不同的问题。

同时，我国非遗申报、确认之前，各个层面的相关利益者缺少有效的沟通和协调。《2003年公约业务指南》规定申报非遗代表作的标准之一是非遗所在社区、群体或适当时有关个人"尽可能广泛参与下，在其自由事先知情同意下，该文化遗产得以申报"。随着名录申报中地方、个人利益被放大的消极作用，如果没有合适的机制协调各方利益，显然弊端将会随着保护实践的不断展开越来越多，影响非遗保护政策的实施。

就这些文化遗产申报产生的纷争，康保成老师曾建议：根据跨地区非遗的不同情况，可以分三类情况处理：第一类，属于全民族普遍认同的民族民间节日，如春节、

---

① 肖杨. 是否具有"二人转传承人"资格：赵本山首次回应专家质疑. 辽宁日报，2009 - 07 - 01（B08），2010 - 02 - 10.
② 久泰平. 赵本山是不是二人转传承人到底谁说了算. http://opinion.people.com.cn/GB/1036/9510827.html，2010 - 02 - 03.
③ 久泰平. 赵本山是不是二人转传承人到底谁说了算. http://opinion.people.com.cn/GB/1036/9510827.html，2010 - 02 - 03.
④ 这一术语引自日本"非遗"研究，宫田繁幸认为："事前进行充分的调查是无形文化遗产的指定、选择、选定，以及保持者、保持团体等的认定的前提。""这（事先调查）需要非常专业的知识经验，也要及时把握学术动向和相关研究成果。"宫田繁幸. 关于日本无形文化遗产的保护//中日韩非物质文化遗产保护比较暨第三届中国高校文化遗产学学科建设学术研讨会论文集. 广州：中山大学非物质文化遗产研究中心. 2011：86.

元宵、清明、端午、中秋五大民族节日，可无须申报，直接由国务院公布；第二类，覆盖面和影响力相对较小一些的，如剪纸、版画、傩戏、皮影戏等，应由相应的全国性研究学会承担申报工作，或者由评审委员会指定相关的研究机构来承担；第三类，地方性较强的，可由评审委员会指定由一家为主牵头申报，如藏戏以西藏为主，粤剧以广东为主。① 在这三类办法之中，第二类存在申报主体与保护主体、传承主体相割裂的问题，我国国家级非遗名录中的楹联习俗中的申报主体是楹联学会，如果学会成员由擅长作对联的人士组成，就把申报主体与保护、传承主体统一起来，是非常值得借鉴的形式。但许多非遗并不像楹联是个人行为，如皮影的表演是团体性的，申报和传承主体就不能是由个人组成的研究组织。

综上所述，国家级非遗名录作为非遗保护的重要参照工具，对其运作的分析异常重要，已经进入名录并正式宣布的非遗项目是较难推翻的。但在注重回应非遗发展现实、保护理念、象征价值的基础上，对非遗及保护观念的认识却可以在名录评审标准、操作实践上的不断修正过程中加以呈现，并应用到以后的名录申报中，最终对非遗保护起到积极的引导作用。这需要展开认真、细致、深入的调查研究、咨询和充分论证，寻求多方共谋的协调合作，厘清非遗不同传承者之间的利益关系并妥善处理，设计出有利于非遗多样性传承发展的保护制度。

小　　结

当下属于非遗的传统文化存在已久，我国历来也有传承文化的思想传统，但在官方层面使用文化遗产这一术语并与民族文化认同、保护思想明确地联系起来，则是刚刚发生的。尤其是非遗，其申报、评审和保护实践在我国正大规模地展开，许多传统文化表达形式的传承者不需要再游走在社会边缘或在夹缝中求生存，而是可以获得来自国家力量的协助。而且，地方政府纷纷把非遗的申报、保护列入议事日程，重新重视非遗杰出传承人。文化研究者掀起的非遗研究热潮，传承者不同程度的努力，都从文化、政治、经济等维度改变着传统文化表达形式的社会属性，为它们在当代的合理存在提供了依据，改变了许多非遗濒临灭亡的命运，使许多非遗从遭到贬斥、落后的话语体系中解脱出来，成为地方、民族文化特征的象征，促进地方社会经济发展的文化品牌。相比之前长期遭受漠视的经历，不啻"冰火两重天"，传统文化表现形式通过名录向非遗转变的过程中，与更为广阔的社会面发生了联系，产生哪些影响和变

---

① 田敏，侯小琴．"条"与"块"的分割与整合——从"号子之争"看非物质文化遗产的保护．中南民族大学学报，2009（4）：9．

化,正不断得到深入研究。

　　从1972年公约到2003年公约,文化遗产在不同时代有着不同的支配观念,在当代则体现为文化多样性、文化认同象征等观念。在不同观念指导之下,以文化遗产名录为工具,文化遗产涵盖的现实范畴经历了一系列转变:从西方国家文化遗产到非西方国家文化遗产,从精英文化遗产到草根文化遗产,从物质文化遗产到非遗,从可移动文化遗产到整体文化遗产。艾波林在讨论文化遗产概念时,认为文化遗产首先是一种观念,其次是观念之下涵盖的现实存在物。可以看到,这两者正是通过文化遗产名录有机结合起来,进一步地,我们可以把文化遗产理解为人类特定社会观念投射到客观现实存在并展开有意识保护的结果之一。对文化遗产的这种理解是开放的,因为哪些人的观念,有哪些观念,如何投射,会投射到哪些社会客观存在物上,又如何进行保护,都是随着不同时代、社会而不断变动的,这也意味着文化遗产名录将是不断变化的。

　　在建立文化遗产名录的过程中,文化遗产的申报、评定、决定等环节充满了博弈。这表明仅有保护文化的神圣使命感召唤和民族文化精髓的评价是远远不够的。那些与非遗有关的社会团体、组织、个人都不是被动地对非遗保护做出反应,而是随时都在敏锐地观察与自身有关的各种变化,他们会以自己对非遗国家政策、官方的解读做出对非遗保护的理解和利益诉求,进而做出有利于自身的调整和选择。必须把非遗保护的理想和期望整合到当代社会文化体系中去,只有这种文化遗产保护意识对人们的社会生活产生足够广度和深度的影响时,获得人们的理解,推动大众在文化遗产保护方面施展自己的智慧,我们所期待的文化遗产保护效果才有出现的可能性。

第六章　非物质文化遗产保护方式

2003年公约第2条第（3）款规定："保护"是指"采取措施，确保非物质文化遗产的生命力，包括这种遗产各个方面的确认、建档、研究、保存、保护、宣传、弘扬、传承（主要通过正规和非正规教育）和振兴"。第13条①就其他保护措施做出详细规定。

本章把非遗保护理解为在立法理念指导下，最大程度确保非遗持续、有活力地传承。由国家承担起继承并弘扬优秀文化传统的政治责任，运用公共资源展开对非遗的一系列干预行为，这种行政操作本意就是以强制性的介入来改变非遗自在发展中出现的濒危情形。下文将对非遗传承和保护涉及的具体方式展开讨论，并对容易混淆的非遗保护术语展开辨析，以了解它们的差异所在。

第一节　非物质文化遗产的保护与保存

一、非物质文化遗产不同"保护"术语的具体内涵

2003年公约第2条第（3）款中关于非遗保护的一系列措施中，"确认"（identi-

---

① 为了确保其领土上的非物质文化遗产得到保护、弘扬和展示，各缔约国应努力做到：
（a）制定一项总的政策，使非物质文化遗产在社会中发挥应有的作用，并将这种遗产的保护纳入规划工作；
（b）指定或建立一个或数个主管保护其领土上的非物质文化遗产的机构；
（c）鼓励开展有效保护非物质文化遗产，特别是濒危非物质文化遗产的科学、技术和艺术研究以及方法研究；
（d）采取适当的法律、技术、行政和财政措施，以便：
    1. 促进建立或加强培训管理非物质文化遗产的机构以及通过为这种遗产提供活动和表现的场所和空间，促进这种遗产的传承；
    2. 确保对非物质文化遗产的享用，同时对享用这种遗产的特殊方面的习俗做法予以尊重；
    3. 建立非物质文化遗产文献机构并创造条件促进对它的利用。

fication）是指对现实中构成非遗的文化表现形式的各个要素进行描述，如发展历史、传承变迁状况、传承者活动等，是各个非遗的重要文本信息；"建档"（documentation）则涉及各类媒介的保存手段；"研究"（research）是我们熟悉的学术意义上的非遗研究，对提高人们的非遗意识是极为重要的。此外，还包括非遗的保存和保护、宣传和弘扬、传承和振兴。而两个术语"保存"（preservation）、"保护"（protection）与"保护"（safeguarding）在具体内涵上则有所不同。

保存（preservation）这一术语的涵义在 UNESCO 层面被理解为确保一定的社会实践和观念表征（representation）能继续存在（exist）和保持（maintain）下去。结合我国实际，笔者认为还有以下两层涵义：

第一，对物质遗产和非遗而言，包括建档（documentation）在内，保存就是对它们进行资料搜集、整理、记录、研究后形成的信息内容，通过各种固定的有形手段储存起来，如著作出版物、数据库、影像摄制等。作为文献信息，为人们共享、利用以及后世重新调用提供了辅助性工具。2003 年公约第 13 条规定缔约国应采取适当的法律、技术和财政措施，建立非遗文献机构，是"保存"这一含义的具体体现，在《2003 年公约业务指南》中也有较为具体的阐述①，列出的非遗文献机构并不限于专门研究中心和主题博物馆，还包括档案馆、图书馆、文化艺术机构等。

当下，我国非遗图书出版比较兴盛，为人们多方面了解非遗提供了极大便利。而在数字存储方面，文化部于 2010 年 10 月启动的"中国非物质文化遗产数字化保护工程"，涉及非遗专题数据库和展示。关于非遗的网络数字展览也正不断完善，2012 年，广东文化网开辟了广东非遗网上博物馆的虚拟体验，即是建立在资料数据库保存基础上的面向公众传播的网络平台。②

第二，保存（preservation）作为保护物质遗产的基本方法时，主要是指实施干预措施，通过各种人为手段保持物质遗产自然的发展状态，倾向于保持物质遗产的现有形态并防止故意的人为破坏，强调"修旧如旧"，而不是必须复原（restoration）或改变文化遗产的现有形态。沿着这一基本涵义，笔者认为，对以人的身体为媒介的非遗而言，这一术语也适用于描述和概括那些有着丰富文化内涵和复杂表现手法的非遗代际传承，极度强调非遗习得者尽可能地继承和接受上一代非遗传承者所呈现的完整表现形态，并以自己的身体表现出来，而不是与上一代相比，降低非遗的表现水准。新

---

① 《执行〈保护非物质文化遗产公约〉业务指南》第 109 段：研究所、专门知识中心、博物馆、档案馆、图书馆、文献中心和类似机构在收集、整理、归档和保存非物质文化遗产数据，以及在提供信息和宣传其重要性方面发挥着重要作用。

② 参见广东文化网. http://www.gdwh.com.cn/zt/2012newyear/，2012-1-29。

一代是否传承了上一代呈现的非遗水准，一定是有尺度可衡量的，骗不过行家里手。

另一"保护"术语（protection）则是有着防御性内涵，广泛使用于知识产权领域，用于与非遗有关的智力产权、传承者相关权益免遭侵害、盗用、滥用甚至歪曲使用，以及不正当竞争。《2003 年公约业务指南》中就这方面的保护也有所涉及。① 在我国，由于以往对非遗的这种防御性保护缺少立法保障，已经出现值得注意和思考的案例，兹举以下例子：

第一，对非遗的贬损、歪曲使用。2006 年，有人欲把"二人转"作为商标注册，此事件曝光后，曾作为新闻专题在网易网进行讨论②。在"二人转"商标注册之前，已有"刘三姐"、"西施"等类似民间文化符号的商标注册成功案例，对此公众反应不一，最后因商标所对应的商品性质，这一做法被视为对"二人转"的贬损使用，因社会影响不良被国家工商总局驳回商标注册请求。

第二，因非遗传承者（transmitters）、拥有者（holders）防范保护意识薄弱和能力不足，造成非遗技艺、知识的信息泄露，尤其是流失国外，这被视为国家利益和非遗持有者利益的损失。有研究者指出，日本某电视公司对贵州黎平县鼓楼修建过程的完整拍摄，已经造成鼓楼建筑技艺的流失。日本国立民族博物馆研究员鸟丸真惠出版的《中国贵州苗族染织探访 15 年》，详细介绍了苗族的"染"与"织"方面的全部工艺技法工序要点，造成了黔东南苗族民间织染技术流失海外，使苗族传统的织染工艺与技术在国际上已经没有任何秘密可言。该著作这一做法被认为是在没有当地非遗拥有者的实质委托和任何授权的情况下，披露地方非遗技艺。③

第三，不正当竞争和不当占有。除前文中提到的恶意获取与非遗有关的经济利益的案例，还有非遗产品真假难辨、良莠不齐，存在来源地和非来源地的混淆生产，导致非遗的市场秩序混乱，不正当竞争的现象广泛存在。比如关于各类传统手工艺品的生产，正宗与否，大众无从辨认。更多人熟知的一个案例是台湾阿美族郭英男演唱曲目《老人饮酒歌》在本人不知情的情况下，被德国音乐制作者英格玛（Enigma）重新演绎后，以单曲《返璞归真》（Return To Innocence）面世，独特的音乐风格深受

---

① 《执行〈保护非物质文化遗产公约〉业务指南》第 104 段：缔约国应特别通过适用知识产权、隐私权和其他适当形式的法律保护，努力确保在宣传其非物质文化遗产和从事商业活动时创造、传承这种遗产的社区、群体和个人的权利得到应有的保护。

② 魏运亨，蒋桂斌，张颖. "二人转"被申请注册避孕套商标：见仁见智. http://www.ln.xinhuanet.com/wangtan/errenzhuansb/，2009 - 03 - 05.

张汉辉. 二人转安全套商标真的亵渎了文化吗?. http://culture.163.com/special/00280030/errenzhuan.html，2009 - 03 - 02.

③ 雷秀武. 当"老传统"遇到"新问题"——WTO 新一轮谈判传统知识黔东南个案研究启示录. http://www.gog.com.cn/hezpd/system/2006/10/19/001042749.shtml，2010 - 10 - 23.

大众欢迎，发行后收入丰厚，被视为对台湾原住民音乐的不当占有。

2003年公约英文版对"保护"这一术语没有使用防御性的"protection"，而是采用了"safeguarding"，暗含着非遗濒危急需保护以使其活力持续的意思。"2003年公约的主要目的不是'防护'（protect），而是'保护'（safeguard）。防护意味着在某一表现形式周围构建屏障，使其脱离自己的环境与历史，并降低其社会功能或价值。保护则是保持其活性、价值与功能。"① 因此，从更广泛的社会意义着手，保护（safeguarding）不仅包含确认（identification）、建档（documentation）、研究（research）、保存（preservation）、保护（protection），在此基础上，也重视对非遗多角度的宣传（promotion）、弘扬（enhancement）、传承（transmission）和振兴（revitalization），通过这些保护措施确保非遗的生命力（viability）。

保护（safeguarding）非遗的目的是保护非遗的生命力。

二、对保护非物质文化遗产"生命力"的理解

Janet Blake 指出2003年公约中关于保护的条款内容含有两层相互矛盾的意思，2003年公约英文版②中的"打算"（aimed at）这一措辞在一定程度上是含糊表述，是指从良好的意愿出发建议实施保护，但却不一定能够实现，但"确保"（ensuring）却是带有强制性的，要求必须达到保护非遗生命力的目标，从公约最后文本来看，确保非遗生命力成为着重强调的一面，尽管这一措辞也不太妥当。③ 对非遗保护的这种矛盾表述，某种程度上仍反映了非遗保护所面临的复杂现实和理论困境。

生命力（viability）有着活力的意思，这首先指非遗不仅存在于博物馆展览、档案、音像数据等保存形态中，更要在社区民众自发的基础上实现代代传承和持续更新。从非遗概念中的"互动"、"适应周围环境"的动态联系角度考虑非遗与地方民众的关系，认识到非遗生命力并不限于已经形成的非遗本身，而是在非遗与人的活态关系之中，因此仅把保护理解为"保护非遗本身"是不够的，这推动我们思考非遗保护措施作为一种人为干预手段时对人们产生的影响。这会引出一系列的问题：比如非遗的消失对人们或社会造成哪些具体影响？人们放弃非遗的原因是什么？非遗呈现

---

① 详见 UNESCO 现任总干事伊琳娜·博科娃为 UNESCO《基本文件：2003〈保护非物质文化遗产公约〉（2010版本）》所撰之序。

② "Safeguarding" means measures aimed at ensuring the viability of the intangible cultural heritage, including the identification, documentation, research, preservation, protection, promotion, enhancement, transmission, particularly through formal and nonformal education, as well as the revitalization of the various aspects of such heritage.

③ Janet Blake. Commentary on the UNESCO 2003 Convention on the Safeguarding of the Intangible Cultural Heritage. Leicester: Institute of Art and Law, 2006: 41.

的是一个什么样的文化世界，而保护非遗又能改变什么？除却极具意识形态的民族凝聚力等表述外，还需更具说服力的观点来阐释。笔者赞同陈勤建所指出的："我们为什么要进行非物质文化遗产？不是发思古之幽情，也不是文物式的收藏把玩，而是可以让现代人有机会沿着先人们智慧的火把前进，使今天民众的生活更加有滋有味，更加美好。"① 这意味着非遗保护工作应该具有开放性，尤其是面向大众的开放性和互动性。

日本民俗研究者菅丰曾指出："由于国家和地方政府实行的文化政策而引起的民俗文化的变化，和没有实施任何策略发生的民俗文化的变化，对这两者要进行同等的评价，并且应该考虑哪一种变化能够给拥有这种民俗文化的人们带来幸福。……把当地人民的价值观和见解反映在正确的文化政策上，而且对具体的文化政策给地域社会带来的影响进行监督，对此进行适当的修正和补充，……"② 从非遗社区民众的角度出发，在国家力量的支持下，通过非遗保护，应是注重培育社区民众对非遗的相守传承乃至相变能力，并借此重建或凝聚地方（或社区、故乡、家乡）的意识。营造宽松、开放的社会氛围，鼓励人们参与和关注地方文化，明确表达自己对非遗的意见、看法、感觉、开放、共享这些意见和感受，逐渐使非遗成为民众生活经历的一部分，成为联系人们与地方的纽带，才会有民众想象力自由释放的公共文化空间的成熟，使各种文化都有机会生存，也使社会个体通过文化活动发现、实现自我价值，这是保护非遗当下、未来持续发展的动力所不可缺少的，也只有在这一层面上，才有"确保非遗生命力"的可能性。

上述观点已经隐含在《执行〈保护非物质文化遗产公约〉业务指南》第四章主题为"提高人们对非物质文化遗产的认识"的详细内容中了，列出多种提高人们对非遗重要性认识的途径、方式、活动，都意在保护非遗的同时，促进地方社会不同人之间、代际间的信息交流互动。这些指南性内容，从人的文化素养着手，如鼓励多语教育、非正规教育、正规教育，鼓励对非遗进行宣传时，强调非遗对促进社会和谐、可持续发展和预防冲突的重要性，如果落实得当，将实实在在提升社区的文化多样性和人际和谐。

的确如此，只有人们尤其是年轻一代，对非遗重要性的认识成为日常生活中的普遍价值观念，才会独立思考持何种保护理念才能提高非遗的生命力。

---

① 陈勤建. 让非物质文化遗产在民众生活中活态保护传承——再论现实生活与非物质文化遗产活态保护的关系//中日韩非物质文化遗产保护比较暨第三届中国高校文化遗产学学科建设学术研讨会论文集. 广州：中山大学非物质文化遗产研究中心. 2011：125.

② （日）菅丰. 文化遗产·文化资源的政策与民俗学//王恬. 古村落的沉思——中国古村落保护（西塘）国际高峰论坛论文集. 上海：上海辞书出版社，2007：173.

第二节 非物质文化遗产的活态传承与本真性

创新可以导致变化，但生活中各种变化的原因不一定是创新所致。目前属于非遗的传统、民间文化表达形式都有着很长的历史，面对社会生活环境的变化，它们也发生了相应的变化，有时极为缓慢，有时则急速蜕变，形成脱胎换骨的再生，蜕变并不意味着某种文化表现形式的消亡，但是往往因为反差巨大，会给人以面目全非的感觉。这些传统文化形式在当代再生的同时，又总是无可避免地以传统技艺、表现风格、内容或多或少的丧失为代价。我们需要在把握非遗和它们所依赖的社会生态的变化关系基础上，思考非遗保护立场和具体的保护措施。

一、社会客观环境变迁下的非物质文化遗产活态传承

薛艺兵阐释音乐特性时，从"原生性"和"非原生性"特征讨论了民间音乐创作、传承和传播问题。原生性指民间音乐的社会文化属性主要体现在它是产生、应用于、不脱离具体原生环境的音乐，其风格特征是在具体地域、应用场合（仪式）中形成并与其生成环境相契合，"民间音乐"概念的内涵离不开自身的"原生性"特征。反之，脱离原生环境而传播的音乐属于非原生性音乐，如曲调优美的山歌、小调以及具有固定旋律格式的器乐曲牌、戏曲声腔，可脱离其原生环境而被应用于其他表演场景。著者指出，这是从理论或逻辑层面进行分析才能成立的一对概念，在实际中其实很难清晰分辨音乐的原生性或非原生性，即使是那些与民间生活习俗或信仰仪式内容密不可分的音乐表演系统，都无法确定其原生或非原生性质。①

人类学、民俗学视角下强调非遗保护的整体性原则，即保护非遗不能破坏其赖以生存的社会生态环境，这一观点往往被误解为：保护非遗需要促成非遗最为兴盛时的社会生态环境，使保护被理解成"刻舟求剑"的做法，从这个逻辑出发，非遗保护是不可能的。非遗原生性和非原生性的特征，说明非遗与其社会脉络不可剥离的关系是相对的，对此不能僵硬理解。那些通过代际传承流传至今的非遗，是脱离原生环境的纵向传播，促成非遗繁荣成熟的某一历史阶段的时代文化背景、社会结构、价值观等生态系统却不可能完整地保留、传承到当代的。通过非遗保护，不可能也不是为还原促成非遗某一时期的社会生态，更不能如同保护自然生态一样，把文化生态及生活在其中的人相对隔离。今天的非遗保护能做的是面对今天的现实，对人之主观能动性

---

① 薛艺兵. 神圣的娱乐：中国民间祭祀仪式及其音乐的人类学研究. 北京：宗教文化出版社，2003：488-489.

下的观念意识、社会体制等因素的调整和改变。

前文我们讨论昆曲在当代如何实现自身境遇的改变时曾指出，包括非遗在内的任何一种文化表现形式，都不可能永久占据人类精神文化的主流。在充分意识到非遗传承群体主观能动性的前提下，面对社会的变化，非遗想要继续存在，出路在于要么改变非遗自身，要么调整人的意识观念和社会体系。下面主要讨论改变非遗本身而促成的传承。

（一）滋养非遗的客观生态环境在当下完全消失，非遗被静态保存或重新演绎，文化内涵本质未变

以拉纤为例，拉纤在江河流域曾是一种职业，纤夫以体力谋生，但其精神世界并不苍白，在长期拉纤过程中创造、发展出"船工号子"。随着机械船只、桥梁运输网络的形成，拉纤这一谋生行业也随之消失，继而极度依赖于纤夫"拉纤"谋生生活方式的"船工号子"也逐渐式微。① 把"船工号子"纳入非遗保护，不能从"船工号子"依赖的客观环境出发，强迫当代人重操"拉纤"体力活，继而达到"船工号子"在生活中的代代传承和创造，即通过保留"船工号子"的行业生态使"船工号子"得以存在下去。无论"船工号子"有多高的文化价值，我们都清楚这种非遗保护方式几乎不为民众所认同。对有着相对独立艺术形态的"船工号子"，人们能以多种手段（如民间搜集并使用文本、影像等有形媒介进行记录）"异地"保存下来，无疑，这是对"船工号子"与其原生环境的一种静态剥离。

但依据搜集、记录的"船工号子"曲调韵律可以被新一代传承者或艺术家进行再度创作、演唱，再现于各种场合中，与在真实生活环境中由从事拉纤的纤夫喊唱的"船工号子"是流与源的关系。从不同传承者、艺术家对"船工号子"的二度创作中，如果我们仍能从心灵深处体验到纤夫拉纤时的那种"生命风险"、"艰辛"、"豪迈"等感受，仍是保持其文化"连续性"和"认同感"的表现，这与非遗保护目标是一致的。我国《川江船夫号子》和俄罗斯《伏尔加船夫曲》② 经过优秀艺术家的再创作，已成为世界民歌中的精品，《伏尔加船夫曲》更是俄罗斯民族深沉坚强气质的象征，深受俄罗斯民众喜爱。

类似的情况还有很多，很多民歌脱离原生环境，经过二度演绎得以在更大范围流传，当代涌现的诸多非职业或半职业民歌王、民歌手、全职艺术家对之做出了重要贡

---

① 参见伍明实. 川江号子现状调查报告. 中华文化论坛，2011（3）：34-42。
② 1860年，俄罗斯著名作曲家巴拉基列夫到伏尔加河流域搜集民歌，记下了一首名为《哎呦嗬》的歌曲。1923年，著名歌唱家夏里亚宾带着《哎呦嗬》到欧美各国巡回演出，这首歌曲随即享誉世界。由于是一首反映伏尔加纤夫痛苦呐喊的歌曲，《哎呦嗬》后来被人们称为《伏尔加船夫曲》，并在世界各地广为传唱。

献。这没有使非遗丧失原有精神内涵，而且由传承群体或新的群体丰富了它的表现魅力，是针对不可逆转的生活方式转型背景下，保护非遗历史连续性和认同感的另一种积极意义的手段。更重要的是，经过这一改变的非遗依然受到社区民众甚至更大范围民众的认同，这与2003年公约第2条保护含义界定的弘扬（revitalization）内涵相符。

这使我们必须思考如何让更多有创意、有才华的人才进入此类非遗的传承过程中来，因为与"船工号子"情况类似的传统文化表达形式并不都能实现这种成功转变。这种转变有赖于拥有能对非遗重新进行自由演绎的人才，这是可遇而不可求的。如果没有完成这样的转变，一些极度依赖客观社会生态的非遗，其活态再现往往被认为徒留外形而逐渐抽空了文化灵魂的僵化表现。如韩国的指定重要无形文化财——醴泉通明农谣作为民俗艺能供人们学习，由于现实中的农业生产早已不存，在影像媒介下重建的农业原型中的表演者神情或姿势显得有些不自然。①

（二）因传承空间消失和传承主体改变，非遗外在表现形态得以保留，非遗的文化内涵或功能发生改变

这方面日本研究者为我们提供了现实案例②，日本当代社会正面临人口稀疏化、老龄化、少子化的社会问题，尤以农村、山村为盛，农村的凋落导致民俗文化空间衰退，人口不断减少则使民俗因传承人员断代而面临彻底消亡的局面。在这种情况下，民俗面临的已经不是社会变化问题，而是因人的消失而消失的危机。针对这种状况，日本社会从"文化遗产"视角出发，积极寻找新的解决办法。

对此，樱井龙彦以爱知县民俗艺能"花祭"为例进行了探讨。地方民众为了使"花祭"活动传承下去，采取了以下办法：缩短、简化民俗活动内容，灵活改变传承人传承体制，联合学校正规教育，引入外地社会人员参与，官民支持，异地举办。在这个过程中，花祭活动的外在形式、格调没有改头换面，但其内在的文化意义却有了质的改变，从以往向神鬼祈福驱灾的"人神合合"信仰意义转变为由都市人传承下的"乡愁怀旧"、"连接人与人亲近感"的"人人合合"的新的意义，在外来者传承、认同的前提下，"花祭"活动有了继续传承的新的可能性。

（三）非遗依赖的客观社会环境逐渐消失，非遗从外在形式到文化内涵、功能都发生了彻底改变

面对社会生活的变化，许多非遗的外在表现形式和意义都会发生较大的改变，以

---

① 1985年12月1日指定，类型：音乐.见黄贞燕.日韩无形的文化财保护制度.宜兰：国立台湾传统艺术总处筹备处，2008：309-310。
② 樱井龙彦.人口稀疏化乡村的民俗文化传承危机及其对策：以爱知县"花祭"为例//中日韩非物质文化遗产保护比较暨第三届中国高校文化遗产学学科建设学术研讨会论文集.广州：中山大学非物质文化遗产研究中心.2011：59-68。

致无法推衍其最初的面貌。这方面我国民间的"傩"非常典型,来自上古时代的傩,在中原地区人们鬼神意识、巫术社会氛围不断淡化的背景下,其传承者为了生存,从巫教色彩不断向世俗靠拢,驱鬼的同时兼具戏剧表演。活动范围也从汉族中原"退"到西南边陲地区,融入其他信仰崇拜内容,以应对世俗的挑战。当代对进入观光旅游业中的傩仪式,游客并不以成人仪式"过关"等民俗意义来看待,使"傩"的上刀山表演看起来更像一场惊险的杂技表演。① 面对生活的挑战,傩的传承群体不断改造着傩,那么他们是否能够如同日本的花祭,把傩"人与神"的文化意义改造为具有"人与人"的文化意义?

当一些狩猎、农业民俗仪式重新出现在我们的生活中时,从表现形式到意义内涵都发生了巨大的变化。在北京一些居民小区,人们举行"鞭打春牛"的仪式,让儿童扮成"牛童"鞭打钢制的春牛,分五谷,祈祷风调雨顺、国泰民安。小区的居民由此聚在一起凑凑兴致,这种出现在城市中的"打春"游戏显然没有了原先的农业生产意义,更多的是休闲功能。

更多的是,一些原与信仰仪式密切相关的传统民间艺术,在原有的信仰仪式消失后,则进入音乐厅、剧院、广场等现代公共场合进行表演,逐渐丧失了信仰赋予的神圣意义,变得更为艺术化、大众化。如民俗活动"跳竹马"或"竹马戏"② 等,从原先具有娱神娱人功能的节日表演发展为大型广场舞时,失去了原有仪式的神圣意义,吸纳了当代大众对它们的重新想象和意义解读。

从生活方式的角度看非遗,它是不断变化、丧失、再生的,如何将之与传承联系起来?樱井龙彦指出,这在于地域民众如何判断,包括专家在内的外来者,不能随便说这个问题,应该由和民俗在一起的人们来解决,解决问题的主体是他们,不是我们。由此我们也可以了解,许多与生活无法分离的民俗活动,即使外在表现形式丝毫无差地保留了下来,如果没有构建出为民众所认同的新的社会意义,就只是对渐趋消失的民俗的"僵化"保护。

二、非物质文化遗产传承者"内外有别"的活态传承

在我国现有社会发展阶段,非遗传承者所处地方社会大都不太富有。为了改善这一状况,传承者把有的非遗用于观光旅游、生意活动,有的则经常面临各种展览活

---

① 康保成. 傩戏艺术源流(2版). 广州:广东高等教育出版社,2011.
李岚. 信仰的再创造——人类学视野中的傩. 昆明:云南人民出版社,2008.
② 竹马戏案例详情参见苏东晓. 论"非物质文化遗产"的层级性结构及其层级性转换——以浙江淳安竹马为例. 文艺理论与批评,2011(1):139-142。

动，非遗传承者也因此走出熟人社会，进入一个更大的社会范围。在这个过程中，随着非遗传承者对外沟通、交往能力的提高，他们在区分不同对象的基础上，以不同的伦理逻辑，发展出不同的做法。

研究原住民艺术的 N. Graburn 曾区分出两种不同形式的"现代部落艺术"：一种是"内在导向的艺术"，指的是"为那些懂得欣赏和使用的族人而从事的创作"；另一种则是为外在的强势社会而创作的"外在导向的艺术品"。内在导向的艺术呈现虽然依旧重视宗教的面向，但是其所使用的象征符号却可能是外在社会传进来的。外在导向的创作。往往是增加收入的方法，如采取所谓"观光客艺术"的表现形式，或者将作品作为一种"对外在世界表达其民族形象"的媒介。①

对许多边缘群体而言，这种内外有别的发生在于他们需要不断地向外展示非遗，以这种方式维持、争取相应权力，扩展出更多的生存空间。有研究者认为："这种调适并不是出于他们文化同化的愿望，而是作为避免招致落后的一种策略。"② 人类学家对此现象发展出"前台与后台"、"中心与边缘"、"支配与被支配"、"想象与被想象"、"物化、客体化与主体化"等二元分析范式。针对这种现象，从传承者所具的能动性这一角度出发，以"内外有别"的观点看待非遗的活态传承时，无须过于担心这些用于观光消费、满足他者想象的商业行为。而是要关注这一行为是在谁的主导下展开的，传承群体是否认同它们，又究竟在多大程度上损害了地方社会。

从长远着眼，笔者认为非遗这种"内外有别"的差异会在市场经济法则支配下不断地被消除，带来地方社会生活和精神品格的深刻变化，既有人们生命空虚、庸俗、麻木的一面，也会因市场交换带来个体的自由和解放。在这个过程中，传承主体生存状态的变化，将助长人们对社会平等的追求。随着社会结构的日益民主化、公民素质的不断提高、地方社会文化意识的觉醒和不断增强，传承者传承非遗的心理动机也会发生改变，从目前对非遗有时附加目的的传承转为遵循内在精神的传承。

这个过程的实现将消解当下非遗所在社区要不处于贫困状态，要不就是在追求经济开发中被"客体化"的二元对立悖论。现实生活中不乏内外结合的成功案例，例如，西非一个村庄面向游客设立了小型传统博物馆，但面对挑剔的游客，这个博物馆很快就失去了吸引力，关门大吉。后来村民在博物馆专家的协助下把注意力转向了表达社区民众的自我需求，将博物馆改造成一个村民文化中心，举行手工艺、音乐会、

---

① 转引自王嵩山. 想像与知识的道路：博物馆、族群与文化资产的人类学书写. 台北县：稻乡出版社，2005：224。

② 段颖. 后现代·东方主义·民族志写作——从 Louisa Schein《少数民族准则谈起》. 西北民族研究，2011（3）：154.

戏剧表演、传统节庆及文字、保健等培训课程,在激活传统的同时,使这一中心的旅游魅力也随之增强①,带来了观光收入。

从上述不同的非遗案例可以看出,在非遗保护过程中,时代的变化是我们无法阻止的,非遗保护重视的是自我传统历史的脉络,但不是阻止生活变化,我们有主观能动性来思考、选择和有所作为。前文提及的 UNESCO 2010 年文化多样性报告中指出"文化多样性应该定义为我们所有人(不论是个人还是群体)保持变化动力的能力"的观点仍能为我们提供启发。

三、对非物质文化遗产本真性的不同理解

从前文得知,1972 年公约下的"原真性"标准对非遗并不适用,但非遗本真性、原生态议题因非遗保护的展开而为当下研究者格外关注。通过上述案例可以看到,面对无可逆转的客观社会环境,有些非遗若要生存下去,传承者以自己的能动性选择的是不断地改变构成这些非遗的各个要素,在这个过程中,有的非遗将逐渐消失,相对稳定的非遗"本真性"并不存在。这类极度依赖于社会生活语境的非遗的改变乃至消失并不是人为干预就能奏效的,采用跟踪调查记录的"旁观"式人为保护态度是最好的选择。

刘魁立讨论非遗的本真性时,认为:"本真性,是指一事物仍然是它自身的那种专有属性,是衡量一种事物不是他种事物或者没有蜕变、转化为他种事物的一种规定性尺度。文化是与特定人群相联系的,因此具有表征这个人群、代表这个人群的作用;反过来说,文化又见证这个人群,成为这个人群的身份标志。"② 在此基础上,著者指出无论事物如何变化,本真性在于没有与原来事物发生本质区别。宋俊华提出的非遗"本生态"观点与此极为相近,"本生态是事物本质及本质属性与时空环境一起呈现的整体状态,这种状态是这种非物质文化遗产区别于其他非物质文化遗产的特征,也是其生存和发展的基础。"③

从这些观点我们可以看出,两位著者对非遗本真性的阐述重点是从非遗本身这一视角出发的,本真性应是指构成某个非遗区别于其他非遗的独特要素,是标志非遗独立存在的原则底限。反之,民俗学者常举的"泼水节天天过"的民俗旅游案例,这一做法导致寓民众生活之中的传统节日"精神灵魂"不存。更多的,如太极拳变成

---

① 详见(加)Bob Mckercher,(澳)Hilary du Cros. 文化旅游与文化遗产管理. 朱路平,译. 天津:南开大学出版社,2006:235-236。
② 刘魁立. 非物质文化遗产的共享性、本真性与人类文化多样性发展. 徐州工程学院学报,2010(2):67.
③ 宋俊华. 论非物质文化遗产遗产的本生态和衍生态. 民俗研究,2008(4):8.

"太极操",昆曲变"昆歌",却将后者作为向大众宣传的非遗保护"范例"。在这一层面上,才有坚守非遗"本真性"的必要性,保护目标在于把对非遗的各种外来负面影响降到最低。

刘晓春和岳永逸就非遗"本真性"、"原生态"的讨论是从社会不同主体如何看待非遗这一视角出发的,前提是这些主体都带着某种"霸权"目光看待非遗。带着文化悲观的论调,岳永逸从市场霸权机制出发,看到市场虽能以民间艺术获得经济利益,但却是以民间艺术价值的"江河日下"为代价的,激烈地批评了打着"原生态"旗号的民间艺术,只是符合市场运作和"异邦"想象的"虚假的真实",因为这其中虽有了市场,迎合了消费者,但民众自我认知观却处于失语状态。① 刘晓春在梳理"本真性"民俗学研究脉络后,指出当下呈现给世人的非遗形态和传承主体的"原生态",是学者与其他不同社会力量想象、建构出来的,却不是非遗传承群体真实生活的反映,这形成一种误读,导致非遗不得不持续迎合他人的刻板想象。他更担心的是,这种刻板后的歪曲形象反过来会成为非遗社区的自我认同,相信自己就是那种"落后"于现代或是"奇风异俗"的形象代表。②

从主位视角出发,在与他者平等互动的前提下,非遗本真性存在于传承者发自内心的主动、真实地传承和创造过程中,刘晓春批判和担心的问题正是 2003 年公约反对和予以纠正的。在前文讨论过程中已反复提及,2003 年公约承认社区、群体(有时是个人)对非遗的重要贡献③,公约宗旨之一即是"尊重有关社区、群体和个人的非物质文化遗产"④。UNESCO 更为具体地解释道:"非物质文化遗产的保护并不意味着将它僵化地固定在某种纯粹的、原始的形态。……正如所有的活的生命体一样,它是有其自身的生命循环周期的,因此有些项目元素在孕育出新的表达形式之后可能会消失。某些形式的非物质文化遗产,不论其经济价值如何,也有可能被视为不再与它的社区相关联,对它的社区、社会不再有意义。正如公约所述,只有被社区公认是属于他们自己的,为他们提供一种认同感和延续性的非物质文化遗产,才会得到保护。"⑤

---

① 岳永逸. 两个世纪初的想象——原生态与民间艺术的吊诡. 文艺争鸣,2010 (6):13-17.
② 刘晓春. 谁的原生态?为何本真性?——非物质文化遗产语境下的"原生态"现象分析. 学术研究,2008 (2):153-158.
③ 《保护非物质文化遗产公约》前言第 7 段:"承认各社区,尤其是原住民、各群体,有时是个人,在非物质文化遗产的生产、保护、延续和再创造方面发挥着重要作用,从而为丰富文化多样性和人类的创造性做出贡献。"
④ 《保护非物质文化遗产公约》第一条 (b)。
⑤ 李楠. 不僵化的保护. http://www.ihchina.cn/inc/detail.jsp?info_ id =3382, 2011 - 12 - 03.

尊重的含义应得到适切的理解，我们应意识到，当非遗社区把自身的文化创造力注入非遗时，也是他们作为人之主体自由实现抱负的一种作为。如果非遗地方社区尊严和权益得不到保证，2003年公约所说的含义就是空的，实现非遗的社区传承也是一句空话。

而可持续发展不以物为本，而是着眼于人的能力，着眼于人能与周围环境协调相处。目前我国政府及其他组织机构借助各项政策规范的出台，为非遗传承者创造有利的产业环境，同时也注意提高非遗传承群体的各项能力，推动非遗传承主体不断适应当下的市场环境和加速的社会流动。2013年，北京文化局非遗处举办首期"非遗市场化运作"高级研修班，组织100名非遗传承人和项目负责人参加培训，学习如何提升非遗的市场竞争力。[①] 通过提高他们各项能力，使其在与外界的沟通中，更加清楚地意识到自身的处境和自身知识体系的独特性，从谦卑地不加区分地接受转变为自身有特色的发展，这是非遗可持续发展的根本所在，也是维护非遗本真性的本质所在。

综上所述，面对社会文化生态无可逆转的消失，应注意到不同非遗传承者主观能动性的发挥，这也决定了非遗保护措施不是"一刀切"。在社会文化纵向发展脉络中，非遗"本真性"源自人们看待非遗的不同视角，而非遗保护若从物质遗产"原真性"的保护思路出发，将"人"视为"物"，视非遗为已完成的成果，注定会陷入某种困境中。

第三节 非物质文化遗产的生产性保护与产业化

我国在履行2003年公约的过程中，发展出非遗生产性保护和整体性的保护方式。生产性保护主要是着眼于我国市场经济体系下非遗的传承发展。

一、非物质文化遗产的生产性保护

（一）非物质文化遗产生产性保护理念

我国2011年6月正式实施的《中华人民共和国非物质文化遗产法》第37条就国家指定的非遗代表性项目的合理利用做出了相关规定。[②] 2011年10月，文化部下发

---

① 尹力. 北京百项非遗传承人共学市场运作. http://culture.workercn.cn/c/2013/03/25/130325161749566522500.html, 2013-03-26.

② 《中华人民共和国非物质文化遗产法》第37条："国家鼓励和支持发挥非物质文化遗产资源的特殊优势，在有效保护的基础上，合理利用非物质文化遗产代表性项目开发具有地方、民族特色和市场潜力的文化产品和文化服务。"

《文化部关于公布第一批国家级非物质文化遗产生产性保护示范基地名单的通知》，授予全国18个组织团体为"国家级非物质文化遗产生产性保护示范基地"。2012年2月2日，下发《文化部关于加强非物质文化遗产生产性保护的指导意见》（以下简称《意见》），2012年2月5～15日，由文化部主办，在北京全国农业展览馆举行了"中国非物质文化遗产生产性保护成果大展"。

《意见》对非遗生产性保护所做的官方定义是："非物质文化遗产生产性保护是指在具有生产性质的实践过程中，以保持非物质文化遗产的真实性、整体性和传承性为核心，以有效传承非物质文化遗产技艺为前提，借助生产、流通、销售等手段，将非物质文化遗产及其资源转化为文化产品的保护方式。目前，这一保护方式主要是在传统技艺、传统美术和传统医药药物炮制类非物质文化遗产领域实施。"

按照这一最新官方文件，非遗生产性保护在具体操作上有以下变化：

第一，适用于生产性保护的非遗对象限定为三大类：①传统技艺；②传统美术；③传统医药药物炮制类。某种程度上，这三类非遗在历史发展过程中已经不同程度地进入流通、交换的市场体系中了。

第二，国家政府保护责任更为明确。围绕这些传统技艺类传承人，政府主要在宏观规划、规范引导、营造外在社会氛围等方面展开工作。近年来由文化部持续举办的非遗大展及各种交易性质的博览会正体现了这一趋向。因为生产性保护建立在国家认定的非遗项目代表性传承人和团体的基础上，在非遗传承者没有足够实力和条件让公众确信其非遗品质时，如果与非遗有关的国家评定机构具备足够的公信力和可信度，那么他们可以把非遗代表性传承人和传承团体的产品从市面良莠难辨的产品中区分出来，为大众提供消费的判断依据。在国家导向和大众消费的不断推动下，通过市场淘汰那些有损非遗品质的相关产品，形成这类非遗的良性循环市场。

第三，生产性保护方式理念的具体化。生产性保护明确使用"生产"而不是"开发"的字眼。邱春林认为原因在于："原本传统美术、传统技艺和传统医药药物炮制类非物质文化遗产项目都是在生产实践中产生的，其文化内涵和技艺价值要靠生产工艺环节来体现，广大民众则主要通过拥有和消费传统技艺的物态化产品或作品来分享非物质文化遗产的魅力。因此，对它们的保护与传承也只有在生产实践中才能真正实现。"① 这一阐释表明"生产"性保护的限定性含义，重视的是传统技艺、传统美术和医药炮制技艺制作产品的水准，其流通、销售环节不能成为降低非遗水准的掣肘。

既然生产性保护的出发点和落脚点都是对非遗的保护和传承，非遗代表性传承人

---

① 邱春林. 生产性保护：非遗的"自我造血". 中国文化报，2012-02-21 (3).

和企业就不同于一般产业运作下的企业和个人，在注重非遗生产经济效益的同时，要承担起与保护相关的责任和义务。而且，我们发现，国家指定的生产性保护示范基地如同艺术类剧团，是对"团体传承"类非遗的保护，因为这些非遗由许多不同技艺环节组成，必须依赖团体的协作共同完成。

在保证技艺生产水准的前提下，说明保护视野下国家对市场效力的认可，推动这类非遗传承者进入而不是拒绝当下的市场机制（流通、销售），支持传承人生产的非遗转为文化消费品（文化产品），致力于在市场规律运作下提高传承者的传承能力，注重传统技艺类非遗的"民用化"程度。这类非遗进入市场后，其发展、完成将受传承者、消费者和中间代理构成的市场网络制约，他们生产出的非遗将不仅仅是自产自用，其目标客户、赞助者也不再是单一的国家政府。在这种互动关系之下，非遗传承者作为受市场理性制约的全职人员，就不能完全遵从自我内心，而是要不断接受以货币为中介的供求双方的外界刺激，展开非遗创作和生产，这需要传承人自身为此做出各种调整。在当下，相信大部分进入市场的非遗传承者都渴望拥有自己的市场和受众，拥有经市场认可获得收益而支撑起来的那种自豪。

许多研究者从纯粹的美学、人性精神角度出发，认为非遗进入市场后，会造成其品质的粗糙和人的价值的矮化。这是需要辩证看待的观点，当下非遗在市场的问题是由于：首先，过往对非遗的不断贬损，使人们对非遗的了解不够，认识程度不高，消费过程中对同一非遗品质的鉴别能力还不足。这有待于非遗重要性在大众生活中不断扩散，以提高大众对非遗的正确、真正的了解，有待于市场商业营销、传播媒介的适当宣传。其次，市场秩序的混乱，那些品质粗糙的非遗是谁生产的？是非遗所在社区民众认可的传承人吗？这些情况如何审视？又如何确立非遗传承者的公认度、可信度，确保高品质非遗的市场地位？市场混乱不意味着排斥市场，对负面现象也不是简单禁止就会有效的。

第四，生产性保护方式对非遗生产多元化方式的尊重。《意见》关于"科学推进非物质文化遗产生产性保护工作深入开展"中提及"尊重非物质文化遗产生产方式的多样性"。这表明，生产性保护是以已有现实为基础，不强行推进所有非遗进入市场流通，而是尊重传承者的自我意愿和能力所及。"非物质文化遗产的生产和产品流通方式原本就是多元化的，既有纯手工生产，也有手工与简单机械相结合的生产；既有自产自销，也有产销分离；既有家族小作坊式生产，也有公司化专业化生产。因此，文化部始终强调，生产性保护要把保护放在首位，尊重历史上已经形成的生产方式和销售方式的多样性，坚持传统工艺流程的整体性和核心技艺的真实性，不能急躁冒进，随意改变非物质文化遗产的传统生产方式。"①

如国家级非遗拉孜藏刀，和平解放前的西藏地区，铁匠社会地位极为低下。西藏和平解放后，国家要求大规模提高农牧民现金货币收入，以改变西藏地区以物换物的流通体系，西藏铁匠的藏刀交易因容易换取现金而成为这一政策下的获益者，西藏铁匠社会地位迅速提高。在此前提下，因拉孜藏刀所处的社会环境，当地公认的拉孜藏刀生产仍以小作坊为主，这种纯手工的打刀技艺，劳动力和时间成本很高，国家级传承人一年打刀数量在200把左右，需求量却较大，因此需要提前预定。销售方式是在遵循传承人藏刀手工生产方式的基础上形成的，根据现有状况和传承者自身意愿，以面向大量受众为主的产业化形式并不适用于拉孜藏刀传统制作技艺。

（二）非物质文化遗产生产性保护存在的问题

1. 非物质文化遗产核心技艺构成与行政保护

在对传统技艺类非遗的研究中，正不断有研究者提出保护传统技艺中的核心要素的观点。中国艺术研究院民间美术研究中心主任王海霞认为生产性保护有三个前提：材料原真、用传统技艺制作、手工加工。在她看来，这三个前提不仅是非遗的文化价值所在，也是非遗的市场价值所在。如果用得好，可以开拓出高端市场，拥有独特的竞争力；用得不好，则可能会被机械生产挤垮，彻底失去传承机会。② 邱春林以传统手工艺——大理扎染为调查案例，看到当地农民因扎染染料普遍使用化学染剂，已将板蓝根改种为大蒜。针对扎染植物原料的丧失，他提出了"核心技艺"观点，即任何被列为保护对象的传统手工艺，都有形成其特色及人文价值的"核心技艺"。"非物质文化遗产保护工作时，特别要仔细甄别哪些是属于这手艺的'核心技艺'？哪些是属于应时而变的'衍生技艺'。树立"核心技艺"意识，既可以帮助我们把握每项工艺的特色，还能使保护工作的绩效考评有据可依。"③ 而对核心技艺的甄别，需要综合传承者意见和传统工艺方面的学科研究成果来提供充分的支撑。

日本在这方面提供的借鉴是，针对无形文化财的另一大类——工艺技术，在有的传统技艺被指定为国家重要无形文化财后，对传统工艺品制作过程中极容易发生更改的细节，政府会固定成"指定要件"，对原材料、传统技法的细节要求、艺术风格等作出要求，通过行政保护加以约束。反过来说，面对工艺品随着时代而产生的变化，国家行政力量支持的是传统手工艺的品质，品质就存在于手工艺制作的各个细节之

---

① 邱春林. 生产性保护：非遗的"自我造血". 中国文化报，2012-02-21 (3).
② 乔申颖. 非遗生产性保护探索可持续传承之路. 经济日报，2012-02-23 (11).
③ 邱春林. 守住核心技艺：以大理白族扎染为例谈传统手工艺的生产性方式保护. 美术观察，2009 (7)：12.

中，只有符合这些指定要件要求的传统手工艺，才能得到相关行政保护的资助，如漆艺——輪島塗①（日语直译：日本石川县漆器技艺）。

2. 机器工艺与传统技艺的区分

生产性保护的传统制作技艺主要是通过手工体现出来的生产形态，除去没有智慧含量的体力劳动，从原料选择开始，技艺制作过程应当通过手工完成。传统技艺传承最大的困境来自于机器工艺的挑战。非遗保护中如何区分传统手工艺制作和机器制作工艺？由此需要考虑的问题是这类非遗手工与机器的区分有无必要？如果有，充分理由是什么？其具体的区别又是什么？各自利弊有哪些？历史上，传统技艺的发展与生产工具的不断改进相辅相成，由此形成不同时代的技艺生产机制。当代对各类智能机械工艺、机器生产工艺的依赖越来越大，也意味着人们在生产管理上从观念到操作机制都需要与以往传统手工技艺有不同的转变和适应。

工业时代已经完成了从设计技艺一体的传统手工艺向工业设计、机械制造、销售既分离又合作的转变，今天我们在日常生活中正享受着这种成功转变后的成果。因

---

① 黄贞燕. 日韩无形的文化财保护制度. 宜兰：国立台湾传统艺术总处筹备处，2008：191.

个案类型	国指定重要无形文化财
名称	輪島塗
艺能/工艺区分	工艺技术
种别	漆艺
指定时间	1977
指定要件	一、木材的材质必须符合底下的任何一个条件： 1. 椀（碗形的作品）必须用当地所产的榉木 2. 细木板的组合作品，如桌子、箪笥、木拉门、箱子等必须用当地所产的档木 3. 圆曲状的作品，必须用当地所产的档木 4. 朴质地的部分，必须用朴木 二、必须使用传统的制法与制作用具 1. 辘轳圆转的材料，要用横向木纹 2. 接着部必须使用刻苧（是以米粉、水、漆、木粉、苧做成的填充材） 3. 布身的部分必须用麻布 4. 基底材必须用当地特产的粉，竹笔上漆一定要涂第一层、第二层、第三层，各层基底涂都要作到 5. 中涂、小中涂、上涂都必须做到 三、使用天然漆 四、若加装饰，必须使用传统的沈金绘或是时绘技法 五、保护传统輪島塗作品格调等特质

此，非遗保护不必通过贬损机器技术体系来抬高以"手工"为主的传统技艺，认为只有后者才是人的内在真情的注入，是"诗意家园的栖息地"，非遗保护不是面对所有传统手工技艺。我们应从更多层面考虑保护成为非遗的传统手工技艺的必要性所在。当舆论导向为研究者不断赞美"手"的情感、文化价值所淹没时，有的非遗传承者那些"邯郸学步"的言语是否出自其内心真实表达？如果不是，就需要尊重他们的想法，并结合非遗保护思考问题所在。

把《意见》中"坚持保护传统工艺流程的整体性和核心技艺的真实性原则"衔接起来，实施生产性保护。这些都必须在与传承人平等沟通、充分尊重传承人意见的基础上，由精通相关技艺的传承者、专业研究者、政府平等协作展开深入探讨，从观念上明确细节。这样，在企业等营利组织、个人自愿自身为传统技艺代表性传承单位和传承人的基础上，企业、个人如何采用机器工艺进行生产是他们的决定，政府所要监督和引导的是他们所担负的传统手工技艺的相关责任。

二、非物质文化遗产与文化产业

（一）文化产业的界定

2011年底，中央做出了关于深化文化体制改革的决定，鼓励创作优秀文化作品，推动文化产业成为国民经济支柱性产业，追求文化产业整体实力和国际竞争力的显著增强。文化作为产业，将成为新的经济增长点。这意味着，文化将与农业、工业等一样，以商业化、组织化和规模化的产业形态，成为国民经济和国民日常生活最重要的组成部分。

2005年公约第四、第五点界定了文化产业，对文化产业的阐释建立在文化活动、产品与服务上：

> 4. 文化活动、产品与服务（culural activities, goods and services）：是指从其具有的特殊属性、用途或目的考虑时，体现或传达文化表现形式的活动、产品与服务，无论他们是否具有商业价值。文化活动可能以自身为目的，也可能是为文化产品与服务的生产提供帮助。
>
> 5. 文化产业（cultural industries）：指生产和销售上述第（4）项所述的文化产品或服务的产业。

2005年公约中把文化产业（cultural industries）与商业市场联系起来，我国在政府职责层面也正趋于把具有公共服务性的文化事业和文化产业区分开来。前者是国家应当提供给公众的文化服务，如各种级别的图书馆、文化遗产保护事业，资助文化价值高但市场营利能力不高的艺术团体等。这些公共事业的出发点不在考虑赚钱，而是为着公众应享有的文化权而着眼的。后者是能够在市场产生交换价值,既有出版发行、影视制作、印刷、广告、演艺、娱乐、会展等传统文化产业领域,也有文化创意、数字出版、移动多媒体、动漫游戏等新兴文化产业。

由上可以看出,文化产业领域包含了非遗生产性保护的对象,但非遗的生产性保护并不完全等同于文化产业视野下的开发行为,是在确保传统核心技艺传承和社会效益的前提下借用市场操作获得经济效益。

更重要的是,由于文化产业开发面临的是生产者和受众组成的供求市场,充满了竞争,其文化产品只有受众定位准确,才有成功的可能性。并不是所有非遗都适合于大规模的产业开发,如书法、太极拳等。而有的非遗或许只能形成"小众市场",如古典艺术,其人才培养成本、生产成本、对受众要求也比较高,总成本经常大于市场回报,并不能任其独自在市场上与其他受众人数多的通俗文化竞争,导致古典艺术水准的下降。还有一些受众人数、传播地域范围极小的"草根"非遗,也不能顺利地占有市场和扩展受众。出于调节文化生态平衡和不同阶层公民平等享有文化权的需要,政府在市场的基础上对上述非遗从传承方式、人才传习活动上给予资助就是其应尽的公共文化责任。

更需注意的是,产业开发之下形成的非遗发展未必是保护视野下支持的传承样本和榜样,如何从更深层面厘清这一关系,予以理论阐释,或许需要结合非遗表现属性和外部社会状况,从历史经验、民众价值认知、非遗从业者等方面仔细考察给予深入研究。

(二) 非物质文化遗产的产业开发形式

除却非遗生产性保护中传统手工艺、传统美术、医药类涉及的市场销售等环节,非遗的产业开发主要在民间文学、艺术类、民俗旅游、曲艺类、杂技等领域。笔者认为非遗的开发有以下形式:

(1) 旅游,特别是民俗风情旅游。这方面遭到研究者批评最多的是"伪民俗",如前文提到的"傩"的观光表演,完全没有了地方民众认可的内在意义。不过,对山西平遥这一世界遗产地而言,作为旅游业组成要素的民俗活动仍为民众认同,遵循民俗自然的发展规律。因此,春节期间的平遥古城才是非物质遗产与物质遗产交融的最佳时间,使春节成为平遥旅游产业的重头,"平遥中国年"已是中国春节旅游的知名品牌。

(2) 把非遗某一因素作为噱头,展开非遗之外的开发。各种非遗主题产业园、文化节或旅游节,如各地关于民间故事或戏曲的主题公园:梁祝、寒窑、牛郎织女、赵氏孤儿等发源地、遗址的游览开发。

(3) 非遗图书、音像出版产业。如民间故事,针对不同受众群体,有搜集整理、学术研究到通俗读本等出版形式。在这种形式下，结合非遗保护考虑的话，通俗读本在传播、扩大民间故事在民众中的影响是至关重要的。尤其是当代许多父母能以这些故事读本为母本，对下一代以亲和力、感染力的语言重新讲这些故事时，已是民间故事世代流传的继续，也是传统在日常生活中的潜移默化，这正是非遗保护所要的结果。

(4) 对非遗内容的提炼、改编，并重新表现，如对民间故事的影视、网络游戏、现代文艺等产业开发。近年来古代文学、戏曲剧本中的题材成为影视表现的重点，如国产《花木兰》、《宝莲灯》、《白蛇传》、《赵氏孤儿》等一系列的影视题材，作品乏善可陈。

(5) 对非遗表现形式的打造开发。如河南在少林武术的基础上发展出融音乐、杂技、武术为一体的"少林功"舞蹈表演形式，再诸如纳西古乐、杨丽萍的《印象云南》都是面向具有消费能力的受众群体，对云南少数民族音乐、舞蹈形态提炼基础上开发出的文化产品。更多的，如剪纸产业、传统织染业等。

上述形式多大程度上为大众所认可，商业营利如何，如何以各种消费指标体现出来，笔者尚没有实际调查资料，也缺乏这方面的专业知识。不过，无论文化如何发展，都是体现对人类人性、精神、心理层面的关注，我们视为文化的非遗，是经由人的身体表现出来的活灵活现的各种动作、表情、眼神、声音以及这些要素的丰富组合，产生的魅力经听觉、视觉等感官传导直指人的心理体验。当非遗成为文化产业开发的对象，本质上仍要诉诸这些表现手段和人类感性心理体验。非遗文化产业开发者不能回避消费者苛刻的心理体验，只有非遗文化产品本身在美感形式、价值理念、故事讲述等方面有了较好的结合，才能满足受众的期望。

国产动漫《喜羊羊与灰太狼》把民间故事动物类"以弱胜强"母题情节与现实生活在范畴上实现了成功对接，是许多小朋友的心头好。制作方目前已经制作出五百集（一集约15分钟）以上的电视剧动画，产生了广泛影响，由该动漫衍生出的新民间俗语"做人要做喜羊羊，嫁人要嫁灰太狼"深得人心，随后有了一系列玩偶、图书、舞台剧、手机游戏等下游产品的市场开发。

迪斯尼利用世界各国童话、民间故事获得的成功也遵循了这一规律。迪斯尼对流传已久的民间故事，有目的地运用想象力，并用影视这一当代"非物质"文化表现形式重新呈现出来。在此基础上，经过一系列的商业、媒体和科学管理的配合，推向市场后使消费者获得充分的心理满足感；也只有这种心理满足感，才能实现文化创意值的维持和增长，再通过精准的商业操作，使人们从影视中获得的心理体验延续至主题公园旅游、百货商品销售等产业环节，心甘情愿地为之继续掏腰包。这类文化产品所营造的补偿、虚拟的心理体验，也是文化研究者批评文化产业具有欺骗性的原因之一，但这就是文化产业成功的法宝之一。

对我国各类上马或正在规划的与非遗有关的主题公园、遗址旅游的开发，需要意识到这种开发形式是与迪斯尼主题公园有区别的。迪斯尼主题公园是在其许多影视产品获得成功后的下游链，也就是说，它是建立在受众对迪斯尼大量影视文化产品的直接而深刻的心理体验之上的，它从不会轻易把世界各地的童话故事直接开发成主题公园。但我国各地非遗主题公园的开发是注意到非遗在民众中的影响力却以对待"物质遗产"的方法开发此类非遗，人的创意和智力、资金重点是在"物质"的主题公园、旅游地的景观设计、构造方面，而不是非遗本身。消费者走进主题公园，吸引他们的决定性因素是主题公园的景观设计而不是非遗。也就是说，这种开发形式已经转移了消费者的心理体验对象，能否持久尚需要时间验证。

那些就非遗本身进行的产业开发，虽然关注点在非遗和非遗传承者，但还有更多的复杂因素需要考虑，其中令人失望的原因在于漠视非遗的本质魅力所在。这一点将在下文关于昆曲的保护中展开讨论。

要取得非遗传承与文化产业的良性结合，创造出受众难忘的心理体验非常重要。非遗文化产业开发的起点，且不可缺少的环节仍是培养真正传承非遗、了解非遗的人才和文化创意方面的人才。2012 年召开的中国第九届文化产业新年论坛中，美国 Gregory Kaplan 的发言让我们知道了迪斯尼影视文化产品虽然有着强大的商业和技术力量的渗透和控制，但却创建有自己的艺术学院，投入大量资金，用以招收、培养一代代的年轻学员，保证该集团不可或缺的创意人才的稳定接续。①

当下非遗创新开发的急功近利、粗制滥造只是问题的一面，也是人们从直接观察中得出的观点。这种道德上的指责欠缺解决问题的说服力。没水准、没智慧的文化产业并不代表文化产业本身是错的，错的是指导人们的观念和对非遗开发的误解。面对那些具有"商业"潜力的非遗，如果人力、财力的投入焦点和创意重点仍是在非遗本身之外，在日益成熟的市场社会，开发项目能否持续吸引消费者，能否取得持久的经济效应就是一个疑问。

第四节 非物质文化遗产的整体保护与形态传承

在非遗保护中，另一种强有力的观点就是极为强调非遗传承的必要性，而不是创新的迫切性，重点应在非遗保护政策提出的"保护为主，抢救第一"方面。笔者认

---

① Gregory. 创意人才和文化企业家培养和技能培训. http://finance.sina.com.cn/hy/20120108/224111152216.shtml，2012 – 02 – 05.

为，这主要是针对那些已在过去形成成熟独立的表现形态、底蕴深厚的非遗而言的，如何理解这一保护理念，昆曲在这方面仍能为我们提供感性经验。下文将以昆曲为例展开探讨，其中内容涉及本章第三节提到的市场环境下的非遗发展，之所以没有放到第三节中而在本节中出现，是为了对昆曲在当代社会不同领域的发展，在较为全面把握的基础上，思考如昆曲这类有着丰富表现手法的非遗，由国家行政主导的具体保护关键所在。在此基础上，就我国非遗整体性保护方式略加探讨。

一、各类商业经营对昆曲传承造成的影响

随着我国市场经济程度的不断加深，商业力量向各个领域扩展，使得完成昆曲演出的因素除专业人员的文化艺术创作外，还有各种科学技术、商业、媒介等。在这些不同因素的作用下，昆曲既推动了自身的发展，也潜藏着不利于传承的危险因素。

（一）昆曲多元化的发展现状

当代昆曲表演依据当下审美观念改进各个角色的戏服、道具，在舞台演出中运用新技术增强视觉效果，引入体现传统文化的元素，利用古建筑、园林实景烘托演员的表演。这些不同形式的制作使同一个昆曲剧目有了诸多版本，如苏昆的《长生殿》和上昆的全本《长生殿》，"临川四梦"：《南柯记》印象版、《邯郸梦》经典版、《牡丹亭》菁萃版、《牡丹亭》青春版、《紫钗记》偶像版，江昆的《1699·桃花扇》，北昆精华版《牡丹亭》、园林实景版《牡丹亭》。在中外结合上，有苏昆与日本歌舞伎演员坂东玉山郎合作的中日版《牡丹亭》，张军和比利时钢琴家尚·马龙合作的"当爵士遇上昆曲"表演，2010年5月第九届中国艺术节江昆表演的《1699·桃花扇》清唱剧版中加入了西洋唱法。在保证表演水准的前提下，这无疑会使昆曲表演有一个别样境界，有利于消除大众对昆曲"老套"、"哼哼唧唧"的刻板印象，用不同的理念培育大众对昆曲的欣赏喜好，也显示出昆曲多元化的发展现状。

（二）影响昆曲传承的危险因素

1. 昆曲的形式化制作

当代商业文化在形式和内容关系的处理上，有时会把形式放在首位，甚至有玩弄形式的意味，往往以形式的多变表现创作者的"创意"，而忽略内容深度，导致形式没有明确的指涉意义，通过这种反复更新，衍生出不同的形式，这是当代商业文化生产最明显的特征。昆曲演出也受影响，青春版《牡丹亭》表演一面遵循传统精神，一面大胆起用年轻演员以符合当代青年的审美取向，在舞美效果上结合了现代理念，使演出获得了成功。北京皇家粮仓厅堂版《牡丹亭》在制作过程中，也以选择符合当代视觉审美的年轻演员为首要因素，其次各式乐器、戏服的面料与绣工、头饰制作、演员妆面都很讲究。表演时，每一回目开始，都是衣饰炫目的四花神提着白纸灯

笼上场，一位书家挽袖舔笔在灯笼上题写回目的名字，高高地挂起来。戏台两侧四个玻璃缸里游着红的白的鱼，"惊梦"时风吹花落，就从鱼缸上边的房梁飘下玫瑰花瓣；"离魂"前秋雨寂寥，梁上又哗哗泄下水帘。①

这种园林、古建筑实景＋昆曲、西服＋戏服、钢琴＋笛子、爵士＋昆曲、西洋合唱＋昆曲等各种混搭，都有用新奇形式增强欣赏效果的倾向，从中人们对昆曲到底获得哪些印象呢？这将是一个仁者见仁、智者见智，充满主观色彩的回答。

从传承昆曲的角度需要理性看待的是，演员的表演水准如何？当代人是否真的从中深谙了昆曲的精妙？艺术共鸣在哪个层次上产生：是在具有视觉魅力的舞台效果、演员的漂亮、演员的服装上？还是在演员的唱腔、身段表演上？顾卫英在访谈中说，昆曲"青春版《牡丹亭》就是表象美。昆曲的美在哪里？唱腔、表演要细腻，要跟人物非常吻合，唱练都是非常规范的，青春版的看过以后，大家都说好美啊，什么美？就是服装好美！……这太可悲了，服装只要请个设计师，懂戏曲的，设计出来都是美的"②。"有不少行家私下批评青春版《牡丹亭》，说有些身段太离谱，'太火''太洒'，不合乎昆曲含蓄蕴藉的风格。也有人对吐音咬字的含混不清表示极度不满，认为是演员的躲懒，以唱流行曲的方式企图蒙混过关。这是对演员唱做功夫提出苛刻的批评，认为他们在舞台上展示'四功五法'的功力不到家，远逊目前还活跃在舞台上的老演员"③。上述昆曲表演行家的观点为我们提供了另一个维度的认识，也提醒昆曲保护必须以昆曲演员精湛的表演技艺引导大众欣赏为主导方向。

2. 作为商业资源的昆曲

在关于非遗的讨论中，保护与利用一直是个焦点问题，利用主要指将非遗作为商业资源，研究者对此褒贬不一。④ 如果非遗传承者以自身技艺为资本展开市场经营，并能将获得的部分利润用于提高非遗内在品质，实现自我提升，这是非遗发展最理想不过的状态。历史上昆曲艺人就曾凭借表演谋生，但是在今天显然很难。

笔者认为，在市场环境下，无论如何节省成本，纯粹依靠昆曲传承者自身的表演艺术是无法与当下适应观众审美趣味的影视作品等通俗文化展开商业竞争的。任何一种经典艺术在当代社会的制作都需要雄厚的资本为后盾，除需花费较长时间培养表演人才外，一部昆曲表演，其制作经过前期编剧、各个表演角色、伴奏人员、后台人员等耗费时间的排练，再加上装扮、道具、租借表演场地等相关费用，如果没有来自政

---

① 李宏宇. 坐 请坐 请上坐. 南方周末，2007 - 08 - 16（22）.
② 杨守松. 昆曲之路. 北京：人民文学出版社，2009：277 - 278.
③ 郑培凯. 昆曲青春化与商品化的困境. 书城，2008（5）：17.
④ 刘锡诚. "非遗"产业化：一个备受争议的问题. 河南教育学院学报，2010（4）：1 - 7.

府和社会的财力补助,是无法运作的。昆曲在长期的发展过程中也从来没有与来自不同阶层的赞助相脱离。

在当代,在市场经济中有较好发展的商业团体成为文化发展新的赞助实体,这同样是昆曲市场经营的组成部分。由于我国政府对文化发展干预较多,商业捐助性质的民间文化组织并不发达。但我们仍可以看到,昆曲因成为文化遗产具有象征资本得到了商业团体的赞助:江苏盛世宝玉公司对江苏昆剧团的商业赞助;上海昆剧团全本《长生殿》上演时,相关商业团体如传媒公司赞助演出信息的宣传传播;正大集团则赞助学生免费观看在北京演出的上昆全本《长生殿》;苏州"爱慕·苏州昆剧院昆曲传承促进(奖励)基金"以基金形式为昆曲传承和教育推广提供资金支持;可口可乐对北京大学昆曲课程的赞助;2011 年 7 月 19 日 "中国工商银行张军昆曲艺术基金灵通卡"在上海首发,这是我国首张以非物质文化遗产为主题的公益银行卡。①

各类赞助形式如果运用得当,通常会达到三个效果,一是有助于确立商业团体在公众中的良好印象;二是有资金作为后盾,表演者可以专注于表演艺术水准的提高,免去生活的后顾之忧;三是实现昆曲艺术的教育和推广,但仍要注意到资金赞助方是否对昆曲本身的表演形成干扰。

另一种商业形式也把昆曲视为资源,作为商业经营的组成部分用以营利。这为昆曲演员提供了更多的实践机会,尤其是对年轻演员而言,起着推广昆曲的积极作用。但昆曲进入这个层面的商业运作,对它是促进还是破坏,已经不由任何人来决定了,首先要取决于经济收益。

在古镇周庄,承办方利用昆曲提高旅游项目的文化品位,修建了仿古戏台,邀请苏昆演员表演昆曲②,这给游客提供了体验昆曲的机会。但是作为旅游项目的昆曲具体演出情形如何?其形态和功能是否有变化?昆曲是否只是古镇的活态景观?游客又如何感受昆曲?昆曲在旅游消费中是否存在着文化遗产价值的流失?在这个场合提供何种水平的昆曲表演的决定因素是什么?这需要不同专业人员进行调查研究,以做出全面的评估。

在园林、古建筑、仿古建筑等经营场所中,昆曲成为增加商业利润的项目之一。"良辰美景奈何天,赏心乐事谁家院"的意境成为文化创意,以实景再现(苏州桃花坞),建成主题消费场所。部分场合的昆曲表演,演员要漂亮,相对而言,表演技艺

---

① 工行发行我国首张"非遗"主题银行卡. http://yhcs.bank.cnfol.com/110727/138,1398,10351092,00.shtml,2011-08-21;
爱慕内衣苏州昆曲传承促进基金正式成立. http://info.cloth.hc360.com/2010/05/311004249214.shtml,2011-11-03。

② 王晓彤. 昆曲天天演 看客不掏钱. 中国文化报,2002-07-27(2)。

并不重要，重要的是昆曲作为夸耀性、附庸风雅的象征文化，在商家营造的与其匹配的一系列物件中传达出来，这不是人人都能消费得起的。受到媒体关注的北京皇家粮仓2007年开始演出昆曲厅堂版《牡丹亭》，只对50～60人开放，从最低票价580元、最高票价1980元到万元以上的包房，成为各国国家元首、领导、社会名流、文化学者、商界人士欣赏昆曲的重要场合，被认为是昆曲商业运作的成功形式。

人们在这样的场所欣赏昆曲，在获得最舒适的感性刺激时，也是在利用昆曲的古典性，体现自身高雅美学品味，在消费中把它当做追求荣誉、满足自我的象征符号。这时的昆曲变成了人们认可和信赖的消费符号，发挥着区分社会阶层的作用，以文化遗产的名义，来体现制作者和消费者各自的欲望和想象，不断附上与昆曲表演无关的人为表述。昆曲在这个过程中几乎不能以表演本身主导观众，它的自我抽离和空洞化不可避免。

北京皇家粮仓厅堂版《牡丹亭》的投资方对导演（汪世瑜、林兆华）、年轻演员、表演剧目的选定，是继白先勇先生青春版《牡丹亭》所造成的传播效应而展开的，更是以消费群体为主要基点的。① 因此，昆曲表演总是应消费者的要求而进行调整，通常情况下8个回目有100分钟的演出（早期演出是12回目，120分钟，后更改），有时会应顾客的要求缩成45分钟或者10分钟。若这种"快进"模式的昆曲表演已成常态化，除演员表演水准不论外，已经很难再现在昆曲细腻表演中传达出来的文化气质，也消磨了其独特"味道"，呈现出与昆曲相似的外在形式。投资方与制作者当然也意识到这种"走马观花式"表演的不足，但是，若要改变这种状况，他们认为首先要消费者提高自身的鉴赏能力。②

戏曲与"炫耀"、"奢侈"享受相联系早已有之，此类商业经营方式也不是我们需要介怀的，需要审视的是昆曲服务于外在目的时对其内在传承造成的影响。在当代社会，上述情形使昆曲艺术自律性遭到削弱，不能以演员的表演引导观众，导致的危险后果早有学者指出："如果以'青春'相号召，甚或只能依赖奢华的舞台美术——如果观众进入剧场是为了看年轻的帅哥美女，抑或是为了看叶锦添的设计或林兆华的

---

① 投资方总监制王翔在访谈中形容自己定位的观众是："第一他不知道什么是昆曲，第二他从来不知道汤显祖是谁，第三他不知道汤显祖写过《牡丹亭》，第四他不知道汤显祖的《牡丹亭》里说了一个什么故事。统统都不知道他就进来了。"资料来源：李宏宇. 坐 请坐 请上坐. 南方周末，2007-08-16（22）。

② 昆曲表演家汪世瑜说："很多非常好的唱段，比如袅晴丝、绕池游，这么好的曲牌，还有懒画眉、江儿水，统统都拿掉了。……现在某种程度上，不是演员表演为主，而是形式为主，还是有种新鲜感，以后还是要成为正规演出；剧场看戏不一样，注意剧情发展，注意演员演技。慢慢地厅堂里的观众也会有人这么要求，所以要注重提高演员的演技。"资料来源：李宏宇. 坐 请坐 请上坐. 南方周末，2007-08-16（22），另注：资料出现于2007年，目前有哪些变化，尚无实际调查资料。

构思，再或者是为了看苏绣，那不是昆曲的光荣，而是她无上的悲哀。"① 这提醒我们欣赏昆曲艺术的关键所在——通过表演者精湛的唱念做打体会剧目传递出的丰富艺术情感。实现这一点，对昆曲的传承无疑是不可缺少的前提。

市场是由生产和消费主体构成的利益共同体。如果要在市场中对此做出调整，唯有大众通过市场不断反馈出这样的信息，制作者也才会借市场了解到大众的需求，才会改变资金投入重点，采取各种措施，在提高演员表演水准上做出努力，推动昆曲传承，实现良性循环，这是昆曲表演在市场规律基础上最理想的生存方式。在这个层面，作为非遗的昆曲如何保持艺术的自律性，如何把追求利润的商业经营与昆曲安身立命的艺术特点有机融合，成为昆曲保护的焦点之一。

二、政府行政介入下的昆曲保护

毋庸讳言，对昆曲展开保护，不是"为保护而保护"，而是"为传承而保护"，张紫晨先生指出传承是指代际之间的接续性活动，即一种文化现象在纵向的社会发展历程中，被人们不断地延续着。这种延续，包括自在却无自觉意识的延续和积极有意而为之的延续，对上代而言，谓传，对下代而言，谓之承，传是递，承是接。张紫晨先生曾对传承活动这样标示：传递→承接→再传递→再承接→多次传递（或传授）→多次承接（或接续），以至无穷②。对昆曲这一传统文化表达形式而言，将其视为非遗，本质目的就是通过当代人的努力，完成昆曲表演的高水准传承，作为礼物传送给未来。

昆曲最有生命力的传承何在？昆曲表演艺术家、研究者、众多的爱好者都指出是昆曲演员的表演。任何影像、图像、文字记录都只是一种静态的记录，如果没有一代一代的昆曲演员在舞台上的真人表演，昆曲的生命力也就凝固在记录的那一刹那。这种静态式记录并不是2003年公约追求的保护最终目标，而是保护过程中采用的手段之一。早有戏曲研究专家不断指出，昆曲活态生命力表现之一就在于仍有人能将其在舞台上表现出来，如陆萼庭先生所说："一种手式、一个身段，都渗透了艺人们对于剧目意趣的深刻理解。一个好剧目，可能本子上不过如此，而表现在舞台上的积极倾向（思想、情感、趣味、细节）却异常突出。"③

面对昆曲的式微，许多人认为是昆曲表演与当下观众的审美观念存在较大差异，为了吸引观众，必须对昆曲表演进行创新、改革，尽可能地与观众的审美趣味相协

---

① 傅谨. 全本《长生殿》与上昆的意义. 艺术评论，2008（6）：41.
② 张紫晨. 民间文艺学原理. 石家庄：花山文艺出版社，1991：106.
③ 陆萼庭. 昆曲演出史稿（修订本）. 上海：上海教育出版社，2006：166.

调，认为只有这样才能赢得观众。在实际中人们也遵循了这样的思路，吸取当代社会成功的舞台表演经验展开创新。但这种做法不断遭到那些深谙昆曲的观众、表演者、研究者的批评，如促成20世纪50年代昆曲《十五贯》轰动性演出的黄源指出："昆曲的重点在折子戏的保存、整理和改编上，如同国宝似的保存下来，而不是'老排新戏、排大戏'。"① 昆曲曲家朱家溍则指出："排新戏'振兴昆曲'是不行的，你编出来的东西绝不会比千锤百炼之后得来的东西好。现有的人力、物力应该放在保存上面。"② "把昆剧传统剧目全部'改革'得现代化（京剧化、越剧化、洋化都可以理解为一定程度上的现代化）了，昆剧实际上便消亡了。"③

上述著名昆曲研究者、曲家在不同年代表达的观点几乎都否定了为迎合时下大众的品味而对昆曲进行的"创新"性表演。关键原因在于对昆曲的这类"创新"实质上是在消弭昆曲作为一个独立剧种的美学特性，这一做法没有意识到昆曲有别于京剧、越剧、黄梅戏甚至电影等表演体系的独特性，以此作为昆曲表演的传承范本，结果就是昆曲将仅有昆曲之名而无其实。

在现实中，无论昆曲是在市场资助下还是国家资助下发展，其表演和传承主体主要是现有的昆曲剧团及其他组织机构的昆曲演员，沿着上述思路，配合国家提出的"政府为主"的非遗保护工作原则，必须思索"政府主导"的昆曲保护实施关键在哪里。

通过上文描述，昆曲成为非遗后，呈现出多样化的发展趋势，民间商业资本介入昆曲，对昆曲传承却并不负有强制性义务。那么在尊重、鼓励各方力量积极探索昆曲艺术传承创新的同时，有必要从文化遗产角度思索，昆曲传承的必要性是什么？我们知道，昆曲作为人类精神创造的一个历史形态，在明清时期已经臻于成熟、完美。在文化遗产范畴中的昆曲，意味着它是送给未来的礼物，并不以当代文化逻辑对其"大手笔"改造为根本任务。格尔在阐述艺术品时，提出"技术魅力"，他认为任何可以称得上"艺术品"的东西，或者经过时间考验证明是"艺术品"的东西，它的生产和产生过程都具有"专属性"，是某一个特定的民族、确定的时代经过"技术程序"制造出来的。其"魅力"既存在于艺术品本身，也存在于技术系统之中。这个系统不仅表现出特殊的族群背景和地方知识，也表现出在同一个知识系统中的权力叙事。④

---

① 洪惟助主编. 昆曲演艺家、曲家及学者访问录. 台北：国家出版社，2002：375.
② 洪惟助主编. 昆曲演艺家、曲家及学者访问录. 台北：国家出版社，2002：417.
③ 顾笃璜. 昆剧价值的再认识——保存与创新的对话. 艺术百家，1988（1）：70.
④ 此为 A. Gell 的观点。转引自彭兆荣. 遗产：反思与阐释. 昆明：云南教育出版社，2008：95.

昆曲独有的"专属性"魅力是在明清时期完成的，在当代首先是要将来自明清的昆曲的艺术魅力传承下来，传递给未来。保留没有以当代人的文化逻辑擅加创新的表现形态，否则后代看到的昆曲只是今人制造出来的"文化遗产"。举一个不恰当的比喻，唐诗宋词各有表现形式和风格，各有"专属性"，唐诗宋词所表现的意境也可以用当下的白话表达，但任何人都清楚，后者绝不是唐诗宋词。因此，"政府主导"的昆曲保护有必要明确其操作对象，即昆曲的行政保护对象不是笼统、整体的昆曲艺术，而是昆曲中构成文化遗产的核心要素。

涉及古典艺术，日本已经进行的政策上的具体操作经验仍有着一定的参照价值。[①] 日本无形文化财、无形民俗文化财的保护对象是：构成某个艺术/技艺能够区别于其他艺术/技艺类型而独立存在的部分及其传承，即"型"的传承。非遗与人的传承行为不可分离，在日本无形文化财保护制度中形成了"型"和"形"的观念，"型"是个别艺术作为一个艺术类型的特色所在，也是文化财保护制度必须保护与传承的部分。"形"则是个人根据时代变化自由诠释的部分，"形"的表现之自由程度由该艺术的"保持者"或"保持团体"来决定。通过对"型"与"形"关系的内涵辨析，日本政府在具体保护执行过程中明确了哪些是非遗中必须保留的部分，哪些是传承者可以自己自由（包括创新）表现的部分。

在此基础上，日本《文化财保护法》通过行政手段实施非遗保护的基本精神是，保持者（保护团体）决定重要无形文化财的内涵、艺术形式的传习。但是针对个别无形文化财，会附上相关条件，这些条件被称为"指定要件"，就是在指定与认定某个重要无形文化财的同时，由日本文化财分科会第四专门调查会决定是否有必要附加指定要件，划出行政保护的明确对象，如针对歌舞伎在 20 世纪固有的典型表演开始变化的情形，在指定歌舞伎为重要无形文化财时，同时附加如下要件，见表 6-1：

[①] 黄贞燕. 日韩无形的文化财保护制度. 宜兰：国立台湾传统艺术总处筹备处，2008：51-52，109-111.

表 6-1 日本歌舞伎保护指定要件

个 案	国指定重要无形文化财
名称	歌舞伎
文化财种类：重要无形文化财	
种别1：艺能	
指定时间	1965年成为国指定重要无形文化财
	2005年成为UNESCO人类非物质文化遗产代表作名录
指定要件	一、演员：演出要角必须大部分为社团法人传统歌舞伎保存会会员 二、演目：传统的演目或是等同传统演目的内容 三、演技演出：以传统的演技和演出为基础 1. 必须是样式化的演技和台词 2. 必须是女方的演出 3. 音乐是以传统的歌舞伎音乐的格式进行 4. 拍子木与付拍子必须是以传统的歌舞伎格式进行 5. 装扮（衣饰、发型、化妆）必须是传统的歌舞伎型制 6. 大道具、小道具必须是传统的歌舞伎的型制 7. 原则上必须是传统歌舞伎格式的舞台机制

歌舞伎若要获得行政资助，必须以上述指定要件相关的传承、公开表演、普及等活动为基础，通过这样的行政保护，使呈现传统艺术表现形态的歌舞伎能够传承下去，世代保存。那些为了迎合当代观众的歌舞伎表演所进行的调整并不在行政干预和资助范畴之内。日本行政层面这一做法的可取性在于，不是只就歌舞伎谈保护传统，而是将他们所理解的"传统"分解成具体要素予以明确化，在行政操作层面一目了然。

日本无形文化财保护中所称的"型"之观念，与宋俊华所指出的非遗语境下的"本生态"本质上是相通的。非遗是在不同的时空条件下，以人的身体和经验记忆表现出来的独特形式，"本生态是非物质文化遗产的存在根据，是基础"①。他在进一步阐述本生态时，提及"京剧表演艺术在其两百多年的发展历史中，唱、做、念、打既有保持又有变化，保持的是其本生态，发展的是其衍生态。但从旦角表演来看，四大名旦风格各有千秋，这是旦角表演的衍生态体现，但同时四大名旦的表演无论怎样

---

① 宋俊华. 论非物质文化遗产遗产的本生态和衍生态. 民俗研究，2008（4）：9.

变化，都仍然保持了京剧旦角表演的基本特征和风貌，这就是它本生态的体现"①。将这段讨论的观点进一步提炼，不难看出，宋俊华将非遗本生态界定为各个非遗赖以生存并代代相传的独特艺术样式或技术样式体系，因为非遗是在不同的时空条件下，以人的身体和经验记忆表现出来的独特形式。

对比日本经验，我们可以看出，我国众多研究者、表演家早已指出了昆曲传承的关键所在，所提出的核心观点与日本经验并无本质差异。② 这些资深戏曲研究者、演员、观众几乎都认为昆曲的本生态体现在昆曲演员表演的传统折子戏中，强调传统折子戏表演③对昆曲传承的重要性④。在昆曲年轻传承者的培养上，尤为强调传统折子戏表演的重要性，如陆萼庭先生对昆曲保护就提出两步走：一是选剧目，二是定型，选定传统演法最好的样式作为基础，琢磨加工，使之稳定下来，有式可依，便于继承。

昆曲在 600 多年的发展历程中，音乐唱腔和乐器演奏、经典剧目、表演艺术手法、舞台设计、服装等方面已经形成自身独有的典型手法。保护作为干预手段介入昆曲传承时，其行政保护对象应当明确为以演员高水准表演为主的昆曲本生态传承活动，即昆曲赖以存在的传统艺术样式的传承——传统剧目和表演程式。将有限的行政资源专注于国家认定的杰出昆曲传承人、团体进行的传统剧目公开表演、后辈培养等传承活动，尤其是对昆曲传统经典剧目的抢救、整理和培养传承人是昆曲非遗保护行政工作的重点所在。同时把昆曲表演各类所需器具的传统制作技艺纳入保护范畴。负责相关工作的各级政府部门不能在保护与创新、利用的关系间荡秋千以显全面兼顾，因为这样做的后果就是陷入了急功近利的囹圄，忽略对保护的责任。

昆曲进入 UNESCO《人类口头和非物质遗产代表作》后，2001 年 12 月，文化部制定的《保护和振兴昆曲艺术十年规划》，强调继续执行 1986 年文化部就昆曲保护提出的"保护、继承、革新、发展"的方针。2005 年，文化部、财政部共同实施"国家昆曲艺术抢救、保护和扶持工程"，文化部对全国七个昆班的昆曲"工作要点"是传承和创新并举。从 2005 年文化部对于昆曲的资助具体分配中可以看出（见表 6-2）⑤，经费资助重点倾向于"新编剧"的创作和表演，2006 年的资金安排大体延

---

① 宋俊华. 论非物质文化遗产遗产的本生态和衍生态. 民俗研究, 2008 (4): 10.
② 如陆萼庭关于昆曲传承的观点，详细参见详见陆萼庭. 昆剧演出史稿（修订本）. 上海：上海教育出版社, 2006: 373-374；洪惟助主编的《昆曲演艺家、曲家及学者访问录》中诸位名家均表示了类似的看法。在当代众多戏曲研究者也阐述了相似观点，不一一赘述。
③ 对传统折子戏与昆曲表演的关系，陆萼庭先生已有详细论述，详见陆萼庭. 昆剧演出史稿（修订本）. 上海：上海教育出版社, 2006: 164-177.
④ 参见洪惟助主编. 昆曲演艺家、曲家及学者访问录. 台北：国家出版社, 2002.
⑤ 杨守松. 昆曲之路. 北京：人民文学出版社, 2009: 49.

续了 2005 年的安排，2007 年"新创"剧目在所有资金资助单项中仍是最高的。

表 6-2 2005 年文化部昆曲资助名单

资助项目	具体名称及单位	资助金额（单位：万元）
昆曲新创剧目	暗箭记（浙昆）	80 万
	湘水郎中（湘昆）	80 万
	一片桃花红（上昆）	80 万
昆曲传统整理改编剧目	小孙屠（江苏省昆）	40 万
	邯郸梦（上昆）	40 万
	西施（苏昆）	40 万
	风月救风尘（北昆）	不详
优秀折子戏录像	单刀会、千里送京娘等 6 折（北昆）	12 万
	絮阁、惊变等 6 折（上昆）	12 万
	认子、太白醉写等 6 折（江苏省昆）	12 万
	拾画·叫画、折柳阳关等 6 折（苏昆）	12 万
	阳关、吃糠等 6 折（江苏省昆）	不详
	醉打山门、打碑杀庙等 6 折（湘昆）	12 万
	见娘、吃糠等 4 折（永嘉昆）	8 万
昆曲艺术家系列人物传记	岳美缇（上昆）、侯少奎（北昆）、张继青（江苏省昆）、张娴（浙昆）、李楚池（湘昆）	20 万
中国昆曲论坛和非物质遗产展演	实施单位：苏州市文化广播影视局	50 万
昆曲资料抢救与保存及硬件设施建设	实施单位：中国昆曲博物馆	80 万
昆曲编辑培训班	实施单位：浙江省昆剧团	20 万
昆曲旦行演员培训班	实施单位：上昆、上戏戏曲舞蹈分院	20 万
对外演出交流	浙昆赴瑞典	15 万
	湘昆赴爱沙尼亚	15 万

2006年第三届中国昆曲艺术节上，7出昆曲，有6出是昆曲新编剧，昆曲表演家批评道："打着保护遗产的口号，而实际上却是以新产为主要保护对象。新剧目在艺术形式上讲究当前最时尚的大制作、大舞美，追求声、光、电等技术效果，把昆曲原有的风格和特点扫荡得一干二净。幕一拉开，看不出是什么剧种，等笛子一起，字幕出现，才知道是昆曲。"① "这些改变美其名为抢救、保护、改良、创新，但是其中却不少实质上在制造昆剧的危机。"② 由此可以看出，政府财政赞助支持的昆曲保护工作并没有听到上述精通昆曲的学者、表演家的不断告诫。本着更好地传承昆曲，在昆曲青春版《牡丹亭》受人追捧的情况下，相关文化人士和团体制作了昆曲"青松版"《牡丹亭》③，表明对昆曲传承的立场和主张，必须清楚的是，"青松版"不在于演员的资格老，而在于演员传统表演的高水准。

在非遗保护视野下，所要厘清的关键并不是昆曲艺术要不要"创新"的问题，也不应挫伤创新的积极性，而是"创新"是否利于提升昆曲的生命力，确保昆曲无可替代的艺术表现形态，进而思考政府资助的导向落到"创新"上是否具有恰当性。

结合戏曲研究者的观点和第二章我们讨论的非遗身体性特征，昆曲艺术透过人的身体动作得以外在具象化，传承者要从一个身段、姿势中表达出戏中角色的情感和神韵，是一件难度相当大的事情。传承者在耗费巨大精力和时间不断观察、体悟前辈表演的基础上，将前辈的表演技艺习得、转化为自己的身体记忆，最后若能以自己的唱念做打等身体动作高水准地再现前辈曾经表演过的经典剧目，就是传承者表演成功的见证之一。这也是"相传"、"相守"的珍贵所在，已经值得我们尊敬。在昆曲生存濒危的境遇下，更是昆曲作为一门艺术存在、发展、积累过程中必不可少的环节。

在此基础上，这并不妨碍当代昆曲传承者结合自身的天赋、修养、执著以及把握机遇所进行的各种尝试和创新，即演艺人员完全可以自拓渠道展开对昆曲的自由发挥，如果这种发挥能够经历时间的考验流传下去，那便是丰富了昆曲的艺术表现力，具有了在未来受到保护的可能性。

有鉴于上述原因，在文化遗产语境中，尤其是"政府主导"下的昆曲保护应对传承者致力于昆曲前辈经典表演的高水准"再现"，予以尊重和经济上的资助，不能也没有必要强迫传承者在传承的基础上一定要以"创新"来"超越"前辈。因为这实质上是在打击传承者，误导传承者将重心放在排演全新的剧目上，导致相传环节的

---

① 梁谷音. 保护文化遗产之我见. 戏曲研究，2009（2）：167.
② 施德玉. 大陆新编昆剧的危机——第三届昆剧艺术节观后. 福建艺术，2006（6）：24.
③ 和璐璐. 昆曲界泰斗顾笃璜执导"传字辈"《牡丹亭》. http://www.022net.com/2011/6 - 16/42453026275074.html，2011 - 07 - 01.

缺失，达不到前辈的表演水平，造成的后果就是新一代传承者表演水准的大幅下降。对于行政介入实施的经费资助导向对非遗传承正在产生的后果、影响，必须予以进一步的观察和反思，并及时从政策上予以调整。

三、昆曲的传播推广和大众文化遗产意识的培养

（一）昆曲的传播推广

戏曲的本质在于表演，需有观众对演员的表演活动进行观赏。昆曲的衰落在于没有观众，昆曲表演和观众之间的交流中断，演员再精湛的表演技艺也失去了魅力。仅限于国家权威认可、政府工作和学术研究，显然不是昆曲的最佳选择。必须引起大众对昆曲的关注，吸引大众欣赏昆曲是昆曲传承的一个关键环节，也是昆曲走向大众的最后一个环节。对于昆曲演员而言，也是以表演技艺谋生、寻求生存利益最大化、实现人生目标的理性行为。经常出现的情况是，不是昆曲表演者的艺术水准有问题，而是昆曲工作者不知怎么做才能吸引大众为昆曲掏腰包。回顾2001年以后昆曲的发展状况，伴着文化遗产热，不同推广方式的运用推动了昆曲在大众中的传播，使其逐渐"流行"起来。

第一，成功发挥媒体的传播功能和运用市场推销策略。众所周知，在信息时代，依附于商业团体的媒体系统所拥有的传播、操控功能所达到的强度，某种程度上决定了文化产品在社会中的普及和有效程度，因此商业策略的恰当使用，是培育消费群体的重要手段。这凸显出信息传媒时代的特点，只要是传媒能够渗透到的空间，制作者就可以利用媒体制造出人们本来不需要的产品，包括文化艺术，它运用话题制造、影像画面、反复宣传等手段来培育大众对某种产品的接受能力，促进大众适时消费。这些传媒手段用于文化遗产的再生产，也成为文化遗产快速进入大众视野"看不见的手"。

2001年昆曲成为非遗代表作之初，官方媒体并没有就此形成强大的宣传效应，只是用一个很小的篇幅报道了这件事情。① 文化部荟萃昆曲表演艺术家举行庆祝展演，但没有引起大众注意。② 于是就有了这样的现象：对昆曲有相关报道，但不为人所知；有观众，但没有热情的粉丝。现在各个昆剧团演出的增多及突破专家、领导的局限为大众所熟悉，是传媒对与昆曲有关的突出事件反复造势、宣传后才出现的。

青春版《牡丹亭》是对昆曲的一次成功包装和推广传播。从2002年开始筹备到2004年正式公演，它的定位非常明确：吸引年轻观众。制作方有着很强的营销意识，

---

① 田青. 中国非物质文化遗产保护的现状与未来. 解放日报，2010-09-26（9）.
② 王振华. 昆曲展演有点"冷"——名人、名角谈昆曲. 华夏时报，2001-10-19（12）.

引入现代娱乐传播机制。利用白先勇先生的个人名望,接受媒体专访;以在著名大学举行有关昆曲的讲座、学术研讨会等方式,在各个不同的层面形成热议效果;用巡演中的突出事件进行造势和刺激大众,吸引媒体追随,报道在国外表演中受欢迎的各种细节和各阶层人物的欣赏和评价等。最终它在美国表演的成功和带来的反响不仅引起了中美两国领导人的注意,还确立了它在国内的品牌形象,受到大学生的追捧,为昆曲以后的发展带来周期较长的后续效应。随着 UNESCO 2003 年公约的出台及申遗热的升温,"宣布人类口头与非物质遗产代表作"这一世界性荣誉也整合到媒体对昆曲的轮番传播中。

上昆全本《长生殿》是近年来严格按昆曲"传统表演格范"精心排演制作的,被视为向洪昇原著的靠拢和还原①,体现着对传统经典的崇敬和敬畏。但仅有此还不够,制作方为了吸引观众购票观看,利用媒体资源精心设置了公关策略:2007 年在上海演出时,演出信息在上海闹市的大型电子显示屏上滚动播出,这首开戏剧演出大型屏幕广告之先河。同时,还在地铁站进行广告宣传,将演出信息印制在电信电话卡上、精美的单折页上,拓展各种宣传渠道寻找、吸引观众,使上昆全本《长生殿》的演出信息一时成为主流平面媒体、电视、广播、时尚报刊和网站的重要文化新闻。

在北京公演时,为了刺激媒体,形成宣传效应,制作方无论是新闻发布会地点(北京皇家粮仓、故宫)还是新闻发布形式(蔡正仁祭拜"老郎神"和请明星助阵)都颇费一番心思。很明显,今天戏曲表演早已没有了"老郎神"的演出习俗,但利用这一有别于现代的话题吸引镁光灯,进而吸引大众眼球,对于那些具有极高艺术水平的昆曲表演,这些营销手段的推波助澜又有何不可?相信越来越熟悉、理解昆曲的大众走进剧场并不会失望,这一点在全本《长生殿》的演出中已经得到证明。②

第二,得到社会公众人物的肯定与欣赏。前文提到,对于昆曲的肯定首先来自 UNESCO 这个具有国际影响力的组织授予的"宣布人类口头与非物质遗产代表作";再者是我国国家领导人的重视;还有研究者配合演出进行的评论,再就是昆曲演出与明星、名人的合作等。这些政治精英和知名度很高的各界人士对昆曲的肯定,尤其是为大众所熟悉、认可的"偶像"类人物的肯定,基于"羊群效应",就会迅速在大众中传播开来。

第三,社会大众的反应和接受过程。经过媒体传播和公众人物的推荐,昆曲剧团的不断努力,昆曲逐渐进入社会大众的生活中。视频网站中昆曲资源和市面发行的昆

---

① 刘祯. 从《长生殿》看昆曲的传统与精神. 艺术评论,2008(6):48-50.
② 有关上海昆剧院昆曲全本《长生殿》演出状况详情参见:中国昆曲全本《长生殿》诞生记,蔡正仁、唐斯复、叶恒峰访谈记,http://v.youku.com/v_show/id_XMTE3OTY4OTky.html,2011-06-02.

曲音像制品越来越丰富，网上昆曲论坛也较活跃，不同年龄段的昆曲观众群体正在形成。各昆曲剧团在不同层面、不同场合的演出几率增加，昆曲获得了极大的发展空间：苏昆在1995年演出101场，到2003年增至1200场，2004年以后，各类演出总场次连续三年保持在2000次左右。2005年，苏昆《长生殿》在北京保利大剧院演出，三天的票价从90元被炒到1500元①。同时在一些城市也有了昆曲的固定演出：如南京的兰苑剧场、"廿一会所"，北京"皇家粮仓"、梁祝茶馆，杭州胡雪岩故居、江南古镇周庄、苏州昆曲博物馆等场所都有各个昆曲剧团的固定演出。2004至2005年，上海戏曲学校昆曲班招生名额不过60人，报考人数却达到破纪录的近4000余人，录取比例为70：1，大大提高了生源素质②，昆曲传承人才的选拔在素质方面有了很大的回旋空间。

可以看出，昆曲演员的精湛表演也需要好的推介，市场环节中的商业营销和当代传播媒介在培养观众适时消费某种文化产品方面拥有极大的优势，这是促进昆曲传承、发展的策略手段之一。很多时候，反而是昆曲相关利益者习惯于行政文化事业体制下的思维模式，并不擅长运用商业手段对昆曲展开营销。昆曲相关利益者在面对具有弹性、竞争特点的市场时必须调整其观念和行为。这方面好的案例仍是上海昆剧团，他们创办了一个"兰韵雅集"的昆曲粉丝俱乐部，构成人员以学生和白领为主，上昆在周六、周七教会员昆曲，昆曲演员与俱乐部会员经常举行活动，如摸奖、与昆曲名家合影、举行新年晚会、敲钟、昆曲名家反串，上昆为维护会员活动的支出占到总开支的10%～15%。③

从昆曲的传播推广这一案例可以看到，推广营销是非遗管理规划的一部分，它增强了非遗的商业潜力，促进了民众对非遗的了解，为非遗传承培育了更多受众群体。也培养了趣味各异的民众的人文历史深度和思考能力，长此经营下去，对提升我国民众的人文素养有着积极的作用。

（二）大众文化遗产意识的培养

我们无法忽略的是，无论是政府主导下的昆曲保护还是面向市场的商业经营，昆曲都离不开真心欣赏它的大众。昆曲作为古典艺术，已经高于娱乐这个概念，体现古典文学意蕴的昆曲表演并不是欣赏一次就可以掌握的，也不是所有人都可以透彻理解的，它需要当代大众投入一定的时间和精力去斟酌消化并反复体会，是一种花费较长

---

① 杨守松. 昆曲之路. 北京：人民文学出版社，2009：114，125.
② 梁谷音. 保护文化遗产之我见. 戏曲研究，2009（2）：166.
③ 资料源于上海昆剧团谷好好2011年11月15日上午在中山大学所做的昆曲讲座，地点：中山大学中文堂206室。

时间并需知识储备的爱好。但只要深入进去就会带给人们持久的美的愉悦。从这一点来说，通过商业传媒宣传推广的手段提高公众文化遗产意识，效果是有限的，公众的感觉也绝不可能完全受媒体操控。

所以，对当代昆曲的保护活动，需要社会各类公共文化机构和不同团体对大众有意识的因势利导，展开更为细致、耐心和长期、全面的教育工作，使大众有充分的时间来接触和体验昆曲，提高大众的昆曲鉴赏能力，培养起真正喜欢昆曲的消费群体。如同教育一样，这绝不是可以速成的文化事业，相反是需要人们耐心、持续深入地进行。正是有了这样的认识，当下昆曲传播与推广越来越注重与教育的结合，不断有著名昆曲演员进入校园讲解昆曲。2009年北京大学启动"北京大学昆曲传承计划"，开设《经典昆曲欣赏课》，请海内外知名的昆曲学者和昆曲表演名家来授课，选拔大学生制作"校园版"《牡丹亭》。从长远而言，今天昆曲传播与推广的重点对象——青少年，才是在未来支配社会资源、主导文化发展甚至决定文化品位的群体，昆曲能否以文化遗产之礼物代代传递，未来的主导权在他们手中。因此，如同理解、感受诗经、唐诗宋词古典文化那样推动当代青少年真正理解昆曲之美，是昆曲保护和传承不落入程序化表面形式的最基础行动。

从非遗传承角度出发，在培养大众文化遗产意识的过程中，还需要引导大众思考同属表演艺术的戏曲，昆曲之所以为昆曲、京剧之所以为京剧的原因何在。以此作为切入点推动大众认识到对昆曲"创新"后却变得像京剧、越剧、西方戏剧的原因所在，意识到这一类昆曲的"创新"表演无论成就有多大，都已经混淆了各自的美学特征，甚至是后者对前者的覆盖，若以这类"创新"后的昆曲表演作为传承范本传给后代，只是反映我们这个时代的"假古董"。

更进一步，培养大众的文化遗产意识，还必须引导大众深入思考，是否有京剧崛起，就任昆曲悄然消亡？是否当代有了精彩绝伦的影视表演，就任京剧消亡？历史文化的积淀不是"狗熊掰棒子"，在文化艺术领域中，后来出现的文化表达形式并不意味着以往的东西是落后的、过时的。著名建筑学家梁思成阐述研究中国建筑的原因时曾说："如果世界上艺术精华，没有客观价值标准来保护，恐怕十之八九均会被后人在权势易主之时，或趣味改向之时，毁损无余。"[①]

通过昆曲这一案例，对于那些具有极高文化遗产价值、成熟表现形态的非遗，行政主导的保护行为应该明确其关键落脚点所在。更需反思的是，面对政府的强势介入、商业团体的经济强势，何以众多资深研究专家、传承者的观点几乎可以忽略不计？其意见为何没有有效地与非遗保护的具体执行结合起来，这是在完善非遗保护管

---

① 梁思成. 凝动的音乐（2版）. 天津：百花文艺出版社，2009：208.

理机制过程中必须予以重视的问题。

作为我国古典文化代表的昆曲，历经600年仍能以演员唱念做打的身体动作把它在明清繁华时期的精髓呈现在舞台上，仅就这一事实，便值得我们尊敬。比起一个时期或一个流派的众多平凡之作，昆曲能教给我们的更多。"似水流年，如花美眷"精神意境的表现形式可以有很多，电影、文学语言描写、流行音乐等，但唯有昆曲表演者高超精湛的表演能让人获得这种难以言说的审美体验。对我们普通人而言，或许一生都不曾有这样的体验，但我们如果真的从昆曲中感受到这一点，那是我们自己美感的丰富和提高，如果我们国家一代一代的人能从中体会到这种美感，相信那是我们国民整体文化素质提高的见证，更是我们美好生活的见证，这是包括昆曲在内的非遗价值所在。承担文化使命的非遗保护，促成大众文化认同的真正意义也应该是如此。

四、非物质文化遗产的整体保护

《中华人民共和国非物质文化遗产法》第4条规定保护非遗坚持整体性，主要包含两层含义：一是对每个非遗项目要进行全面保护，例如那些由多种技艺、形式共同构成的传统戏剧；二是对特定区域进行整体保护。对非遗代表性项目集中、特色鲜明、形式和内涵保持完整的特定区域，由当地文化部门制定专项保护规划，报批本级人民政府批准后，实行区域性整体保护。以后者为主的整体性保护方式是将"非物质文化遗产置于完整的文化生态中进行保护的一种理念。它强调非遗与周围环境的关系、传承人在生活中的状态，是一种立体保护模式"①。

刘魁立在讨论非遗的整体性保护原则时，提出6要点：①既要保护非物质文化事象本身，也要保护它的生命之源；②保护非物质文化遗产的整体性原则，不仅是就空间向度而言，也表现在时间向度上；③既要重视非物质文化的价值观，又不能忽视其背景和环境；④在具体操作过程中要整合和协调各方面的利益诉求；⑤处理好非物质文化遗产的创造者、拥有者和保护者之间的利害关系；⑥尊重文化共享者的价值认同和文化认同。②

"文化生态保护实验区"作为非遗整体性保护方式的具体应用，是我国在吸收生态博物馆经验的基础上建立起来的，但实质上这些区域主要从历史旅游区转换而来，延续的仍是旅游等观光、休闲产业方面的功能。在管理思路上，也基本延续的是物质文化遗产的管理模式。也就是说，文化生态保护实验区在非遗保护中与非遗传承者的关系如何，从保护管理角度看，是十分模糊的，该区域内的非遗传承因之发生了什么

---

① 康保成. 中国非物质文化遗产发展报告（2011）. 北京：社会科学文献出版社，2011：32.
② 刘魁立. 非物质文化遗产及保护的整体性原则. 广西师范学院学报，2004（4）：1-8.

变化，较之设立保护区之前对非遗产生了哪些积极影响，恐怕在现阶段根本无法得出一个清晰的答案。

从上述关于昆曲保护的讨论中我们也可以看出，非遗能够得到传承不在于这种"画地为牢"的做法，而是因人的活动，使非遗传承关系到社会生活不同层面的运作。无论是市场环境还是政府行政下的昆曲表演，昆曲传承都存在于与昆曲相关的不同社会活动环节的人的活动和意识之中，地方性会影响到非遗的传承，但对保护来讲，仅仅保护昆曲剧团、表演者和表演剧场，以江浙地区为中心建立昆曲文化生态区并不能很好地解决昆曲的传承。

因此，对非遗整体性保护的解读，不是局限于可感的地域界限下的整体性，而应从宏观和微观的社会整体运作视野出发，从人的观念、态度、具体行为到社会政策、具体执行、各类组织管理活动环节等不同层面加以反思，从这些方面展开评估，考虑上述因素在非遗传承活动中扮演的角色和功能，改善保护具体执行过程中的不妥之处。这些内容我们在前文不同问题的讨论中已经有所涉及，在此基础上，如果我们视非遗是由不同环节组成的文化生产过程，结合非遗整体性保护，或许还需注意到以下方面。

（一）行政层面确立非物质文化遗产保护核心要素

就非遗本身而言，强调传承这个前提，观点本身没有问题，有问题的是这个前提的具体内容阐述并不清晰。从对昆曲的保护讨论延伸开来，可以注意到，康保成老师很早就对非遗传承话题在不同场合表达了"两条腿"走路、"原汁原味"的观点，思考保护过程中非遗变化程度如何限定的问题①，他在皮影戏访谈中提出："最好的办法是'两条腿走路'。在一些条件好的地方，保留一个原汁原味的团，原来怎么演就怎么演，不要做任何改革，还像传统的那样，就通过让老师傅带徒弟的方式。……另外一条'腿'，就是怎么可以吸引观众就怎么改，可以用声光电的技术，任何符合市场的行为都是可以的。比如前些年有人也开始用动画和皮影艺术相结合，但市场未打开。"②

康保成认为当代戏曲可以这样发展：①保留部分传统戏曲剧种剧目为"博物馆艺术"，即日本叫做"文化财"的艺术，供研究和少数人欣赏；②在流行音乐的基础上，创造一种新戏曲。③

---

① 2011 年 11 月 6 日康保成老师在"首届中美非物质文化遗产论坛：政策比较"国际学术研讨会发言中简要提及。

② 刘炜茗. 皮影戏：能否坚守最后一块阵地. http://ent.sina.com.cn/x/2005-11-07/0933888264.html，2008-09-30.

③ 康保成. 研究"活"的诗歌史、文学史. 文艺研究，2002（4）：108.

再如少林武术，康保成认为少林武术在历史上不断吸纳外来优点和长处的同时，又保持了严格的师承关系，对少林武术进行的非遗保护，应对18世纪的（少林武术）尽可能的研究，尽可能的恢复。①

但有一个问题就是，类似"原来怎么演就怎么演"的非遗保护理念对专业研究者可能是非常清楚的，但保护措施的实施与学术意义上的理解是有距离的。不难发现，参与非遗保护的工作人员对这一观点及如此操作的深层原因并不十分清楚。对这一议题的考虑不仅涉及官方新近确立的"生产性保护"的适用对象，也涉及传统音乐、舞蹈、戏剧、杂技、体育等非遗，对其中底蕴深厚、表现形态丰富的非遗，我们是否也有必要在行政层面就"传承"、"原汁原味"等内涵予以明确化呢？这需要在咨询资深非遗传承者、专业研究者、熟悉热爱非遗的其他人士基础上展开讨论。

从昆曲的保护可以看出，行政保护层面明确非遗核心要素，更关系到非遗传承和变化、保护与开发关系的处理。这方面，中日韩三国就非遗传承与变化关系的不同保护理念或许能给我们提供进一步的启发，日本在行政层面的应对方法是确立了"型"与"形"区分的观念。韩国研究者则注意到本国政府非遗保护的僵化、形式化问题，有研究者指出原因之一可能在于韩国的殖民历史，经历了日治时期的强制中断之后，许多非遗是依据文献资料、口传历史、相关记忆者、传承人而重建起来的一套表现模式，即韩国研究者所称的"原型"，在保护中逐渐变成了固定不变的范本，趋于僵化，使传承者没有了自由发挥的空间。②

与韩国相反，我国目前进行的非遗保护无论是政府或是社会力量的资金投向都倾向于推动创新，谈保护必联系利用、产业化，甚至发明出"保护性开发"这类体现国民"珠联璧合"心理的术语。现实中与非遗有关的创新、改变都是无可厚非的，但究竟哪一种模式更利于非遗传承？他国经验模式是否适合移植？笔者所支持的立场出发点，仍是从我们想要如何继承传统文化的意愿出发，只有在这一问题上达成共识，非遗保护工作的方向才会越来越清晰。

（二）注重非物质文化遗产传承人社会能力的培养

就非遗传承者而言，传承者从最初的学艺开始，并不仅仅只是传承非遗而已，而是已经进入与非遗有关的社会生态体系③当中了，如非遗行业体系。在实际社会情境中，一个成功的非遗传承者通常会习得一整套与非遗有关的文化传统，这套文化传统

---

① 康保成. 少林学学术研讨会发言摘要. 禅露, 2006（春之卷）, http://www.shaolin.org.cn/templates/T_publication/article.aspx?nodeid=207&id=2242.
② 黄贞燕. 日韩无形的文化财保护制度. 宜兰：国立台湾传统艺术总处筹备处, 2008：297-299.
③ 宋俊华. 关于国家文化生态保护区建设的几点思考. 文化遗产, 2011（3）：1-7.

可分为技艺层次、社会组织层次、行为层次,这三者对非遗成功的代际传承缺一不可。技艺层次关系到非遗的表现水准,社会组织和行为层次涉及社会关系的组成原则、价值与信念、日常生活习俗等。非遗传承者不仅要能够高水准地呈现非遗,还要有关于非遗的各种社会信息、评价、因果判断等集体知识,形成关于非遗较为完整的技艺和社会知识,有非遗方面的经营能力,与行内人有对话沟通等实际社会生活能力。

因此,传承人非遗上的精湛并不意味着他同时是一个优秀的经营者,但非遗能够成功传承下去,必不可少的原因是传承者在不同的社会情境下,面对不同的社会历史因素,根据其既有的集体知识,做出选择性、修正的应对,实现自我发展。例如,民俗学者关于陕北窑洞技艺的调查报告中指出,传承自18、19世纪窑洞建造的传统技艺,靠"箍窑"为生的工匠们指出:在石匠和木匠的眼中,专业技术并不是最难掌握的,一项建筑工程中最关键的技术能力属于总头。总头的才能体现在两方面:与房主签订合情合理的工程合同;同时动员和组织工匠队,并在队内协调人际关系和业务关系,处理在工作中遇到的各种矛盾。总之,拥有具有这种组织能力的人才是关键。① 显然,窑洞传统建造技艺属于非遗,但这种技艺在地方社会的传承和实践还需要这些匠人有应付、处理建造房屋时所遇到的各种情况的能力,因此并不是所有的石匠都做得了总头。

这个案例还看不出商业力量影响,方李莉关于景德镇瓷器的案例②使我们看到非遗传承者在当代需要具备与市场发展相适应的视野和知识。面对日新月异的技术革新,市场经济程度的不断加深,传统文化要实现相传与相变,需要的是拥有深厚传统基础、有创意并对市场变化敏感和远见的传承者。她对我国各地瓷器的调查表明,生产过程中以体力为主的工序全部被机器代替,决定瓷器成品最重要的工序——窑炉烧制也为有测温控制的瓦斯炉所替代。景德镇以窑炉为中心,窑业组织和积累了1000多年的经验和技术已经全部消失,导致大批人退出瓷器行业,包括原来传统技艺生产中最重要的掌握窑炉烧制技术的师傅,取而代之的是以个体作坊形式出现的工艺瓷和仿古瓷的生产。

针对上述情况,方李莉指出,以瓷器为生计的新一代传承者若想生存下去,必须具备以下条件:一是形成当下新的知识结构:对陶瓷市场的把握,包括市场行情、经营经验、价值水准等。二是在技艺传承上,具备一定的绘画和设计的能力,要求具备

---

① (法)蓝克利(Christian Lamouroux). 中国近现代行业文化研究——技艺和专业知识的传承与功能. 北京:国家图书馆出版社,2010:6.

② 方李莉. 传统与变迁——景德镇新旧民窑业田野考察. 南昌:江西人民出版社,2000:190-200.

与众不同的制瓷或绘瓷技艺以及对古陶瓷历史的认识、理解和独特的眼光。

当然事实也证明，一个瓷器生产者在市场意识、技艺知识方面的能力越强，就越能适应市场竞争。这些瓷器个体作坊主，在机械生产条件下，开始将心思主要用在瓷器造型设计方面，生产文化附加值高的欣赏瓷器，以"人无我有"的独特特点，不断出新，那些有较好绘画技艺和一定设计能力、应变能力的作坊主通常会在激烈竞争中胜出。而本身不懂技术或即使懂技术但对市场不敏感、应变能力不强的瓷器生产者，面临淘汰的危险，这固然令人遗憾。但从瓷器技艺的整体瓷器行业传承来看，市场机制"逼迫"着人们使出浑身解数应对激烈竞争，从而使1949年以来受到冷落而几乎被淹没的许多传统优秀技艺重新被挖掘出来，成为对瓷器传统技艺的一次全面学习和复兴，并在此基础上再创造出适应大众新的审美观的景德镇现代陶瓷。

从整体视野审视非遗保护，笔者认为，一方面，在考虑受制于社会结构的传承者如何发挥自身主观能动性，调整自身与社会的关系时，传承者能动性的发挥与自身生活需要、欲望、传承动机、追求目标密切相关；另一方面，则牵涉到非遗传承所依赖的文化价值取向、社会秩序。面对社会转型给非遗带来的生存危机，有必要通过提高包括传承者在内的社会大众与当下社会发展相适应的各种能力和素养，提升非遗的生存能力。

（三）完善非物质文化遗产的文化生产链

就非遗及非遗传承者与社会的互动而言，因各种原因，非遗传承者应对社会状况的能力各异，并不能苛求非遗传承者都是"十项全能"。我们必须考虑到非遗当下传承过程中的非文化社会性因素。

从传承者习得、传承非遗，到大众对非遗的共享、消费，二者之间并不是直接衔接的，而是有一段距离的。传统文化表现形式在新的社会条件下无需与现代科技、市场资源对立起来以彰显其价值，这是毫无意义的做法。我们拥有一流的非遗传承者，但在资讯科技空前发达的今天，如果没有很好的传播策略，他们怎么可能为我们所认识和了解？非遗又如何能与时下的通俗文化一样吸引人，成为我们生命历程的一部分？如果非遗既不想失去历史人文深度也不想脱离大众，实现文化与产业的最优化效果，就不仅仅要高度重视其传承工作，在非遗保护的政策框架、管理规划中也要注意到非遗作为文化生产所要经历的不同阶段，粗略而言主要有：

①非遗传承者学习、传承非遗←→②明晰非遗的使用目的（如修身养性或以此谋生）←→③传播推广←→④交换流通←→⑤传承者自己和大众的接受、反应。

这五个阶段是循环和相互支援的关系，从非遗产生到输出为大众所接受，认定非遗代表性传承人并予以资助，要求其履行相关义务只是其中的一个环节。在每一环节的人的活动上，需要各种不同的经营组织，如果这些组织经营表现上佳的话，将是文化产业的优势，也是保护非遗的众多社会力量之一，很多（注：不是全部）非遗在当代的生存依赖于不同社会、经济和人力资源各个环节的密切合作。政策管理规划中应注意到各个环节的均衡性，同时界定出政府作为主体管辖的范围及权责。在非遗行政政策框架内，应尽可能地弄清非遗保护管理工作取得成效的关键，不断审视资源配置的细节和程序，进行调整，形成非遗传承得以良好运作的社会环境。

综上所述，对各个非遗实施全面保护，或把历史旅游区更名为"文化生态保护区"，当然很重要，但我们并不能以为这种做法就是非遗整体性保护的全部，因为这仍没有触及非遗整体性保护的关键所在，并不足以保持非遗的生命力。非遗保护还不是对传承者本身的简单安排，要思索的问题包括当代社会权力意识形态、公众文化态度、生活方式、传承者生存、各类文化遗产的价值功能等。完善与非遗保护相关的管理、执行体系，藉着文化政策的贯彻，扶助、培养有利于非遗传承的社会生态，提高民众对非遗保护的感应能力和批判、反思能力，这样才能激发出应对当代社会的保护理念。

小　结

社会不同团体完成文化表现形式向非遗的转变后，这些文化表现形式成为保护的对象。保护是不同理念指导下的行为体现，现有保护实践中，针对不同的保护对象，人们对保护涵义有不同理解。2003 年公约没有采用以防御性为主的保护理念，从促进文化多样性和文化分享的理念出发，通过人与非遗的互动来提高人们对非遗重要性的认识，推动非遗的世代传承，提升地方民众在自身文化历史经验中的社会、文化素养，使他们能以主体的姿态来发展文化，以文化完善社会。

对 2003 年公约的解读离不开我国非遗保护的具体实施。在我国，非遗具体保护中存在着对非遗传承与保护之间关系的不同认识，面对人为无法阻止的社会客观生态的消失，有的非遗需要传承群体不断改变它们来实现传承，在这个层面，相对静态意义上的非遗本真性是不存在的。民俗学视野中所批评的是：把"本真性"与非遗传承群体联系起来时，使非遗和传承群体变成了社会主流团体想象下的"落后"、"原始"的乡村田园式的刻板印象，这种忽略非遗传承群体的主观能动性的认识并不是 2003 年公约所赞同的理念。

生产性保护是我国近年来提出的非遗保护方式，2012 年在官方层面对这一保护方式给出了进一步明确的指导意见。虽然生产性保护认同非遗传承者通过市场提高传承能力，但坚持以非遗传承和社会效益为前提，这使其有别于产业开发。当下对非遗各种形式的开发、创新，未必是非遗保护支持的传承范本，尤其是针对那些历史积淀深厚，表现手法复杂、丰富的传统文化表现形式，需要当代人完整地传承前辈在这方面的造诣，而不是"创新"改变它们赖以存在的表现形态。从整体视野出发审视非遗保护，应不断调整、改变民众的价值观念、文化氛围、政策体制等外在因素，培养人们的文化遗产意识，为人们了解、体验、理解非遗创造各种平台和机会，使其作为民族传统的经典文化得以传承下去。

结 论

到目前为止,在文化遗产保护领域,无论是没有批准2003年公约的国家,还是积极推动 UNESCO 制定2003年公约的国家日本、巴西及中东欧、非洲国家,都有来自学术层面的专业支持。美国、澳大利亚、法国、日本、意大利等国在文化遗产保护方面已经形成适合于本国国情的文化遗产保护体制,这不是仅有代表国家的官方力量就能完成的。美国(文化遗产的国家公园管理体制)、法国(《雅典宪章》、《威尼斯宪章》、国家文化遗产日)、澳大利亚(巴拉宪章)、日本(质疑世界遗产评估标准"原真性"的"奈良会议")的一国文化遗产保护经验都逐渐地国际化了。中东欧国家尽管在20世纪八九十年代发生了不同程度的社会变革,但仍以雄厚的民俗学实力,无论是 UNESCO 1989 年建议案,还是后来 UNESCO 的非遗保护,这些国家都发挥了重要影响。

这其中值得我们反思的是1994年日本奈良会议的召开,日本向世界阐述了东亚背景下的文化遗产观念,使日本许多木质结构建筑顺利进入《世界遗产名录》。更为重要的是,日本在文化遗产保护观念层面影响了1972年公约下的"原真性"标准,突破了欧美文化遗产观念的限制,促使世界遗产委员会对《世界遗产公约操作指南》进行了修改,对1972年公约下的世界各国文化遗产保护实践产生了长远影响。

在非遗保护上,日本在 UNESCO 层面围绕2003年公约投入巨大的人力、财力,可以说是引领了世界非遗保护的潮流,大大增加了日本在国际文化遗产保护领域的影响力。日本关于"文化财"保护政策都是有专业的、独立的、具有相对公信力的专业学术研究团体作为保障和后盾,围绕包括无形文化财在内的文化财保护从各种角度展开研究,这其中包括反思、反对、批评"文化遗产化"的学术声音。正是这种多样性的专业学术探讨,无形提高了日本文化财保护的专业水准。

我国文化遗产类型十分丰富,这正是我国传统文化观念深厚、多样性的生动体现,我们也不缺少文化遗产保护方面的理论资源。但我们却不得不面对这样的事实,在文化遗产保护观念的形成和发展上，缺乏本土化和国际化的文化遗产研究成果。某种程度上，我国比较擅长于"适应"国际公约，但在自身文化遗产的思想阐释上存在不足。

与申报1972年公约下《世界遗产名录》一样，我国对非遗代表作名录的申报积极性显然比对影响非遗保护的文化理念的研究兴趣要大得多。在正文的论述中我们看到，2003年公约与各国所持国家利益、国内政策倾向、学术层面上的理解息息相关。在2003年公约制定的同时，我国在非遗保护方面还停留在知名文化人士激烈的情感式呼吁阶段①，国家层面的立法保护才刚刚开始。在政府层面，我国在UNESCO的工作者努力把国家和民族利益体现在2003年公约中②，可在研究层面上，我们对国内非遗保护方面的研究显得不足，也因为没有直接参与UNESCO专家对2003年公约具体文本内容的制定，对2003年公约的内涵和主旨把握就相对薄弱一些。

专业学术以其独立性而不能沦为国家政策的附庸和工具，但是否批准2003年公约，是否能给我国国内文化、社会发展产生积极影响，应该是政府在经过充分研究的前提下做出的国家文化决策。参与UNESCO 2003年公约政府间专家会议的我国法学家梁治平指出："我们国家在大多数情况下扮演的角色是比较随大流的。这倒不是我们个人的决定，而是我们国家在很多外交场合的表现。当然，涉及到一些我们认为是重大的国家利益，情况就会不同。问题是，什么是国家利益，这不是一个简单的问题。如果没有政府官员非常敬业地去履行他们的职责，如果没有相关行业很好地参与，如果没有社会科学工作者，包括法学家，对这些问题长期、持久的关注和研究，要正确地判断什么是国家利益是不可能的，而在不了解国家利益的情况下，你在谈判中就可能处于很被动的境地。实际上，我认为在这方面我们还有很多事情要做。"③

在我国人大通过批准2003年公约后，涉及履约事宜，必须认识到这绝不是在走过场，它已经关系到一个国家的国际声誉、政府担当和能力水准。虽然我国入选UNESCO非遗代表作名录数量最多，但它不是"晒"给别人看的文化财富名单。应当说，2003年公约对各国又是一次极为难得的机遇，它正处于起步时期，其发展是掌握在各缔约国手中的，这也意味着所有国家的机会是相对均等的，但要在拥有如此众多国家的UNESCO获得认同和理解，实施的难度也超乎想象。我们所要做的就是

---

① 冯骥才. 紧急呼救——民间文化拨打120. 上海：文汇出版社，2003.
冯骥才. 灵魂不能下跪——冯骥才文化遗产思想学术论集. 银川：宁夏人民出版社，2007.
② 参见杨治在中医针灸入选非遗代表名录新闻发布会的发言，http://www.scio.gov.cn/xwfbh/gbwxwfbh/xwfbh/zyyj/Document/812627/812626.htm，2010-11-24.
③ 梁治平. 谁来保护非物质文化遗产——一次参与国际公约制定的经验. http://www.ihchina.cn/inc/detail.jsp?info_id=1852，2011-11-21.

在如何准确认识自身文化的基础上，以 UNESCO 为平台，通过文化遗产，把我们的文化思想观念向世界表达出去。这一切，归根结底在于我们如何对它们进行保护，使它们有活力传承和发展，持续深入的学术研究是必不可少的。

对 UNESCO 的 2003 年公约而言，主要是从世界整体视野出发，对相对脆弱的文化表现形式——非遗展开保护，从而在全球化时代搭建当代世界文化多样性和社会可持续发展之链，用"非遗重要性"的观点来引导各缔约国思考保护非遗的本质所在。由此引出非遗与社区关系、文化认同的认识，提倡非遗保护的社区参与原则，在非遗传承方面，支持社区自发地创造性传承，并吸收他们参与到非遗保护管理活动中来。

在我国，我们不能也不可能将所有传统文化表现形式保护起来。我们首先面临的一个重要议题是从日常生活角度切入，思考当下的生活如何与传统相处，社会发展是否一定要付出放弃自身传统优势的代价。当代社会若从整体上放弃来自历史的智慧，削弱的是年轻一代应对文化变迁的能力，而未来如何发展，却取决于他们的努力和智慧。因此，具有远见的中国现代化进程，不应让包括非遗在内的民族传统文化没有安顿的空间。我国的非遗保护需要在这些议题上有鲜明的共识和形成较强的话语力量，才能持久进行下去。

回顾历史，一个国家和民族有意识地珍惜、保护其国民创造的历史文化形态，无论它们是有形的还是无形的，将其上升到公民共同体文化记忆的一部分，这是国家走向成熟的一个标志。也只有在公民社会发育的过程中，才会把传统历史文化的"保护"以国家立法的形式固定为现代文明的理念，成为关系公众、国家责任感的文化事业，展开全方位的保护。无数的历史早就证明，得到保护的文化遗产，不仅仅因为它代表着一个民族的文化创造力，更体现了当代人对文化和历史的前瞻意识和担当能力，指向的是未来的希望，贯穿其中的是"子子孙孙永葆用"的人类精神。

所以，如果我们支持非遗传承、更新，就需要从理论话语和行动方面不断反复地予以论证、传播，不断影响当下的社会大众对传统的态度和实际选择。反之，如果没有给出切合人们日常生活体验的解释观点，总停留在过于抽象宏大的叙事话语中，没有合法的文化承认，大众对非遗保护的质疑就不会消失，也不会形成尊重非遗、尊重传统并从内心自发传承非遗的社会价值氛围。

保护也不在于保护非遗本身，如果仅是这样，非遗传承就有空洞形式化的危险。非遗源自生活，非遗的重要性也是从文化与"天天过日子"的人的关系来着眼的，我们视非遗为文化，而只有人才能传承和创造文化，因此，"人"才是非遗保护过程中最应尊重和培养的智力资源。与非遗保护有关的民族命运、民族认同等重要观点，实质上仍扎根于非遗对民众所具有的那种生动、感性的情感力量。从世界文化与发展委员会报告《文化多样性与人类全面发展》中我们可以看到，对发展与文化的关系的理解已经经历了这样的转变：视文化尤其是传统文化为社会发展、经济增长的累赘→视文化为经济增长的工具和手段→视文化为人之发展的最终目的和归宿。

　　说穿了，不以经济增长或物质利益为唯一目标，超越现阶段把文化仅仅视为获得经济财富的手段，因为文化不是发展的附属物，只有文化才能赋予人生活生存的意义，它与一个人或民族、社会的命运融为一体。这种认识的转变，也正是许多非遗研究者所意识到的。在研究、感受地方文化和每天生活的民众的基础上，研究者可以把非遗保护与为人们追求和拥有更有意义的生活的这一目标结合起来，提出更具理论解释力的保护理念。我们也须对非遗保护持这样的理念：非遗在未来是什么样和产生哪些影响，不仅决定于前人做过什么，更在于今天的我们做过些什么。

主要参考文献

一、联合国中英文文献

[1] UNESCO. 关于发生武装冲突时保护文化财产的公约（1954）
[2] UNESCO. 关于禁止和防止非法进出口文化财产和非法转让其所有权的方法的公约（1970）
[3] UNESCO. 保护世界文化和自然遗产公约（1972）
[4] UNESCO. 保护民间和传统文化的建议案（1989）
[5] UNESCO. 世界文化多样性宣言（2001）
[6] UNESCO. 保护非物质文化遗产公约（2003）
[7] UNESCO. 保护和促进文化表现形式多样性公约（2005）
[8] 联合国环境与发展会议. 里约环境与发展宣言（1992）
[9] 联合国环境规划署（UNEP）. 生物多样性公约（1992）
[10] 联合国. 联合国关于在发生严重干旱和/或荒漠化的国家特别是在非洲防治荒漠化的公约（1994）
[11] 联合国粮农组织（FAO）. 粮食和农业植物遗传资源国际条约（2001）
[12] 联合国. 联合国土著民族权利宣言（2007）
[13] UNESCO. International Consultation on New Perspectives for UNESCO's Programme: the Intangible Cultural Heritage. 文件编号：CLT/ACL/93/IH/01
[14] UNESCO. World Heritage Center（1996）World Heritage Committee. Twentieth session. Merida, Mexico. 2–7 December 1996. 10 March 1997. 文件编号：WHC-96/CONF. 201/21

Annex V: Statements by China and the United States of America during the inscription of the Hiroshima Peace Memorial（Genbaku Dome）. http://whc.unesco.org/archive/repco96x.htm

[15] UNESCO. Final Report Turin "Intangible Cultural Heritage—Working Definitions" (2001)

[16] Janet Blake. Developing a New Standard-setting Instrument for the Safeguarding of Intangible Cultural Heritage: Elements for Condersideration. Paris: UNESCO, 2001. 文件编号: CLT – 2001/WS/8 Rev

[17] UNESCO. Final Report "Intangible Cultural Heritage: Priority Domains for an International Convention" (2002)

[18] UNESCO. Recommendations "Intangible Cultural Heritage: Priority Domains for an International Convention" (2002) 文件编号: RIO/ITH/2002/WD/10

[19] UNESCO. Results of the International Meeting of Experts on Intangible Cultural Heritage-Establishment of a glossary

[20] UNESCO. 3rd Round Table of Ministers of Culture "Intangible Cultural Heritage—a Mirror of Cultural Diversity" (2002)

[21] UNESCO. Glossary on intangible cultural heritage (2002)

[22] UNESCO. 保护非物质文化遗产国际公约第一稿. 文件编号: CLT – 2002/CONF. 203/3

[23] UNESCO. 关于《保护非物质文化遗产国际公约第一稿》第一次政府间专家会议. 文件编号: CLT – 2002/CONF. 203/5

[24] UNESCO. 关于《保护非物质文化遗产国际公约第一稿》第二次政府间专家会议. 文件编号: CLT – 2003/CONF. 205/6

[25] UNESCO. 关于《保护非物质文化遗产国际公约第一稿》第三次政府间专家会议. 文件编号: CLT – 2003/CONF. 206/4

[26] UNESCO. Records of the General Conference, 32nd session. Paris 2003. 文件卷号: Vol. 2, Proceedings

[27] UNESCO. General Comments received from Member States. 文件编号: NO. CLT – 2003/CONF. 206/3

[28] UNESCO, ACCU. Expert Meeting on Community Involvement in Safeguarding Intangible Cultural Heritage: Towards the Implementation of the 2003 Convention. 文件编号: CLT/CH/ITH/DOCEM0306REV. 1

[29] UNESCO, 保护世界文化与自然遗产的政府间委员会. 实施《保护世界文化与自然遗产公约》的操作指南 (2005)

[30] UNESCO.《保护非物质文化遗产公约》基本文件 (2010 版本). 文件编号:

CLT－2010/WS/17
[31] UNESCO. 保护非物质文化遗产政府间委员会关于其活动（2008—2010年）的报告. 文件编号：36 C/REP/23
[32] UNESCO. 世界文化报告2000：文化的多样性、冲突与多元共存. 关世杰，等译. 北京：北京大学出版社，2002
[33] UNESCO，世界文化与发展委员会（WCCD）. 文化多样性与人类全面发展——世界文化与发展委员会报告. 张玉国，译. 广州：广东人民出版社，2006
[34] UNESCO. 世界报告：着力文化多样性与文化间对话. 巴黎：UNESCO，2010

二、中国非物质文化遗产有关法律文件

[35] 国务院. 关于加强我国非物质文化遗产保护工作的意见（国办发〔2005〕18号）
[36] 全国人民代表大会. 中华人民共和国非物质文化遗产法（中华人民共和国主席令第42号）
[37] 文化部. 国家级非物质文化遗产项目代表性传承人认定与管理暂行办法（文化部令第45号）
[38] 文化部. 文化部关于加强非物质文化遗产生产性保护的指导意见（文非遗发〔2012〕4号）

三、英文学术著作文献

（一）英文论文集

[39] Harriet Deacon, Olwen Beazley. Safeguarding Intangible Heritage Values under the World Heritage Convention: Auschwitz, Hiroshima and Robben Island. Janet Blake. Safeguarding Intangible Cultural Heritage: Challenges and Approaches (A Collection of Essays). Institute of Art and Law, 2007
[40] Barbara Kirshenblatt-Gimblett. Intangible heritage as metacultural production // Laurajane Smith. Cultural Heritage: Critical Concepts in Media and Cultural Studies (Volume IV). New York and London: Routledge, 2006
[41] Laurajane Smith, Natsuko Akagawa. Intangible Heritage. New York and London: Routledge, 2009
[42] Lourdes Arizpe. The Cultural Politics of Intangible Cultural Heritage. Janet Blake. Safeguarding Intangible Cultural Heritage: Challenges and Approaches (A Collection of Essays). Institute of Art and Law, 2007

[43]（日）爱川纪子（Noriko Aikawa-Faure）. The Conceptual Development of UNESCO's Programme on Intangible Cultrual Heritage//Janet Blake. Safeguarding Intangible Cultural Heritage：Challenges and Approaches（A Collection of Essays）. Institute of Art and Law，2007

[44]（日）河野俊行（Toshiyuki Kono）. Intangible Cultural Heritage and Intellectual Property—Communities，Cultural Diversity and Sustainable Development. Antwerp-Oxford-Portland：Intersentia，2009

[45]（日）河野俊行（Toshiyuki Kono）（ed.）. The Impact of Uniform Laws on the Protection of Cultural Heritage and the Preservation of Cultural Heritage in the 21st Century. Leiden，Boston：Martinus Nijhoff，2010

（二）英文专著

[46] Harriet Deacon with Luvuyo Dondolo，Mbulelo Mrubata and Sandra Prosalendis. The Subtle Power of Intangible Heritage：Legal and Financial Instruments for Safeguarding Intangible Heritage. Cape Town：Human Sciences Research Council，2004

[47] Janet Blake. Commentary on the UNESCO 2003 Convention on the Safeguarding of the ICH. Leicester：Institute of Art and Law，2006

（三）英文论文文献

[48] Diana Baird N'Diaye. Community in the Context of UNESCO's Convention on Intangible Cultural Heritage. http：//www. accu. or. jp/ich/en/pdf/c2006Expert＿NDIAYE. pdf

[49] Janet Blake. Towards a Better Understanding of Community Involvement for Achieving Environmentally Sustainable Development. Environmental Sciences，2008，(2) 1－14

[50] Jean-Louis Luxen. The Intangible Dimension of Monuments and Sites with Reference to the UNESCO World Heritage Lists. http：//www. international. icomos. org/victoriafalls2003/luxen＿eng. htm，2011－04－22

[51] ICOMOS. The World Heritage List：Filling the Gaps—an Action Plan for the Future. http：//www. international. icomos. org/world＿heritage/gaps. pdf，2011－12－10

[52] Mounir Bouchenaki. The Interdependency of The Tangible and Intangible Cultural Heritage//Paper of the Place-memory-meaning：preserving intangible values in monuments and sites. ICOMOS 14th General Assembly and Scientific Symposium

[53]（日）爱川纪子（Noriko Aikawa-Faure）. UNESCO Convention for the Safeguarding of the Intangible Cultural Heritage－from its Adoption to the First Meeting of the Inter-

governmental Committee. http://www.tobunken.go.jp/~geino/pdf/sympo/07KeynoteSpeech2Aikawa.pdf, 2011 - 05 - 01

[54] （日）爱川纪子（Noriko Aikawa-Faure）. An Historical Overview of the Preparation of the UNESCO International Convention for the Safeguarding of the Intangible Cultural Heritage, Museum international, 2004 (1 - 2): 137 - 149

[55] Richard Kurin. Safeguarding Intangible Cultural Heritage in the 2003 UNESCO Convention: a Critical Appraisal. Museum International, 2004 (1 - 2): 66 - 76

[56] Richard Kurin. Safeguarding Intangible Cultral Heritage: Key Factors in Implementing the 2003 Convention. International Journal of Intangible Heritage, 2007 (2): 10 - 20

[57] Thomas M. Schmitt. The UNESCO Concept of Safeguarding Intangible Cultural Heritage: Its Background and *Marrakchi* Roots. International Journal of Heritage Studies, 2008 (2): 95 - 111

[58] Yomato Declaration. http://www.sacredland.org/PDFs/Yamato_Declaration.pdf. 2011 - 04 - 19

（四）会议论文集

[59] Masako Yamamoto, Mari Fujimoto. Okinawa International Forum 2004: *Utaki* in Okinawa and Scared Spaces in Asia: Community Development and Cultural Heritage. Tokyo: The Japan Foundation, 2004

四、中文学术著作文献

（一）论文集

[60] 马格林（Stephen A. Margilin）. 农民、种籽商和科学家：农业体系与知识体系. 卜永坚，译//许宝强，汪晖选编. 发展的幻象. 北京：中央编译出版社，2001：245 - 339

[61] 文化部民族民间文艺发展中心. 中国非物质文化遗产保护研究（2005·苏州）. 北京：北京师范大学出版社，2007

[62] 王恬. 古村落的沉思——中国古村落保护（西塘）国际高峰论坛论文集. 上海：上海辞书出版社，2007

[63] 杨扬，陈引驰，傅杰. 艺人自述. 杭州：杭州大学出版社，1998

[64] 郑玉歆，郑易生. 自然文化遗产管理——中外理论与实践. 北京：社会科学文献出版社，2003

(二) 中文译著

[65] (法) 贝尔纳·古奈 (Bernard Gorunay). 反思"文化例外"论. 李颖, 译. 北京: 社会科学文献出版社, 2010

[66] (加) Bob McKercher, (澳) Hilary du Cros. 文化旅游与文化遗产管理. 朱路平, 译. 天津: 南开大学出版社, 2006

[67] (法) 蓝克利 (Christian Lamouroux). 中国近现代行业文化研究——技艺和专业知识的传承与功能. 北京: 国家图书馆出版社, 2010

[68] (英) 戴伦·J 蒂莫西, 斯蒂芬·W 博伊德. 遗产旅游. 程尽能, 主译. 北京: 旅游教育出版社, 2007

[69] 费尔登·贝纳德, 朱卡·朱可托. 世界文化遗产地管理指南. 刘永孜, 刘迪, 等译. 上海: 同济大学出版社, 2008

[70] (美) 弗朗兹·博厄斯. 原始艺术. 金辉, 译. 上海: 上海文艺出版社, 1989

[71] 葛兰·艾波林 (Dr. Graeme Aplin). 文化遗产: 鉴定、保存和管理 (Heritage: Identification, Conservation, and Management). 刘蓝玉, 译. 台北: 五观艺术管理有限公司, 2005

[72] (日) 冈仓天心. 中国的美术及其他. 蔡春华, 译. 北京: 中华书局, 2009

[73] 陈平. 李格尔与艺术科学. 杭州: 中国美术学院出版社, 2002

[74] (英) 迈克尔·波兰尼. 个人知识: 迈向后批判哲学. 许泽民, 译. 贵阳: 贵州人民出版社, 2000

[75] (美) 尼尔·波斯曼 (Neil Postman). 技术垄断: 文化向技术投降. 何道宽, 译. 北京: 北京大学出版社, 2007

[76] (美) 泰勒·考恩 (Tyler Cowen). 创造性破坏: 全球化与文化多样性. 王志毅, 译. 上海: 上海人民出版社, 2007

[77] (美) 唐纳德·L 哈里斯蒂. 生态人类学. 郭凡, 邹和, 译. 北京: 文物出版社, 2002

[78] (美) 约翰·R 霍尔, 玛丽·乔·尼兹. 文化: 社会学的视野. 周晓虹, 徐彬, 译. 北京: 商务印书馆, 2004

(三) 中文专著

[79] 董晓萍. 全球化与民俗保护. 北京: 高等教育出版社, 2007

[80] 费孝通. 乡土中国 生育制度. 北京: 北京大学出版社, 1998

[81] 傅谨. 二十世纪中国戏剧导论. 北京: 中国社会科学出版社, 2004

[82] 傅谨. 京剧学前沿. 北京: 文化艺术出版社, 2007

[83] 傅谨. 薪火相传: 非物质文化遗产保护的理论与实践. 北京: 中国社会科学出

版社，2008
[84] 方李莉. 传统与变迁——景德镇新旧民窑业田野考察. 南昌：江西人民出版社，2000
[85] 方李莉. 遗产：实践与经验. 昆明：云南教育出版社，2008
[86] 顾军，苑利. 文化遗产报告：世界文化遗产保护运动的理论与实践. 北京：社会科学文献出版社，2005
[87] 管育鹰. 知识产权视野中的民间文艺保护. 北京：法律出版社，2006
[88] 洪惟助. 昆曲演艺家、曲家及学者访问录. 台北：国家出版社，2002
[89] 黄贞燕. 日韩无形的文化财保护制度. 宜兰：国立台湾传统艺术总处筹备处，2008
[90] 康保成. 中国非物质文化遗产保护发展报告（2011）. 北京：中国社会科学文献出版社，2011
[91] 康保成. 傩戏艺术源流（2版）. 广州：广东高等教育出版，2011
[92] 刘晓春. 仪式与象征的秩序——一个客家村落的历史、权力与记忆. 北京：商务印书馆，2003
[93] 陆萼庭. 昆剧演出史稿（修订本）. 上海：上海教育出版社，2006
[94] 李岚. 信仰的再创造——人类学视野中的傩. 昆明：云南人民出版社，2008
[95] 李春霞. 遗产：源起与规则. 昆明：云南教育出版社，2008
[96] 梁思成. 凝动的音乐（2版）. 天津：百花文艺出版社，2009
[97] 刘锡诚. 非物质文化遗产：理论与实践. 北京：学苑出版社，2009
[98] 彭兆荣. 遗产：反思与阐释. 昆明：云南教育出版社，2008
[99] 全国人大常委会法制工作委员会行政法室. 中华人民共和国非物质文化遗产法释义及实用指南. 北京：中国民主法制出版社，2011
[100] 宋杰. 视听语言——影像与声音. 北京：中国广播电视出版社，2001
[101] 宋振春. 日本文化遗产旅游发展的制度因素分析. 北京：经济管理出版社，2009
[102] 孙玄龄. 声响年华. 北京：中华书局，2009
[103] 王文章. 非物质文化遗产概论. 北京：文化艺术出版社，2006
[104] 王嵩山. 想像与知识的道路：博物馆、族群与文化资产的人类学书写. 台北：稻乡出版社，2005
[105] 王岳川. 书法文化精神. 北京：北京大学出版社，2008
[106] 王咏. 国家·民间·文化遗产——社会学视野中的吴地古琴变迁. 南京：江苏人民出版社，2009

[107] 乌丙安. 非物质文化遗产保护理论与方法. 北京：文化艺术出版社，2010
[108] 薛艺兵. 神圣的娱乐：中国民间祭祀仪式及其音乐的人类学研究. 北京：宗教文化出版社，2003
[109] 薛宝琨. 侯宝林评传. 北京：中国社会出版社，2005
[110] 薛达元. 民族地区传统文化与生物多样性保护. 北京：中国环境科学出版社，2009
[111] 薛达元. 民族地区保护与持续利用生物多样性的传统技术. 北京：中国环境科学出版社，2009
[112] 薛达元，崔国斌，蔡蕾，张丽荣. 遗传资源、传统知识与知识产权. 北京：中国环境科学出版社，2009
[113] 苑利，顾军. 非物质文化遗产学. 北京：高等教育出版社，2009
[114] 杨守松. 昆曲之路. 北京：人民文学出版社，2009
[115] 张紫晨. 民间文艺学原理. 石家庄：花山文艺出版社，1991
[116] 中国 UNESCO 全国委员会. 世界遗产与我们. 北京：北京师范大学出版社，2004
[117] 周兵，蒋文博. 昆曲六百年. 北京：中国青年出版社，2009
[118] 张永宏. 非洲发展视域中的本土知识. 北京：中国社会科学出版社，2010

（四）中文论文文献

[119] （日）吉田宪司. 有形、无形文化遗产与博物馆.（台湾）文资学报，2007（4）：199-216
[120] （日）菅丰. 日本现代民俗学的"第三条路"——文化保护政策、民俗学主义及公共民俗学. 陈志勤译. 民俗研究，2011（2）：52-71
[121] 安德明. 非物质文化遗产保护：民俗学的两难选择. 河南社会科学，2008（1）：14-20
[122] 巴莫曲布嫫. 非物质文化遗产：从概念到实践. 民族艺术，2008（1）：6-17
[123] 蔡达峰. "世界遗产学"研究的对象与目的. 复旦大学文物与博物馆学系文化遗产研究中心. 文化遗产研究集刊. 2003
[124] 陈志勤. 非物质文化遗产的创造与民族国家认同——以大禹祭典为例. 文化遗产，2010（2）：26-36
[125] 陈宗花. 在日常生活中保护非物质文化遗产——以日本无形民俗文化财"祇园祭"为例. 南京艺术学院学报，2011（1）：23-26
[126] 傅谨. 全本《长生殿》与上昆的意义. 艺术评论，2008（6）：38-42
[127] 傅谨. 非物质文化遗产保护与戏剧发展. 四川戏剧，2010（4）：17-21

[128] 方李莉. 非物质文化遗产保护的深层社会背景——贵州梭嘎生态博物馆的研究与思考. 民族艺术, 2007 (4)：6-20

[129] 方李莉. 从"遗产到资源"的理论阐释——以费孝通"人文资源"思想研究为起点. 江西社会科学, 2010 (10)：186-198

[130] 范可. "申遗"：传统与地方的全球化再现. 广西民族大学学报, 2008 (5)：46-52

[131] 范今朝, 范文君. 遗产概念的发展与当代世界和中国的文化遗产保护体系. 经济地理, 2008 (3)：503-507

[132] 顾笃璜. 昆剧价值的再认识——保存与创新的对话. 艺术百家, 1988 (1)：69-72

[133] 葛勇平. 论"人类共同遗产"原则与相关原则的关系. 河北法学, 2007 (11)：119-122

[134] 高丙中, 孙昊牧. 龙牌会：从"迷信"到"非物质文化遗产"的乡村文化奇迹. 今日民航, 2010 (2)：42-49

[135] 黄翔鹏. 论中国传统音乐的保存和发展. 中国音乐学, 1987 (4)：4-21

[136] 胡秀梅, 宣建华. 传统思想和习俗在历史环境保护中的作用——以日本为例. 规划师, 2005 (3)：92-94

[137] 康保成. 研究"活"的诗歌史、文学史. 文艺研究, 2002 (4)：106-108

[138] 康保成. 日本的文化遗产保护体制、保护意识及文化遗产学科化问题. 文化遗产, 2011 (2)：6-13

[139] 刘慧琴. 建立民族唱法中的继承与借鉴. 中国音乐, 1987 (4)：20-21

[140] 龙应台. 如果你为四郎哭泣. 语文世界（高中版）, 2005 (3)：15

[141] 林美容, 谢佳玲. 台湾无形文化资产的保存现况. 台湾史料研究, 2005 (25)：147-169

[142] 吕江. 文化知识产权在新国际民俗学中的凸现. 民族艺术, 2005 (4)：6-11

[143] 刘永明. 权利与发展：非物质文化遗产保护的原则（上）. 西南民族大学学报, 2006 (1)：191-199

[144] 刘永明. 权利与发展：非物质文化遗产保护的原则（下）. 西南民族大学学报, 2006 (2)：183-190

[145] 刘红庆. "开花调"气坏了原生态评委——田青说："一切都回到了原点". 音乐生活, 2008 (6)：20-21

[146] 吕舟. 论遗产的价值取向与遗产保护. 城市与区域规划研究, 2009 (1)：44-56

[147] 李发耀. 论非物质文化遗产持有人权利保护的内容及其形式——当前立法焦点分析. 贵州师范大学学报, 2009 (1): 40-45

[148] 梁谷音. 保护文化遗产之我见. 戏曲研究, 2009 (2): 166-168

[149] 罗薇. 名录申报与非物质文化遗产保护——以"人类非物质文化遗产代表作名录"为例. 民族艺术, 2010 (2): 13-16

[150] 刘永涛. 非物质文化遗产开发保护的民间自觉——以马街书会和赵庄魔术为例. 文化遗产, 2010 (3): 73-77

[151] 刘锡诚. "非遗"产业化: 一个备受争议的问题. 河南教育学院学报, 2010 (4): 1-7

[152] 刘魁立. 非物质文化遗产及保护的整体性原则. 广西师范学院学报, 2004 (4): 1-8

[153] 刘魁立. 论全球化背景下的中国非物质文化遗产保护. 河南社会科学, 2007 (1): 25-34

[154] 刘魁立. 文化生态保护区问题刍议. 浙江师范大学学报, 2007 (3): 9-12

[155] 刘魁立. 非物质文化遗产的共享性、本真性与人类文化多样性发展. 徐州工程学院学报, 2010 (2): 64-67

[156] 刘晓春. 谁的原生态? 为何本真性? ——非物质文化遗产语境下的原生态现象分析. 学术研究, 2008 (2): 153-158

[157] 刘晓春. 非物质文化遗产的地方性与公共性. 广西民族大学学报, 2008 (3): 76-80

[158] 刘晓春. 从"民俗"到"语境中的民俗"——中国民俗学研究的范式转换. 民俗研究, 2009 (2): 5-35

[159] 李春霞. 世界遗产: 人类共同继承的遗产. 重庆文理学院学报, 2008 (2): 5-11

[160] 李春霞. 无形文化遗产保护中的智力产权: 现代性全球化的产物. 云南师范大学学报, 2010 (3): 63-68

[161] 刘志军. 非物质文化遗产保护中的大众参与——以主客位视角为中心的探讨. 文化艺术研究, 2009 (2): 7-13

[162] 刘志军. 后申报时期非物质文化遗产保护的忧与思. 思想战线, 2011 (5): 62-66

[163] 李婧. 解开中医复兴的密码. 文化月刊, 2011 (2): 50-59

[164] 马丽云, 李榆, 赵轶, 朱海婧. 木版年画与胶印年画的抗衡——朱仙镇木版年画创新发展现状的个案调查. 文化遗产, 2010 (1): 125-133

[165] 邱春林. 发现民间智慧: 大理州民族扎染业考察纪实. 民族艺术, 2008 (2): 66-73

[166] 邱春林. 守住核心技艺: 以大理白族扎染为例谈传统手工技艺的生产性方式保护. 美术观察, 2009 (7): 11-13

[167] 阮仪三, 李红艳. 原真性视角下的中国建筑遗产保护. 华中建筑, 2008 (4): 144-148

[168] 宋俊华. 非物质文化遗产特征刍议. 江西社会科学, 2006 (1): 33-37

[169] 宋俊华. 非物质文化遗产概念的诠释与重构. 学术研究, 2006 (9): 117-121

[170] 宋俊华. 非物质文化遗产保护中的权力. 中国非物质文化遗产 (第11辑). 广州: 中山大学出版社, 2006

[171] 宋俊华. 非物质文化遗产与戏曲研究的新路向. 文艺研究, 2007 (2): 96-104

[172] 宋俊华. 论非物质文化遗产的本生态和衍生态. 民俗研究, 2008 (4): 5-13

[173] 宋俊华. 关于国家文化生态保护区建设的几点思考. 文化遗产, 2011 (3): 1-7

[174] 施德玉. 大陆新编昆剧的危机——第三届昆剧艺术节观后. 福建艺术, 2006 (6): 24-25

[175] 孙玄龄. 日本东京艺术大学邦乐科的设置——日本近代音乐史上的一件大事. 黄钟 (中国·武汉音乐学院学报), 2008 (1): 35-38

[176] 桑兵. 近代中国国字号事物的命运. 中山大学学报, 2009 (1): 61-63

[177] 苏金远. 文化多样性作为"人类共同遗产"与"人类共同关切". 西安交通大学学报, 2009 (5): 77-85

[178] 苏东晓. 论"非物质文化遗产"的层级性结构及其层级性转换——以浙江淳安竹马为例. 文艺理论与批评, 2011 (1): 139-142

[179] 田敏, 侯小琴. "条"与"块"的分割与整合——从"号子之争"看非物质文化遗产的保护. 中南民族大学学报, 2009 (4): 6-10

[180] 王岳川. 中国书法要申遗. 中国书画, 2007 (10): 80

[181] 王文章, 陈飞龙. 非物质文化遗产保护与国家文化发展战略. 华中师范大学学报, 2008 (2): 81-89

[182] 王宁宇, 高晓黎. 让传统手工技艺进入当代知识系统——从陕北匠艺丹青生产性方式保护谈起. 美术观察, 2009 (7): 8-10

[183] 伍明实. 川江号子现状调查报告. 中华文化论坛, 2011 (3): 34-42

[184] 肖云上. 法国为什么要实施文化保护主义. 法国研究, 2000 (1): 93-101

[185] 徐艺乙. 非物质文化遗产的传承与高等教育的使命. 徐州工程学院学报, 2010（1）：67-70

[186] 向云驹. 论非物质文化遗产的身体性——关于非物质文化遗产的若干哲学问题之三. 中央民族大学学报, 2010（4）：63-72

[187] 苑利. 进一步深化对于非物质文化遗产概念的认识. 河南社会科学, 2008（1）：21-23

[188] 叶春生. 以广东凉茶为例看"非遗"的生产性保护. 寻根, 2009（6）：13-17

[189] 岳永逸. 两个世纪初的想象——原生态与民间艺术的吊诡. 文艺争鸣, 2010（6）：13-17

[190] 郑培凯. 昆曲青春化与商品化的困境. 书城, 2008（5）：12-17

[191] 张京红. 澳大利亚的中医药市场与法规概览. 环球中医药, 2009（1）：75, 80

[192] 庄孔韶, 兰林友. 我国人类学研究的现状与前瞻. 中国人民大学学报, 2009（3）：144-150

[193] 朱凌飞, 胡仕海. 文化认同与主体间性——文化人类学视野中的普米族非物质文化遗产. 学术探索, 2009（3）：57-61

[194] 邹启山. 代表作名录和急需保护名录申报及其相关情况. 文化遗产, 2010（1）：11-16

[195] 张永宏. 本土知识与科学知识：差异、联系和互借. 思想战线, 2010（6）：104-110

[196] 祝东力. 谈"文化多样性"问题. 绿叶, 2010（7）：103-109

[197] 周星. 文化遗产与"地域社会". 河南社会科学, 2011（2）：37-41

（五）博士论文

[198] 廖敏文. 《联合国土著民族权利宣言》研究. 博士论文. 中央民族大学. 2009

[199] 吕慧敏. 乡土社会中的东北二人转. 博士论文. 中山大学. 2011

[200] 赵云川. 日本工艺文化与日本现代化. 博士论文. 中国艺术研究院, 2007

（六）会议论文集

[201] 中日韩非物质文化遗产保护比较暨第三届中国高校文化遗产学学科建设学术研讨会论文集. 广州. 2011.8

五、主要参考报纸文献

[202] 李宏宇. 坐　请坐　请上坐. 南方周末, 2007-08-16（22）

[203] 潘跃. 保护文化遗产要注重发挥群众主体地位. 人民日报, 2010-09-07

(4)

[204] 屈菡. 高校非遗专业缺理性 侗歌"本科班"凑不齐学费. 中国文化报, 2010-09-15 (1)

[205] 邱春林. 生产性保护: 非遗的"自我造血". 中国文化报, 2012-02-21 (3)

[206] 乔申颖. 非遗生产性保护探索可持续传承之路. 经济日报, 2012-02-23 (11)

[207] 田青. 中国非物质文化遗产保护的现状与未来. 解放日报, 2010-09-26 (9)

[208] 乌丙安. "非遗"保护莫擦文化遗产的"包浆". 文汇报, 2010-02-08 (6)

[210] 杨正文. 警惕! 别让文化权在文化遗产保护中丧失. 中国民族报, 2010-07-30 (09B)

[211] 杨梓. 理性思考: 民俗类非遗项目本真性. 中国文化报, 2011-09-19 (7)

六、主要参考网络文献

[212] Gregory. 创意人才和文化企业家培养和技能培训. http://finance.sina.com.cn/hy/20120108/224111152216.shtml, 2012-02-05

[213] Peter K Yu. Cultural Relics, Intellectual Property and Intangible Heritage. http://www.tobunken.go.jp/~geino/pdf/sympo/07KeynoteSpeech2Aikawa.pdf, 2011-11-23

[214] 刀文克. 丹麦如何保护三种非物质文化遗产. http://finance.sina.com.cn/hy/20120108/105511151227.shtml, 2012-01-08

[215] 康保成. 少林学学术研讨会发言摘要. 禅露, 2006 (春之卷). http://www.shaolin.org.cn/templates/T_publication/article.aspx?nodeid=207&id=2242

[216] 梁治平. 谁来保护非物质文化遗产——一次参与国际公约制定的经验. http://www.chinesefolklore.org.cn/web/index.php?Page=4&NewsID=4401, 2012-01-29

[217] 李楠. 不僵化的保护. http://www.ihchina.cn/inc/detail.jsp?info_id=3382, 2011-12-03

[218] 雷秀武. 当"老传统"遇到"新问题"——WTO 新一轮谈判传统知识黔东南个案研究启示录. http://www.gog.com.cn/hezpd/system/2006/10/19/001042749.shtml, 2010-10-23

[219] 王文章. 文化遗产日主题"非遗保护, 人人参与". 人民网 2010 年 6 月 2 日上午直播国务院新闻办新闻发布厅举行新闻发布会, 全文文字实录. http://

culture. people. com. cn/GB/87423/11760206. html，2010 – 07 – 09

[220] 张振涛. 第三批"人类口头和非物质遗产代表作"评审纪事. http://www. ihchina. cn/inc/detail. jsp?info_ id = 110，2009 – 11 – 25

[221] 中国昆曲全本《长生殿》诞生记，蔡正仁、唐斯复、叶恒峰访谈记. http:// v. youku. com/v_ show/id_ XMTE3OTY4OTky. html，2011 – 06 – 02

[222] 刘铁梁. 非物质性还是身体性. http://www. ihchina. cn/inc/detail. jsp?info_ id = 2765，2011 – 03 – 11

附录一：UNESCO《保护非物质文化遗产公约》部分文件信息出处

1. 2003 年《保护非物质文化遗产公约》基本文件（2012 年版本）
   网址：http://unesdoc.unesco.org/images/0021/002181/218142c.pdf
2. 都灵会议总结性报告
   网址：http://www.unesco.org/culture/ich/doc/src/00077-EN.pdf
3. 埃尔切会议总结性报告
   网址：http://www.unesco.org/culture/ich/doc/src/04594-EN.pdf
4. 里约会议总结性报告
   网址：http://www.unesco.org/culture/ich/doc/src/05219-EN.pdf
5. 里约会议建议
   网址：http://www.unesco.org/culture/ich/doc/src/05219-EN.pdf
6. 第三次文化部长圆桌会议"非物质文化遗产：文化多样性的反映"宣言
   网址：http://portal.unesco.org/en/ev.php-URL_ID=6209&URL_DO=DO_TOPIC&URL_SECTION=201.html
7. 《保护非物质文化国际公约》第一稿
   网址：http://unesdoc.unesco.org/images/0012/001270/127018c.pdf
8. 《保护非物质文化遗产公约》第一次政府间专家会议报告
   网址：http://unesdoc.unesco.org/images/0012/001290/129000e.pdf
9. 《保护非物质文化遗产公约》第二次政府间专家会议报告
   网址：http://unesdoc.unesco.org/images/0013/001300/130016e.pdf
10. 《保护非物质文化遗产公约》第三次政府间专家会议报告
    网址：http://unesdoc.unesco.org/images/0013/001312/131274e.pdf

11. "全球化与非物质文化遗产"专家会议
    网址：http://unesdoc.unesco.org/images/0014/001400/140090e.pdf
12. "非物质文化遗产清单制作"专家会议
    网址：http://www.unesco.org/culture/ich/doc/src/00036-EN.pdf
13. "建立2003年公约非物质文化遗产名录登入标准"专家会议
    网址：http://www.unesco.org/culture/ich/doc/src/00035-EN.pdf
14. "社区参与非物质文化遗产保护：迈向2003年公约的执行"专家会议
    网址：http://www.unesco.org/culture/ich/doc/src/00034-EN.pdf

附录二：本书主要专用术语全称及其缩略语

书中主要专用术语缩略语	书中主要专用术语全称
UNESCO	联合国教育、科学及文化组织
WIPO	世界知识产权组织
非遗	非物质文化遗产
1972 年公约	保护世界文化和自然遗产公约
《世界遗产公约操作指南》	实施《保护世界文化与自然遗产公约》的操作指南
1989 年建议案	关于保护传统文化与民俗的建议案
1998 年杰出代表作	联合国教育、科学及文化组织"宣布人类口头与非物质遗产代表作"
2003 年公约	保护非物质文化遗产公约
《2003 年公约业务指南》	执行《保护非物质文化遗产公约》的业务指南
保护非遗政府间委员会	保护非物质文化遗产政府间委员会
UNESCO 非遗代表作	联合国教育、科学及文化组织"人类非物质文化遗产代表作"
2005 年公约	保护和促进文化表现形式多样性公约

UNESCO《保护非物质文化遗产公约》述论

后　　记

　　本书是著者于2012年7月来到晋中学院工作后，在博士学位论文基础上进一步修改而成的。蒙导师康保成先生的提携，博士论文有幸列入中山大学非物质文化遗产研究中心《中国非物质文化遗产研究丛书》系列。本书的前身——博士论文的完成则离不开导师康保成教授、宋俊华教授悉心指导。更重要的是，两位导师给我的，并不是为完成一本毕业论文所要的具体答案，而是他们及体现在他们论著中的人格魅力、包容胸怀、睿智思想和深远的见识。这种无形的力量深深影响了我，渐渐去掉了我浮躁、懒惰的心态，使我沉静下来，从最基础的知识学起，努力弥补自己的不足。

　　也因导师康保成教授，使中山大学以它开放、包容、平等和高度的自信接纳了我，甚少偏见而笃厚、优良、活跃的学习氛围，是中山大学最有魅力的地方。作为教育部人文社会科学重点研究基地的中山大学非物质文化遗产研究中心，其丰富的学习资源、学术交流活动更是我拓宽视野、提高学习能力的重要基础。在这里，我对许多事情的认识和判断都发生了重要转变，就博士论文而言，我重新认识了昆曲、京剧、晋剧以及其他传统音乐，重新认识了我们今天所讲的非遗。如果没有这一变化，论文未为可知。

　　在学习过程中，我还有机会得到黄天骥教授、黄仕忠教授、蒋明智教授、刘晓春教授、王霄冰教授、钟东教授的宝贵指点，受益良多。国家非遗专家委员会副主任刘魁立先生、联合国教科文组织亚太培训中心主任杨治先生指出了论文存在的问题，提出了修改建议，在此表示诚挚的谢意。

　　在论文写作过程中，白松强、管弦、孔美艳、吕慧敏、李莉薇、马宁、王宣标、吴电雷、熊静、杨帆、张洲等学友与我的学习讨论，成为论文撰写的灵感来源之一。博士学习期间曾得到中山大学非物质文化遗产研究中心工作人员陈熙、李惠、林斯瑜、王娜的诸多帮助，在此表示诚挚的谢意。

　　感谢家人对我永远不变的爱和无私的支持。

限于时间和学力，书中仍有疏漏之处，恳请各位读者不吝批评和斧正！

草于晋中学院·2013 年夏

又，鉴于自己的研究专业，在单位领导的关怀下，我申报了"非物质文化遗产整体性保护研究——以'晋中文化生态保护区'为例"这一课题，并获得了"山西省高等学校哲学社会科学研究项目资助（PSSR）"。批准项目号为：2013340。本书部分内容就是该项目成果的一部分。谨记。

2013 年 11 月